U0583541

河北能源发展报告

(2023)

建设中国式现代化
新型能源强省

主　编 / 陈香宇　冯喜春　石振江
副主编 / 陈志永　王林峰　魏孟举

社会科学文献出版社
SOCIAL SCIENCES ACADEMIC PRESS (CHINA)

《河北能源发展报告（2023）》编委会

胡　珀　胡梦锦　袁　博　聂　婧　夏　静
徐晓彬　徐　楠　高　迪　高晓婧　凌云鹏
黄　凯　崔　萌　梁大鹏　董少峤　董家盛
蒋　雨　谢婉莹

主编简介

陈香宇 内蒙古赤峰人，高级工程师，国网河北省电力有限公司办公室主任。主要研究方向为企业战略规划、能源经济、能源低碳转型。先后负责完成省部级课题8项，在*Journal of Cleaner Production*、《全球能源互联网》（英文）等期刊发表10余篇论文，主创完成的“碳达峰碳中和电力先行区探索与实践”等多项成果获省部级及以上创新奖项。

冯喜春 河北井陉人，高级工程师，国网河北省电力有限公司经济技术研究院院长。主要研究方向为电网规划、输变电工程设计、能源经济。先后负责“十五”时期到“十四五”时期的河北南网电力规划、雄安新区电力专项规划等工作，主持完成西柏坡500千伏、中钢220千伏等60余项输变电工程的科研和设计工作。在《高电压技术》《中国电力教育》等期刊发表多篇学术论文，主创完成的“电网企业一体化能源咨询体系构建与实践”等多项成果获得省部级及以上创新奖项。

石振江 河北滦南人，高级工程师，国网冀北电力有限公司经济技术研究院院长。主要研究方向为电网规划、输变电工程设计、能源经济等。先后负责冀北电网“十三五”“十四五”电网规划、冬奥会张家口赛区电网规划、张北柔性直流电网示范工程系统方案研究等工作。主持完成220千伏张家口十八家输变电工程、基于柔性变电站的交直流配电网示范工程等多项输变电工程及示范项目的设计和研究工作。在《中国发展观察》《华北电业》等期刊发表多篇学术论文，主创完成的“能源转型与京津冀协同发展研究”等多项成果获得省部级及以上奖项。

序

近年来，中央决定深化电力体制改革。加快建设新型电力系统和全国统一电力市场，对电力及相关能源提出了新的要求；能源“双控”转变为碳排放“双控”，对广大用能客户提出了新的要求。2020年开始，氢能纳入能源统计，氢能的制储输用成为新的能源产业经济增长点。化石能源、水能、电能、核能、风能、太阳能、生物质能、地热能以及氢能，是相互补充、相互竞争、相互替代的复杂关系。电力、热力和动力三种用途之间的关系也错综复杂。这对政府和产业界的规划、管理与决策水平提出了越来越高的要求。

习近平总书记指出，新发展格局以现代化产业体系为基础，经济循环畅通需要各产业有序链接、高效畅通。能源作为基础性产业，对畅通国内大循环起着重要的支撑作用。必须保障能源安全稳定供给，加快建设新型能源体系，确保国内经济循环畅通。党的十八大以来，我国能源行业深入实施“四个革命、一个合作”的能源安全新战略，坚定不移推进清洁低碳、安全高效能源体系建设，大力推动我国可再生能源实现跨越式发展，在水电、抽水蓄能、风电和光伏领域均取得了举世瞩目的成就。

我国能源发展处于加快规划建设新型能源体系的新阶段。准确认识我国能源资源禀赋，是正确认识我国国情的基础，也是影响我国能源政策、能源战略的关键点，对确保国家长远的能源安全、引导能源转型具有方向性、战略性的意义。

河北作为能源大省，持续优化自身能源体系结构，大力推动清洁高效、多元支撑的新型能源强省建设，是紧扣高质量发展主旋律，推进中国式现代化河北场景落实落地，加快建设经济强省、美丽河北的重要支撑。《河北能源发展报告（2023）》针对河北省的能源特点开展了多维度的专项研究，从煤炭、石油、天然气、核能、可再生能源和电网建设运营等方面对河北省的能源“家底儿”进行了全面的、系统的梳理，也从国网河北省电力有限公司视角对电力行业现状进行了解读，为认清河北能源资源禀赋提供了很好的理论和数据支撑。

河北省积极稳妥推进“双碳”行动需要立足河北省的能源资源禀赋。经济社会的可持续发展和“双碳”目标的实现，牵引着可再生能源快速发展；而可再生能源生产技术能力的提升和成本的下降，又支撑着可再生能源快速发展。当前及今后一段时间，化石能源还是很重要的，其间需要实现化石能源和非化石能源的协调互补，先立后破，构建有韧性的能源体系。本书从政策部署、业务模式、技术创新和数字技术应用等方面为我们全面展示了国网河北省电力有限公司立足河北，面对“双碳”目标的初心、决心、信心、恒心以及为实现“双碳”目标所探索的河北路径。

祝愿国网河北省电力有限公司经济技术研究院和国网冀北电力有限公司经济技术研究院充分发挥政府智库作用，呈现更多的研究成果，为河北省新型能源系统建设和“双碳”目标实现打下坚实基础。

杜祥琬

中国工程院院士、原副院长

国家能源委员会专家咨询委员会副主任

国家气候变化专家委员会顾问

2023 年 8 月 7 日

摘　要

习近平总书记在党的二十大报告中深入阐述了中国式现代化理论，指明了以中国式现代化全面推进中华民族伟大复兴的正确方向。河北省委、省政府牢牢把握党中央战略部署与河北实际的结合点，精心谋划和推进中国式现代化的一系列河北场景，提出具体化、可操作、能落地的行动方案。其中，新型能源强省作为中国式现代化河北场景之首，是全面贯彻落实党的二十大精神，加快建设经济强省、美丽河北的重要战略举措，同时也对河北省能源系统建设和能源产业发展提出了新要求。

为全面、客观、系统性地展示河北省能源发展总体情况，探索新形势下推进新型能源强省建设路径，国网河北省电力有限公司经济技术研究院联合国网冀北电力有限公司经济技术研究院，从研究角度出发，以“建设中国式现代化新型能源强省”为主题，编撰了《河北能源发展报告（2023）》，在分析河北省能源发展态势的基础上，开展多维度专项研究并提出措施建议，对政府部门施政决策，能源企业、广大研究机构和社会公众研究、了解新型能源强省建设具有一定的参考价值。本书共分为七个篇章，主要内容如下。

河北省能源发展现状与展望篇章，分析了 2022 年河北省煤炭、石油、天然气、可再生能源、电力五个行业的发展情况，对下一步发展形势进行展望，并提出中国式现代化进程下，各能源行业高质量发展的相关建议。建设新型能源强省推进重大决策部署落地篇章，分析了“双碳”目标、乡村振兴、京津冀协同发展、雄安新区建设等与能源发展相关的议题，并结合面临的挑战，提出建设新型能源强省推进重大决策部署落地的路径和举措建议。打造安全清洁能源供给模式篇章，结合河北省资源禀赋，聚焦新能源、清洁能源、电氢协同发展和储能发展，通过数据来分析河北省能源供给现状和面临的挑战，提出构建安全清洁能源供给体系的相关建议。引导能源消费绿色高效升级篇章，在宏观层面分析了能耗“双控”向碳排放“双控”转变对河北省的影响和终端电气化的主要技术和推广前景；在微观层面，聚焦车网互动、综合能源、零碳数据中心这些具有代表性的能源消费升级场景，提出可行的运营和推广模式。探索能源关键技术创新篇章，重点针对新型能源强省建设面临的技术瓶颈，开展了光伏和抽蓄资源潜力分析，对新能源接入的配电网安全控制、综合能源系统配置与运行优化、微电网技术、虚拟电厂技术、共享储能运行技术进行研究，支撑源网荷储协同发展。深化能源体制机制改革篇章，主要包括新能源入市机制研究、新型储能市场机制研究、适应电力现货市场的河北省需求响应机制研究以及适应新型电力系统的电网规划机制研究。促进能源数据融合应用篇章，以搭建能源电力大数据基础设施、扩宽电力大数据应用场景为两条主线，聚焦数字政府建设的角色定位和主要举措，分析了河北省电力和经济数据相关性，开展从电力视角分析河北经济发展等的专题研究。

本书初步探索了建设中国式现代化新型能源强省的思路，编委会将在实践中不断深化对中国式现代化和河北省高质量发展的认识，以期为建设清洁高效、多元支撑的新型能源强省做出更大的贡献。

目 录

第一篇 河北省能源发展现状与展望

第二篇 建设新型能源强省推进重大决策部署落地

第三篇 打造安全清洁能源供给模式

第四篇　引导能源消费绿色高效升级

第五篇　探索能源关键技术创新

第六篇　深化能源体制机制改革

第七篇 促进能源数据融合应用

第一篇　河北省能源发展现状与展望

2022~2023年河北省煤炭行业发展形势分析与展望

摘　要： 碳达峰、碳中和背景下，2022 年河北省煤炭行业持续深化产业结构改革，全省煤炭经济运行总体平稳向好，经济总量稳中增长，煤炭供需基本平衡。2022 年，河北省规模以上工业原煤产量同比增长了 1.4%，达 4705.6 万吨，增速较 2021 年同期高 8.1 个百分点，产量约占同期全国规模以上企业原煤产量（449583.9 万吨）的 1.0%，煤炭产量呈现微上升趋势，消费量延续降低趋势。本文从煤炭开发情况、供需情况、发展形势及展望、发展建议四个方面，对河北省煤炭行业进行全面分析。

一　2022年河北省煤炭行业情况

（一）存煤下降，重点用户库存大幅削减

截至 2022 年底，河北省煤矿存煤 164.69 万吨，可用 6.9 天；主要用煤大户电厂存煤大幅度削减。其中，河北南网九大电厂存煤 54.07 万吨，可用 5.7 天，除了邯郸电、上安电和石家庄热电存煤可用 7 天以上，其余大部分电厂存煤较低，呈现告急状态；重点钢焦冶炼精煤用户存煤仍处于较低水平。

（二）行业经济总量稳定增长，企业经济效益不断提高

2022 年，河北省国有重点煤炭企业抢抓机遇、迎难而上，实现了经济总量、经济效益的显著增长和提高。一是全年实现总产值 547.54 亿元，同比增长 6.27%；二是实现营业收入 1098.55 亿元，同比增长 50.32%；三是实现利润 31.16 亿元，同比下降 22.74%，环比增加 1.74 亿元。

（三）产业结构调整与资源整合实现重大突破

2022 年，河北省煤炭行业深化产业结构调整，大力推动省内外煤炭资源整合，跨行业、跨省兼并重组，改革改制，转型发展实现重大突破。一是全面整合业主优良资产。冀中能源集团实现煤炭主业整体上市，开滦集团实现煤炭主业整体上市。二是跨行业整合做大做强。冀中能源集团胜利重组华北制药，转型升级改革改制，转型升级效果明显。三是跨省区实现资源扩张。冀中能源集团和开滦集团先后在山西、内蒙古、新疆等地加大煤炭资源开发力度和兼并整合工作力度，煤炭资源储量不断增加。四是整合省内地方煤矿。两大集团根据河北省整合重组地方煤矿的有关政策，推动邯郸、邢台、唐山、张家口、承德等地的地方煤矿煤炭资源整合。五是推动煤热电、煤化工项目建设，企业规模逐步扩大，企业综合实力逐步提升。

（四）安全生产形势总体稳定

2022 年，河北省煤炭企业共发生死亡事故 33 起，较 2021 年增加 10 起；死亡人数 44 人，较 2021 年减少 43 人；百万吨煤炭死亡率 0.50%，较 2021 年下降 52.83 个百分点。

二　2022年河北省煤炭供需情况分析

2022 年河北省煤炭消费量远大于产量，整体供不应求，缺口主要依靠进口和外省购入。2015～2021 年，连续 6 年煤炭产量呈下降趋势，2022 年河北煤炭产量略有反弹，煤炭进口量和调入量保持在 2.1 亿吨左右。

（一）煤炭产量略有反弹

2022 年河北省规模以上工业原煤产量为 4705.6 万吨，同比增长 1.4%，产量比 2013 年减少了 3033.4 万吨，降幅达 39.2%（见图 1）。

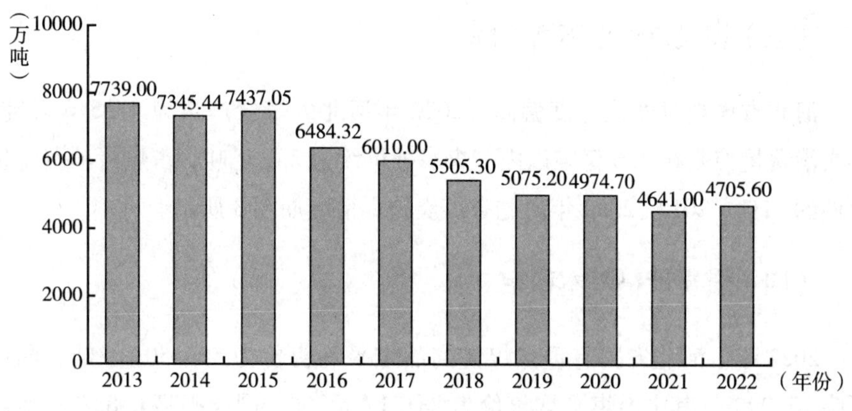

图 1　2013～2022 年河北省煤炭产量情况

（二）煤炭消费量呈逐年降低趋势

近几年来，煤炭需求保持低位，产能过剩压力长期存在。我国已进入传统能源稳步发展与新能源加快开发并存的新时期，太阳能、核能、风能、水能等清洁能源替代作用逐步增强，对煤炭挤压效应将逐步显现，煤炭需求将进入长期低位徘徊期。2022 年河北省煤炭消费量控制在 2.6 亿吨以内，呈逐年降低趋势（见图 2）。

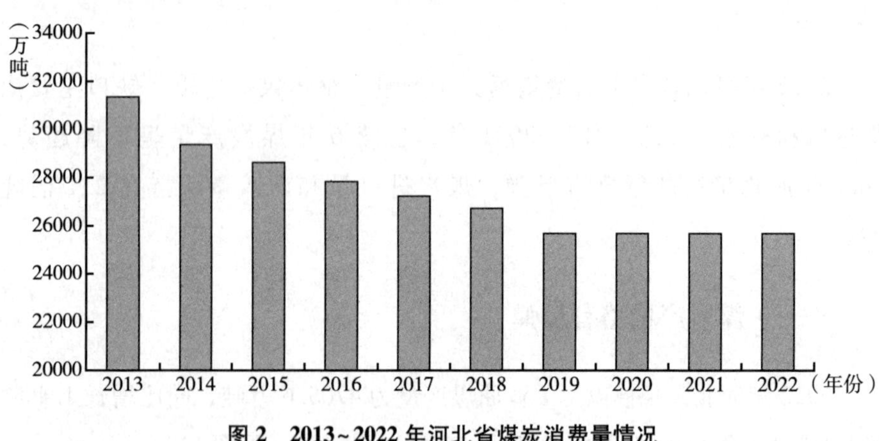

图 2　2013~2022 年河北省煤炭消费量情况

（三）煤炭自给率不断下降

河北省煤炭对外依存度偏高。2022 年河北省煤炭产量为 4705.6 万吨，煤炭消费量控制在 2.6 亿吨以内，煤炭外供约为 2.1 亿吨，占煤炭消费总量比例的 81%。2013~2022 年河北省煤炭缺口情况如图 3 所示。

（四）煤炭价格基本稳定

2022 年，河北省国有重点煤矿商品煤平均售价为 506.50 元/吨，同比下降 17.99%。其中电煤平均售价为 281.17 元/吨，同比提高 0.83%；冶炼精煤平均售价为 976.66 元/吨，同比下降 20.46%；市场动力煤平均售价为 309.64 元/吨，同比下降 16.29%。

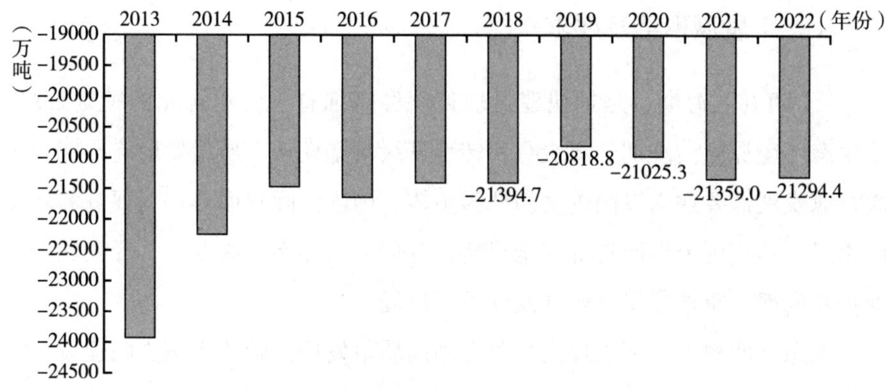

图 3　2013~2022 年河北省煤炭缺口情况

2022 年河北省煤价在合理区间运行，动力煤市场继续受碳排放与经济发展之间的关系相平衡、主管部门对现货市场进行调控等的影响，在政策的支持下，国内煤炭供应稳定增加，煤炭市场趋向供需平衡，煤价运行相对平稳。受各种因素影响，季节性、区域性供求关系紧张的情况仍然存在。当前，在能源结构转型背景之下，火电的“托底”作用和煤炭的“压舱石”作用更加凸显。政府出台一系列措施引导煤价回归合理水平，2022 年，电煤中长期合同执行新的长效定价机制，动力煤价格在合理区间运行，煤炭行业在“变”中行稳致远。

三　河北省煤炭行业发展形势及展望

虽然近几年煤炭消费比重逐年下降，但在未来很长一段时间内，煤炭仍然会在河北省能源体系中占主体地位。经过几年的能源结构调整优化，河北省初步构建了多元化的能源供应体系。石油供应能力稳步提高，天然气供应基础全面巩固，核能供应保障大大增强，可再生能源供应体系得到高速建设，这为未来能源多元化建设提供了有利条件，能源安全供应得到了保障。

（一）发展形势及要求

“十四五”时期，是加快建设现代化经济强省、美丽河北的关键阶段，是生态环境深度治理期、煤炭行业转型升级攻坚期、高质量发展提升期。煤炭行业发展需要融入以国内大循环为主体、国内国际双循环相互促进的新发展格局，落实国家能源资源安全战略，开创河北煤炭资源勘查、开发利用与保护新局面，重塑煤炭行业开发保护新格局。

生态文明建设，要求煤炭行业必须高质量发展。随着生态文明建设、京津冀协同发展的深入推进，京津冀生态环境支撑区和首都水源涵养功能区的建设不断加快，河北资源环境的形势依然严峻。需要正确处理好局部与整体的关系、资源开发与环境保护的关系，加强资源开发管理，优化开发布局结构，加大环境综合治理力度，将绿色发展理念贯穿煤炭资源勘查开发全过程，加快形成符合生态文明建设要求的煤炭开发新模式。

煤炭资源管理改革，要求煤炭行业必须创新驱动转型升级。随着河北省供给侧结构性改革进入深化期，经济增长从资源要素依赖逐渐向创新驱动发展转变，煤炭业必须突破传统发展路径，坚定走转型升级、节约集约、高质量发展之路。创新资源管理，充分发挥市场在资源配置中的决定性作用，加快技术创新，推动企业整合重组，不断提升资源规模效益和综合利用水平，实现煤炭行业绿色低碳、健康可持续发展。

（二）发展展望

2023 年河北省煤炭需求小幅增长，高煤炭价格有较强支撑。2023 年河北省煤炭消费小幅增长，主要增幅在电力行业。由于经济发展离不开电力需求，全省用电量与 GDP 增速高度相关。2023 年全国经济处于复苏阶段，预计 2024 年用电量同比增长 4. 5%。我国电力行业长期依赖于火电发电，但随着光伏、风电等清洁能源落地发电，以及南方降水情况好转，水电发电将增强，清洁能源发电和水电发电将代替部分火电发电，火电发电占比将继续下降，但因为用电量基数较大，预计火电发电同比或继续微增，增幅在 0. 5%左右。

1. 煤矿安全生产需要煤矿智能化水平提升

我国对煤炭开采行业安全性的重视度持续提高，煤矿安全、人员健康保护条件不断改善。但受资源赋存条件、开发与利用工艺的复杂度、技术与装备水平等因素制约，我国煤炭自动化、智能化水平仍然较低，重大安全隐患的智能监测、预测、预警等技术相对落后，人员生产环境仍有较大改善空间。煤矿智能化建设将大幅减少井下作业人员数量与劳动强度，推动煤矿开采提质增效，具有巨大的市场空间。

2. 国家高度重视并出台多项政策鼓励煤矿智能化发展

近年来，国家相继出台了《关于加快煤矿智能化发展的指导意见》《煤矿智能化建设指南（2021 年版）》《"十四五"智能制造发展规划》等一系列行业政策，加快推进煤矿智能化转型，鼓励支持煤矿企业向智能、安全、绿色方向发展，为煤矿无人化智能开采等相关业务提供了广阔的市场空间。

3. 新一代信息技术在行业内得到初步应用

5G、大数据、人工智能以及区块链等新一代信息技术的快速发展为煤矿智能化建设提供了技术与装备支撑。这些新技术已经在煤炭开采关键技术、设备、系统平台等方面获得初步应用，未来，深度融合是发展趋势。新技术的引入可以提升智能化开采产品的技术水平，为实现更高水平的技术、更综合的产品功能提供了条件，为行业发展带来新的发展机遇。

4. 用工成本上升助推智能化快速发展

目前，煤炭企业从业人员老龄化严重，煤炭企业井下恶劣的作业环境难以吸引年轻人加入，导致招工越发困难。随着人民生活水平持续提升，从业人员的工资要求也在提高，加之煤炭安全生产投入加大，煤炭企业的用工成本不断攀升，这将促使煤炭企业加大智能化投入、减少劳动用工。

四　河北省煤炭行业发展建议

碳达峰、碳中和背景下，各个能源行业都在积极推进能源生产和消费的绿色革命，能源绿色消费不断深入。清洁高效利用能源和稳步推进绿色消费是近几年河北省能源结构转型的重中之重，尤其是发电行业在煤电清洁与节能改造方面不断深入推进。

（一）调控煤炭生产总量，保持供需基本平衡

煤炭产能过剩实质是违规产能过剩，即擅自扩大产能（超能力）、未批先建、批小建大。《关于遏制煤矿超能力生产规范企业生产行为的通知》明确要求，遏制煤矿超能力生产，制止未核准先生产、未取证就生产，营造公平的市场竞争环境，保障煤矿安全生产，促进煤炭行业平稳运行。对此，本文建议河北省调控煤炭生产总量，保持供需基本平衡，使煤价回归合理水平，促进煤炭行业健康发展。

（二）优化煤炭铁路运输结构

从煤炭运输力量看，2023 年全国煤炭铁路运输结构性冲突可能更加突出。西部地区煤炭产量将大幅增长，西煤东运、北煤南调的差距将进一步加大，河北省煤炭铁路运输瓶颈将更加凸显，在一定程度上将加剧河北省煤炭供求的冲突。本文建议河北省应尽快优化煤炭铁路运输结构，保证煤炭运输。

（三）加大税收减免力度，切实减轻企业负担

当前煤炭市场供大于求的态势难以改变，市场下行压力依然较大，受需求不足、产能过剩影响，煤炭销售更加困难，煤炭企业面临较大生存和发展压力，企业税负过重成为突出问题。据悉，财政部正在研究将煤炭增值税税率由现在的 17%调减为 13%，若能下调，必将减轻煤炭企业负担。本文建议尽快将煤炭增值税税率降到合理水平，尽快取消铁路建设基金，坚决遏制各种乱收费，进一步减轻企业负担。

（四）做好煤炭企业面临经营问题的风险防控

值得注意的是，企业面临产能过剩和成本上升的双重压力。从趋势上分

析，未来煤炭产能过剩有可能加剧，市场价格上升空间有限。与此同时，随着国家推动煤炭成本完整化进程的加快，促进节能减排的政策相继出台，企业增支因素还在增加，煤炭成本将呈现较快增长态势，煤炭企业经营面临很大风险。本文建议河北省做好煤炭企业面临经营问题的风险防控，确保企业正常运营。

2022~2023年河北省石油行业发展形势分析与展望

摘　要： 2022 年是近 10 年来石油市场行情波动最剧烈的一年，这给河北省石油行业带来巨大的压力和挑战。本文重点从石油供需情况、石化行业整体的发展等角度，对河北省 2022 年石油行业发展进行分析，并且对 2023 年石油行业的发展形势进行展望，根据面临的形势，提出河北省石油行业发展的对策建议。

一　2022年河北省石油资源开发情况

（一）油气勘探取得重要进展

2022 年，我国围绕老油田硬稳产、新油田快突破、海域快上产，大力提升勘探开发力度，勘探规模达到历史新高。2022 年，国内油气勘探开发投资约为 3700 亿元，同比增长 19%；新增石油探明地质储量超过 14 亿吨；全国原油产量达 2.04 亿吨，同比增长 2.9%，2016 年以来全国原油产量首次重新超过 2 亿吨大关；海上油气勘探发现 7 个，全国油气产量增量的 60% 来自海洋。

2022 年河北省石油产量达 547.1 万吨。华北油田全年生产原油 443 万吨，生产常规气 3.5 亿立方米，生产煤层气 18.9 亿立方米，油气产量当量达到 622 万吨，连续 5 年保持上升，创 30 年来新高。冀东油田推动冀东本部效益建产与老油田稳产，全力组织西部探区天然气产建，全年生产天然气 2.7 亿立方米。

（二）石油行业大举进军新能源产业

为应对气候变化我国提出“双碳”目标。石油作为化石能源，在利用过程中有二氧化碳排放量较大的问题。因此，石油公司的传统业务和市场空间将被压缩。在大部分国外石油公司下调石油产量、加快转型的背景下，国内石油公司在保证石油供应的前提下，逐渐向绿色发展转型。石油企业协同规划传统业务与新能源业务，在原有的油气规划中同步规划风电、太阳能、地热、氢能等的发展，依据自身优势，发展以多种清洁能源为主的综合能源。

华北油田快速成立新能源事业部，统筹推进新能源业务规划设计、建设运营、市场开发等工作，同时在各油气生产、工程院、电力分公司等单位建立新能源科或研究所，搭建新能源事业体系架构，修订完善新能源业务发展规划，为建设美丽中国贡献石油力量。华北油田积极稳妥推进碳达峰、碳中和，着力发展地热、风能、光伏等新能源，构建华北特色现代能源体系，推动油田绿色低碳转型，努力把华北油田建成“新能源大庆”。截至2022年12月，华北油田生产区域风光发电一期工程，已完成备案13万千瓦，可满足2000余口油井的绿色用电所需，华北油田低碳发展迈出了坚实的步伐。

冀东油田在2021年成立了新能源开发有限公司，机关处室、勘探开发研究院、钻采院等单位成立了联合攻关团队，围绕地热资源开展油田生产能耗替代利用、资源勘查与评价、关键技术储备等研究工作。冀东油田正式确立了以地热开发为主，以风电、光电资源为补充，差异化推进“热、电、碳、氢”的新能源业务。截至2023年1月，冀东油田建成地热项目3个，实现供暖面积958万平方米；2022年光伏项目累计发电量突破4250万千瓦·时；建成余热利用项目6个，替代加热炉41台。冀东油田还建成了中国石油最大的水面光伏发电项目，建设规模达40.97兆瓦，年均发电量5413.3万千瓦·时。

（三）石化行业高质量发展

为加快推进河北石化化工产业高质量发展，2022 年 6 月 8 日，河北省制造强省建设领导小组印发《河北省加快推进石化化工产业高质量发展的若干措施》，旨在优化区域布局，加快集聚化发展。推进曹妃甸、南堡、海港、丰南等沿海化工园区建设，重点建设曹妃甸和渤海新区两大石化化工基地。提升供给质量，促进精细化发展。着力推进全省炼油企业整合重组和绿色转型升级，有序推动“降油增化”。推进节能降碳，促进绿色化转型。鼓励企业采用清洁生产技术和装备来加快改造提升，强化生物基大宗化学品与现有化工材料产业链衔接，促进行业低碳发展。促进数字赋能，加快数字化转型，加快 5G、大数据、人工智能等新一代信息技术与石化行业融合，构建生产经营、市场和供应链等分析模型，推进数字化转型试点示范。若干措施的制定和实施推动了全省石化行业的发展，2022 年，全省石化行业团结奋斗、攻坚克难，除利润指标外，其他指标均取得了好于预期的好成绩。全省石化行业入统企业 2061 家，完成工业增加值累计增长 6.7%；完成营业收入 6870.99 亿元，同比增长 12.6%。

二　2022年河北省石油行业供需情况

（一）河北省原油产量趋向稳中略增的态势

2022 年，我国围绕老油田硬稳产、新油田快突破、海域快上产，大力提升勘探开发力度，原油产量达 2.04 亿吨，同比增长 2.9%，连续 4 年实现增长，突破 2 亿吨大关。

2022 年，河北省原油产量为 547.1 万吨，同比增长 0.46%，为 2022 年全国原油产量前 10 强的第 9 位（见图 1）。

自 2013 年开始，河北省原油产量基本维持在 530 万~600 万吨，原油产量大致呈现下降后攀升的态势。2022 年河北省原油产量为 547.1 万吨，较 2021 年的 544.6 万吨略有上升，同比增长 0.46%（见图 2）。

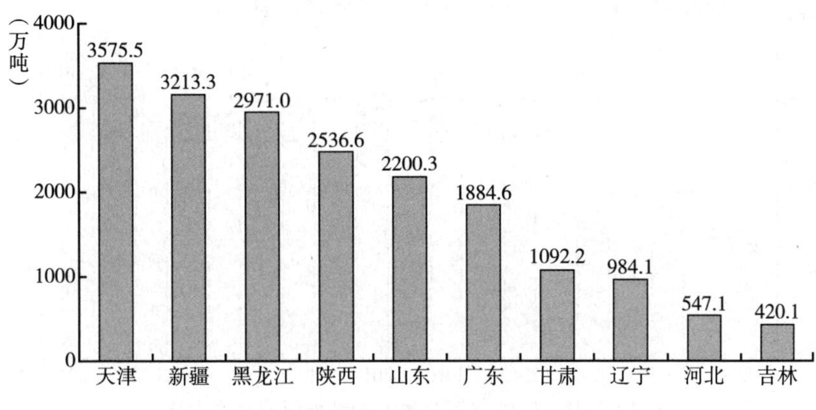

图 1　2022 年全国原油产量前 10 强

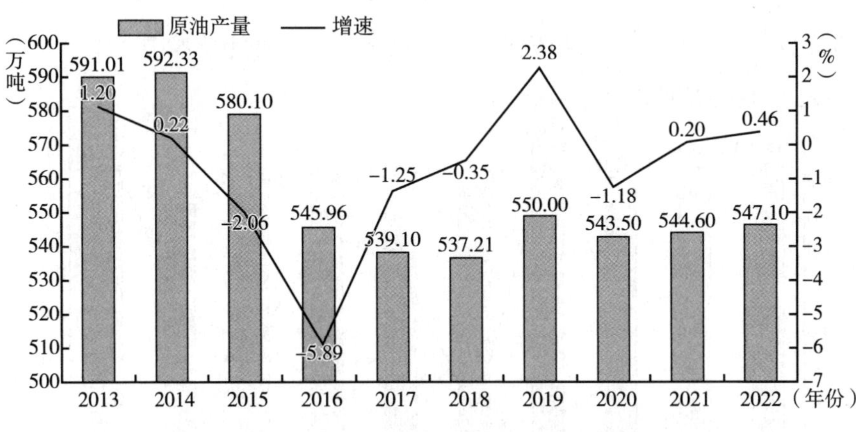

图 2　2013~2022 年河北省原油产量及增速

（二）河北省石油消费量总体呈平稳态势，供需缺口仍较大

党的十八大以来，河北省经济飞速发展，能源消费量不断增加。全省能耗总量由 2012 年的 28762. 5 万吨标准煤增加到 2021 年的 32590. 1 万吨标准煤，增长 13. 3%，年均增长 1. 3%。河北省煤炭资源比较丰富，水电、原油和天然气等资源相对不足，能源消费以煤炭为主。2012~2021 年，石油占能源消费总量的比重由 7. 5%降至 6. 6%（见图 3）。

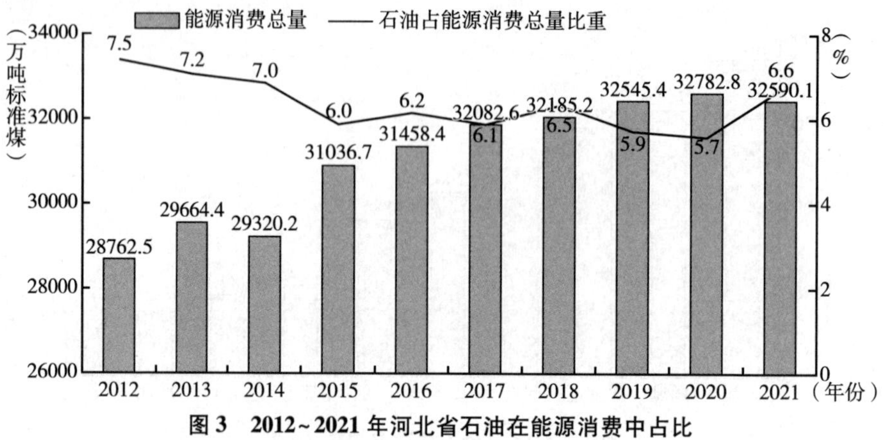

图 3　2012~2021 年河北省石油在能源消费中占比

近几年，河北省石油消费量总体呈平稳态势，2021 年，河北省石油消费量达到 1492. 61 万吨，与 2012 年比较减少 13. 39 万吨（见图 4）。

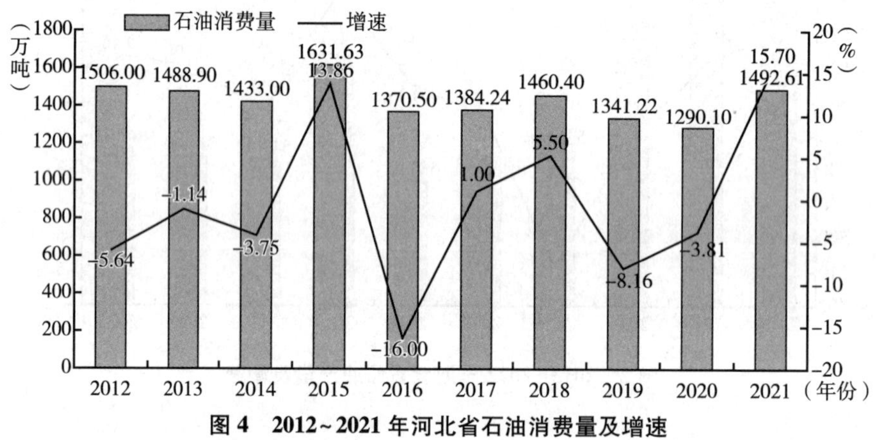

图 4　2012~2021 年河北省石油消费量及增速

（三）成品油价整体波动较剧烈

2022 年是历史上极不平凡的一年，世界形势加剧了国际油价的震荡，国际油价经历了过山车行情。国际油价从 2021 年 12 月到 2022 年 3 月初大幅攀升至 2008 年以来的最高点；自 2022 年 6 月中旬开始，油价震荡下跌；2022 年 11 月下旬跌至乌克兰危机爆发前的水平。

在国内外形势的影响下，河北省油价整体波动较剧烈，2022 年上半年快速上涨，其中 6 月 14 日，河北省汽油、柴油基准价格（标准品）分别涨至每吨 11580 元、10475 元，下半年呈现慢速震荡下降的态势（见图 5）。

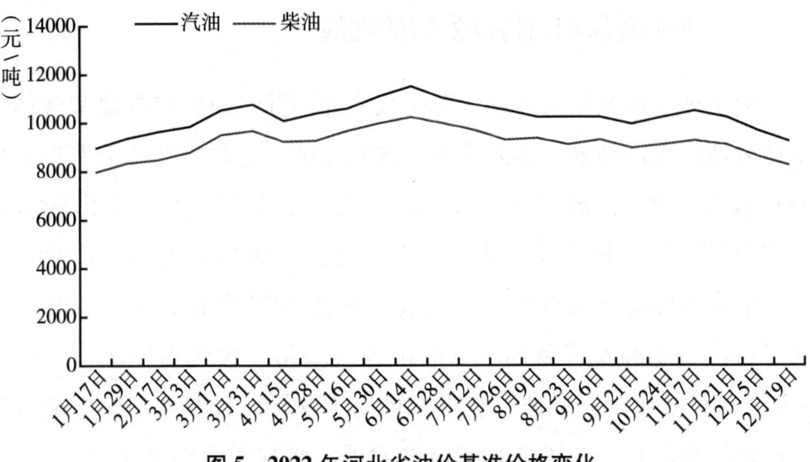

图 5　2022 年河北省油价基准价格变化

从价格变化情况来看，受国际油价的影响，2022 年河北省成品油价格呈现先升后降的态势。根据国内成品油定价机制“十个工作日一调”原则，2022 年，河北省成品油价格经历了 23 轮调整，成品油价格调整情况为“十三次上涨、十次下跌”，油价调整较频繁，油价震荡较剧烈。

三　河北省石油行业发展形势及展望

（一）面临供应和储备的挑战

全球石油供应和储备集中于少数国家和地区，这些国家和地区的政治和经济环境的变化可能对全球石油市场产生重大影响。2023 年，国际石油市场行情将更加复杂。从供给端来看，目前全球三大原油生产国家（组织）为 OPEC、美国和俄罗斯。由于国际冲突持续发酵，石油供给受到严重制约，其中由于西方国家的不断制裁，俄罗斯等地的原油产量将明显下滑。从需求端来看，在全球经济衰退的背景下，原油需求也有较大的下滑风险。从市场整体来看，随着国际形势的变化，争夺全球原油定价权的竞争将会更加激烈，这可能会导致 2023 年原油市场再起波澜。

（二）面临环保和可持续发展的挑战

随着全球气候变化的加剧，各国政府和国际组织对减少温室气体排放和推动可持续发展的要求越来越高，这对石油工业的生产和消费都带来了限制和压力。为了实现国家“双碳”目标，很显然，化石能源转型发展已经成为必然选择和发展趋势，而作为化石能源主体的油气产业难以回避，肯定会面临前所未有的严峻挑战。截至 2022 年底，至少 150 个国家明确了可再生能源发展目标。石油作为我国第二大化石能源，必然受到“双碳”目标的影响。未来石油需求将逐步减缓，日益激烈的电能替代竞争、电动汽车的普及、风电和光电的发展，将促使石油需求在 2030 年前后达峰并逐渐下降。在碳减排压力下，石油行业做好油气资源保供的同时，面对越来越大的碳排放压力，必须千方百计地探索现有业务发展的低碳路径，持续调整和优化投资组合，提高发展模式的可持续性，努力降低油气生产中的碳排放强度。

四　河北省石油行业发展建议

我国确立“双碳”战略目标，意味着逐步降低石油等化石能源消费占比，加快推进能源绿色低碳转型。此外，全球宏观经济下行、发展停滞，金融环境不断收紧，实体企业经营成本不断攀升，进一步导致了石油需求的下降。尽管我国石油产业面临诸多问题，石油供给仍不能满足需求，但石油行业仍对经济社会的发展起着重要支撑作用，河北省需要进一步加大石油勘探开发的投资力度，提高石油资源利用效率，探索石油行业低碳发展模式，全力保障能源安全。

（一）积极适应形势，强化全产业链降本增效

掌握行业的核心技术，能以较低成本获得较高的利润，提升市场竞争力，抵御市场风险。低油价倒逼石油企业推进降本增效，减少开支，加强油气产业链精细化管理，在控制生产成本、勘探支出、无效低效投资、人员成本等方面下功夫，强化内部管理，注重安全生产。在油气行业的关键技术领域中，深水勘探开发技术、页岩气与致密油气低成本开发技术等方面还存在瓶颈。要注重研发关键技术，创造新的效益增长点，增强投资回报率。推进炼化项目“降油增化”，延长石油化工产业链，推进新建石化化工项目向原料及清洁能源匹配度高、环境容量富裕、节能环保低碳的化工园区集中。对产业基础好、集聚度高的补链延链项目要优先推进，对产能过剩的产品要严格执行产业政策，严控新增产能。

（二）探索石油行业绿色低碳发展模式

在“双碳”目标下，石油行业低碳发展需要依靠科技创新，推动绿色生产，从而实现节能减排、生态保护和清洁生产，促进从粗放型生产经营向集约高效型转变，统筹温室气体和污染物的协同控制，努力减少油气勘探开发活动中的碳排放。实现勘探开发活动与新能源业务协同发展，将光电、光热等新能源业务与二氧化碳驱油、蒸汽驱油等传统油气生产工艺相结合，在提高油气产量的同时降低二氧化碳排放水平。加大科技投入力度，将碳捕集、利用与封存融入石油石化产业链。

（三）推动石油行业向数字智能模式转型

当前，数字经济已经成为经济持续发展的推动力，我国各行业都在大力发展数字经济。而石油化工行业是资产密集型行业，具有生产管理复杂、运行维护烦琐、环境保护压力大的特征，更需要加快数字化转型的步伐，通过大数据、物联网技术的应用，提高设备管理、生产管理、供应链管理的数字化水平。全球数字化技术在油气方面的应用已经得到快速发展，油气的勘探

开发效率大幅提高，开发成本进一步降低。石油管道的运营与管理向智能化与数字化方向发展已成为我国油气管道企业的重大发展战略，未来 10 年，我国油气管道行业将迎来新的建设发展高峰。

（四）把握各种机遇，加快发展石化产业

《河北省制造业高质量发展“十四五”规划》指出，到 2025 年，石化产业营业收入将达到 6500 亿元，沿海地区石化产值占全省比重将提高到 60%，化工行业精细化率将进一步提升。“十四五”期间，河北省将做优做强石油化工，大力发展高端精细化学品，积极研发合成材料，加快石化园区建设，开展化工园区认定，推动产业向沿海转移、向化工园区集聚。在政策的引导下，充分抓住京津冀和雄安新区发展等机遇，大力拓展思路，加快促进科技创新、技术进步，实现高质量发展。在战略方面，河北省要抓住机会，快速推动产业合作，转移成果，加大人才引进力度。通过这些举措，河北将成为国家、京津冀和雄安新区发展的腹地、基地。在战术方面，河北省要充分吸收外来技术，不断提升自身实力，注重吸收、消化、引进和生产一些与北京、天津高新技术和高端领域相配套的产品，实现同步发展。

2022~2023年河北省天然气行业发展形势分析与展望

摘　要：随着碳达峰、碳中和的推进，新型电力系统加快构建，天然气在低碳转型中也不断面临新的机遇与挑战。本文分析了在未来新的市场供需环境下，河北天然气能源项目的发展形势，并针对天然气行业面临的消费大幅增长、用气人口不断增加、气源及储气能力建设受制约、价格波动等各种问题，提出推动天然气基础设施投资建设、提高天然气储备能力、坚持创新引领推进智能化建设等建议。

一　2022年河北省天然气开发建设情况

（一）天然气基础设施建设情况

河北省是全国天然气干线和支线发展较为发达的省份，省内已建成运营国家干线和省内支干线25条，总长度为3264千米，城镇管网总长约为4000千米，95%以上的县（市、区）实现了管道通气。

河北省不断加快推进城市燃气等老旧管网更新改造，有效提高城市安全韧性，促进城市高质量发展，为加快建设经济强省、美丽河北提供坚实保障。《河北省城市燃气等老旧管网更新改造实施方案（2023—2025年）》要求，2023年河北省将完成城市燃气等老旧管网更新改造1896.72千米。到2025年，全省将累计完成城市燃气等老旧管网更新改造3975.41千米，城市燃气管网安全平稳运行。

（二）天然气管网情况

河北省天然气主要来自陕京一、二、三、四线，中俄东线，永唐秦管道，秦沈管道，大唐煤制气管道，冀宁线，冀宁复线，安济线，鄂安沧管道，港清一、二、三线，中沧线，应张线等，形成“区内成网、区域连通、调运灵活、供应稳定”的供气格局，有效支撑天然气消费比例快速提高。截至2021年底，河北省天然气的供气管道长度达42194千米，同比增长6.69%。

（三）天然气储气设施情况

2020年，河北省发展改革委、省财政厅等部门印发《关于加快推进天然气储备能力建设的实施意见》，推行储气设施独立运营模式。独立运营模式的储气服务价格、天然气购进和销售价格均由市场形成。鼓励储气设施经营企业通过出租库容、利用季节性价差等市场化方式回收投资并获得收益，加快构建储气调峰辅助服务市场机制。加快推进天然气基础设施建设互联互通公平开放，对储气设施与主干管网连接的，各级管道运输企业应优先接入，优先保障运输。管道运输企业的配套储气库，原则上应公平开放，为所有符合条件的用户提供服务。2021年8月，河北省发布《河北省综合立体交通网规划纲要》，要求加快集装箱、液化天然气、油品等专业化深水泊位建设，推动老港区、老码头专业化改造，持续推进重要港区航道、锚地提级扩容。2022年1月，《支持中国（河北）自由贸易试验区创新发展的若干措施》支持曹妃甸片区的液化天然气（LNG）储运设施建设，组织安排外采LNG资源，确保天然气气源稳定供应。正在建设中的曹妃甸新天LNG接收站项目是环渤海地区在建和规划LNG接收站中接卸能力最大的项目，建成后曹妃甸将成为全国LNG接卸能力最大的港口，对提高京津冀地区冬季安保供气能力和管网输气调配能力具有重大意义。

（四）燃气安全管理工作

2022年，河北省住房和城乡建设厅、河北省气代煤电代煤工作领导小组办公室印发《全省城乡燃气重大危险源辨识、评估、管理工作方案》，要求2022年底前，河北省全面完成城乡燃气重大危险源辨识、评估工作，强化燃气安全风险分级管控，做到燃气风险管控关口前移、源头治理，织密织细安全防护网，有效提升全省燃气行业监管水平。针对农村用气安全，河北省气代煤电代煤工作领导小组办公室等部门印发《关于切实加强农村涉气第三方施工管理的通知》，要求切实加强农村涉气施工安全，坚决防止第三方施工破坏造成的燃气事故，完善相关制度，落实会商协调机制。

二　河北省天然气供需情况

（一）天然气供应情况

2021年，河北省宏观经济实现“十四五”时期良好开局，天然气供应量增长平稳。2021年，河北省天然气供应总量达64.38亿立方米，同比增长0.15%（见图1）。天然气损失率为2.51%，比上年减少0.51个百分点。随着“煤改气”和“双碳”的持续推进，未来河北天然气需求将继续增长。

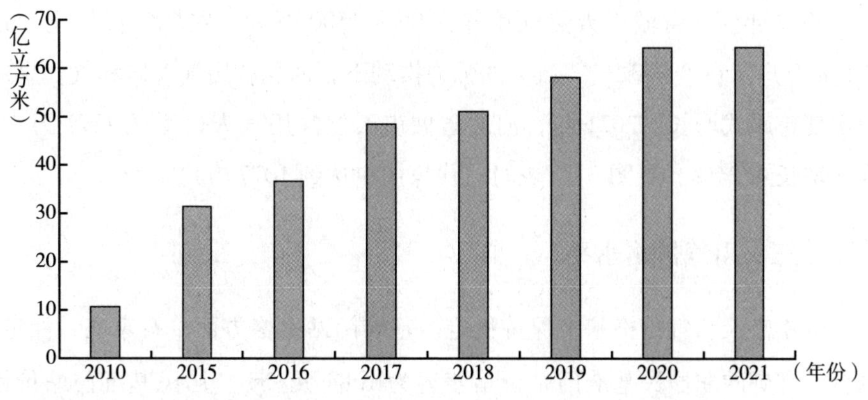

图1　2010年和2015~2021年河北省天然气供应总量

（二）天然气需求情况

2015~2021年河北省天然气需求呈稳步增长趋势。随着河北省“煤改气”工作不断推进，天然气消费量占能源消费总量比重不断上升。2021年，全省天然气消费量达192.9亿立方米，是2012年消费量的4.3倍，占能源消费总量的比重达7.6%（见图2），比2012年提高5.8个百分点。

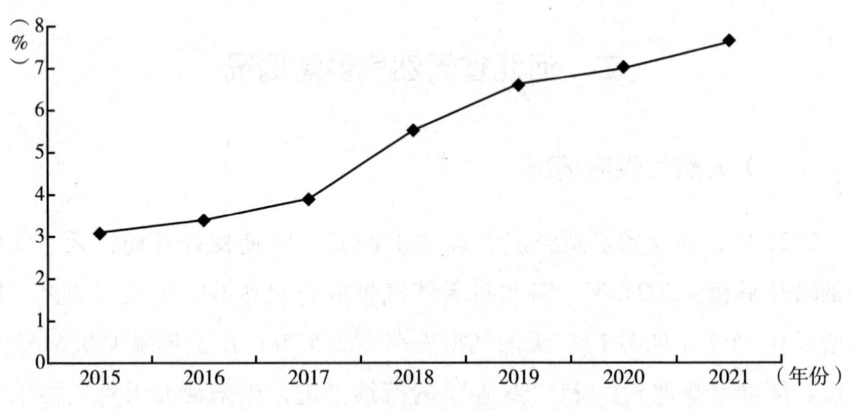

图2　2015~2021年河北省天然气消费量占能源消费总量比重

2017年河北省城市天然气用气人口达1500万人，农村气代煤用户达231.8万户。在“煤改气”政策的强力推动下，河北省用气人口和气代煤用户实现跨越式增长。2021年，河北省城市天然气用气人口增至1821万人，同比增长4.84%（见图3），农村气代煤用户达到1077万户。

（三）用气价格水平

近年来天然气价格基本保持稳定。基准门站价格方面，石家庄、保定、邢台、邯郸的非居民基准门站价格普遍为1.84元/米^3，居民基准门站价格普遍为1.81元/米^3；沧州非居民和居民基准门站价格一致，不过根据气源的不同，分为1.84元/米^{3}和1.86元/米^{3}两个价格。管道运输价格包含输气

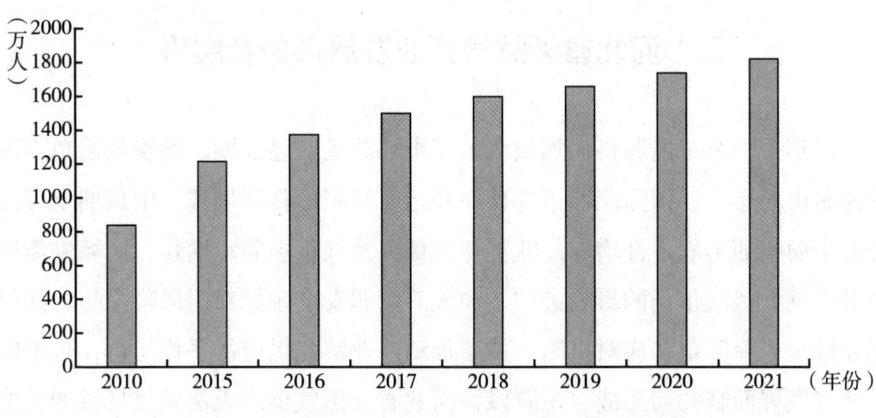

图3　2010年和2015~2021年河北省城市天然气用气人口

损耗等费用，2022年6月1日，河北省下调部分天然气短途管道运输价格，河北省内短途天然气管道运输价格表如表1所示。

表1　河北省内短途天然气管道运输价格表

单位：元/米³

经营企业	管道名称	管道运输价格
河北省天然气有限责任公司	京邯管线、高清线、冀中十县管线	0.152
河北新天绿色能源股份有限公司	涉县至沙河煤层气管线	0.096
保定市中茂能源有限公司	保霸管线	0.172
华港燃气集团河间管道集输有限公司	河石管线	0.164
中石化河北建投天然气有限公司	鄂安沧输气管道	0.178
河北中石油昆仑天然气有限公司	石家庄市三环官网一期工程等	0.169

河北省各地根据《政府制定价格成本监审办法》等有关规定，将城市燃气等老旧管网更新改造投资、维修以及安全生产费用等进行核定，相关成本费用计入定价成本。在成本监审基础上，综合考虑当地经济发展水平和用户承受能力等因素，按照相关规定适时适当调整供气、供热、供水等价格；对应调未调产生的收入差额，可分摊到未来监管周期进行补偿。

三　河北省天然气行业发展形势及展望

近年来，全球能源格局加快调整，市场波动明显加剧。地缘政治角力影响能源市场运行，国际能源市场秩序和运营规则面临新挑战，中长期全球能源安全面临的不确定性增加。欧美亚区域天然气市场联动增强，区域供需风险对全球天然气市场的影响进一步加大。能源安全领域新旧风险交织，如何建立健全风险防范和应对机制、持续推动产业链和供应链平稳运行，是中国天然气发展面临的新挑战。现阶段，河北省天然气供应无法满足日益增长的需求。一方面，随着经济的快速发展和城市化进程的加速，能源需求急剧增长；另一方面，供应链条中的瓶颈问题和供应能力不足，导致需求无法及时满足。河北省天然气产量逐年下降，需不断依靠外省天然气输入以维持供需平衡。天然气行业面临消费大幅增长、用气人口不断增加、气源及储气能力建设受制约、价格波动等各种问题。

（一）天然气产量远低于外省供应量

随着大气污染防治行动和气代煤等清洁能源替代工作的推进，河北省天然气市场供需矛盾日渐突出。2021 年河北省天然气消费量达 192. 9 亿立方米，产量为 5. 28 亿立方米，外供比例达 97. 26%。河北省天然气自产潜力较小，对外依存度高，受国内外市场影响较大。近年来，河北省天然气产量不断下降，2018~2021 年河北省天然气产量分别为 6. 16 亿立方米、5. 84 亿立方米、5. 61 亿立方米、5. 28 亿立方米，省内天然气供应主要依靠外省调入（见图 4）。

（二）气源及储气建设制约因素较多

2022 年冬天河北省再次出现大范围气荒，在推行“煤改气”的邯郸、邢台、沧州、保定、衡水等多地，农村居民冬季采暖出现困难。在 2022 年采暖季开始后不久，多地就出现夜间限气、购气限量的情况，该情况一直持续至 2022 年 12 月底 2023 年 1 月初，是 2017 年之后规模最大的一次气荒。2017

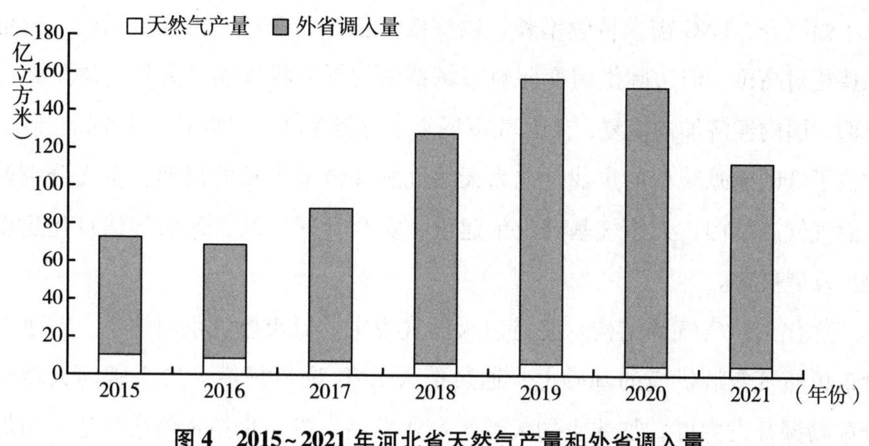

图4　2015~2021年河北省天然气产量和外省调入量

年出现的气荒是“煤改气”实施超出预期、进口气源减供、气量供需总体失衡所致。而2022年冬天，天然气的供应并不短缺，河北省缺少的是低成本的天然气气源。

（三）天然气价格问题仍需解决

河北省“煤改气”户数较多，保定、邢台、石家庄等多地政府纷纷出台政策缓解用气紧张问题，同时省内其他一些地市也制定了相关的补贴政策。根据公布的政策，多地政府对燃气企业气价进行补贴，补贴标准区间为0.37元/米^3~1.44元/米^3。由于储气企业采暖调峰比例高，储气企业的补贴力度较大，保定市对储气企业的补贴为1.44元/米^3。为防止燃气企业出现限购、停供、限供的现象，河北部分市区政府的补贴资金采取“先预拨后清算”的方式，按不少于补贴资金总量的50%进行预拨。但出台补贴政策也仅仅是临时解决的方法，河北省仍需在天然气成本控制、运行优化、定价机制方面进行研究分析，以提高天然气经济性、降低气源成本及中间环节费用为发展目标。

（四）天然气行业发展展望

在全球经济复苏以及主要国家能源转型加快的大背景下，全球天然气需求小幅回升，LNG需求持续增长，供应依然偏紧，全球三大区域天然气价格保持相对高位，但边际供需变化对市场情绪的扰动将减弱，天然气均价整体降低。国内经济加快恢复，天然气市场需求逐渐复苏。“双碳”目标的提出，加快了低碳能源转型的步伐，也为天然气发展带来了新的机遇。本文分别就天然气气源结构、天然气基础设施建设、安全管理体系、天然气信息化建设提出发展展望。

优化天然气气源结构。坚持以天然气为主的城市燃气供应体系，在落实管道天然气资源供应的基础上，通过扩大LNG进口规模，加大省内天然气资源勘探开发力度，加快生物天然气产业发展，进一步拓宽供应渠道，增加资源有效供给。管道天然气辐射不到的区域，要以液化石油气补充城市商业、居民用气，应急调峰城市燃气，逐步淘汰人工煤气。

完善天然气基础设施建设。各地要根据各自城市规模、发展目标，完善城区门站、调压及加气设施，统筹考虑氢能供应能力、产业基础和市场发展阶段，探索加气站、加氢站合建模式试点。补齐应急、调峰储气设施短板。重点布局沿海LNG接收站储罐群及地下储气库，着力提升全省储气调峰能力，逐步形成以地下储气库和LNG接收站为主，LNG储备站、罐箱为辅，管网互联互通为支撑的多层次储气调峰系统，切实提高全省及周边地区应急调配能力，为满足国家关于地方政府3天、城镇燃气企业5%的储气调峰责任要求提供重要支撑。持续推进老旧管网改造。按照即有即改、分类实施的原则，结合老旧小区、城中村及市政道路改造，有序推进燃气管网改造工程。重点改造使用年限超过15年的铸铁管、镀锌钢管，公共管网中存在泄漏或机械接口渗漏、腐蚀脆化严重等问题的燃气管网，切实保障管网运行安全。“十四五”时期，河北省计划改造燃气老旧管网约120千米。

构筑完善的安全管理体系。督促燃气企业严格落实入户安检制度，对城镇居民燃气用户的入户检查每年不少于一次、对单位燃气用户的入户检查每年不少于一次。燃气企业严格落实巡检巡查制度，全面排查燃气管道腐蚀情况等，重点排查储气设施、门站、加气站以及饭店、火锅城等人员密集场所。河北省严格落实《河北省城镇既有管道燃气用户加装安全装置工作方案》，全面完成城市既有管道燃气用户加装具有自动切断功能安全装置的工作，有效防范事故发生，保障用户安全用气。严把产品质量关，选择符合国家标准规范的产品设备，严格按照操作规范施工作业，确保工程质量。

推进天然气信息化建设。构建“省、市、县、企业”四级联网的燃气行业监管信息系统，实现信息数据动态采集、科学监测。加快推进液化石油气充装追溯信息平台建设，实现“来源可查、去向可追、责任可究”的监管目标。鼓励燃气企业使用数据采集与监视控制系统（SCADA）、地理信息系统（GIS）和全球定位（GPS）巡线系统等，实现输配系统现代化监控管理，保证供气安全。

四　河北省天然气行业发展建议

（一）推动天然气基础设施建设

加快完善区域及省内管道，强化供需衔接。支持实施天然气长输老旧管道更新改造，保障产业平稳运行。强化勘探特别是风险勘探投资，加快资源探明，夯实资源基础，强化储量接续。加快科技创新和工程示范，推动油气等资源先进开采技术开发应用。围绕深层深水非常规气、深层页岩气、煤层气等难动用储量资源，强化勘探评价和科技攻关，推动效益建产、高效生产。优先保障农村民生用气需求。加强过境河北省的国家输气干线之间、省级输气管线之间、国家和省级管线之间的互联互通和公平接入，增强资源互济能力，逐步实现资源在不同管网设施间的灵活调配。继续推进“县县通”工程，完善县域内城镇燃气（含农村“煤改气”）管网，加速县域内不同企业间城镇燃气管网的互联互通，着力解决城镇燃气“孤岛”和单一气源供应问题。

（二）提高天然气储备能力

2022 年，河北省印发《关于保粮食能源安全的十五条政策措施》，要求提高天然气储备能力，进而全面增强能源储备能力。提高天然气储备能力，一是建立储气能力建设进度和达标率与分配气量、气价挂钩的机制；二是建立储气能力建设进度与中央预算内补助挂钩的机制；三是建立储气设施市场化运营机制，实行峰谷和季节差价联动、淡季与旺季价格挂钩；四是建立储气设施的管输费优惠政策；五是建立储气设施与支持加气站、加油站建设布局挂钩的机制；六是研究制定对 LNG 接收站配建储气设施的特殊政策；七是研究制定对地下储气库垫底气（不可动用量）的支持政策。

（三）坚持创新引领推进智能化建设

加快油气等资源先进开采技术、装备的开发应用，加快管网数字化、智能化、标准化体系建设，加强模式探索创新。因地制宜、因省施策，积极推动省级管网以市场化方式融入国家管网公司。压缩供气层级，简化收费模式，结合省网融入鼓励探索开展管输费“一票制”结算等模式创新，提高用户获得感。加强新业态探索。立足“双碳”发展目标，推动油气行业低碳转型，推进天然气与新能源融合发展。

2022~2023年河北省可再生能源行业发展形势分析与展望

摘　要： 本文回顾了2022年河北省可再生能源的发展情况，重点探讨了可再生能源发电的装机容量的快速增长、消纳形势的持续改善以及张家口可再生能源示范区在绿色发展方面的引领作用。同时，本文对2023年河北省可再生能源发展形势进行展望，分析了面临的机遇、问题和挑战，并依据现实所面临的问题提出了关于“十四五”时期河北省可再生能源高质量发展的建议。

一　2022年河北省可再生能源发展情况分析

2022年，河北省聚焦建设清洁高效、多元支撑的新型能源强省，加快建设新型能源体系，重点实施七大专项行动，全面推进风光大规模开发利用和高质量发展，全面推进抽水蓄能开发提速，有序开发海上风电，扎实推进中国式现代化的河北场景落地。截至2022年底，河北省可再生能源发电装机容量达7264万千瓦，居全国第一位。

（一）可再生能源发电装机容量快速增长

1. 绿色电力占比显著提高

2022年，河北省新增可再生能源发电装机容量达1406万千瓦，水电、风电、太阳能发电、生物质发电装机容量分别新增212万千瓦、251万千瓦、934万千瓦、9万千瓦。截至2022年底，河北省可再生能源发电装机容量达 7264 万千瓦，其中水电、风电、太阳能发电和生物质发电装机容量分别达 393 万千瓦、2797 万千瓦、3855 万千瓦和 219 万千瓦。可再生能源发电装机容量占全部发电装机容量的比重为 58.33%，较 2021 年提升 5.4 个百分点，可再生能源的清洁能源替代作用日益凸显（见图 1）。截至 2022 年底，河北省可再生能源发电装机容量占全国总容量的 6.0%，排名全国第一；冀北电网的可再生能源发电装机客量占比达 65.17%，居省级电网之首。

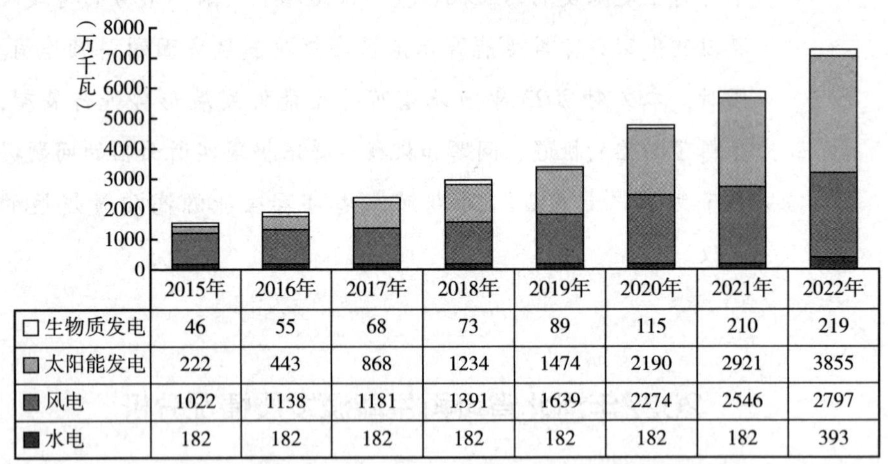

	2015年	2016年	2017年	2018年	2019年	2020年	2021年	2022年
□生物质发电	46	55	68	73	89	115	210	219
■太阳能发电	222	443	868	1234	1474	2190	2921	3855
■风电	1022	1138	1181	1391	1639	2274	2546	2797
■水电	182	182	182	182	182	182	182	393

图 1　2015~2022 年河北省可再生能源发电装机容量

2. 风电、光伏发电装机容量保持稳步增长

“十四五”时期以来，河北省积极推动冀北清洁能源基地建设，着力打造张承地区百万千瓦风电基地和唐山、沧州及沿太行山区 3 个百万千瓦级光伏发电示范区。截至 2022 年底，河北省风电累计装机容量达 2797 万千瓦，规模仅次于内蒙古，保持全国第二位；风电累计装机容量占全部电力装机容量的 22.46%，与 2021 年基本持平。张家口、承德百万千瓦级风电基地风电装机容量达 2342 万千瓦。全省光伏发电累计装机容量为 3855 万千瓦，规模仅次于山东省，居全国第二位；光伏发电累计装机容量占全部电力装机容量的 30.96%，较 2021 年提高 4.60 个百分点。

3. 抽水蓄能项目建设速度明显加快

为推动新能源实现高质量发展，满足新型电力系统建设需要，河北省按照总体部署，全力推进抽水蓄能开发建设。2022 年 7 月，河北省发展改革委会同自然资源厅、水利厅、林业和草原局，联合印发了《关于进一步加快抽水蓄能项目前期工作办理速度有关事项的通知》，并联审批、平行推进各项前期工作。2022 年，全球规模最大的抽水蓄能电站在河北承德丰宁满族自治县部分投产发电；国家规划重点实施项目阜平抽蓄、灵寿抽蓄、邢台抽蓄、滦平抽蓄、隆化抽蓄和迁西抽蓄陆续核准。

（二）可再生能源消纳形势持续向好

1. 可再生能源发电量和占比稳步提升

2022 年，河北省可再生能源发电量为 645 亿千瓦·时，较 2021 年增长约 272 亿千瓦·时；可再生能源发电量约占发电总量的 34.59%，较 2021 年上升约 5.9 个百分点。其中，水电发电量为 27 亿千瓦·时，同比增长 55.07%；风电发电量为 587 亿千瓦·时，同比增长 14.84%；光伏发电量为 443 亿千瓦·时，同比增长 58.54%；生物质发电量为 86.6 亿千瓦·时，同比增长 28.49%。在发电量结构中，水电的发电量占发电总量的 1.12%，风电占 17.61%，光伏发电占 13.28%，生物质发电占 2.6%。2022 年可再生能源发电量占全社会用电量的比重为 26.56%，较 2021 年提升 6.02 个百分点。可再生能源在河北省能源转型和低碳发展中承担着越来越重要的作用（见图 2）。

2. 新能源利用率保持较高水平

大规模新能源“接得上、送得出、可消纳”，是新能源高质量发展的基本要求。冀北电网、河北南网在加快电网建设、坚持科技创新、坚持优先调度等方面采取相应措施，最大限度保障了新能源的消纳利用。2022 年，河北省新能源弃电量约为 36.34 亿千瓦·时，其中弃风电量约为 27.1 亿千瓦·时，风电利用率为 95.6%；全省弃光电量约为 9.24 亿千瓦·时，光伏发电利用率为 96.3%；全省无弃电。

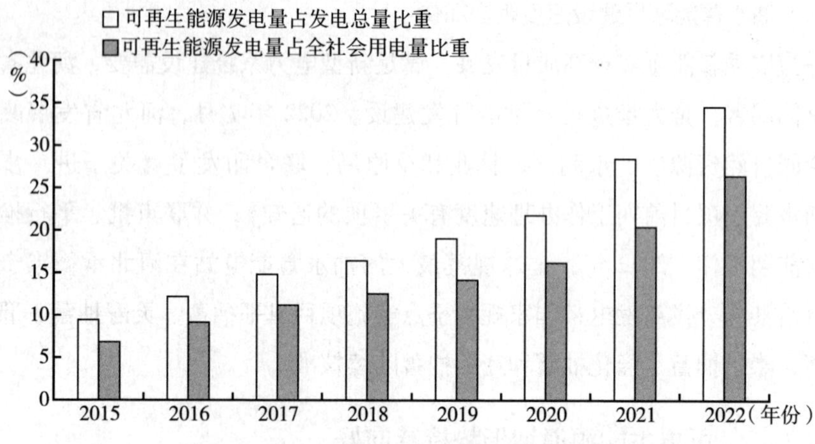

图 2　2015~2022 年河北省可再生能源发电量占比

3. 可再生能源发电利用小时数总体呈增长趋势

2022 年，全省水电利用小时数为 1189 小时，较 2021 年增加 46 小时；风电利用小时数为 2238 小时，较 2021 年增加 30 小时；太阳能发电利用小时数为 1330 小时，较 2021 年增加 222 小时；生物质发电利用小时数为 4049 小时，较 2021 年减少 108 小时（见图 3）。

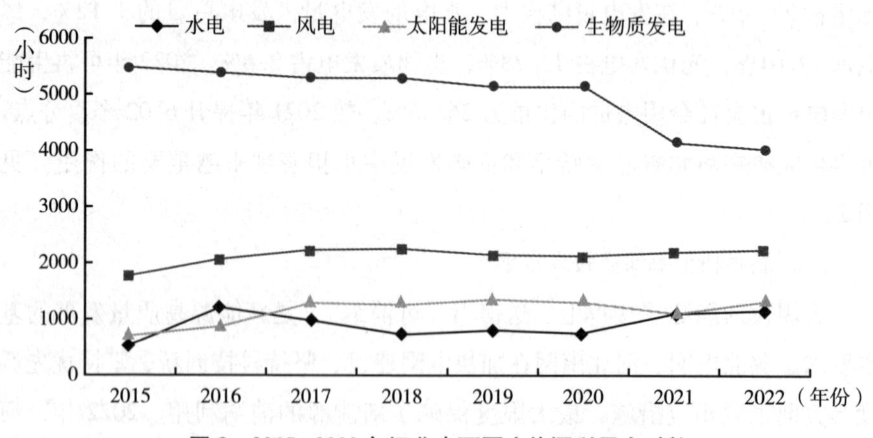

图 3　2015~2022 年河北省可再生能源利用小时数

（三）张家口市引领绿色发展

张家口市围绕“十四五”规划目标、任务，深入贯彻“四个革命、一个合作”能源安全新战略，“发储输用”一体化推进可再生能源示范区建设，进一步探索新体制新机制、提升创新能力、推进源网荷储一体化、培育新产业新业态，持续用力打造示范区“升级版”，推动示范区“后冬奥时代”高质量发展。

1. 绿色冬奥能源保障工作圆满完成

清洁用电方面，张家口市以供电可靠率99.999%的“双环网+双辐射”电网结构和国际领先的±500千伏多端柔性直流示范工程，实现了张家口赛区绿色电网全覆盖和北京赛区绿色电力持续稳定供应，“用张北的风点亮北京的灯”。冬奥场馆及配套项目全部纳入“四方协作机制”，打破绿色用电价格制约，助力实现奥运史上首次100%绿色用能示范。截至2022年底，张家口可再生能源示范区获批新能源指标4936万千瓦，累计可再生能源发电装机容量达到2647万千瓦，占全域电力总装机容量的81.7%。绿色交通方面，打造绿色氢能交通体系，赛区内配套建设充电桩、加氢站等基础设施；域内制氢厂4家、加氢站9座，投运氢燃料电池车辆710辆，赛事交通服务清洁能源车辆使用占比达到历届冬奥最高水平。

2. 可再生能源应用范围持续扩大

积极推动可再生能源与供暖、大数据、制氢、交通等各行业深入融合。清洁供暖方面，张家口市推广电供暖面积达到1758万平方米。绿色数据方面，跻身“东数西算”全国一体化算力京津冀节点城市，依托绿色数据中心集群建设，促进可再生能源就近消纳。绿电制氢方面，建成国内第一个风电制氢示范项目和全国加氢量最大的创坝加氢站，加快推动风光耦合制氢示范等项目建设，推动“可再生能源+氢能”协同发展。绿色交通方面，累计建成充电桩5500多个，基本实现交通枢纽及主干道、重点旅游景区、公共停车场、政企单位全覆盖；累计投运444辆氢燃料电池公交车，载客量超6300万人次，运行超2300万千米，被联合国计划开发署评价为中国规模最大的燃料电池公交运行车队。绿色园区方面，谋划南山汽车产业基地源网荷储绿电直供、阿里巴巴张北零碳数据中心、怀来东花园数据产业园零碳能源岛、宣化开发区依托增量配网零碳产业园 4 个项目，实施方案已编制完成并通过专家评审。

3. 谋划布局储能基地

河北省贯彻落实建设新型能源强省战略布局，围绕“新型储能项目、抽水蓄能开发、打造储能装备制造基地”3 条主线，全力打造以抽水蓄能为主要支撑，以电化学储能、压缩空气储能、飞轮储能等多种储能技术为补充的千万千瓦级储能基地。谋划建设抽水蓄能电站 23 个，总装机容量达 2655 万千瓦，1 项在建、4 项列入国家规划储备项目。基于此，张家口印发实施《张家口市新型储能“十四五”发展规划》，提出到 2025 年布局建设新型储能 300 万千瓦以上；新能源配套建设新型储能 200 万千瓦以上；列入年度省级规划独立储能示范项目 6 项，总装机容量达 126 万千瓦；尚义、赤城、阳原、怀安 4 个县布局共享储能电站 5 座，总装机容量达 75 万千瓦。

4. 重大创新项目扎实推进

推动创新示范效应持续放大，张家口市加速推进异质结光伏示范、压缩空气储能、氢能等重大创新项目建设。国际首套百兆瓦压缩空气储能成功并网，技术处于世界领先地位，效率达到 70.4%。“光伏新动力”高效异质结、碲化镉新型太阳能电池组件技术成果示范应用范围不断扩大，填补了示范区高效光伏先进技术的空白。加速布局氢能产业，全国首个氢能全产业链一体化数据采集和监测平台投入运营，交投壳牌制氢加氢、亿华通二期燃料电池发动机等项目建成投产，初步形成氢能全产业链发展格局，“氢能张家口”成为城市发展新名片。有序推进规模化开发，建成投运国内首台最大单机容量陆上风力发电机组。

二　2023年河北省可再生能源发展形势

（一）面临的机遇

1. 可再生能源再次迎来发展新高潮

当前，以可再生能源为核心的能源革命持续快速演进，碳达峰、碳中和深刻改变了我国经济社会发展方式。2020 年 9 月，习近平主席在第七十五届联合国大会一般性辩论上宣布，中国将采取更加有力的政策和措施，二氧化碳排放力争于 2030 年前达到峰值，努力争取 2060 年前实现碳中和。2020 年 12 月，习近平主席在气候雄心峰会上进一步宣布，到 2030 年，中国单位国内生产总值二氧化碳排放将比 2005 年下降 65%以上，非化石能源占一次能源消费比重将达到 25%左右，风电、太阳能发电总装机容量将达到 12 亿千瓦以上。

2021 年 3 月，十三届全国人大四次会议表决通过了《中华人民共和国国民经济和社会发展第十四个五年规划和 2035 年远景目标纲要》。"十四五" 规划指出要加快发展非化石能源，坚持集中式和分布式并举，大力提升风电、光伏发电规模，建设一批多能互补的清洁能源基地。"十四五" 期间我国将建设九大大型清洁能源基地，其中包括作为 "风光储一体化" 基地的冀北清洁能源基地。冀北清洁能源基地的提出，标志着继张家口获批设立可再生能源示范区之后，张承地区正式上升为国家级的清洁能源基地。

"十四五" 时期以来，河北省批复了碳中和示范项目、2021 年光伏发电平价上网项目、保障性并网项目、国家第一批大型风电光伏基地项目、市场化并网项目、碳中和示范项目（二期）、电力源网荷储一体化和多能互补试点项目和 2022 年大型风电光伏基地项目 8 个批次 5637 万千瓦新能源项目，全部投运后河北省风、光发电装机规模将突破 1.2 亿千瓦。

2. 新能源高质量发展政策体系逐步完善

近年来，以风电、光伏发电为代表的新能源发展成效显著，装机规模快速增长，发电量占比稳步提升，成本快速下降，能源结构调整和减碳效果逐步显现。与此同时，新能源开发利用仍存在一些制约因素，比如电力系统对大规模高比例新能源接网和消纳的适应性不足、土地资源约束明显等。2022 年 5 月，《关于促进新时代新能源高质量发展的实施方案》围绕新能源发展的难点、堵点问题，在创新开发利用模式、构建新型电力系统、深化 "放管服" 改革、支持引导新能源产业健康有序发展、保障新能源发展合理空间需求、完善支持新能源发展的财政金融政策等方面提出完善政策措施，重点解决新能源“立”的问题，更好发挥新能源在能源保供增供方面的作用，为实现“双碳”目标奠定坚实的新能源发展基础。

3. 新型电力系统建设稳步推进

构建新型电力系统，是推进新型能源强省、助力实现“双碳”目标的必由之路。国家层面，2023年6月，国家能源局联合统筹组织11家研究机构共同编制完成《新型电力系统发展蓝皮书》，全面阐述了新型电力系统的发展理念、内涵特征，制定“三步走”发展路径，并提出构建新型电力系统的总体架构和重点任务，为指导电力行业科学推进新型电力系统建设提供了指南。省级电网公司层面，国网冀北电力创造性提出“低碳随机耦合电源+坚强灵活智能电网+多元协同互动负荷+规模多样共享储能”的新型电力系统内涵，以张家口可再生能源示范区、国家新型电力系统地区级示范区和承德可持续发展议程示范区等为依托，面向冀北地区全域，谋划实施以“十大工程”（电源友好、主网增强、配网升级、负荷响应、储能联动、调控提升、市场建设、数智赋能、气象服务、生态共赢）为主要内容的全域综合示范行动，整体性、系统性、创新性破解新能源大规模开发、高比例并网带来的电力电量平衡、安全稳定控制等系列重大难题，推动电网结构形态、技术装备、运营体系全面升级，为新型能源强省建设提供有力支撑和保障。河北南网在平山县营里乡建成首个兆瓦级新型电力系统示范工程，创新应用自带惯量的构网型控制技术，有效解决光伏发电随机性、间歇性、波动性等问题，实现对电网的主动感知、主动响应和主动支撑，推动清洁能源安全可靠替代，同时提高本地新能源消纳能力和局域电网供电质量，为新型电力系统建设探索出了一条新的技术路径。保定新型电力系统建设试点完成了海量分布式光伏数据“分钟级”采集，实现了对全域13.3万余分布式光伏用户运行状态的可观可测可控，为大规模推广光伏电力提供了技术保障。

4. 可再生能源技术与市场创新高度活跃

目前，国内可再生产业技术与装备制造能力持续增强，各类市场主体多，市场创新活力强，“光伏+”、可再生能源制氢等新模式新业态不断涌现。海上风电向深远海迈进，老旧风电将迎来技术改革；光伏发电持续推进，光热发电和海上光伏向降本增效发力；生物质发电总体将保持平稳增长；可再生能源制氢和氢储能快速发展。2023 年 6 月新疆库车绿氢示范项目作为全国首个万吨级光伏制氢项目顺利产氢，电解水能力为 2 万吨/年、储氢能力为 21 万标准立方米、输氢能力为 2.8 万标准立方米/时，全程零碳排放。

（二）存在的问题与挑战

1. 新能源承载与消纳压力持续增大

考虑已批复新能源项目全部投产后，河北省新能源规模将持续扩大。其中，冀北电网新能源发展与负荷时空分布特性不匹配；张家口、承德等可再生能源富集地区装机容量远超当地消纳能力，绝大部分新能源需升压送出，在运新能源送出通道基本满载，不再适应大规模新能源发展要求。河北南网保定、沧州等局部地区新能源渗透率高、场站短路比下降、通道“卡脖子”问题突出，网架结构亟待加强。近年来，虽然河北省新能源利用率总体保持较高水平，但消纳基础尚不牢靠。随着新能源占比不断提高，快速消耗电力系统灵活调节资源，其间歇性、随机性、波动性特点使得系统调节更加困难，系统平衡和安全问题更加突出。此外，河北省火电灵活性改造激励政策尚不明朗，储能合理建设规模及有效利用方式还需进一步研究，负荷侧参与调峰仍缺乏成熟的市场机制。

2. 新型电力系统稳定运行难度激增

电力系统可控对象从以源为主扩展到源网荷储各环节，控制规模呈指数级增长，调控技术手段和网络安全防护亟待升级。随着数量众多的新能源、分布式电源、新型储能、电动汽车等接入，电力系统信息感知能力不足，现有调控技术手段无法做到全面可观、可测、可控，调控系统管理体系不足以适应新形势发展要求，需要不断深化电力体制改革和电力市场建设，提升新能源消纳能力和源网荷储灵活互动调节能力。电网控制功能由调控中心向配电、负荷控制以及第三方平台前移，电网的攻击暴露面大幅增加，电力系统已成为网络攻击的重要目标，网络安全防护形势更加复杂严峻，电力系统重点环节网络安全防护能力亟须提升。

3. 适应新型电力系统的体制机制亟待完善

随着电力系统的转型发展，电力体制改革进入“深水区”，深层次矛盾不断凸显。电力市场不协调、不平衡问题较为突出，满足新型电力系统灵活、高效、便捷互动需求的市场机制和价格体系亟须完善，适应新能源低边际成本、高系统成本、大规模高比例发展的市场设计亟待创新，各类调节性、支撑性资源的成本疏导机制尚需健全，输配电价、上网电价、销售电价改革有待进一步深化。新形势下的电力行业管理体制仍需健全优化，适应高比例新能源和源网荷储互动的电力设计、规划、运行方法有待调整完善，电力监管机制需要创新改革，电力企业治理效能亟待持续提升。

三 “十四五”时期河北省可再生能源高质量发展建议

“十四五”时期，河北省应全面加快新型电力系统建设，着力加强坚强智能电网建设，大力推进电力行业科技创新，不断深化可再生能源发展机制改革创新，促进可再生能源实现高质量可持续发展。

（一）统筹绿色与安全，构建多元化电力供应体系

稳住煤电电力供应基本盘，加快煤电清洁低碳化发展和灵活调节能力提升，积极推动煤电深度灵活性改造，推动化石能源发电逐步向基础保障性和系统调节性电源转型。统筹电力保供与新能源消纳总体要求，科学有序安排新增电源装机规模、结构和布局，充分利用各类电源互补互济特性，构建多元绿色低碳电源供应体系。

（二）坚持规划引领促发展，加强源网荷储统一规划

合理评估电力市场新能源消纳能力，建立以提高可再生能源消纳责任权重和新能源合理利用率为目标的工作机制，合理有序安排年度新增新能源规

模和储备项目。进一步加强风光资源规划，厘清已开发项目和潜在新能源资源布局，便于超前研究新能源外送消纳方案。

（三）加强电价机制研究，适应新型电力系统发展需求

能源电力是国民经济的重要基础行业，电力价格的变化对经济社会发展影响巨大。新型电力系统的构建是对传统电力系统的全方位变革，转型成本必然会传导到电力价格中去。必须算好转型经济账，科学设计市场价格计算模式，全面分析新能源大规模发展带来的系统成本问题，以节约能源为导向，合理构建电力价格形成及成本疏导机制，推动能源转型和节能提效。

2022~2023年河北省电力行业发展形势分析与展望

摘　要： 电力行业作为重要基础性产业，是国民经济发展的“晴雨表”与“风向标”。2022年，面对国内外宏观经济形势变化，河北电力行业以高质量发展为核心，持续推进供给侧结构性改革，全力支撑河北新型能源强省建设，实现了安全生产保持良好局面、新能源快速发展、新技术持续推广应用，电力行业整体发展质量不断提升。本文通过系统分析河北电力行业发展环境、现状与未来趋势，对社会各界了解河北省电力行业发展现状、研判河北省电力乃至地区国民经济的发展形势，具有十分重要的作用。

一　2022年河北省电力行业发展情况分析

（一）电力行业发展环境优化

2022年，河北省全面落实“经济要稳住、发展要安全”的要求，高效统筹经济社会发展，持续推动稳经济一揽子政策措施及接续政策落地见效，全省经济运行保持平稳增长，恢复向好态势，为电力行业发展提供了良好的环境。2020~2022年全国GDP和河北省GDP增速变化情况如图1所示。

（二）电力供应保障能力加强

电网结构不断完善。2022年，河北南网特高压交流电网形成“两站三

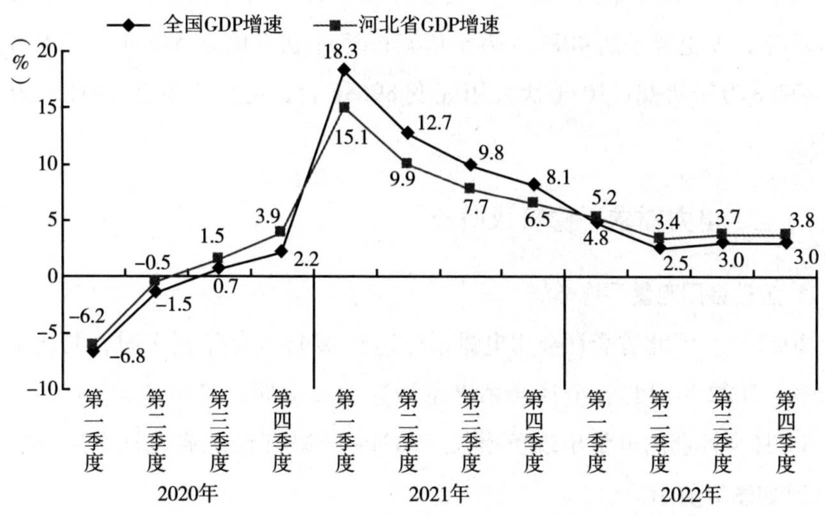

图 1　2020~2022 年全国 GDP 和河北省 GDP 增速变化情况

通道”格局；500 千伏电网在四横两纵“目”字形网格结构大格局下，局部形成石家庄环网、保定“C”形双环网、石保衡沧环网、邯邢环网等结构；220 千伏电网分成 7 个供电分区（慈云、易水、保定和石家庄北部、石家庄南部、衡沧、邯郸、邢台）；110 千伏、35 千伏电网大部分形成双侧电源供电模式。冀北电网东部唐承秦负荷中心基本形成“三横三纵”500 千伏电网格局，与北京、天津联系紧密并形成京津冀北 500 千伏大环网；220 千伏电网典型结构为双环网和双链式的电网结构，分为 8 个供电分区运行（唐承秦各 1 个、张家口 3 个、廊坊 2 个）；110 千伏电网以单链和双辐射式结构为主，35 千伏电网以单链式结构为主。

电网规模稳步扩大。2022 年，河北南网共有 1000 千伏变电站 2 座，变压器 4 台，总容量达 1200 万千伏安；500 千伏变电站 25 座，变压器 65 台，总容量达 5905 万千伏安；220 千伏变电站 243 座，变压器 539 台，总容量达 9118 万千伏安。

冀北地域内 1000 千伏变电站 3 座（含承德串补站），变电容量达 1200 万千伏安；500 千伏变电站 29 座（含换流站 3 座），变电容量达 5840. 1 万千伏安；220 千伏变电站 156 座，变电容量达 6336 万千伏安；110 千伏变电站 405 座，变电容量达 4081.4 万千伏安；35 千伏变电站 596 座，变电容量达 1407.8 万千伏安；10 千伏公用配变 89681 台，配变容量达 2431.4 万千伏安。

（三）电力需求平稳较快增长

1. 全社会用电量平稳增长

2022 年，河北省全社会用电量累计达到 4343.8 亿千瓦·时，同比增长 1.15%。2022 年河北省全社会用电量增速明显放缓，其中 3 月、4 月、10 月、11 月全社会用电量出现负增长。2021~2022 年河北省全社会用电量变化情况如图 2 所示。

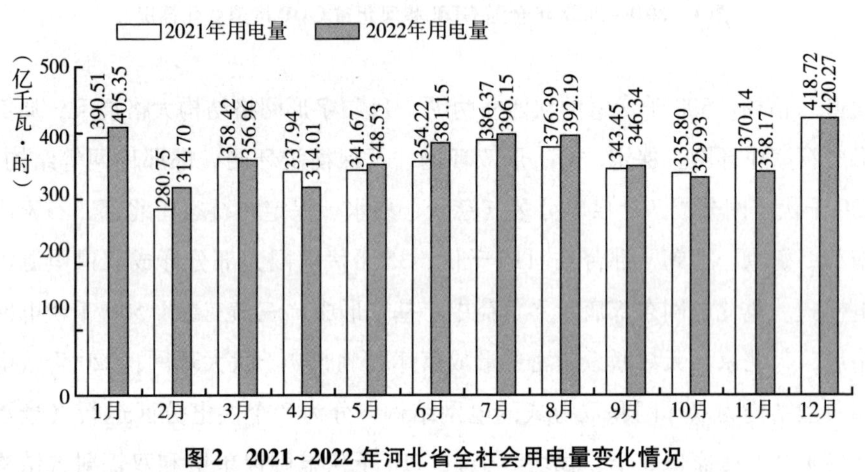

图 2　2021~2022 年河北省全社会用电量变化情况

逐月来看，月度增速波动较大。1 月三大产业用电量平稳增长；2 月居民用电量快速增长；3 月受环保限产、经济形势等因素影响，第二产业用电量出现负增长；4 月受环保限产等因素影响，三大产业用电量负增长；5 月，第二、第三产业用电量呈恢复势头；6 月，第二、第三产业用电量恢复正增长，受持续高温天气影响，空调制冷负荷高位运行，居民用电量快速增长；7 月，第一、第三产业及居民用电量平稳增长；8 月，高温天气增多，第二产业用电量降幅收窄，第三产业和居民用电量增长较快；9 月，第一、第三产业用电量维持较快增长，居民用电量平稳增长，第二产业用电量降幅扩大；10 月，第二产业用电量降幅进一步扩大；11 月，第二、第三产业用电量均为负增长；12 月，第三产业用电量增速由负转正，第二产业用电量降幅收窄。

2. 各产业用电量增长情况

2022 年河北省全社会用电量情况如表 1 所示。第一产业用电量受气候影响波动明显。2022 年，第一产业用电量累计 67. 80 亿千瓦 · 时，同比增长 5. 07%。第一产业用电量受种植与灌溉政策、气候季节等因素影响较大，占全社会用电量的比重较上年同期小幅提升，占比上升至 1. 56%。

表 1　2022 年河北省全社会用电量情况

单位：亿千瓦 · 时，%

指标名称	用电量	累计占比	上年同期	同比增长率	贡献率
全社会	4343. 75	100. 00	4294. 35	1. 15	100. 00
其中:第一产业	67. 80	1. 56	64. 54	5. 07	6. 62
第二产业	2778. 51	63. 97	2871. 92	-3. 25	-189. 09
第三产业	815. 00	18. 76	765. 54	6. 46	100. 12
居民用电	682. 44	15. 71	592. 35	15. 21	182. 37

第二产业用电量增速受外部环境影响较大。河北省工业企业生产受宏观经济形势承压运行、环保限产等影响严重，第二产业用电量累计 2778. 51 亿千瓦 · 时，累计负增长（同比下降 3. 25%）；第二产业用电量占全社会用电量比重为 63. 97%，较 2021 年下降 2. 91 个百分点。

第三产业用电量波动较大。截至 2022 年 12 月底，第三产业用电量累计 815. 00 亿千瓦 · 时，同比增长 6. 46%，占全社会用电量比重为 18. 76%（较 2021 年上升 0. 93 个百分点）。总体来看，10 月用电量平稳增加；11 月用电量大幅下降；12 月生活生产逐步恢复正常，用电量恢复正增长。

居民用电量增速全年实现较快增长。随着居民生活水平不断提升，居民夏季制冷与冬季取暖的季节性用电需求大幅增长，2022 年居民用电量累计 682.44 亿千瓦·时，同比增长 15.21%，占全社会用电量比重为 15.71%（较 2021 年上升 1.92 个百分点）。

3. 各地区用电量增长情况

各地用电量均实现平稳增长。2022 年，河北南网七地市用电量达 2478.01 亿千瓦·时，同比增长 1.96%，增速高于全省平均水平 0.81 个百分点。受第三产业、居民生活的强力拉动，除邯郸、衡水外，其他五个地市均实现正增长。冀北电网五地市用电量达 1865.74 亿千瓦·时，同比增长 0.10%，增速低于全省平均水平 1.05 个百分点。得益于大数据产业快速发展、商业及居民用电量增长、钢铁新生产线投产等因素，除承德外，其余四市均实现正增长。增长率最高的为秦皇岛市，同比增长 4.73%；其次是张家口市，同比增长 1.36%；廊坊市和唐山市同比增长分别为 0.05% 和 0.01%；承德市受采矿证办理、矿山安全生产整治、环保停限产等因素影响，用电增速大幅下滑，同比下降 4.35%（见表 2）。

表 2　2022 年河北省各地区全社会用电量情况

单位：亿千瓦·时，%

指标名称	2022 年				
	用电量	累计占比	上年同期	同比增长率	贡献率
全社会	4343.75	100.00	4294.35	1.15	100.00
其中：河北南网	2478.01	57.05	2430.43	1.96	96.31
冀北电网	1865.74	42.95	1863.92	0.10	3.69
石家庄市	571.01	13.15	539.65	5.81	63.49
邢台市	337.14	7.76	328.40	2.66	17.69
邯郸市	467.25	10.76	479.60	-2.57	-24.99
衡水市	172.54	3.97	173.90	-0.78	-2.75
沧州市	436.42	10.05	424.01	2.93	25.13
保定市	412.31	9.49	399.81	3.13	25.30
雄安新区	50.79	1.17	47.70	6.49	6.26

续表

指标名称	2022 年				
	用电量	累计占比	上年同期	同比增长率	贡献率
张家口市	212.85	4.90	210.00	1.36	5.77
承德市	217.15	5.00	227.01	-4.35	-19.97
廊坊市	332.12	7.65	331.95	0.05	0.33
唐山市	912.21	21.00	912.13	0.01	0.17
秦皇岛市	190.33	4.38	181.73	4.73	17.41

注：部分用电量直接计入河北南网、冀北电网统计值，不参与地市统计。

（四）负荷需求增长情况

1. 河北南网

2022 年，河北南网负荷呈“三峰三谷”的态势，同时新特点更加凸显。一是春灌负荷集中度逐年下降，春灌负荷高峰趋于平缓；二是气候对负荷的影响更加明显。迎峰度夏期间，河北南网极端高温刷新纪录，负荷新高前所未有，历史首次连续 7 天超 4000 万千瓦。全网负荷五创历史新高，8 月 5 日全网调度口径最大负荷 4441 万千瓦，同比增长 5.78%（见图 3）。

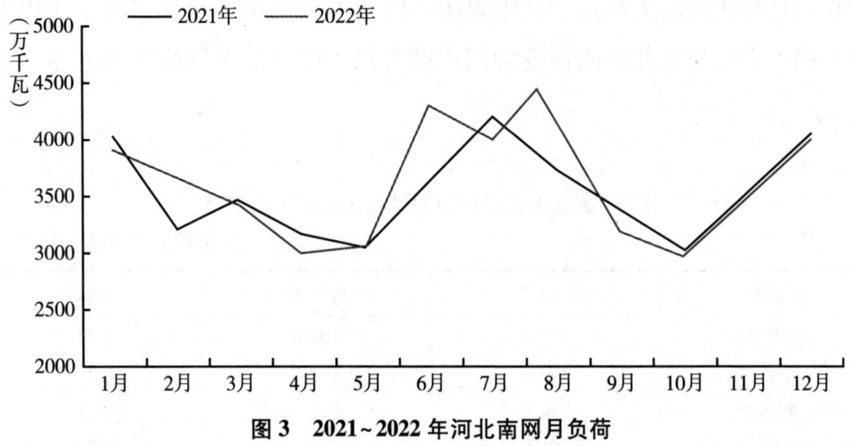

图 3　2021~2022 年河北南网月负荷

分地市看，河北南网除邯郸市、保定市外，各地市网供最大负荷均实现不同程度增长。其中沧州市增速最快，达到9.72%（见表3）。

表3　河北南网各地市网供最大负荷增长情况

单位：万千瓦，%

地区	2021年	2022年	增速
石家庄市	889.53	963.44	8.31
邢台市	567.89	578.15	1.81
邯郸市	766.00	755.54	-1.37
衡水市	284.01	309.24	8.88
沧州市	642.54	705.02	9.72
保定市	764.52	741.83	-2.97
雄安新区	105.80	106.04	0.23

2. 冀北电网

2022年，部分工业负荷释放，加之冬季气温相对偏高，冀北电网未出现极端天气，冀北电网度冬最大负荷仅为2735万千瓦；度夏最大负荷达2737万千瓦。

分地市看，冀北电网除唐山市外，各地市网供最大负荷均实现不同程度增长，且均达到历史高点，其中廊坊市的最大负荷增速超过10%。唐山市由于钢铁大用户负荷由网供变为用户站直供，网供最大负荷有所下降（见表4）。

表4　冀北电网各地市网供最大负荷增长情况

单位：万千瓦，%

地区	2021年	2022年	增速
张家口市	297.8	320.8	7.72
承德市	309.8	332.6	7.36
廊坊市	564.6	644.3	14.12
唐山市	1314.0	1198.0	-8.83
秦皇岛市	267.8	277.8	3.73

（五）电力供需形势依然偏紧

2022 年，国网经营区 12 个省份出现电力缺口，作为受端电网，外电供应持续吃紧。在国家电网公司的统一调度下，河北南网积极应对。一是谋划早，2022 年初就启动准备工作，制定并落实近年来最具体、最全面、最充分的保供措施；二是动手快，提前落实山西 126 万千瓦增供落地，及时协调开启 2 台应急机组，增加供应；争取到丰宁抽蓄和丹朱、湛上外电分电，为后续平衡做好准备；三是安排精，负荷预测准确率达到最好水平，非停和受阻降至最低水平，科学参加网间应急支援，实现网内电厂扭亏为盈；四是成果显，成功打赢了多场攻坚战，实现“无拉路、不限电”。

冀北电网实施京津冀北统一的电力平衡，2022 年冀北电网电力平衡情况良好，受气候等因素影响负荷水平整体偏低，电力供需较为平稳，未执行电力需求侧管理措施，未出现因电力平衡缺口造成的限电情况。2022 年迎峰度冬伊始，受铁路运力下降以及煤炭价格高企的影响，冀北统调电厂出现了部分机组停机保煤的情况。在河北省发改委等部门的支持和推动下，冀北电网逐步扭转了电煤供应紧张的不利局面，2022 年 11 月 22 日，冀北统调电厂停机保煤机组全部恢复备用。

（六）电网发展质量进一步提升

在保障负荷增长需求的前提下，推动各级电网协调发展。过去 10 年，河北省电网发展实现跨越式升级，运营管理能力取得大幅度提升，能源转型发生结构性变革，改革创新实现多领域突破，电网企业价值得到全方位彰显。河北南网与冀北电网立足新发展阶段，完整准确全面贯彻新发展理念，主动服务和融入新发展格局，推动电网高质量发展。

2022 年，河北省电网继续保持安全稳定运行，全年未发生电网瓦解、稳定破坏、大面积停电事故，未发生误调度、误操作事件，未发生六级及以上电网事件，电网安全保持良好局面。同时，面对电网负荷屡创新高、新能源大规模接入等新形势，河北省电网优化运行方式，加强电力调配和设备运维，强化电力需求侧管理，确保了电网安全运行和电力可靠供应。

（七）电力体制改革持续深化

顶层设计开启全国统一电力市场建设新阶段。2022 年 1 月 18 日，国家发展改革委、国家能源局印发《关于加快建设全国统一电力市场体系的指导意见》，明确到 2025 年，全国统一电力市场体系初步建成；到 2030 年，全国统一电力市场体系基本建成。在健全统一电力市场体系的交易机制方面，规范统一市场基本交易规则和技术标准，提升电力市场对高比例新能源的适应性，完善适应高比例新能源的市场机制，有序推动新能源参与电力市场交易。

绿电交易细则出台。2022 年 1 月、5 月，南方区域各电力交易机构、北京电力交易中心分别发布了绿电交易细则，详细解释了绿电交易的各个细节。2022 年 8 月，国家发展改革委、国家统计局、国家能源局联合印发《关于进一步做好新增可再生能源消费不纳入能源消费总量控制有关工作的通知》，明确将绿色电力证书作为可再生能源电力消费量认定的基本凭证。2023 年 2 月 15 日，国家发展改革委、财政部、国家能源局联合下发《关于享受中央政府补贴的绿电项目参与绿电交易有关事项的通知》，明确稳妥推进享受国家可再生能源补贴的绿电项目参与绿电交易，更好实现绿色电力环境价值。

我国省间电力现货市场启动试运行。国家发展改革委、国家能源局 2021 年 11 月正式批复《省间电力现货交易规则（试行）》。2022 年 1 月 1 日，省间电力现货市场启动试运行。2022 年 12 月 23 日，河北南网电力现货市场模拟试运行正式启动，省内参与中长期交易的 62 台燃煤机组、55 家售电公司及 20 家电力大用户作为市场主体全程参加。

（八）清洁能源实现快速发展

“十四五”时期以来，河北省提出建设新型能源强省目标，大力实施风电光伏高质量跃升专项行动，各地市发展新能源意愿强烈。

截至2022年底，河北南网新能源装机容量达到2943.5万千瓦。其中，风电装机407.5万千瓦，集中式光伏装机992.4万千瓦，分布式光伏装机1543.6万千瓦。冀北电网新能源装机容量达到4217万千瓦。其中，风电装机2533万千瓦，集中式光伏装机1140万千瓦，分布式光伏装机306万千瓦，生物质装机139万千瓦，储能装机99万千瓦。

2022年，河北南网新能源发电量达360.1亿千瓦·时。得益于优化特高压曲线、华北电网调峰支援（共145天，消纳电量8.38亿千瓦·时）以及省间现货外送新能源（共203天，消纳电量3.93亿千瓦·时）等措施，全年消纳情况好于预期，新能源利用率为98.4%。弃限电量为5.83亿千瓦·时（弃风弃光电量比例约为1∶4），全部来自集中式光伏电站，集中式光伏电站实际利用率为90.8%。若剔除调峰支援、现货等措施，河北南网2022年新能源实际利用率约为95%。全年共计弃限79天，日最大弃限电力653.3万千瓦，日最大弃限电量为2623.5万千瓦·时。当前，河北南网弃限电量全部为调峰弃限，无受阻断面弃限。

2022年，冀北电网受新能源外送通道输送能力制约，新能源弃电量为30.47亿千瓦·时（弃风电量为25.9亿千瓦·时，弃光电量为4.57亿千瓦·时），新能源利用率为95.7%，较2021年提升0.4个百分点。

二　2023年河北省电力行业发展形势展望

（一）面临机遇

1. 经济社会平稳发展

2023年，河北省始终坚持稳中求进的工作总基调，完整、准确、全面贯彻新发展理念，积极服务和融入新发展格局，着力推动高质量发展，更好地统筹经济和社会发展，更好地统筹发展和安全，坚持创新驱动发展，全面深化改革开放，大力提振市场信心，把实施扩大内需战略同深化供给侧结构性改革有机结合起来，做好稳增长、稳就业、稳物价工作，形成加快建设经济强省、美丽河北的强大合力。总体上看，2023 年，在国内宏观经济持续改善、发展预期不断提升、内生动力明显增强的基本背景下，河北省国民经济将维持稳中有进、稳中向好、稳中提质的良好局面，转型升级扎实推进，结构优化取得成效，新动能加快壮大，发展质量稳步提高。

2. 雄安新区大规模建设

规划建设雄安新区是千年大计、国家大事，对集中疏解北京非首都功能、探索人口经济密集地区优化开发新模式、调整优化京津冀城市布局和空间结构、培育创新驱动发展新引擎具有重大现实意义和深远历史意义。目前，雄安新区已进入大规模建设与承接北京非首都功能疏解并重阶段，工作重心已转向高质量建设、高水平管理、高质量疏解发展并举。

作为关系国家能源安全、经济发展和社会稳定的基础设施，雄安电网将在雄安新区建设发展中发挥重要的支撑保障作用。国网河北电力将继续贯彻河北雄安新区总体规划和雄安新区电力专项规划等要求，助力新区开发建设，提升电网建管水平，促进绿色智慧新城发展，深化改革创新实践，高标准服务雄安新区发展。

3. 外电入冀进程加快

目前国网河北电力正在加快现有项目建设，一方面发挥已建特高压通道输电能力，持续提升通道利用效率；另一方面对规划已明确的蒙西-京津冀直流、石北特高压交流新建以及雄安、邢台特高压交流扩建等项目，加快相关电网工程前期工作，推动项目尽早投产，尽早发挥效益。此外，国网河北电力积极响应国家战略，超前谋划以沙漠、戈壁、荒漠地区为重点的大型风电光伏基地至河北南网的新增跨省跨区通道，强化多方向、多通道、多输电方式受电格局。

4. 新能源汽车产业快速发展

“十三五”期间，我国充电基础设施实现了跨越式发展，充电技术快速提升，标准体系逐步完备，产业生态稳步形成，建成世界上数量最多、辐射面积最大、服务车辆最全的充电基础设施体系。为支撑新能源汽车产业发展，突破充电基础设施发展瓶颈，推动构建新型电力系统，助力“双碳”

目标实现，河北省发展和改革委员会发布《关于加快提升充电基础设施服务保障能力的实施意见》，预计“十四五”期间，全省新建公用充电桩3.4万个，到“十四五”时期末，公用充电桩累计达到10万个，市场推广的新能源汽车数量与充电桩总量（包括公用充电桩、自备桩等）的比高于3.5∶1，能够满足60万~80万辆电动汽车充电需求。

（二）面临挑战

1. 电力供需偏紧

2023年度夏期间河北南网区域预计最大用电需求将达到4650万千瓦，最大缺口可能达到210万千瓦。冀北电网方面，北京、天津、冀北电网统一进行电力平衡，根据目前的情况预测，冀北电网区域2023年度夏、度冬期间无电力平衡缺口。

2. 网内机组调峰困难

风电机组夜间反调峰特性明显，新能源发电装机比重提升对电力系统调峰能力需求进一步增加。火电机组基本均改为供热机组，供热面积大幅增加，调峰能力下降。储能发展相对滞后，暂无政策激励储能主动调峰。目前在建待建储能容量和时长远不能满足新能源调峰需求，且河北省尚未出台省内的新型储能运行机制相关规定，价格机制尚不健全，电网侧独立储能电站容量电价机制不明确，造成新型储能投资建设积极性不高，储能容量和时长不足以支撑新能源发展。

3. 新能源高质量发展难度加大

新能源大规模接入带来电力系统安全稳定问题，电网电力电子化特征凸显，电网稳定形态更加复杂，系统运行特性发生了深刻变化，新能源开发利用仍存在电力系统对大规模高比例新能源接网和消纳的适应性不足问题。

一方面，大量新能源并网改变了电网运行特性，在主网侧和配电网侧都给电网的运行带来了较大的压力。在主网侧，新能源大规模接入给电网的调度、调峰等带来了极大挑战。在配电网侧，大量分布式电源的接入改变了配电网潮流，高密度分布式光伏并网抬升了并网点电压，给配电网的电压控制带来了极大的影响。2023 年春节期间，张家口、承德部分地区气温降至 -30℃，部分风电场出现了低温切机现象。2022 年冀北电网因输变电设备异常或故障跳闸导致新能源弃电 1.36 亿千瓦·时。2023 年，新能源稳定运行风险依然存在。

另一方面，新能源消纳面临巨大压力。2022 年河北南网集中式光伏利用率仅为 90.8%，由于河北南网目前已批复的电化学储能容量较小，抽水蓄能建设周期较长，在分布式光伏正常年均增长 200 万千瓦的条件下，若现批复的集中式新能源项目全部并网，到 2025 年，集中式新能源利用率将降至 80.0% 以下（低于集中式新能源 85.0%的盈亏平衡点）。目前，冀北地区在建待建新能源项目装机容量达 4816.7 万千瓦，全部投运后，冀北地区风电和光伏装机容量达 8640 万千瓦。此外，冀北还有正在申报的 2022 年新能源项目 576.5 万千瓦，全部投产后，冀北新能源装机将超过 9300 万千瓦。由于华北地区新能源装机增速远超负荷增速，京津唐平衡区调峰压力逐渐增大，预计冀北电网经营区年内调峰弃电将有所增加，新能源利用率或将跌破 94.0%，新能源消纳压力将进一步增加。

三　2023年河北省电力供需展望

（一）电源建设与发电能力

1. 河北南网

2023 年，河北南网计划新增火电机组 3 台，容量为 85.4 万千瓦；退役 2 台，容量为 44 万千瓦；常规能源全年装机容量净增 41.4 万千瓦。

2. 冀北电网

2023 年，冀北电网计划新投产机组 1763.25 万千瓦，包括火电 5.2 万千瓦、风电 438.05 万千瓦、光伏 106.675 万千瓦。

（二）电力需求

2023 年，影响电力需求的因素主要有以下两个方面。一是行业发展不断推动需求增长。钢铁、建材、装备等支柱行业创新创效效果初显，企业转型升级成果显著，随着内需拉动，支柱行业市场需求向好；高新技术制造、互联网等新兴产业与京津溢出产业发展迅猛，成为支撑负荷需求的主要因素。按此判断，基础负荷较2022年会有所提升。二是季节性负荷拉动作用明显。预计今后正常气候条件下，居民空调负荷仍将快速上涨。

综合上述因素，预计2023年河北省全社会用电量达到4582.31亿千瓦·时，同比增长5.49%。其中，河北南网2023年全社会用电量预计为2614.31亿千瓦·时，同比增长5.50%；冀北地区全社会用电量预计为1968.00亿千瓦·时，同比增长5.48%。预计2023年河北南网调度最大负荷为4650万千瓦，同比增长4.70%；冀北电网调度最大负荷为3080万千瓦，同比增长12.53%。

四　河北省电力行业发展对策建议

（一）高起点、高标准、高质量规划雄安新区电力行业发展

高起点规划、高标准建设雄安电网，打造国际一流绿色智能电网，构建高度智能化的城市供电系统，将助力雄安新区建设成为高供电可靠性、高度电气化、高度智能化的绿色智慧新城。但目前，雄安新区电网尚不能满足全部清洁能源供应需要，不能满足国际一流城市对供电可靠性的要求，不能满足智慧城市发展需要，因此要高起点、高标准、高质量规划雄安新区电力行业发展，助力雄安新区电网建设成为高供电可靠性、高度电气化、高度智能化的国际一流电网。

（二）全面贯彻落实国家与河北省重大战略决策部署

1. 深入实施乡村振兴战略

持续推进农村电网改造升级，建设坚强农村电网。通过典型设计，逐步形成“布局合理、技术适用、供电质量高、电能损耗低”的新型村级电网，全面提升农村供电可靠性，显著减少停电时间，基本解决“低电压”“卡脖

子”问题，满足农村居民生活用电及农业生产电力供应需求。推动智能互联，打造智能服务平台。综合应用新技术，大幅提升农村配电网接纳新能源、分布式电源的能力。统筹优化县域配电网发展格局，着力建设现代智慧配电网，助力城市化进程推进和乡村产业发展，全面支撑乡村振兴建设，打造现代化城镇电网高质量示范区，因地制宜发展微电网等多形态电网，助力乡村现代能源体系建设。

2. 全力支撑河北省新型能源强省建设

河北省要将建设新型能源强省作为中国式现代化河北场景之一，研究出台加快建设新型能源强省行动方案，重点实施七大专项行动，用5年时间实现全省电力供需基本平衡。因此，有必要加快规划建设新型能源体系，坚持“常规电源保供应、新能源调结构”，统筹网外、网内电力资源，推动建立“风、光、水、火、核、储、氢”多能互补的新型能源格局。加快新型电力系统建设，打造坚强智能电网，服务好各类能源电力项目并网，强化调度运行管理，更大范围优化能源电力资源配置，深化电力市场建设，逐步建立“中长期交易稳定市场，现货市场发现价格，源网荷储多主体协同互动”的能量市场。源网荷储全要素发力，实现各类能源电力项目协同高效运行。

3. 加快“外电入冀”进程，满足电力需求

关于电力供应不足问题，要从两个方面着手。一是加快现有项目建设，发挥已建特高压通道输电能力，持续提升通道利用效率。对规划已明确的蒙西-京津冀直流、石北特高压交流新建以及雄安、邢台特高压交流扩建等项目，加快相关电网工程前期工作，推动项目尽早投产，尽早发挥效益。二是按需开展未来项目谋划。积极响应国家战略，超前谋划以沙漠、戈壁、荒漠地区为重点的大型风电光伏基地至河北南网的新增跨省跨区通道，强化多方向、多通道、多输电方式受电格局，保障“十五五”时期及以后电力供应需求。

4. 加快坚强智能电网建设，保障电力供应

积极推进“外电入冀”战略，加速解决“两头薄弱”问题。建成“三交一直”特高压工程项目，实现多方向、多通道、多输电方式分散受电；

500千伏进一步完善“四横二纵”结构；推动220千伏主动分区，持续优化结构，满足网内各类电源安全可靠接入，确保网外电力受得进、送得出、落得下；推进现代配电网建设，为分布式电源、电动汽车等的并网用电提供坚强网架支撑，满足新型城镇化、农业现代化和美丽乡村建设需求。按照“高可靠性网架”等原则，打造石家庄、保定等中心城区高可靠性配电网，形成城市配电网规划建设运行典型方案，助力宜居、韧性、智慧城市建设。借鉴雄安经验，全面提高设备状态监测、运行方式调整、故障快速自愈、负荷紧急控制能力。积极推进县域配电网数字化建设，创建数字化转型示范区，打造配电网全景感知样板。加强配电通信网建设，提高配电自动化实用化水平，提升可观性、可测性、可控性。推动应用新型储能、需求侧响应，通过多能互补、源网荷储一体化协调控制技术，提升就地调节能力和适应能力，促进电力电量分层分级分区平衡。

5. 加强新能源研究工作，推动新能源高质量发展

严格落实新能源并网相关技术标准、规范，强化新能源主动支撑能力，适应电网安全稳定需要；优化并网管理流程，为新能源发电企业提供简洁、高效、规范的“一站式”并网服务，持续提升新能源并网服务水平。

从全网调峰能力、局部电网承载力等进行分析，指导境内新能源的健康有序发展。能源主管部门、能源监管机构、发电企业、电网企业形成合力，按照“量率一体”原则推进年度新能源项目开发，确保与区域经济发展、负荷增长水平、电力系统调峰能力相匹配。跟踪近两年平价、竞价光伏大规模开发区域内的项目建设进度，合理规划局部区域内新能源开发进度和规模，有序推进光伏开发。加快推进省内调峰辅助服务市场建设，充分挖掘电网调峰资源，发挥市场在调峰资源配置中的决定性作用，鼓励和引导发电企业通过供热灵活性改造等方式，积极参与系统调峰。

6. 加快电力体制改革进程，释放改革红利

一是完善统一电力市场体系。为贯彻京津冀协同发展重大战略，实现电力资源在更大范围内共享互济和优化配置，提升电力系统稳定性和灵活调节能力，河北省按照全国统一电力市场建设方案，统筹省间交易和省内交易、

统筹中长期交易与现货交易、统筹市场交易与电网运行。持续推动电力中长期市场建设，缩短交易周期，提升交易频次，丰富交易品种，通过市场交易方式形成分时段电量电价，引导削峰填谷。积极稳妥地推动各类优先发电主体、用户共同参与现货市场，加强现货交易与中长期交易的衔接，建立合理的费用疏导机制。持续完善电力辅助服务市场，建立健全调频、备用等辅助服务市场，探索用户可调节负荷参与辅助服务交易。开展绿色电力交易，做好绿色电力交易与绿证交易、碳排放权交易的有效衔接。

二是推进交易机构规范化建设。充分借鉴其他省份改革经验，合理引入参股股东，完成增资扩股、股东大会等工作，保证股份制改造工作顺利实施。加强交易中心规范化建设，按照公司法，建立现代公司法人治理结构，健全组织机构，严格按照章程和市场规则运作，促进运营模式优化和市场化业务开展，促进电力市场深化建设。

三是稳步推进电力直接交易。夯实月度定期开市机制，年度、月度按规定时间开展双边协商、集中竞价、合同转让，实现全交易品种的电力直接交易。优化偏差考核机制，引导和规范市场主体行为，逐步缩小偏差。在公平的市场环境中，发挥资源配置的决定性作用，促进发电侧和售电侧有效竞争，促进发用两侧节能减排。

四是积极推进新型储能参与电力市场。结合《关于进一步完善分时电价机制的通知》，科学划分峰谷时段，完善尖峰电价机制，合理扩大峰谷价差，为用户侧新型储能发展创造有利条件。结合《关于进一步推动新型储能参与电力市场和调度运用的通知》，明确独立储能向电网送电的，相应充电电量不承担输配电价和政府性基金及附加；细化储能建设方案与预期成效，细分新增储能规模，并形成储能示范工程的整体建设方案与预期成效等具体书面材料。提升需求侧响应参与调峰调频能力，积极开展需求侧管理，探索新型储能作为需求侧资源的应用潜力，建立长效可行的需求侧资源激励机制，完善需求侧资源参与市场机制，构建多元用户互动、源网荷储协调控制的友好电力生态系统。

第二篇　建设新型能源强省推进重大决策部署落地

"双碳"目标下河北省能源创新战略及路径研究

摘　要： 2020 年 9 月，习近平总书记宣布，我国二氧化碳排放力争于 2030 年前达到峰值，努力争取 2060 年前实现碳中和。"十四五"时期是碳达峰的关键期，河北省碳排放总量大、强度高，实现碳达峰、碳中和时间紧迫、任务艰巨。因此，发展低碳经济是河北省实现经济、能源、环境三者协调发展的重要手段，对提升我国节能减排水平具有重要意义。本文从系统最优角度对河北省未来的碳减排路径进行分析，从能源供给和需求两个角度，对能源未来发展做出合理预测，为河北省寻找合适的碳减排路径提供参考。本文基于相关统计数据、政府规划以及行业预测，分行业对河北省能源创新战略的实施路径进行研究，并给出具体规划和保障机制建议。

一　河北省能源供需发展特征研究

（一）河北省能源消费特征

改革开放以来，河北省经济迅速发展，能源消费也处于较高水平。2006~2020 年工业的能源消费总量上升，但增速明显放缓。人民生活水平提高，能源需求加大。农林牧渔业能源消费总量整体呈先增后减趋势。建筑业能源消费总量呈上升趋势，但增速有所放缓。交通运输、仓储和邮政业的能源消费总量整体呈波动上升趋势。批发零售业能源消费总量呈上升趋势。

（二）河北省能源供给特征

2006~2019 年河北省能源供给总量如图 1 所示。河北是能源生产大省，长期以来保持粗放型发展模式，能源供给总量在一段时间内持续增加。响应国家倡导能源转型要求，河北省出台了一系列相关政策，加之生态环境形势的压力对工业行业提出了更高的能源消费转型要求，全省能源消费结构得到一定的调整。

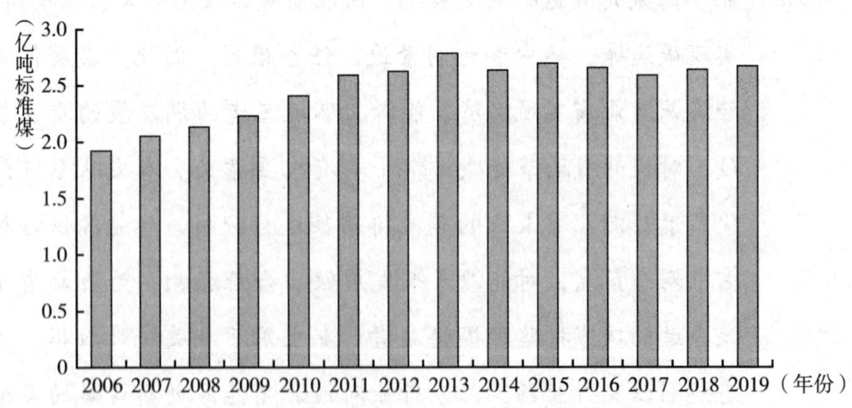

图 1　2006~2019 年河北省能源供给总量

在外部能源供给方面，河北省以煤炭为主，其次是石油和天然气。河北省能源生产总量有一定程度的减少，受国家节能减排政策影响，原煤生产总量在 2013~2017 年有一定程度的回落，随后反弹。2006~2020 年河北省内部能源供给结构如图 2 所示，原油比重大致呈先上升后下降再上升的趋势，天然气比重大致呈先上升后下降的趋势。

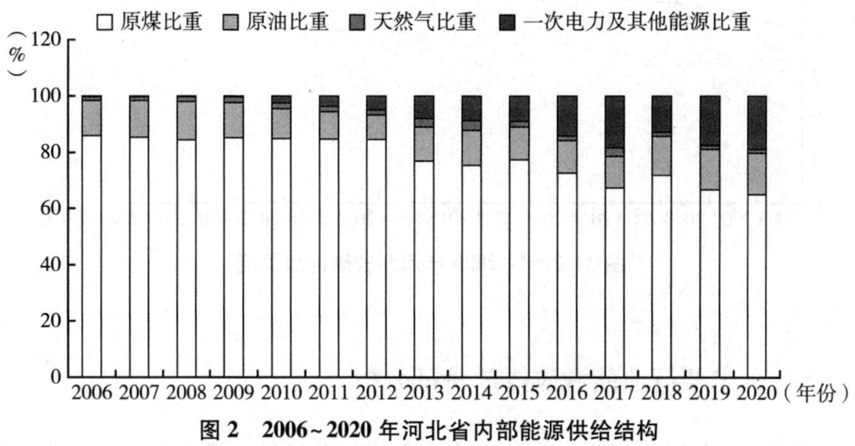

图 2　2006~2020 年河北省内部能源供给结构

（三）基于能源结构调整的能源供需格局优化

今后河北省可以从以下方面优化能源供需格局：挖掘新能源资源潜力，促进新能源消费；粗放型经济增长模式与能源发展相互依存度较高，需持续加强节能减排；自给供能和能源需求之间存在较大差距，需加速寻找替代能源，减少进口依赖。

二　河北省能源消费碳排放时序特征及影响因素分解研究

（一）能源碳排放总量分析

河北是我国的经济和能源大省，也是能源消耗大省。以不可再生能源为主仍然是河北省目前主要的能源消费结构，矿类物质在能源消费总量中的占比约为90%。2006~2020年河北省碳排放总量如图3所示。

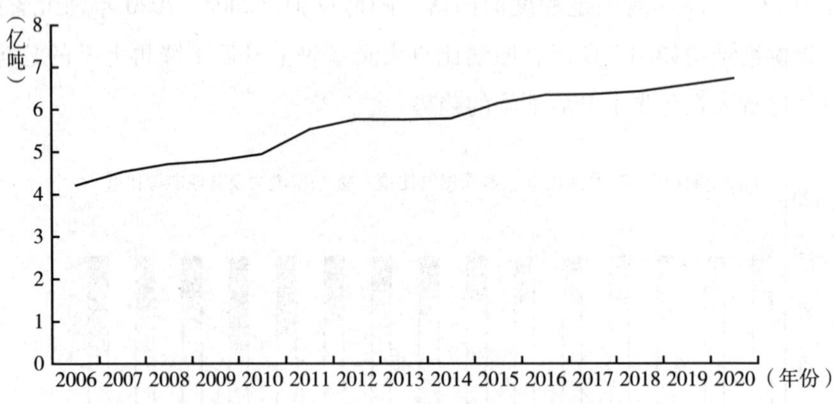

图3　2006~2020年河北省碳排放总量

（二）主要行业能源碳排放特征分析

2006~2012年，河北省农林牧渔业碳排放总量呈上升趋势，之后出现下降，2014~2017年缓慢上升，2017~2020年呈先回落又上升的趋势（见图4）。在碳排放结构方面，2020年石油碳排放量占比最高，煤炭碳排放量占比第二（见图5）。

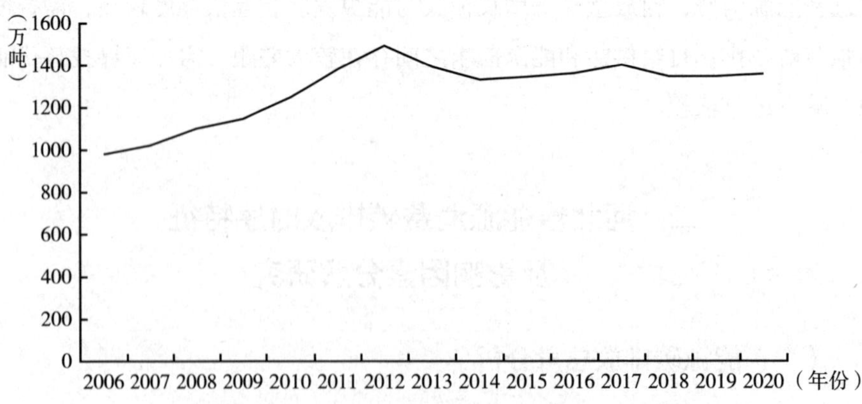

图4　2006~2020年河北省农林牧渔业碳排放总量

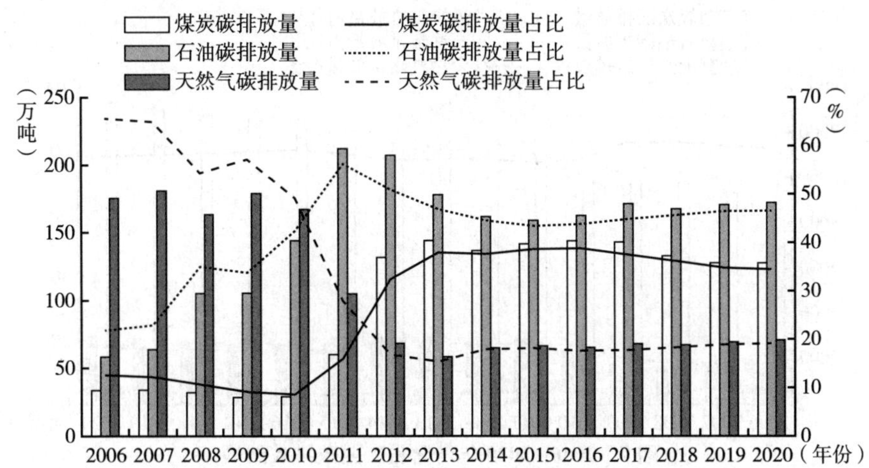

图 5　2006~2020 年河北省农林牧渔业碳排放结构

对工业来说，2006~2020 年的碳排放总量呈上升趋势（见图 6）。工业行业中，煤炭燃烧所造成的碳排放量最多；此外，近年来天然气碳排放量占比也呈上升趋势（见图 7）。

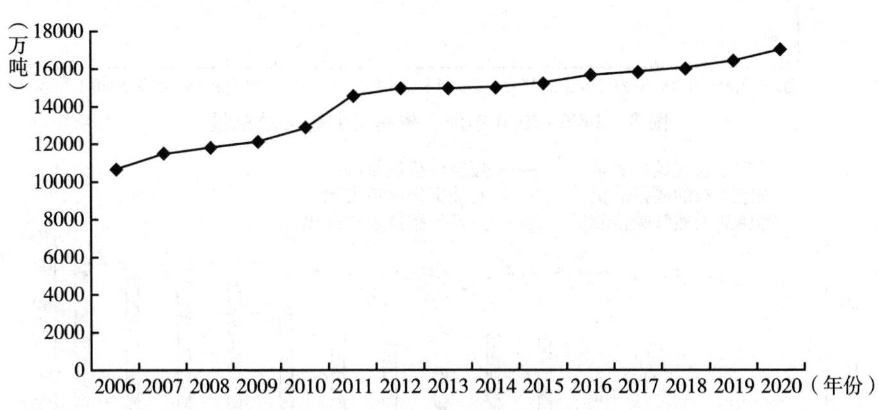

图 6　2006~2020 年河北省工业碳排放总量

对建筑业来说，2006~2020 年的碳排放总量呈上升趋势（见图 8）。在碳排放结构上，石油碳排放量占比较大，天然气碳排放量占比大体呈上升趋势（见图 9）。

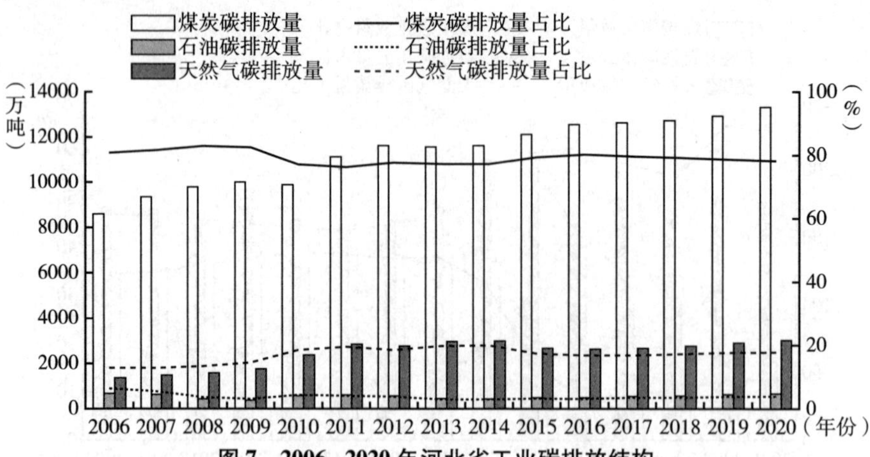

图7　2006~2020年河北省工业碳排放结构

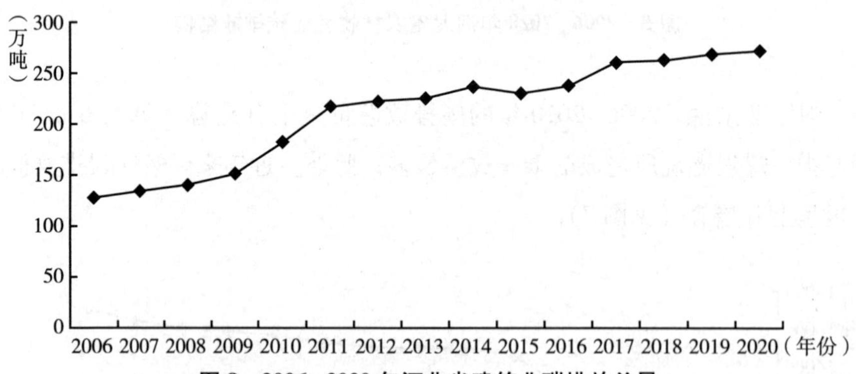

图8　2006~2020年河北省建筑业碳排放总量

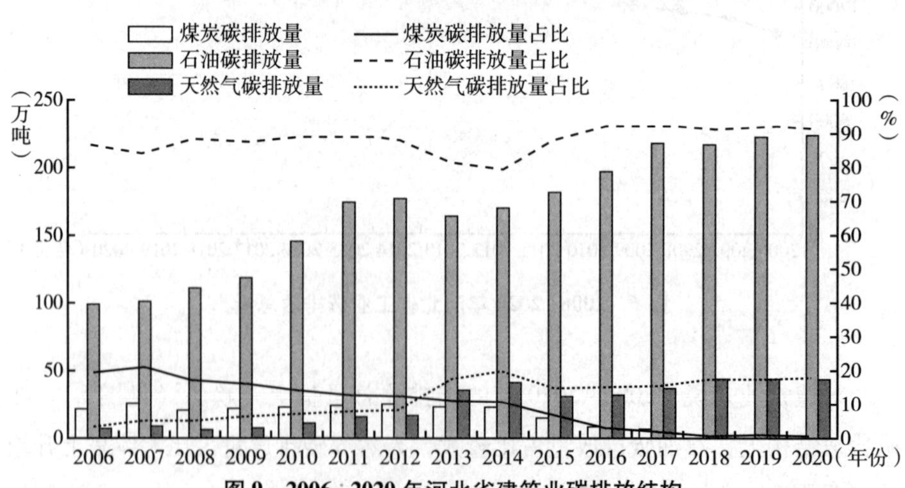

图9　2006~2020年河北省建筑业碳排放结构

2006~2013年，交通运输、仓储和邮政业的碳排放总量呈上升趋势，2013~2015年、2016~2017年小幅下降（见图10）。石油、天然气的碳排放量占比呈上升趋势，煤炭碳排放量占比呈下降趋势（见图11）。

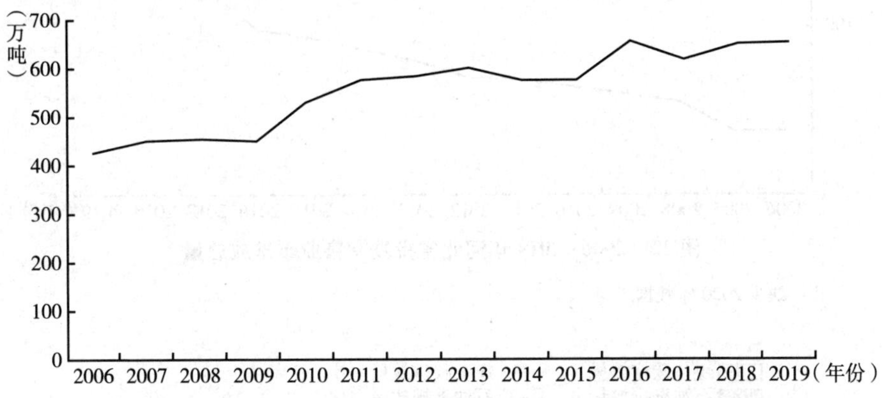

图10　2006~2019年河北省交通运输、仓储和邮政业碳排放总量

注：缺少2020年数据。

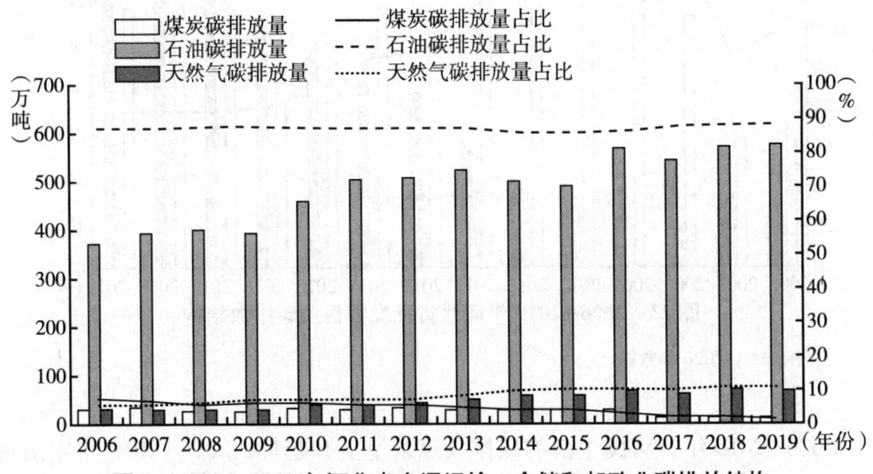

图11　2006~2019年河北省交通运输、仓储和邮政业碳排放结构

注：缺少2020年数据。

对批发零售业来说，2006~2019年的碳排放总量呈上升趋势（见图12）。2006~2019年河北省批发零售业碳排放结构如图13所示。

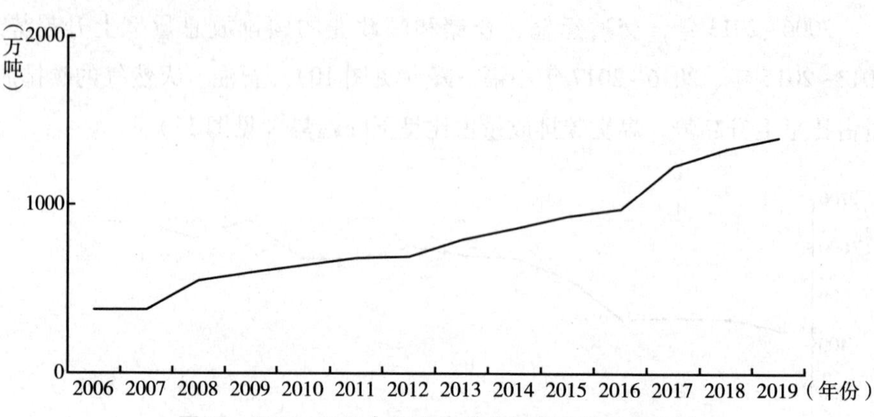

图 12　2006~2019 年河北省批发零售业碳排放总量

注：缺少 2020 年数据。

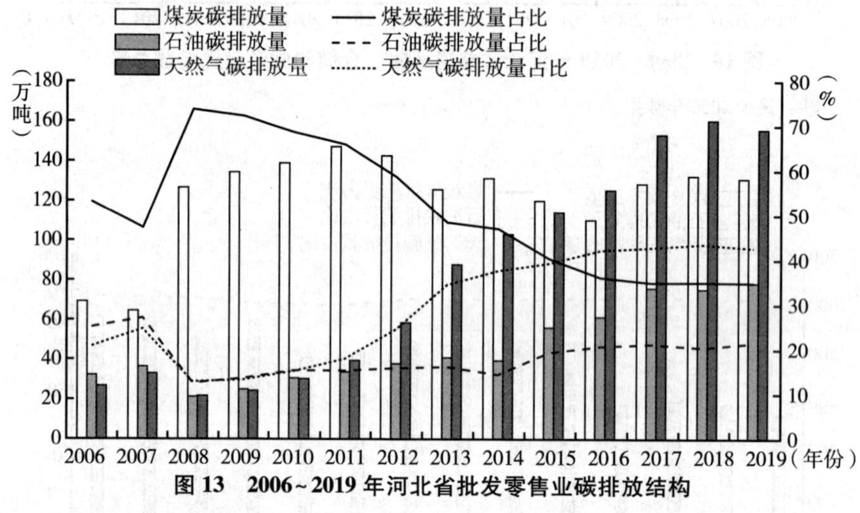

图 13　2006~2019 年河北省批发零售业碳排放结构

注：缺少 2020 年数据。

2006~2016 年，居民生活的碳排放总量呈上升趋势，2016~2019 年则出现小幅下降（见图 14）。2006~2019 年河北省居民生活碳排放结构如图 15 所示。

（三）碳排放与能源消费的关联关系挖掘分析

碳排放主要通过两条路径影响能源消费，即改变居民消费观念和调整省际能源结构，因此碳排放对能源消费具有正向影响（见图 16）。

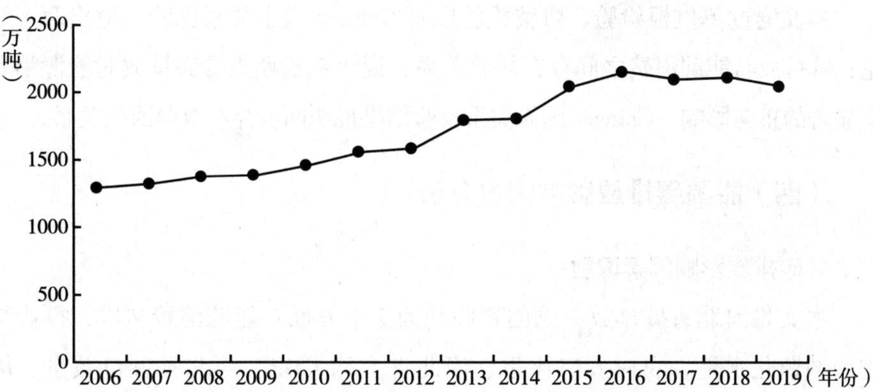

图 14　2006~2019 年河北省居民生活碳排放总量

注：缺少 2020 年数据。

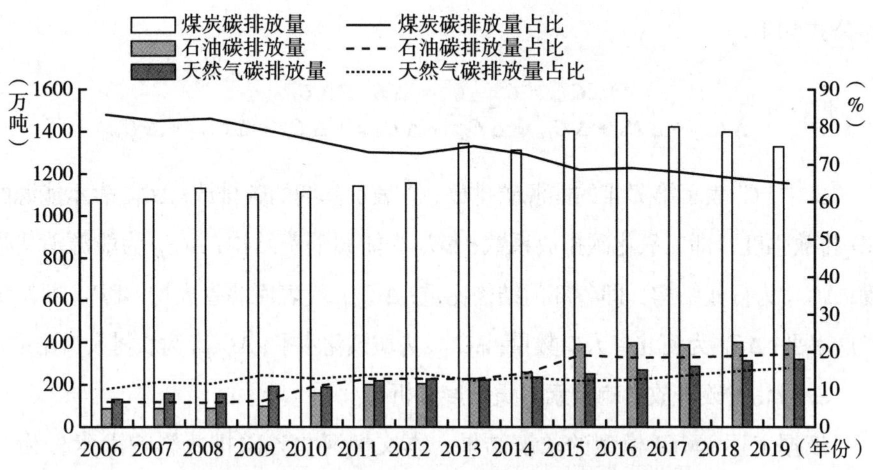

图 15　2006~2019 年河北省居民生活碳排放结构

注：缺少 2020 年数据。

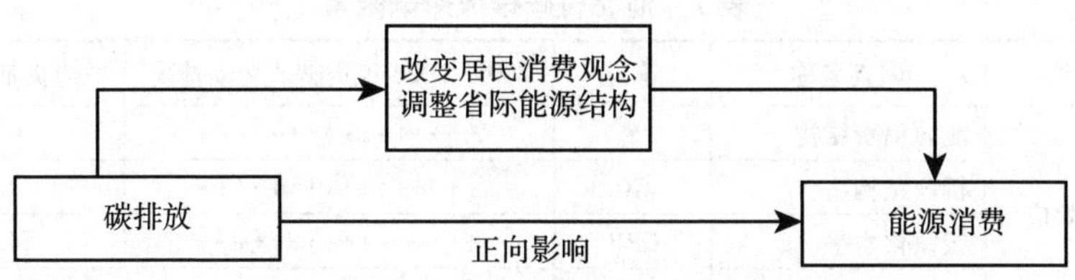

图 16　碳排放与能源消费关系理论模型

本文通过单位根检验、协整检验以及 Granger 因果关系检验，得出两个结论：碳排放与能源消费之间存在协整关系，说明从长期来看碳排放对能源消费有显著的正向影响；Granger 因果关系检验结果说明两者存在双向因果关系。

（四）能源碳排放影响因素分析

1. 碳排放影响因素识别

本文将河北省碳排放影响因素归纳为 7 个方面：能源消费结构、行业结构、城镇化水平、农村人口比重、河北省人均 GDP、河北省人口数量、能源消费强度。

2. 河北省碳排放的 LMDI 模型

本文用 LMDI 分解法中的加法模式来测算碳排放影响因素的贡献度。具体公式如下。

$$
\begin{aligned}
C_{tot} &= C^{T} - C^{0} = \Delta C_{c} + \Delta C_{N} \\
&= \Delta C_{CE} + \Delta C_{S} + \Delta C_{EG} + \Delta C_{GG} + \Delta C_{HPG} + \Delta C_{P} + \Delta C_{CPR} + \Delta C_{NPR}
\end{aligned}
$$

式中，C^{T} 表示第 T 年的能源碳排放；C^{0} 表示基期的碳排放；ΔC_{CE} 表示能源的 CO_2 排放强度，即二氧化碳排放系数；ΔC_{S} 为能源消费结构；ΔC_{EG} 为能源消费强度；ΔC_{GG} 为行业结构，即各部门结构比重；ΔC_{HPG} 代表河北省人均 GDP，即经济发展水平；ΔC_{P} 为河北省人口数量；ΔC_{CPR} 为城镇化水平；ΔC_{NPR} 为农村人口比重。

3. 河北省碳排放影响因素的贡献度分析

依据上述 LMDI 模型的求解结果，本文把河北省碳排放影响因素分为三大类，分别为结构效应、规模效应和能源强度效应。河北省碳排放影响因素如表 1 所示。

表 1　河北省碳排放影响因素

类别	因素名称	符号	2005~2020 年贡献值变动情况	平均贡献率(%)
结构效应	能源消费结构	S	++++++++++-+---	0.38
	行业结构	GG	-+++++++++++++++	7.37
	城镇化水平	CPR	++++++++++++++++	54.03
	农村人口比重	NPR	----------------	-27.12

续表

类别	因素名称	符号	2005~2020 年贡献值变动情况	平均贡献率(%)
规模效应	河北省人均 GDP	HPG	++++++++++++++++	88.55
	河北省人口数量	P	++++++++++++++++	5.68
能源强度效应	能源消费强度	EG	----------------	-28.85

三　基于系统动力学与情景模拟法的碳排放预测研究

（一）情景设计

1. 基于系统动力学的参数选取分析

本文把河北省碳排放系统分为人口子系统、经济子系统、能源子系统和环境子系统，这四个子系统关系复杂。河北省碳排放系统结构如图 17 所示。

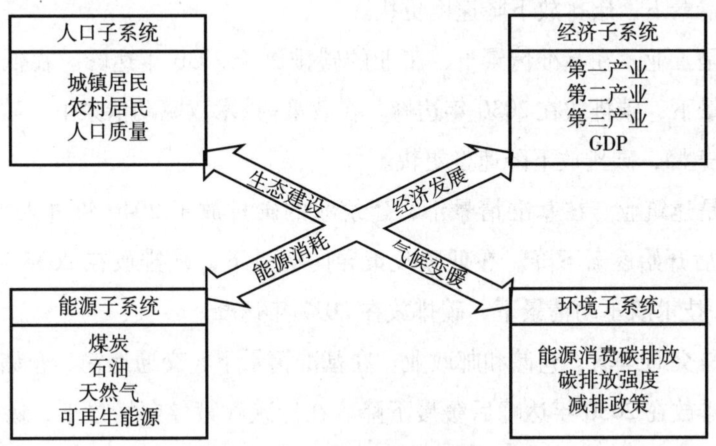

图 17　河北省碳排放系统结构

2. 情景指标设置

本文以历史数据发展水平为基准，设定煤炭、石油、天然气的增速，采用趋势外推法来生成河北省 2021~2060 年碳排放总量自然增长曲线。本文预测了基准情景、低碳政策导向情景、政策-技术双驱动情景下不同行业及居民生活的碳排放情况。

3. 碳排放系统情景预测分析与讨论

河北省部分行业及居民生活达峰时间如表 2 所示。

表 2 河北省部分行业及居民生活达峰时间

行 业	基准情景	低碳政策导向情景	政策-技术双驱动情景
农林牧渔业	2040 年	2030 年	2025 年
工业	2030 年	2030 年	2025 年
建筑业	2040~2046 年	2035 年	2027 年
交通运输、仓储和邮政业	2030 年	2031 年	2025 年
批发零售业	2030 年	2031 年	2028 年
居民生活	2030 年	2030 年	2025 年

一是农林牧渔业。在基准情景下，农林牧渔业的碳排放在 2040 年达峰后缓慢下降。在低碳政策导向情景下，碳排放于 2030 年达峰。在政策-技术双驱动情景下，碳排放下降速度更快。

二是工业。在基准情景下，工业的碳排放于 2030 年达峰。在低碳政策导向情景下，碳排放在 2030 年达峰。在政策-技术双驱动情景下，碳排放于 2025 年达峰，碳排放下降速度更快。

三是建筑业。在基准情景下，建筑业的碳排放于 2040 年进入平台期，2046 年后开始逐渐下降。在低碳政策导向情景下，碳排放在 2035 年达峰。在政策-技术双驱动情景下，碳排放在 2027 年达峰。

四是交通运输、仓储和邮政业。在基准情景下，交通运输、仓储和邮政业的碳排放在 2030 年达峰后缓慢下降。在低碳政策导向情景下，碳排放在 2031 年达峰。在政策-技术双驱动情景下，碳排放在 2025 年达峰。

五是批发零售业。在基准情景下，批发零售业的碳排放在 2030 年达峰，之后开始缓慢下降。在低碳政策导向情景下，碳排放在 2031 年达峰。在政策-技术双驱动情景下，碳排放在 2028 年达峰。

六是居民生活。在基准情景下，居民生活的碳排放在 2030 年达峰后缓慢下降。在低碳政策导向情景下，碳排放在 2030 年达峰。在政策-技术双驱动情景下，碳排放在 2025 年达峰。

七是其他行业。在基准情景下，对于其他行业来说，2024~2030 年碳排放为平台期，随后缓慢下降。在低碳政策导向情景下，碳排放在 2030 年达峰。在政策-技术双驱动情景下，碳排放在 2025 年达峰。

总的来说，在基准情景下，河北省碳排放于 2030 年左右达峰，下降速度缓慢。在低碳政策导向情景下，碳排放在 2030 年左右达峰，碳排放的下降速度快于基准情景。在政策-技术双驱动情景下，碳排放于 2025 年左右达峰，整体趋势与政策导向情景较为相似，但碳排放下降速度更快。

（二）碳排放达峰路径分析

根据上述预测结果，可以发现：从碳排放量来看，基准情景大于低碳政策导向情景和政策-技术双驱动情景；从增速来看，基准情景大于低碳政策导向情景和政策-技术双驱动情景。

本文选取典型产业的工业来探讨碳排放峰值的可控性问题。从达峰时间的可控性来看，本文发现影响河北省工业碳达峰时间的因素是政治政策导向和技术支持驱动。

（三）碳中和前景分析

全球能源互联网发展合作组织指出，我国全社会碳中和总体可按尽早达峰、快速减排、全面中和三个阶段实施，即 2030 年前尽早达峰、2030~2050 年快速减排、2051~2060 年全面中和。在政策-技术双驱动情景下，仍需要继续通过提升能效等手段，减少碳排放存量。

四　河北省能源创新战略研究

（一）能源供应效益分析

1. 河北省内部能源供应成本

2015~2020 年河北省内部各类能源供应成本如表 3 所示。按此趋势，未来煤炭和石油等化石能源供应成本会逐年下降，天然气、一次电力及其他能源的供应成本则会快速增长。

表 3　2015~2020 年河北省内部各类能源供应成本

单位：万元

项　目	2015 年	2016 年	2017 年	2018 年	2019 年	2020 年
煤炭	2350982.00	2098638.00	3114467.00	3148254.00	2823409.00	2693403.64
石油	367222.30	353843.80	558529.10	609208.30	612712.30	603035.59
天然气	61468.33	46943.05	146606.40	64928.87	60568.63	71092.03
一次电力及其他能源	111983.50	143917.50	296427.70	405782.90	489163.80	634851.18
总成本	2891656.13	2643342.35	4116030.20	4228174.07	3985853.73	4002382.44

2. 河北省外部各类能源供应成本

2015~2020 年河北省外部各类能源供应成本如表 4 所示。按此趋势，在价格没有很大波动的情况下，未来煤炭和石油的供应成本逐年下降。反观天然气、一次电力及其他能源的供应成本则快速增长。

表 4　2015~2020 年河北省外部各类能源供应成本

单位：万元

项　目	2015 年	2016 年	2017 年	2018 年	2019 年	2020 年
煤炭	9994396.39	10439312.36	13922950.90	17391969.08	16165414.64	17420609.88
石油	1035755.49	1092178.22	1480162.50	2034247.92	2510242.02	3477155.23
天然气	370130.11	545106.55	724042.87	1330250.04	1781443.59	2529751.84
一次电力及其他能源	519460.96	494836.02	1507217.68	1072900.22	1612430.05	2051216.07
总成本	11919742.95	12571433.15	17634373.95	21829367.26	22069530.30	25478733.02

（二）经济效益分析

对河北省来说，2016~2020 年工业增加值的占比最大，但增速缓慢；其他行业增加值的增速较快（见图 18）。2016~2020 年河北省各行业能源强度如图 19 所示，2016~2020 年，河北省各行业的能源强度大致呈下降趋势。

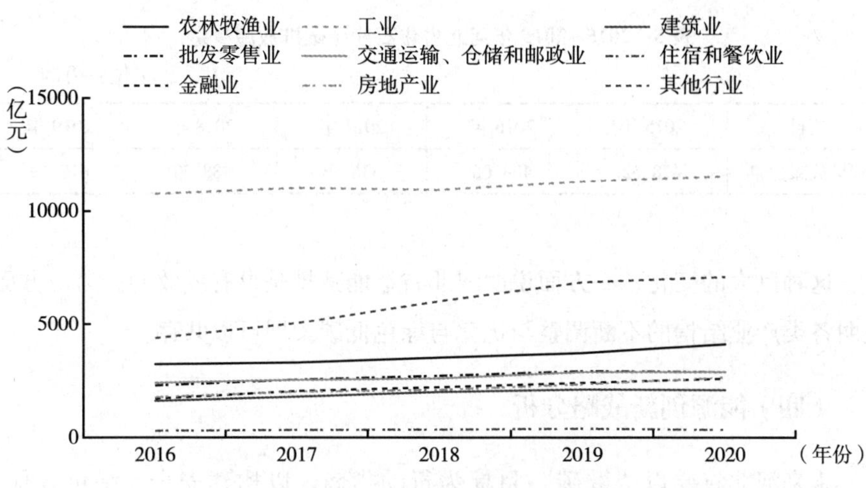

图 18　2016~2020 年河北省各行业增加值

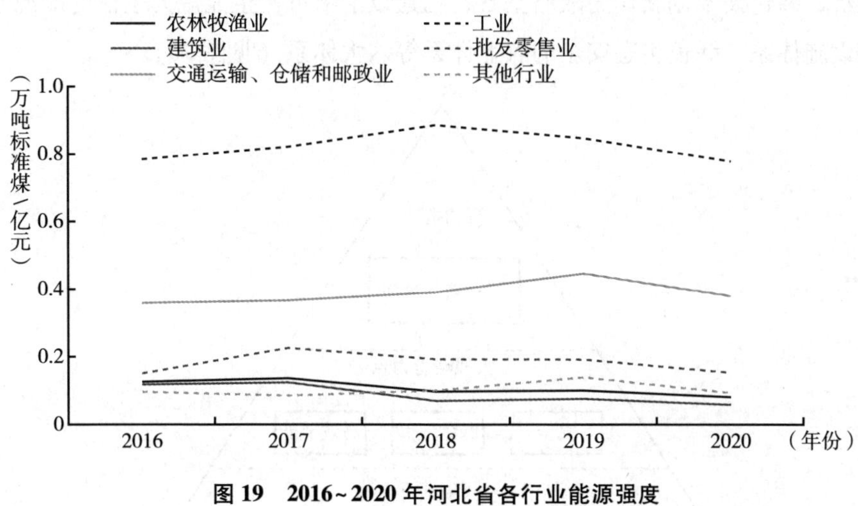

图 19　2016~2020 年河北省各行业能源强度

（三）社会效益分析

2015~2019 年河北省化石能源碳排放减少量如表 5 所示。河北省碳达峰创新战略促进了可再生能源的开发利用，减少了化石能源消耗，进而有助于解决化石能源开发导致的环境污染问题。

表 5　2015～2019 年河北省化石能源碳排放减少量

单位：万吨

项目	2015 年	2016 年	2017 年	2018 年	2019 年
碳排放减少量	478.62	408.06	336.33	488.23	618.19

这种巨大的变化，一方面说明河北省节能减排是卓有成效的；另一方面说明各类产业结构的不断调整与优化与绿色低碳发展可以共存。

（四）能源创新战略分析

未来河北省要以“双碳”目标为行动指南，以构建安全、绿色环保、高效节能的能源系统为战略着力点，将能源政策体系、绿色低碳能源、低碳经济、绿色技术创新作为战略基石，构建以清洁可再生能源为主体的能源基础设施体系、绿色生态安全的农业体系等六大体系（见图 20）。

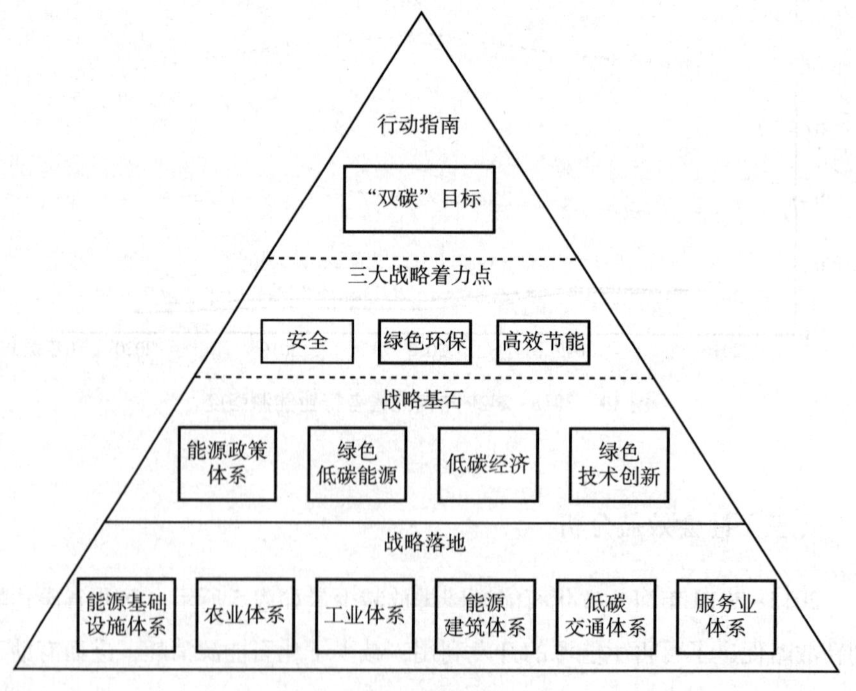

图 20　河北省能源创新战略

五 河北省能源创新战略的实施路径研究

（一）河北省实现“双碳”目标的应对策略

第一，以顶层设计为指导，加快完善能源政策体系。建立健全碳达峰、碳中和工作推进制度，构建绿色投融资政策体系，充分发挥碳排放交易机制的作用。

第二，以发展绿色能源为核心，加快构建绿色低碳能源体系。着力提升光伏、风力及生物质等新能源发电装机容量，加快省级天然气管网建设，构建形成多点互联互通的输气网架。

第三，以高质量发展为抓手，加快构建低碳经济体系。大力发展战略性新兴产业，深入布局高新技术产业，推动数字经济和实体经济深度融合，大力推动现代服务业的发展。

第四，以科技创新为支撑，加快构建绿色低碳技术创新体系。切实提高绿色低碳前沿技术原始创新能力，抢占碳达峰、碳中和技术高地。

（二）不同行业能源创新战略的实施路径研究

根据能源创新战略和实现“双碳”目标的应对策略，河北省要建立不同行业的“双碳”目标实施路径。

农林牧渔业的碳排放量较低，说明河北省按目前的政策继续执行就可以满足该领域碳减排需求。农林牧渔业将在基准情景下进一步深化政策落实。河北省农林牧渔业能源创新战略的实施路径如图 21 所示。

近年来，河北省工业快速发展，逐步形成了以装备制造、钢铁等七大产业为主导并涵盖 40 个工业行业大类的较完备的产业体系。河北省工业能源创新战略的实施路径如图 22 所示。

建筑业的碳排放量增速较平缓，碳排放量不高，建筑业按原有碳排放政

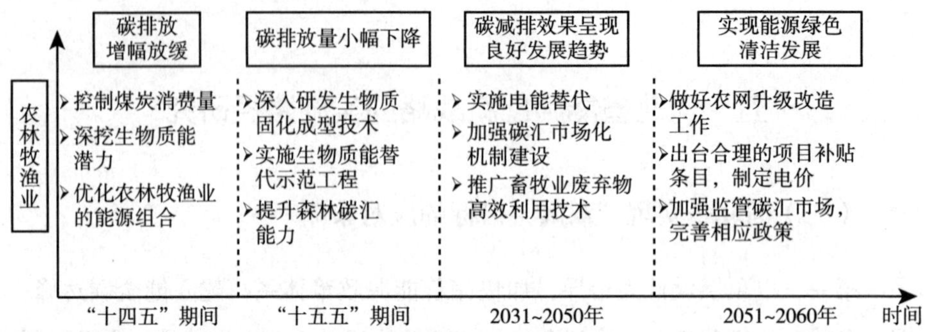

图 21　河北省农林牧渔业能源创新战略的实施路径

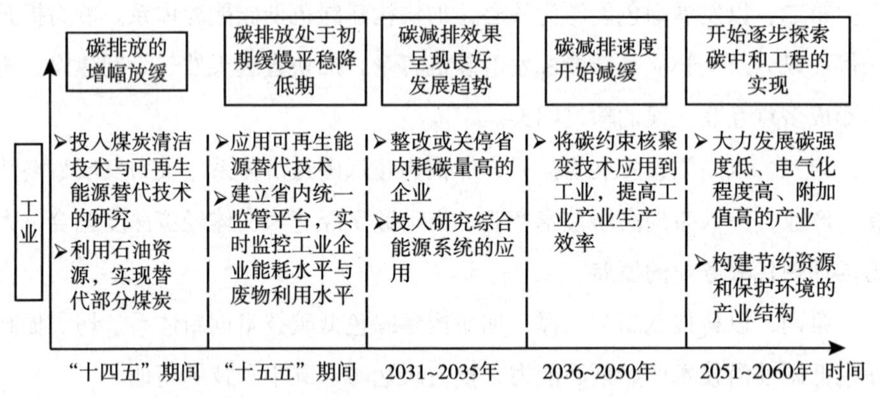

图 22　河北省工业能源创新战略的实施路径

策就可以满足该领域碳排放需求。建筑业将在基准情景下打造配套市场机制。河北省建筑业能源创新战略的实施路径如图 23 所示。

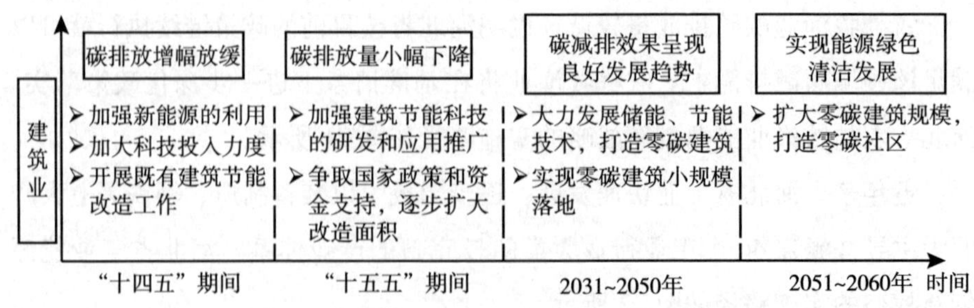

图 23　河北省建筑业能源创新战略的实施路径

交通运输业的碳排放量在河北各行业当中位于第三，是重点碳减排行业。交通运输业将在低碳情景下进一步深化政策落实。河北省交通运输业能源创新战略的实施路径如图 24 所示。

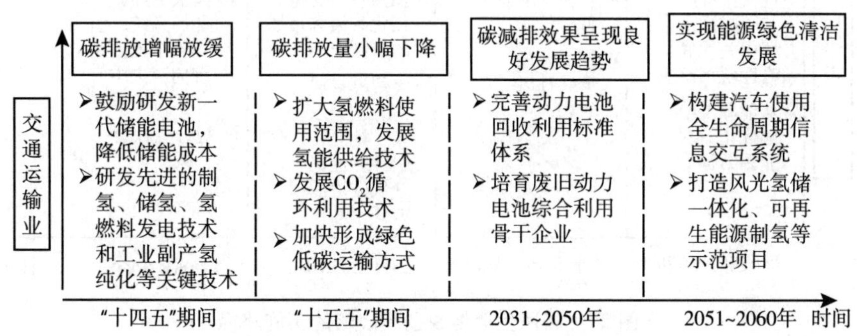

图 24　河北省交通运输业能源创新战略的实施路径

批发零售、住宿和餐饮业将在基准情景下加大减排力度。河北省批发零售、住宿和餐饮业能源创新战略的实施路径如图 25 所示。

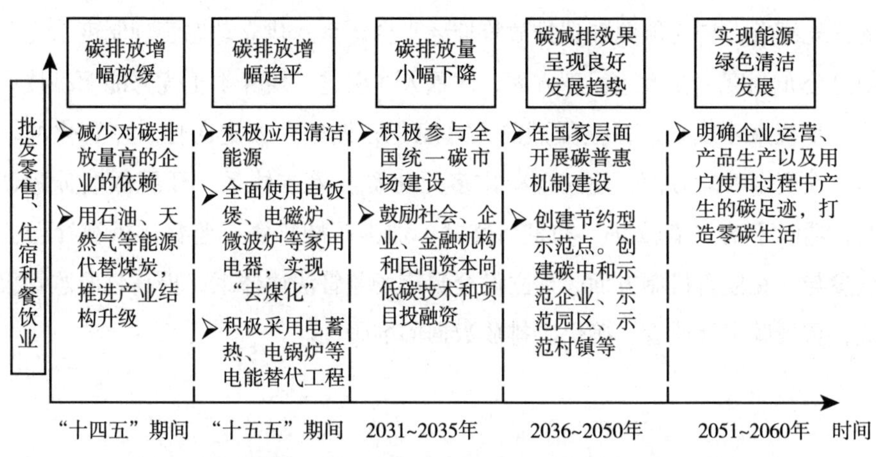

图 25　河北省批发零售、住宿和餐饮业能源创新战略的实施路径

为了缓解经济发展与能源需求之间的矛盾，河北省对居民能源结构进行改革。居民生活将在低碳情景下加大减排力度。居民生活能源创新战略的实施路径如图 26 所示。

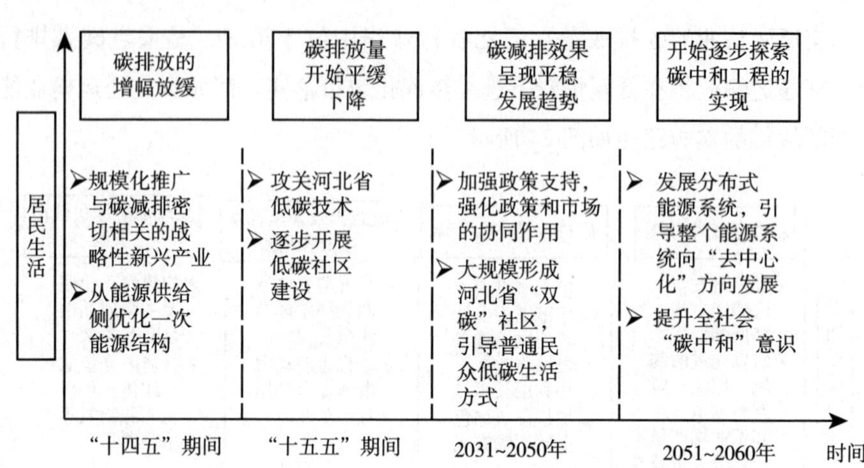

图 26　居民生活能源创新战略的实施路径

（三）能源创新战略的保障机制研究

在机制保障方面，落实领导责任制，部分公共事务能够得到人、财、物的优先配置；构建能源和碳排放管控云平台体系；建立动态管理制度，完善信息公布制度。在人才保障方面，注重人才引进，培养本土优秀能源科技人才；重视人才成长，树立强烈的人才意识；做好人才定向化、差别化的培养。在资金保障方面，建立碳减排多元化资金筹措体系；开展低碳金融创新，适时采纳“借转补”和事后奖补；加强碳减排资金监督，重视社会公众参与。在监管机制方面，建立健全碳市场监管法律体系，提高政府监管权威；重视碳审计监管；确保碳排放数据的准确性。

新型电力系统服务河北省乡村振兴关键问题研究

摘　要： 为深入贯彻落实习近平总书记关于乡村振兴的重要指示精神，本文深刻领会把握实施乡村振兴内涵，总结了乡村振兴战略对电力服务乡村发展的意义，对新型电力系统服务乡村振兴形势进行分析，研究了新型电力系统服务乡村振兴的六个关键问题，并坚持问题导向，统筹绿色发展和系统安全、差异规划和普遍提升的辩证关系，提出了提升规划、服务、消纳和预测能力等方面强化电力保障的政策建议，进而有利于加快构建新型电力系统，服务乡村振兴。

一　乡村振兴战略对电力服务乡村发展的意义

习近平总书记关于乡村振兴的重要论述内涵深刻、意义重大，为电力服务乡村发展提供了总遵循。乡村振兴战略的提出与实施，是以习近平同志为核心的党中央顺应时代发展要求，总结"三农"工作规律，从决胜全面建成小康社会、全面建设社会主义现代化国家全局出发确定的重大历史任务，具有深邃的理论逻辑、历史逻辑和实践逻辑，为我们推动新时代农业农村发展提供了基本遵循。

习近平总书记关于乡村振兴的重要论述指明了电力服务乡村发展的总方向。能源低碳变革与乡村振兴融合发展是必然趋势。2023 年 1 月，国家能源局、农业农村部、国家乡村振兴局联合下发的《加快农村能源转型发展助力乡村振兴的实施意见》提出，要加快形成绿色、多元的农村能源体系。电力是现代社会生活生产中不可或缺的基础条件，没有充足可靠的电力保障，就不可能真正推进乡村振兴。为乡村产业和经济社会发展提供绿色、低碳、可靠的能源服务，需要加快构建农村现代能源体系，改造升级农村电网，提高农村供电服务水平，打造新型电力系统，推动农村基础设施提档升级，不断增强农村电力保障能力，积极助力农业更强、农村更美、农民更富。巩固拓展好脱贫攻坚成果、助力乡村振兴战略全面实施，是新时代“三农”工作赋予电力行业新的使命任务。

习近平总书记关于乡村振兴的重要论述明确了电力服务乡村发展的重点任务。习近平总书记指出，新时代乡村振兴既要促进乡村产业和人才振兴，也要加快乡村文化、生态和组织振兴，最终实现“产业兴旺、生态宜居、乡风文明、治理有效、生活富裕”。“产业兴旺”要求加强农村能源基础设施建设，保障能源供应的充裕和稳定，从而适应现代农村生产方式带来的能源需求多样化的趋势，满足乡村生产用能需求。“生态宜居”要求优化农村能源结构，推动清洁能源、可再生能源的开发和利用，减少能源生产和消费过程对环境的影响，优化乡村的生产生活环境。“乡风文明”“治理有效”要求将能源大数据应用与农村精神文明建设和现代农村治理体系构建相结合，不断拓展能源数据挖掘的外延和内涵，推动能源行业在农村生产生活中发挥更大的支撑作用。“生活富裕”要求将农村能源发展与农民增收、生活提质有机结合，降低农民生产生活用能成本，提升能源供应品质。综上可见，作为重要的农村基础设施和公共服务，农村能源保障是实现农业更强、农村更美、农民更富的重要动力和支撑。作为服务经济社会发展的“先行官”、党和群众的“连心桥”，电网企业要进一步把准电力在乡村振兴中的重要职责和使命，践行“绿水青山就是金山银山”的理念，推进乡村振兴战略的落地。

二　新型电力系统服务乡村振兴形势分析

（一）乡村能源消费现状和需求趋势

1. 乡村能源消费现状

我国乡村能源消费以商品能源为主、以非商品能源为辅，其中非商品能源大部分是薪柴和秸秆。最新统计数据显示，2020 年我国乡村能源消费量约为 6.7 亿吨标准煤，占全国能源消费总量的 13.1%。其中，商品能源消费总量约为 5.4 亿吨标准煤，占乡村能源消费总量的 80.6%；非商品能源消费约为 1.3 亿吨标准煤，占 19.4%。“十三五”期间，乡村能源消费总量年均下降 2.5%，乡村能源消费整体呈现下降和清洁化趋势。

2. 乡村能源需求趋势

随着乡村振兴和新型城镇化的加快推进，乡村能源消费持续增长，向着更加商品化、清洁化、电气化方向发展。根据国网能源院的初步预测，2025 年，我国乡村能源消耗量约为 7.2 亿吨标准煤，“十四五”时期年均增长 1.5%。其中，乡村生活用能占乡村能源消耗量的 66.7%，乡村生产用能占 33.3%。2025 年我国乡村能源需求预测如图 1 所示。

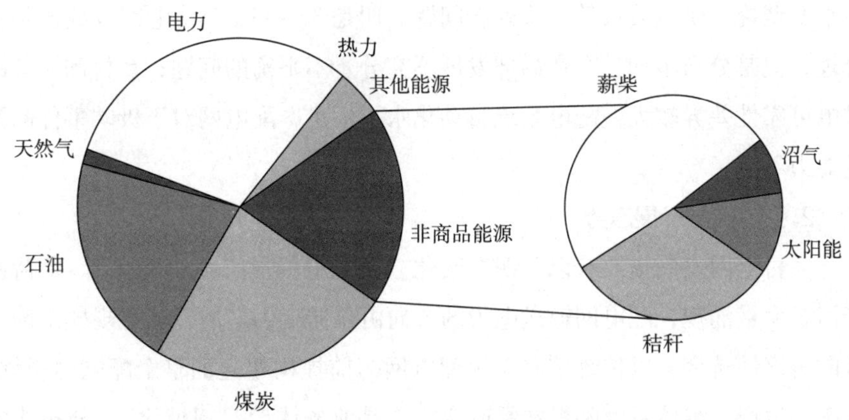

图 1　2025 年我国乡村能源需求预测

在乡村振兴战略推动下，乡村产业快速发展，村民生活水平提高，乡村用电量也持续较快增长。预计 2025 年国家电网经营区乡村全社会用电量约为 4.51 万亿千瓦·时，“十四五”时期年均增速为 5.8%；2035 年达到 6.33 万亿千瓦·时，2025~2035 年的年均增速为 3.5%，高于全社会用电增速 0.5 个百分点。

（二）乡村电网发展现状和发展态势

乡村电网是指为农村供电的电力网络。我国的乡村电网主要由 110 千伏及以下的输电、配电网线路和变电所组成，作为输电网的末端，对粮食生产，第一、第二、第三产融合，居民生活提升起着重要作用。

1. 乡村电网发展现状

全国各地乡村电网发展情况差异较大，以河北南网为例，主要呈现以下四个特征。一是常住人口城镇化率低于全国，乡村配电网规划和建设潜力较大；全社会人均用电量低于全国水平，仍然有较大的增长空间，配电网规模发展潜能较大。二是乡村和城镇网架结构差异较大。农网网络拓扑以辐射型为主，低压线路主要是辐射线结构，联络率低、转供能力差，且存在部分线路供电半径过长等情况；城网线路联络比例达到 100%，供电可靠性相对较高。三是新能源发展迅猛，供热机组占比较大但灵活性不足，给电网带来了消纳、调峰、供电质量等一系列新问题。四是 35~110 千伏电网容载比整体合理，但是分布不均，存在局部发展不充分、不平衡的问题；乡村和城镇的供电可靠性差异较大，配电系统自动化水平不足，配电网对于极端事件的耐受能力不足。

2. 乡村电网发展态势

乡村电网发展主要有以下四个变化。一是电网形态“有源化”。负荷侧产消者大量涌现，配电网输送电力的方向由单向变为多向，输送规模由确定性向概率性转变，以传统单向无源配电网为前提构建起的整个配电网规划、调度、生产运维体系面临根本性改变。二是业务体量“规模化”。分布式电源的大规模接入带来了大量电网改造工作，规划、投资、报装等传统业务量系统性增加，对市县供电公司的业务能力和服务效率质量带来挑战。三是服务方式“市场化”。随着现货、辅助服务市场建设的深入推进，负荷聚合商、虚拟电厂、储能等新兴主体不断出现。市场主体意识逐步增强，对影响市场出清结果的配电网运行方式和检修计划高度关注。配电网运行和检修方案不再是电网企业的“一家之言”，将是各市场主体利益平衡的结果。四是发展方式“差异化”。处于成长发展阶段的乡村，投资能力较强，电网发展向“城镇化”迈进，电压等级和电缆化率向城市电网看齐；处于成熟稳定阶段的乡村，人口规模和经济发展平稳，电网发展以新建和并举为主，满足用电需求；处于自然衰退阶段的乡村，电网投资能力不足，电网建设重点以技改大修为主，避免过度投资。

（三）乡村电力发展面临挑战和机遇

1. 面临五大挑战

随着我国进入全面推进乡村振兴的新阶段，乡村电力发展主要面临需求、供应、投资、服务、生态环境等挑战。一是乡村用能负荷季节波动性大，设备利用率低。绝大多数乡村产业围绕农业生产以及季节性的农产品加工，用电负荷季节波动大，导致配电设备年均利用效率降低。二是分布式可再生能源具有点多面广、波动性强、不确定性大的特点，乡村电网无法有效实现可观可测和灵活调节，需要持续提升乡村电网调节能力和智能化水平。三是乡村电网投资能力不足，投资需求大、收益率低。受自然环境、地质、交通等因素制约，乡村电网建设和运维成本整体相对较高。随着乡村振兴战略的推进，未来投资需求可能继续增长，叠加乡村地区售电规模小、收益低，盈利能力与投资刚性增长不匹配矛盾突出。四是乡村用能服务需求日趋多元化，对公司的基层供电服务能力带来较大挑战。乡村振兴将促使产业和人才向乡村转移，用户对供电服务体验和服务效率更加重视，服务需求更加多元化、个性化。五是乡村电网发展面临的生态环境约束更加刚性。电网规划需要与国土空间规划紧密衔接，既要满足土地资源管控要求，也要满足电网经济发展与地区生态环境保护需求。

2. 面临三大机遇

电力是支持农业农村发展的重要基础设施，乡村振兴将会带来电力发展的新机遇。一是农业的现代化以及农业生产与制造业和服务业的融合将带动用电需求和负荷的增长，形成乡村用电新的增长点。二是农村能源、交通和通信基础设施的完善为电网企业开展多能互补、电动汽车、电力大数据应用等新兴业务提供了前提条件。三是农民对高品质生活的追求将增加对市场交易和绿电消费的需求，有利于负荷侧需求响应、绿电交易等“供电+”业务的开展。

三　新型电力系统服务乡村振兴关键问题

在乡村振兴战略和碳达峰、碳中和战略的叠加影响下，乡村新能源并网规模快速扩大，乡村电力系统日益朝着农网强支撑、整县自平衡、分区广互联的方向发展，亟须探索传统农网向新型电力系统跨越式升级的可行模式。

（一）推动电源多元化发展，形成清洁电源为主体、化石能源为“压舱石”的供应形态

在新型电力系统的规划、调度、运行与投资等功能环节，全面引入“碳约束”，形成具有强不确定性的新能源（风电、光伏、小水电）、可提供灵活性的可靠零碳电源（生物质、光热、氢能发电）以及保留的化石能源机组三大类电源。推动化石能源电源主导的电力系统，转换为化石能源、新能源、生物质能源在功能主体上“三足鼎立”的电力系统，再转换为以新能源为主体的新型电力系统。

（二）推动电网平台化发展，形成大电网与分布式协同并举的网络形态

立足我国国情与资源禀赋，“西电东送、北电南送”的电力流分布持续强化，新能源开发呈现集中式与分布式并举的格局，电网结构将呈现

“大电源、大电网”与“分布式系统”兼容互补。乡村地区呈交直流混联大电网、柔直电网、主动配电网、微电网等多种形态电网并存局面。乡村电网不仅承担电能传输的作用，而且将更多地承担电能互济、备用共享的职能。

（三）推动配电网有源化发展，形成结构多向、元素联动的终端形态

传统配电网内只存在电力负荷，所有电力需求均由电网供给，电力潮流为骨干电网向配电网的单向流动。随着乡村地区分布式能源、可中断负荷、用户侧储能的发展，交流电网转为柔性交直流配电网，逐渐呈现有源化特征，输送电力的方向由“单向”变为“多向”，输送规模由“确定性”向“概率性”转变。同时，新型电力系统还将接入分布式可再生能源、储能、电动汽车、需求响应等各种灵活性的配套资源，满足灵活性需求。

（四）推动全面数字化发展，形成海量异构资源广泛接入、密集交互的技术形态

新能源的大比例接入、新型电力负荷的规模化发展、电力改革的市场化推进，以及由此带来的随机性、波动性、不确定性等，都对新型电力系统的安全稳定运行带来了极大的挑战。新型电力系统将广泛应用传感器网络、5G 技术、量子计算、人工智能等新技术，形成信息物理融合的数字化电网，通过数据态势感知和控制资源池扩展，可以第一时间发现电源、网架变化，并及时做出响应，实现灵活调节能力、高度智能的运行。

（五）推动边界交融化发展，形成多网融合、时空互补的跨领域形态

传统电力系统为边界清晰、功能单一的封闭系统，除发电过程使用化石能源外，仅与煤炭、天然气等能源存在供需等宏观层面的联系。新型电力系统逐渐转向以电为枢纽、以价格为引导、多种能源协同互济的综合能源体。

随着数字化和以电动汽车为代表的能源终端消费领域向电气化推进，不同系统、网络之间的联系不断增强，边界日益模糊，信息网、交通网等逐渐融入能源网，成为新型电力系统的重要组成部分。

（六）推动价格市场化调整，形成统一开放、有效竞争的市场形态

新型电力系统中，价格是电源、网架、负荷、储能之外的第五要素。通过市场的建设和不断完善，构建有效竞争的市场结构和市场体系，建立适应大范围市场运作的输配电价、辅助服务、现货市场等机制，实现电力市场、碳交易市场协同发展，电能价格与碳排放成本有机结合，电力的供需、质量、可靠性、清洁度等属性均可在市场交易中得到体现，与其他商品一样实现按需、按质论价。新型电力系统还可通过价格引导供需，确保电力平衡与系统安全。

四　河北省构建新型电力系统服务乡村振兴的重点举措

根据服务乡村振兴战略需要，结合新型电力系统电源、网架、负荷、储能体系、价格发展趋势，河北省需重点推动以下10个举措落地。

第一，加强电力规划与地方规划衔接。一是推动电力与乡村产业振兴规划、人口迁移、产业集群布局的有效衔接，结合不同地域发展阶段，因地制宜地制定电网规划，促进电网基础设施资源流向新的集聚点。二是结合农业产业集群、特色小镇等空间布局，提前争取电力廊道站址资源。三是考虑产业转移不确定性，加强生产数据支撑规划，对变电站负载率和乡村振兴产业用电数据进行融合分析，优化电网规划方案，合理确定配套工程时序。

第二，促进电网建设与生态融合发展。一是实施绝缘化、景观化改造或核心景观区域的电缆入地，促进电网建设与环境景观有机融合，无感化融入美丽乡村建设。二是加强电网建设与土地、自然环境和乡土特色的生态融合，在选址、施工时充分考虑生态因素，减少电网建设对自然环境和乡土特色的影响，构建生态友好型电网。

第三，提升乡村电网智能化水平。一是积极稳妥提升乡村电网配电自动化有效覆盖水平，实现架空线路故障快速恢复。二是强化智能化运维，开展台区低压侧设备智能延伸改造，全面感知台区全链路运行状态，提高精益化管理水平，满足分布式电源、电动汽车、分布式储能等源负荷、储能设施灵活接入需求。三是按照乡村振兴对电网可靠性提高要求，优化检修计划安排，提升故障响应速度，全面推广不停电作业、智能带电巡检技术，持续提升乡村电网供电可靠性。

第四，深化城乡均等化供电服务。一是建立城乡统一的供电服务制度体系、服务规范、行为规范、监督体系、品牌形象体系。二是优化乡村振兴配套电网工程的建设周期，超前与能源主管部门和国土部门对接，结合光伏开发等新形势，优化对乡村振兴相关配电网提升工程的审批流程，提升服务效率。三是创新乡村用电共建共治共享机制，推动政府协同开展农村用电管理，构建和谐的农村用电环境，打通服务农村居民用电的“最后一公里”。

第五，提升乡村用电安全水平。一是加强农村电网线路绝缘化治理，及时维修更换线路老化、破损以及不符合标准的设备，消除用电隐患。二是制定“非计划孤岛”安全处理措施，针对光伏推进带来的配电网“有源化”特点，加强分布式电源的配电网安全运行评估，合理划分“非计划孤岛”，制定安全处置策略，保障维护人员安全。三是加强用电安全宣传教育和技术指导，针对乡村电网线路长、范围广、用电情况复杂的现实，加强对科学用电、安全用电的宣传和普及，营造安全祥和的乡村安全用电环境，使农村用户用上“安全电、放心电”。

第六，加大乡村电网科技研发投入力度。一是加强乡村能源服务新业态研究，综合考虑乡村发展趋势、产业发展特色、地区用能特点等因素，超前开展乡村能源互联网业态研究，打造“智慧能源+产业”生态圈，推进农业农村领域能源消费结构转型升级，提高电能在终端能源消费占比。二是增加电网服务乡村振兴和新型城镇化科技投入，结合乡村的运行环境、用电特点对电网的需求，在电气化助力农业农村现代化、促进乡村产业发展方面超前布局关键技术研究，推进电气化服务农业建设基地建设，推动电气化大棚、蔬菜加工电能化、休闲观光园电气化建设。

第七，加强数据开放共享和价值挖掘。一是整合数据资源，加强数据与业务融合，推进跨专业、跨层级数据共享开放，发挥数据在洞察乡村电网规划、建设、运营中存在的薄弱点，提高系统智慧决策能力等方面的作用。二是挖掘释放数据价值，服务乡村产业发展和生活品质提升，融合生产、运营、管理、服务等多维度数据，利用数字技术对乡村产业发展趋势、用户用能需求及特点进行精准分析。三是通过规范数据管理权限，定制化开发数字产品，推进电力数据与交通、金融、民生数据开放共享，辅助政府部门决策。

第八，推进乡村振兴帮扶常态化。一是严格落实党中央、国务院乡村振兴工作要求，持续加大驻村帮扶力度，做大做强帮扶村特色产业，由“输血式”帮扶向“造血式”帮扶转变，提高内生发展能力。二是持续做好光伏扶贫项目服务，加强光伏扶贫电站电网侧管理，指导村委会开展光伏设备日常维护、光伏电板清理、设备日常维护保养。优化光伏扶贫结算服务流程，确保光伏扶贫资金及时拨付。三是创新开展产业帮扶，结合生产生活用能特点，开展综合能源服务、节能等业务帮扶，促进乡村从“用上电”向“用好能”转变。

第九，推进基层放权赋能。一是结合用户用能需求和市场形势变化，赋予基层供电所一定的运营决策权，挖掘乡村电气化、智慧能源等电力服务新需求，在设备选型、技术应用等方面加强基层参与，创造灵活、规范的管理模式，提升基层活力。二是提升基层自主决策权，健全供电服务质量标准和基本规范，围绕乡村用能差异化需求，在规范约束的范围内，赋予基层在设备选型、技术应用等方面的自主权。三是提高基层创新能力。加强技术赋能，推进相关服务和流程优化的试点项目在基层供电所落地应用；加强人才赋能，加大跨地市、跨县人员交流力度，引导优秀人才在基层进行锻炼交流；加强管理赋能，优化基层管理模式，创新激励机制，激发基层创新活力。

第十，助力乡村生态价值实现。一是开发乡村碳汇产品，探索将现代农业生产、清洁能源等项目产生的减排量开发为碳汇产品，通过为此类项目筹集资金的方式体现市场价值，探索乡村生态产品价值实现机制。二是推动乡村核证减排量（CCER）纳入碳排放交易市场，在乡村地区因地制宜发展分布式可再生能源，并将其核证减排量作为抵消机制纳入国家或省市的碳排放交易市场，为生态产品价值实现提供渠道，助力农村地区经济社会可持续发展。

京津冀区域能源协同发展路径研究

摘　要： 党的二十大报告指出，要促进区域协调发展，深入实施区域协调发展战略、区域重大战略，并将区域协调发展作为加快构建新发展格局、着力推动高质量发展重要方面之一。京津冀协同发展上升为国家战略以来，三地优势互补、良性互动、共赢发展，在生态环境保护等重点领域取得了重大进展。碳达峰、碳中和目标的提出为我国应对气候变化、发展绿色低碳经济指明了方向。国务院印发的《2030 年前碳达峰行动方案》明确指出，京津冀等区域要发挥高质量发展动力源和增长极作用，率先推动经济社会发展全面绿色转型。作为以首都为核心的世界级城市群和我国高质量发展的新增长极，京津冀区域先行先试、梯次有序实现碳达峰、碳中和，对我国“双碳”目标的如期实现具有重要意义。本文在分析京津冀能源消费及碳排放现状的基础上，采用长期能源替代规划模型预测了 2060 年前京津冀能源消费及碳排放情况，提出了制度协同“控碳”、结构协同“减碳”、技术协同“降碳”和生态协同“增汇”的相关建议。

一　京津冀能源消费及碳排放现状

（一）能源消费总量占全国比重高，能源消费仍以煤炭为主

2020 年，京津冀能源消费总量为 4.8 亿吨标准煤，占全国能源消费总

量的 9.6%，京津冀是我国能源消费中心之一。其中，煤炭在能源消费中占比最大，为 61.4%；石油和天然气消费占比相近，分别为 13.8%和 13.1%；一次电力及其他能源消费占比最低，为 11.8%；非化石能源消费占比低于全国平均水平。

河北煤炭消费量占本省能源消费总量的 80.5%，高于全国平均水平 23.7 个百分点，占京津冀地区煤炭消费总量的 90.2%。京津冀能源消费对外依赖程度高，各类能源供应均主要依靠外地调入。2020 年京津冀一次能源生产总量为 1.3 亿吨标准煤，远远不能满足能源消费需求。其中，天津 100%的煤炭资源需要外地调入，北京 100%的石油及天然气资源需要外地调入。

（二）能源消费强度不断下降，但仍高于全国平均水平

2020 年，京津冀地区占全国 9.6%的能源消费，仅创造了 8.5%的 GDP；而同期长三角、珠三角地区分别以占全国 17%、7%的能源消费，创造了 23%、10%的 GDP。京津冀的能效水平相对长三角、珠三角地区还有较大差距。

从京津冀区内 3 省市能效水平来看，河北与全国单位 GDP 能耗平均水平之间还存在一定差距。2013～2020 年河北单位 GDP 能耗不断下降，2022 年为 0.76 吨标准煤/万元，是全国平均水平的 1.2 倍、北京的 2.8 倍、天津的 1.9 倍。天津单位 GDP 能耗在东部发达地区属于较高水平。北京单位 GDP 能耗虽属全国最低，但依然是日本和德国等发达国家平均水平的 4 倍多，是美国平均水平的 2 倍多，距离纽约、伦敦及东京等国际化大都市水平差距更大。京津冀产业资源依赖特征明显，传统行业依然为产业主体，服务业和高新技术产业发展不足。

（三）非化石能源发电装机比重与全国平均水平相近，终端电气化率低于全国平均水平

能源供给清洁化方面，京津冀非化石能源发电装机占比逐步增长，2020 年与全国 41%的平均水平相近。河北凭借丰富的可再生能源资源禀赋，非化石能源发电装机占比超过全国平均水平 5 个百分点，北京、天津则低于全

国平均水平 28 个百分点。京津冀非化石能源发电量占比为 15.8%，低于全国平均水平 11.6 个百分点。能源消费电气化方面，2020 年京津冀电气化率为 20.1%，低于全国平均水平 6.4 个百分点。北京、天津城镇化水平较高，其电气化率分别高于全国平均水平 1.2 个、6.5 个百分点，河北则低于全国平均水平 7.5 个百分点。用电结构方面，2010~2020 年，京津冀工业用电占比由 65%左右下降至约 57%，低于全国平均水平 10 个百分点；第三产业电力消费占比稳中有升，高于全国平均水平 8 个百分点。

（四）京津冀三地碳排放规模差距较大，总量尚未达峰

以煤为主的能源结构和以高耗能行业为主的产业结构导致京津冀排放了大量的二氧化碳。京津冀地区碳排放总量由2000 年的 3.6 亿吨上升至 2019 年的 11.6 亿吨，碳排放总量占全国比重超过 10%。[①] 北京自 2010 年碳排放达到峰值后呈波动下降趋势，天津、河北碳排放量总体仍呈上升趋势。2017~2018 年，河北碳排放量急剧上升，贡献了京津冀碳排放增量的 91%，这主要由黑色金属冶炼和压延加工业，电力、热力生产和供应业的碳排放量上升所致。从三地碳排放量占比看，北京和天津碳排放量占京津冀地区总碳排放量比例逐年递减；河北碳排放量占京津冀地区总碳排放量比例呈逐年递增趋势，从 2000 年的 65.2%增加至 2019 年的 78.8%，河北是京津冀地区的碳排放主体。

二　“双碳”目标下京津冀能源消费及碳排放预测

依据国家及京津冀三地政府关于经济、产业、人口等领域相关规划和政策文件，本文采用 LEAP 模型[②]，设定基准和加速两种情景，对京津冀 2060

① 资料来源：中国碳核算数据库的碳排放数据，最新数据截至 2019 年。

② LEAP 模型（Long-range Energy Alternatives Planning System），即长期能源替代规划模型，是一种基于情景分析的自下而上的能源-环境核算工具，由斯德哥尔摩环境研究所与美国波士顿大学共同开发，广泛用于能源政策分析、气候变化缓解评估。

年前能源消费总量及结构、碳排放总量等进行预测分析。基准情景基于京津冀地区现有能源改革发展政策来进行设定；加速情景对标国际先进水平，充分考虑我国碳达峰、碳中和要求，基于京津冀地区清洁能源替代、非化石能源发展潜力和摆脱化石能源依赖的预期来进行设定。

（一）地区能源消费总量于2040年前后达峰，碳排放于2030年前达峰

基准情景下，京津冀能源消费总量将继续增长，预计在 2040 年前后达峰，峰值在 6.7 亿吨标准煤左右。煤炭、石油消费量呈现逐步下降趋势，天然气消费量先增后减，一次电力及其他能源消费量稳步增长。加速情景下，2060 年能源消费总量下降至 5.4 亿吨标准煤（见图 1）。终端电气化水平不断提升，2030 年和 2060 年分别达到 30%和 75%。

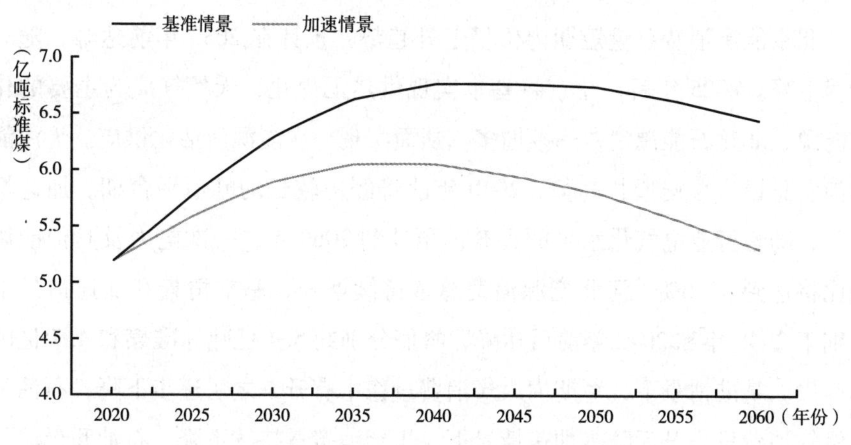

图 1　2020~2060 年京津冀能源消费总量

基准情景下，京津冀碳排放预计在 2030 年前达峰，峰值约为 12.5 亿吨，2060 年下降至 2.6 亿吨。煤炭、石油碳排放量占比不断下降，天然气碳排放量占比持续增长。加速情景下，京津冀地区碳排放在 2020~2029 年进入平台期，2030 年后加速下降，到 2060 年约有 0.8 亿吨（见图 2）。

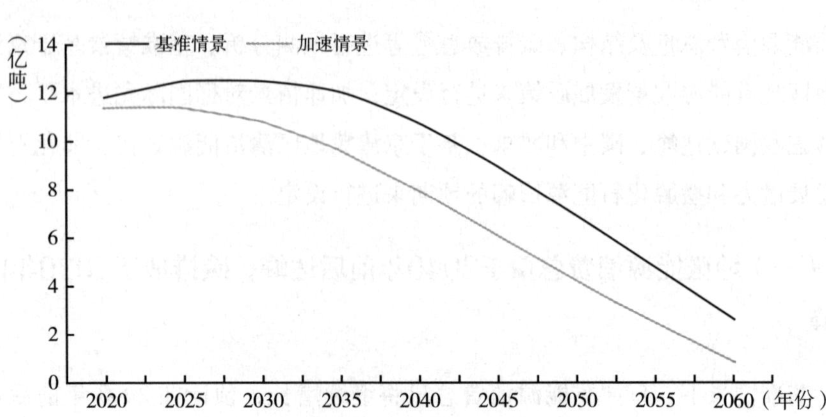

图2　2020~2060年京津冀地区碳排放总量

（二）北京、天津能源消费总量率先于2035年前后达峰，河北能源消费总量持续增长，将于2045年前后达峰

北京能源消费总量短期内仍呈上升趋势，预计在2033年前达峰，随后持续下降。2025年后，北京将基本实现供热无煤化，天然气成为主要的化石能源，非化石能源消费逐渐增多，从而实现一次能源清洁化供应。天津能源消费总量呈缓慢增长趋势，2040年前将经历较长的峰值平台期。加速情景下，随着行业电气化水平的提升，预计到2060年，一次电力及其他能源占比将达到83.6%。河北能源消费总量持续增长，基准情景和加速情景下分别于2048年和2042年前后达峰，峰值分别约5.4亿吨标准煤和4.7亿吨标准煤。基准情景下，短期内煤炭消费量稳中有升，之后逐步下降，石油和天然气消费量先升后降。加速情景下，煤炭消费量持续下降，石油和天然气消费量先升后降，峰值低于基准情景。

（三）京津冀三地梯次有序实现碳达峰，北京、天津碳排放率先达峰

“十四五”期间北京碳排放稳中有降，2030年之后加速下降。考虑到北京能源电力安全保供需求，加速情景下，2060年北京仍有一定比例的天

然气用来发电和供热，该部分碳排放可通过碳捕集封存技术和生态碳汇方式实现碳中和。除发电和供热部门外，交通运输、仓储和邮政业是北京碳排放量占比较高的行业，2035 年后其碳排放量占比呈现加速下降态势。天津碳排放于“十四五”期间达峰，峰值约为 1.9 亿吨，然后以较慢速度下降。天津工业部门和发电、供热部门是碳排放的主要来源部门，2045 年后工业部门碳排放量占比呈现加速下降态势。考虑到天津市“坚持制造业立市”的战略定位，在中短期内，工业部门的碳排放量占比下降幅度较为平缓。河北碳排放将于 2030 年前达到峰值，峰值约为 9.8 亿吨。加速情景下，碳排放可较基准情景提前 3 年达峰，即在 2027 年前后达到峰值水平，峰值约为 9.1 亿吨。基准情景和加速情景下河北省 2060 年碳排放量将分别减少至 2 亿吨和 0.4 亿吨。基准情景下，在短期内煤炭仍是河北省最主要的碳排放来源，煤炭碳排放于 2029 年左右达到峰值，之后持续下降；石油与天然气碳排放先增后降，达峰时间分别为 2035 年和 2045 年。

三　相关建议

（一）完善制度政策，推进协同“控碳”

加强京津冀三地减污降碳协同合作，从源头上控制碳排放污染源。优化和完善京津冀区域经济社会发展、能源发展顶层设计，统筹考虑国家“双碳”目标及区域碳排放情况，结合地区的发展模式差异，制定京津冀区域能源电力、工业、建筑和交通等重点领域碳减排路线图。充分考虑河北的产业、能源基础与差异，处理好京津冀整体碳达峰与各城市有序碳达峰之间的关系。加强京津冀碳排放权交易市场建设，推进碳市场和电力市场协同耦合，共同推动电力行业低碳发展。

（二）推进结构优化，促进协同“减碳”

立足各自功能定位，优化产业布局，大力发展先进制造业和战略性新兴产业，提升低碳以及零碳产业的竞争力。强调绿色承接和升级转移，充分利用京津冀绿色低碳大市场优势，河北可以精准对接京津电力、交通、建筑等绿色低碳产业，并将其作为调整结构、提升质量的突破点。优化能源消费结构，充分发挥冀北清洁能源基地的资源优势，增加可再生能源的供应。在工业、交通、数据中心等重点领域和场景拓展电能替代，推动传统钢铁、建材行业应用电窑炉等设备，完善城际充换电服务网络，加强“轨道上的京津冀”建设，推动“东数西算”京津冀枢纽节点采用100%绿电，助力京津冀成为产业绿色转型的全国样板。

（三）创新低碳科技，助推协同“降碳”

协同构建实现京津冀区域“双碳”目标的能源科技创新体系，充分发挥河北省资源禀赋优势和京津两地科研单位聚集优势，共同推进清洁能源开发，在脱碳、零碳、负碳及碳捕集技术等关键领域开展联合攻关，打造京津冀低碳技术协同发展新高地。开展多层次、多领域“低碳”试点，建设张家口后奥运低碳经济示范区和雄安新区近零碳区试点。聚焦低碳前沿技术研究，重点攻关可再生能源大规模利用、氢能开发利用、低成本储能、煤炭清洁高效利用等重要领域，打造京津冀氢能制储运加用全产业链条，构建氢燃料电池重卡货运走廊。

（四）拓展生态空间，实现协同“增汇”

优化京津冀生态空间格局，加强绿色生态屏障建设，充分发挥森林、草原、湿地、耕地、海洋等碳库的固碳作用。发挥京津冀自然生态优势，落实张家口首都水源涵养功能区和生态环境支撑区定位，打造塞罕坝生态文明建设示范区，实施坝上地区植树造林、三北防护林、雄安新区千年秀林等造林绿化重点工程，扩大森林生态空间，有效增加森林碳汇能力。加强海洋碳汇建设，积极推进海洋岸电项目建设，将唐山港、秦皇岛港、黄骅港等打造为绿色生态港口，推动岸电参与绿电交易，实现“张北的风开采渤海的油”，有效增加区域碳汇量。

新型能源体系雄安新区示范高地路径探索

摘 要： 建设雄安新区是党和国家做出的一项重大战略选择。雄安新区承载着创新高地、绿色高地、智慧新城的历史使命和定位。本文研究了雄安新区的能源现状和资源禀赋，创新提出“近零碳排放先行区”路径举措，为推进我国“双碳”目标实现和能源电力转型贡献河北智慧。

一 建设新型能源体系雄安新区示范高地的重要意义

当前全球范围的可持续发展面临资源和环境制约，为促进全球范围的可持续发展，需要推进能源体系的革命性变革。随着清洁低碳能源技术的不断成熟、成本的持续下降，人们逐渐从传统的化石能源开发转向零碳绿色的可再生能源开发。以清洁低碳为特征的新一轮能源转型正在全球兴起，大力发展清洁能源已成为国际社会共识。在全球能源格局深刻调整、能源治理体系加速重构、新一轮能源革命蓬勃兴起的大背景下，清洁低碳已成为全球能源转型发展的必然趋势。

雄安新区建设是千年大计，国家大事。中共中央、国务院批复的《河北雄安新区规划纲要》明确提出，要建设绿色智慧新城，按照绿色、智能、创新要求，推广绿色低碳的生产生活方式和城市建设运营模式，同步规划建设数字城市，筑牢绿色智慧城市基础。到 2035 年，雄安新区数字经济占城市地区生产总值的比重要达到 80%，基础设施智慧化水平达到 90%。

新型能源体系作为智慧城市的一个重要组成部分，要充分发挥能源的支撑作用，运用互联网、物联网融合技术，推进能源管理智慧化、能源服务精细化、能源利用高效化，发挥能源与人民生活密不可分的特性，将人民对生活的需求反映到能源体系的设计中，进一步推动智慧城市建设，提高能源安全保障水平，创造舒心、便捷、智能的生活环境。

建设雄安新区新型能源体系是对党中央“四个革命，一个合作”能源安全新战略和数字经济产业发展战略的贯彻落实，是中国特色国际领先能源互联网战略的落地示范，是绿色坚强智能电网融入数字化基因的创新实践，对京津冀协同的能源一体化发展具有较强的指导作用和引领意义，运营效益和社会效益显著。内部运营上，网架设备高度坚强可靠，运行控制高度智慧灵活，主配业务高度集约协同，企业高质量、可持续发展动力强劲。社会属性上，清洁能源供给力足，政府决策支撑力足，产业发展带动力强，电力客户获得感强，“人民电业为人民”宗旨得到充分彰显。

二　雄安新区能源现状及碳排放趋势

雄安新区产业结构新、能源结构优、碳汇能力强，加上雄安新区的高标准定位和“一张白纸绘蓝图”的先天禀赋，雄安新区具有率先打造近零碳排放先行区的显著优势。

在产业结构方面，雄安新区将重点发展智能信息、高端医疗健康、高端服务、新材料等高新技术产业，并对传统产业进行数字化、网络化、智能化、绿色化改造提升。预计到 2030 年，雄安新区的三次产业结构将达到 2∶35∶63，第三产业占比将接近 2018 年日本、新加坡、西班牙等发达国家水平。产业结构使雄安新区能够较容易地摆脱对化石能源的依赖，进而转向对天然气、电力等低碳清洁能源的使用。在能源结构方面，雄安新区坚持绿色供电，将打造绿色低碳、安全高效、智慧友好、引领未来的现代能源系统。能源结构决定了雄安新区发展特有的低碳禀赋，“双碳”目标的实现将主要取决于现代能源体系建设的程度和力度。在碳汇能力方面，雄安新区规划建设“一淀、三带、九片、多廊”，从而形成林城相融、林水相依的生态环境，蓝绿空间面积占比达到 70% 以上。根据《河北雄安新区规划纲要》，雄安新区整体森林覆盖率将由2018年的11%提高到2035年的40%，森林覆盖面积将增加513.3平方公里，森林碳汇能力也相应提升，为实现近零碳排放奠定良好的生态基础。

三　建设新型能源体系雄安新区示范高地路径探索

（一）雄安新区能源发展方向

1. 突出绿色低碳，实现高水平清洁能源供给

形成以绿色电力和清洁热力为主、以天然气为辅的高水平能源供应系统。一是合理布局，积极引入以绿色电力为主的清洁能源，充分利用本地可再生能源，打牢雄安新区绿色能源供应基础；二是大力推进电热利用，优先利用城市余热，科学开发利用地热，适当建设天然气供暖；三是完善天然气输气设施，建设区外天然气输入系统和区内生物天然气工程。

2. 立足安全可靠，构建智能化多能耦合互补体系

提升配电网与大规模分布式电源、多元化负荷以及储能设施灵活互济水平，实现多能耦合互补、多元聚合互动，支撑分布式源网荷储的经济、可靠并网。构建数字孪生体系，建设与物理系统高度融合的未来数字电网，实现电力线路、管廊设备和气象环境的全面感知与全景监视，实现雄安新区主动配电网数字化管理。

3. 优先节约高效，建立先进能源利用体系

推动能源高效利用，因地制宜利用太阳能、地热能、空气能等清洁能源，提供可再生能源供电、供热/制冷服务，积极推进用可再生能源满足建筑采暖、生活热水等用能需求。合理布局电动汽车充电桩，超前布局氢燃料加注站，加快电动汽车、氢燃料电池汽车的推广应用。

4. 聚焦智能友好，建设现代化能源运管系统

建设集调度配置、运行管理、优化服务于一体的智慧能源网络和智慧能源运营管理系统，实现内外协作、供需互动、源网荷储协同运行，推动能源

系统与交通系统、水务系统的深度融合。通过对能源大数据的深度挖掘，精准预测用能需求，满足不同用户的多样化需求，优化用能策略，引导绿色低碳生产生活方式，实现全过程能耗控制。

5. 推动协同创新，打造一流能源发展高地

围绕先进分布式能源、污染物控制、能源节约，以及智能化、信息化技术在能源领域的应用，联合高等院校、研究机构等科研力量，探索建立创新发展基地。促进综合能源服务、能源物联网等新模式、新业态在雄安新区先试先行，推动能源与城市建设、能源与交通运输、能源与环境保护的融合创新发展。

6. 激活市场活力，形成绿色发展长效机制

推动能源基础设施对各类市场主体公平开放，形成有序竞争市场格局，降低清洁能源用能成本，建立完善投资运营管理的激励机制。建立以电力、天然气、碳排放、辅助服务、可再生能源配额等为主要交易品种的能源交易中心，形成多方参与、充分竞争的市场化能源交易格局。

（二）雄安新区新型能源体系构成

1. 多能互补的供应系统

基于不同能源的发电特性，多方引入外来清洁电力，在本地开发分布式可再生能源，通过风电、光电、水电、核电、生物质发电等多类型清洁电力的联合互补运行，平抑风光发电的随机性、间歇性，实现雄安新区全时段100%清洁电力稳定供应。

张家口等地的风力、光伏和水力资源丰富，将成为雄安新区重要的能源保障。到2030年，张家口可再生能源发电装机规模预计达5000万千瓦，年发电量超过950亿千瓦·时；河北易县将建成120万千瓦的抽水蓄能电站，以满足雄安新区电力调峰需求。整体来看，配合区内电力装机，河北省可再生能源发电潜力可满足雄安新区的安全用电需求。

2. 多元互动的配置系统

充分考虑用户的多样化需求与电源的多元化类型，适应整体数量多、

单体容量小、地域范围大等特点，依托虚拟电厂、电储能、V2G、需求侧响应、自律协同运行与能量管理等技术，聚合分布式电源、电储能、电动汽车、用能终端等多元设备，通过“源-源”、“源-荷”、“源-储”和“荷-储”等多种形式的灵活互动，发挥规模效应、改善整体特性，提升可再生能源消纳能力、系统平稳可靠运行水平、终端用户的能源市场价值。

广泛应用“大云物移智链”技术，部署主配一体的调度自动化系统、新一代智能设备管控系统、全景智能规划系统、全过程数字化工程建设管控系统和友好便捷的用户服务系统等，打造数字化、智能化、互动化水平国际领先的绿色智能电网。

城市智慧能源管控系统（CIEMS）是雄安新区的智慧能源大脑，系统综合应用泛在电力物联网关键技术，将大数据、物联网、人工智能、边缘计算等技术与城市能源管理深度融合，具备能源规划配置、综合监测、智慧调控、分析决策、智能运维、运营支撑等功能，可实现横向“水、电、气、热、冷”多能互补控制、纵向“源—网—荷—储—人”高效协同，宏观上可对城市综合能源规划、生产、运营全环节进行顶层设计和智慧决策，微观上可实现对能源站机组及用户家用电器的元件级控制。

3. 多样高效的利用系统

基于电、热（冷）、气等不同能源形式的特性，利用地源、空气源、水源热泵和蓄热式电锅炉等电-热（冷）耦合技术，以及天然气三联供、蓄热蓄冷等电-气-热（冷）耦合技术，建设不同组合形式的综合能源站，从而实现多种能源的相互转换、联合控制、互补应用，提升综合能源利用效率。

面向居民、商业、医院、公共建筑等，充分利用太阳能、空气能、浅层地温能、中深层地热能等属地化能源，开展多能互补综合能源站的建设，创新商业模式，提供电、水、气、热（冷）等多种能源综合供应服务。目前，雄安新区已经开始市民服务中心地源热泵、污水源热泵系统，雄安高铁站屋顶光伏项目和容东片区智慧供热平台的建设。

（三）建设新型能源体系雄安新区高地实现路径

第一，能源供给要突出“三个结合”，构建跨区平衡、多能互补的能源供应格局。一是区外能源与区内能源相结合。加强本地资源的勘探开发和利用，大力发挥本地资源优势，建设以地热能、生物质能、太阳能、风能等为主体的多能源协调互补的本地可再生能源供应网络。充分利用现有供应条件，形成大规模清洁区外来电与天然气利用并举的区外能源供应体系。二是集中式能源与分布式能源相结合。推动集中高效供电和供暖模式在雄安新区广泛应用。构建智能化监测和管理平台，通过能源设备与用能终端的双向通信和智能调控，实现分布式能源和储能的及时有效接入和利用，形成局域内部的有效连接，同时与集中式能源进行无差别对等互通，逐步建成开放共享的能源网络。三是传统能源与新型能源相结合。以区外来电和本地地热能为主，以太阳能、生物质能、天然气为辅，充分利用传统能源与新型能源形成综合能源供应形式，实现各类能源之间的可替代、可选择、可转换。利用互联网技术和思维提升对天然气传统化石能源应用的精细化程度，提高系统整体清洁低碳发展水平。大幅提高能源系统对可再生能源的消纳能力，形成可再生能源大规模配置和利用的基本平台。

第二，能源配置方面，要建设一个“平台”，实现能源系统整体效率最优、多种能源高效互补利用、源网荷储各环节协同优化运行。一是建设统一的综合能源集控平台。应用能量和信息融合技术，进行冷热电等在能源生产、输送、使用的全环节能源监控、安全分析和优化调度，实现多能量流的梯级利用和协同优化管理，发挥储热和储冷的削峰填谷作用，促进可再生能源的消纳。二是多种能源联合互补、高效利用。基于对综合能源网络实时状态的感知和系统运行态势的预判，通过新能源与传统能源的互补利用，电、气、冷、热等综合供应，供给侧和需求侧友好互动，实现多种能源在时间、空间上的优化互补，提高能源使用效率和设备运行效率，降低能源使用成本。三是源网荷储各环节协同优化运行。运用多种能量转换技术、信息流和能量流交互技术、负荷快速响应技术等能源互联网关键技术，实现能源资源的开发利用和资源运输网络、能量传输网络之间的相互协调，将多种用能需求作为一个统一整体进行需求侧调控，降低电源侧和负荷侧的不确定性，提高新能源消纳能力。

第三，能源消费上，要实现“两高一新”，构建多主体、高质量的能源消费生态体系。一是终端能源消费高电气化。绿色智慧建设任务要求能源系统大规模采用高效、清洁的二次能源，“以电代煤、以电代油”的能源消费模式将作为雄安新区能源系统的主流发展方式。通过广泛互联的城市电力输送系统高效利用区外清洁来电和消纳区内可再生能源发电，实现电力在终端能源消费占据高比例。二是城市综合能源利用高效率。面向终端用户电、热、冷、气等多种用能需求，依据不同情景，建成城市范围内的多能互补集成优化模式，因地制宜、统筹开发、互补利用多品类能源，实现能源的“高能高用、低能低用、温度对口、梯级利用”，全面提升能源系统效率。优化布局建设一体化集成供能基础设施，通过天然气、冷热电三联供、分布式可再生能源和能源智能微电网等方式，实现能源综合梯级利用。三是能源消费新模式。大力加强能源消费与能源生产的协调匹配，推进电动汽车、电采暖等电能替代新技术的应用，加强电力需求侧管理，提高能源利用效率。开展绿色电力交易服务区域试点，推进绿色能源网络发展，确保家庭光伏、储能系统等新型能源消费主体的顺利接入。探索互联网与能源领域结合的模式和路径，将用户主导、线上线下结合、平台化思维、大数据等互联网理念贯穿能源系统，发展用户端智能化用能、能源共享经济和能源自由交易，促进能源消费生态体系建设。

第四，能源管理上，要实现“三个协同”，构建全面统筹融合的能源管理体系。一是横向上不同品类能源耦合协同管理。打破电、热、冷、气等不同能源系统相对封闭的传统能源管理局面，整合各类能源信息，形成城市能源统计和管理体系。为所有能源体系要素创造自由的市场化竞争环境，打破传统能源产业之间的供需界限，实现不同品类能源的互联互通和协同效益。二是纵向上同一能源不同环节协同发展。打破能源在生产、传输、存储、经营及消费过程中的体制和技术壁垒，共享全环节能源要素数据信息，实现能源从生产到消费的自由流动、实时互动和优化调度。打破传统能源系统在规划、建设、运行以及消费领域的独立性，实现能源系统的统筹优化。三是统筹管理城市与能源的规划与政策。加强顶层设计，推动规划统筹和行动融合，实现能源规划与城市规划各个层面的全面深度融合。促进能源与通信、供水、交通等基础设施的互联互通、互补互用，节约城市土地、地下廊道、杆塔等公共空间资源。发挥能源电力大数据在政府决策和公共管理中的作用，提升城市智慧化水平。

第五，市场建设上，要提供“两种能源服务”，构建竞争互补、创新多元的能源服务体系。一是综合能源服务。推进市场化改革，构建基于实时价格的交易品种齐全、功能完善的能源市场，整合不同种类能源市场等多类型实体和虚拟相结合的混合能源市场，厘清不同能源市场价格的联动关系，在雄安新区内形成竞争充分、开放有序的统一综合能源市场体系。整合各种能源类型和能源服务环节，简化服务流程，帮助客户降低能源使用成本，通过新的商业模式和新业态，实现一体化、网络化、互动化的综合能源服务。二是创新附加服务。通过提高系统感知、控制和响应能力以及引入大数据和云计算等数据技术，实时监测、整合、运算电、气、水、热等多类能源和源网荷储各端能源数据，与城市政治、经济、社会、生态、文化等各方面数据互联，通过管理体制机制变革支撑综合能源服务持续创新，为城市建设提供数据服务、公共服务、决策支撑、产业孵化、示范应用等附加服务，形成智能便捷的城市公共服务体系。

第六，基础设施方面，要实现“三个融合”，构建互联互通、协同发展的能源基础设施。一是多种能源基础设施融合发展。充分发挥城市用能高密度能量特征，加强基础设施一体化规划建设，实行多能互补的能源供应集成和终端利用集成，实现冷、热、电、气、水等多种能源设施的互联互通。二是能源基础设施与其他城市基础设施融合发展。加强能源基础设施与信息、产业、公共建筑、交通等城市基础设施的统筹规划设计，与城市土地利用、环境保护等相关规划做好衔接工作，统筹规划空间布局和建设时序，降低土地等资源占用率。三是与京津冀内能源基础设施融合发展。以京津冀协同发展为战略指导，积极对接京津冀区域内能源基础设施建设，促进区域之间能源自由流动。鼓励社会资本和社会力量参与能源基础设施投资与建设，将能源均等化服务作为雄安新区助力京津冀协同发展的有利契机。

（四）建设新型能源体系雄安新区示范高地分阶段推进路径

提高清洁电力比重是推动雄安新区碳中和、建设雄安新区近零碳排放先行区的必然途径。构建雄安新区近零碳排放先行区的路径大致可分为以下三个阶段。

第一阶段：以助力雄安新区构建“低碳”社会为目标，加快区外清洁电力送入，加快以新能源为主体的新型电力系统建设，推动传统电网向以电为中心的能源互联网转型升级，搭建清洁能源和碳排放权交易平台，推动建筑和交通领域节能和电气化改造，显著降低地区能耗强度。

第二阶段：以助力雄安新区构建“弱碳”社会为目标，丰富清洁电力时空和区域调节手段，优化绿电和碳排放权联合交易机制，持续提高外部清洁电力入雄比例，助力工业领域智能化改造和居民电气化水平提升，基本建成以电为中心的能源互联网。

第三阶段：以助力雄安新区构建“近零碳”社会为目标，发展清洁电力制氢技术，构建电-氢联合储运输配体系，推动电力和氢能在热力生产、工业生产、居民生活领域的使用，替代天然气用能，全面建成能源互联网并发挥核心能源配置作用。

四　建设新型能源体系雄安新区示范高地相关建议

（一）打造全时段绿色接入系统，推动能源供给清洁化低碳化转型

一是构建大规模清洁能源区外受入通道。推动清洁电力入雄，积极引入大规模水电、风光水火储一体化能源基地等区外来电，形成“多元多向、规模注入、分区消纳”的外受电大格局。二是构建高渗透率清洁能源系统。

搭建电-气、电-热、电-氢等多类型、规模化协同互动系统，推动“荷随源动、荷随网动、源随源动”，实现新能源由被动消纳到主动利用的转变。三是构建清洁低碳综合能源系统。应用虚拟电厂、V2G、自律协同运行与能量管理等技术，建设协同分布式能源、电动汽车、多元用能设备、多类储能的用能系统。

（二）打造全方面互联传输网络，推动能源配置数字化主动化转型

一是打造数字化主动电网。以数字化技术赋能电网发展，强化电网数字基础设施建设，优化电网主动运行方式，构建电网数字孪生体系，推动多站融合、虚拟电厂、低压直流等新兴业态发展，支撑雄安新区构建以新能源为主体的新型电力系统。二是打造“三零”电网工程。建立健全雄安新区电网规划、设计、建设全环节绿色标准，强化电网建设环保、水保全过程管理和电网废弃物回收，打造与绿色城市景观融合的变电站、供电所、营业厅等服务单元，创建“零损网架、零排工地、零碳单元”。三是打造国际一流能源互联网。搭建以电为中心，多能耦合互补、多元聚合互动的能源网架体系，建设全域感知体系、一体化通信网络，构建多种能源信息自动采集、一体调控、梯级利用新模式，拓展能源数据增值服务，打造“站园片区淀”新型电力系统示范。

（三）打造全领域电能终端体系，推动能源消费电气化高效化转型

一是构建车路网智慧协同矩阵。完善电动汽车参与电网控制优化配套机制，推进“互联网+充电网络+氢能基础设施”建设，实现充电供给侧网络与交通侧网络信息互联互通。二是建设大规模可调节可中断负荷体系。推动建设多资源、多时间、多空间的负荷聚合平台，建设雄安新区储能云网和基于区块链的共享储能平台，试点电化学储能、压缩空气储能、光热储能示范应用。三是推行高端能效管控模式。融合城市智慧能源管理系统（CIEMS）与数字城市建设，推动实现有感即享、无感服务、高效节能，建立能效服务关键技术、设备等资源共享平台，打造综合能效服务生态圈。四是实施电气

化引领工程。开展白洋淀码头光储充港口岸电建设和环淀交通电能全替代，推进智能制造、电供冷热等技术升级，推动可再生电力满足建筑用能需求，助力城市用能高度电气化。

（四）打造全要素聚合价值布局，推动能源业态集群化市场化转型

一是打造碳交易中心。依托“雄安能源大数据中心”，建立碳资源管理平台、碳排放及碳汇集监测平台，探索碳金融、碳资产服务，服务国家智慧能源体系建设。二是加快电力交易市场建设。结合雄安新区发展阶段和能源生产消费特征，健全辅助服务市场，将电能价格与碳排放成本有机结合，实现碳-电市场融合发展。三是加快打造“3060”科技创新高地。创建雄安新区“双碳”国家级创新实验室，组建雄安新区低碳技术创新联盟，加强电氢、储能等技术研究，全力打造“3060”标杆成果。

河北省沿海新型电力系统建设思路

摘 要： 新型电力系统建设是落实党的二十大精神、加快推动绿色发展的重要举措。本文结合沧州沿海地区能源结构、气候条件和产业特点，对新型电力系统突出问题进行分析研究，并提出提高电网运行水平、提高系统稳定性、提高用户用电水平等相关建议。

一 沧州沿海能源分布

沧州沿渤海地区地势平坦开阔，大气透明度好，日照时间长，风、光等新能源丰富，拥有27.11万亩沿海滩涂和大面积的盐碱地、浅海区，为新能源发展提供了丰富的空间资源，为建设沿海新型电力系统提供了优质条件。

2022年，沧州沿海地区共有35座电厂，总装机容量为665.20万千瓦，占沧州总装机容量的56.00%。其中，风光电站30座，装机容量达到337.43万千瓦，占沿海地区总装机容量的50.70%。由于新能源技术水平的不断提升、原材料成本下降、发电效率大幅提高等，区域内近五年新能源装机容量由134.53万千瓦增至337.43万千瓦；2019年单晶硅技术得到突破，近五年光伏装机容量由26.90万千瓦增至214.8万千瓦。

随着2022年河北省风电项目放开政策及对耕地、农光互补项目进行有效管控政策的出台，沧州沿海地区将进一步开发风电，打造百万千瓦级集中式光伏示范区。预计到2025年，风电光伏装机容量将达到617.43万千瓦，2030年将达到1367.43万千瓦，是典型的以新能源为主体的新型电网（见表1）。

表 1 沧州沿海地区装机容量及其预测

单位：万千瓦

电源类型	2022 年	2025 年	2030 年	2035 年	特点
火电	322.00	454.00	646.00	646.00	出力稳定，承担电网调峰调频任务，对电力系统稳定出力有重要作用
风电、光伏发电	337.43	617.43	1367.43	1527.00	风电出力随机性及波动性明显，与电网负荷呈明显的反调节特性；光伏发电受天气影响较大，白天负荷低谷时段调峰难度加大，节假日期间更为突出
核电	0	0	240.00	720.00	出力稳定，一般不参与调峰

二　沿海新型电力系统突出特点及问题

一是新能源大规模并网对电网影响大。电网稳定方面。新能源出力受天气条件影响较大，存在“极热无风”“晚峰无光”的特性，波动性、间歇性、随机性明显。新能源机组替代常规机组，系统调节能力将显著下降，给电网稳定供应带来严重挑战。分布式光伏规模化发展，局部户均光伏装机容量大幅高于户均配变容量，局部电网倒送情况加剧。目前沧州沿海地区有反向重过载配电变压器 138 台，电网设备呈“降效率、难消纳”两极分化特点。电网建设方面。竞价光伏发电项目补贴取消，致使光伏企业建设容量在 20 万千瓦以上才有利润空间。同时，河北省发改委发布了《关于进一步明确存量光伏复合项目占用耕地政策的通知》，对耕地及农光互补项目进行有效管控。因此，新能源将向渔光互补方向发展，建设规模在 20 万千瓦以上、以 220 千伏及以上电压等级并网为主的项目，主要集中在沧州沿海区域。由于线路路径廊道、电网间隔资源紧张，沧州沿海区域并网压力大。

二是沿海特殊气候对设备运行影响大。沿海地区受季风气候的影响，昼夜温差较大，寒潮大风、雨雪冰冻等恶劣天气频发，线路风振、覆冰舞动现象突出，设备运维难度较大。2010 年、2020 年沧州地区先后发生多起自然灾害造成的 110 千伏~220 千伏架空输电线路故障跳闸和用户供电全停事故，给电网安全运行和可靠供电造成了较大影响。同时，沿海地区空气湿度大、盐雾重，电力设备普遍存在污秽严重、腐蚀快、折旧率高、寿命短的问题。

三是沿海特殊产业结构对安全用电需求高。依托沿海丰富的土地资源和港口、交通、政策等优势条件，大量冶金、化工、生物制药等企业陆续落户沧州沿海地区，高危及重要客户规模不断扩大。沧州地区高危及重要客户中化工行业占比高达 72.3%，近年来新增高危及重要客户也均为危化品生产、储运企业，该类企业对供电可靠性要求极高，一旦发生供电事故，极大可能发生人身伤亡事故，电力保供压力陡增。

三　相关建议

一是加强电网建设，提高电网运行水平。统筹考虑沿海新能源发展和负荷增长情况，科学规划电力廊道和变电站建设，加快 500 千伏沧州北、220 千伏宋王庄等工程建设，不断完善电力输送通道，提升沿海区域新能源接入和送出能力。加强线路路径前期规划设计，合理规避易发生线路风振、覆冰舞动区域，适当提高防风、防舞动设计标准，避免同一变电站采取同塔架设方式。采用耐盐耐潮设备，提高电力设备安全运行水平。强化沿海地区电力设备微气象、杆塔倾斜、线路舞动、覆冰监测等多种感知技术的应用，采取差异化运维、在线监测、缩短检修试验周期等措施，提高设备耐用程度水平。

二是加强科技创新，提高系统稳定性。立足沿海产业和地域特色，强化电源侧和负荷侧资源整合，建设用电侧聚合资源池，参与电力供需平衡控制，助力电力系统调峰和新能源消纳能力提升。开展风光火储精细建模和调度方法研究，将建模范围从新能源场站集电线扩展至新能源等值风机和光伏，精准仿真新能源设备动态特性，实现新能源精细化建模，确保及时掌握电网在新能源高占比条件下的安全稳定特性，充分发挥对电网实时运行的指导作用。依托分布式电源试验平台，开展新能源场站建设前模拟运行验证、控制策略验证、数据通信验证、分布式电源实测建模以及分布式电源接入电网模拟验证等，实现分布式电源建设可观、可测、可调、可控。

三是探索配-微电网融合发展模式，提高用户用电水平。建设配-微电网融合示范工程，推广渔光互补分布式智能配电网示范经验，运用多能互补灵活组网、全电零碳化优化运行控制等技术，研发微电网分布式潮流控制器，实现台区互联、功率互济，提升分布式光伏就地消纳能力和用户用电水平。推动终端储能发展，充分利用沿海产业、能源优势，探索储能租赁、共享储能、能源合同管理等商业新模式，推进沿海“新能源+储能”和“工业大用户+储能”多元化建设应用，引导渔民、工厂等分布式光伏用户配备储能，提高终端储能削峰填谷、调频调压等辅助能力的同时，减少用户停电造成的经济损失风险，推动低碳循环经济效益最大化。

第三篇　打造安全清洁能源供给模式

2022年河北南网新能源运行数据分析

摘　要： 随着国家"双碳"目标的提出，河北南网新能源呈高速发展态势。为了更好地服务新能源发展，本文应用大数据分析理论对河北南网新能源历史运行数据进行深入分析，充分挖掘数据价值，促进新能源高质量发展。首先，梳理河北南网新能源发展现状，掌握整体情况。其次，基于新能源运行数据，对新能源空间布局、各电压等级并网情况、运行特性、利用小时数等进行深入分析。最后，从安全稳定、促进消纳等角度提出新能源规划发展的建议。

一　新能源现状分析

河北南网新能源发展现状如表 1 所示。截至 2022 年底，河北南网新能源（仅指风电和光伏发电，以下同）装机总容量为 2944 万千瓦，其中风电装机容量为 408 万千瓦，同比增长 4. 1%；光伏发电装机容量为 2536 万千瓦（含集中式 992 万千瓦、分布式 1544 万千瓦），同比增长 34. 5%。2022 年新能源发电量为 360 亿千瓦·时，同比增长 41. 7%。新能源发电能量密度低，大装机、小电量特性与河北南网以光伏发电为主的新能源结构相匹配。

2022 年，风电利用小时数为 2364 小时（较 2021 年减少 127 小时）；光伏发电利用小时数为 1206 小时（较 2021 年增加 167 小时），其中集中式光伏发电利用小时数为 1156 小时（较 2021 年减少 120 小时），分布式光伏发电利用小时数为 1241 小时（较 2021 年增加 50 小时）。

表 1　河北南网新能源发展现状

单位：万千瓦，亿千瓦·时，小时

项目	2021 年			2022 年		
	装机容量	发电量	利用小时数	装机容量	发电量	利用小时数
风电	392	97	2491	408	93	2364
光伏发电	1886	157	1039	2536	267	1206
其中:集中式	858	70	1276	992	105	1156
分布式	1028	87	1191	1544	162	1241

2022 年河北南网新能源利用率为 98. 4%，河北南网全年除迎峰度夏外，其余月份均存在新能源弃限情况。2022 年河北南网累计弃限 79 天、弃限时长 301 小时，分别较 2021 年增加 30 天、99 小时；日最大弃限电力为 653 万千瓦（出现在 1 月 31 日，农历除夕），日最大弃限电量为 2623 万千瓦·时（出现在 2 月 4 日，农历正月初四）。

全年累计弃限电量为 5. 83 亿千瓦·时，其中弃风 1. 18 亿千瓦·时，风电利用率达 98. 7%；弃光 4. 65 亿千瓦·时，光伏利用率达 98. 3%，集中式光伏利用率达 95. 8%。

从弃电新能源类型变化看，河北南网弃电从以风电为主向风电、光伏发电共同弃电转变。随着光伏发电装机容量的快速增长，未来河北南网将呈现以光伏发电为主的弃电特征。

二　新能源空间布局

（一）新能源空间分布现状

截至2022年底，河北南网光伏发电装机主要集中在保定（占光伏发电总装机容量的22.7%）、邢台（占光伏发电总装机容量的21.2%）、石家庄（占光伏发电总装机容量的19.1%）；风电装机主要集中在沧州（占风电总装机容量的34.7%）、保定（占风电总装机容量的20.7%）、衡水（占风电总装机容量的19.6%）。2022年河北南网各地市光伏发电装机、风电装机情况如图1所示。

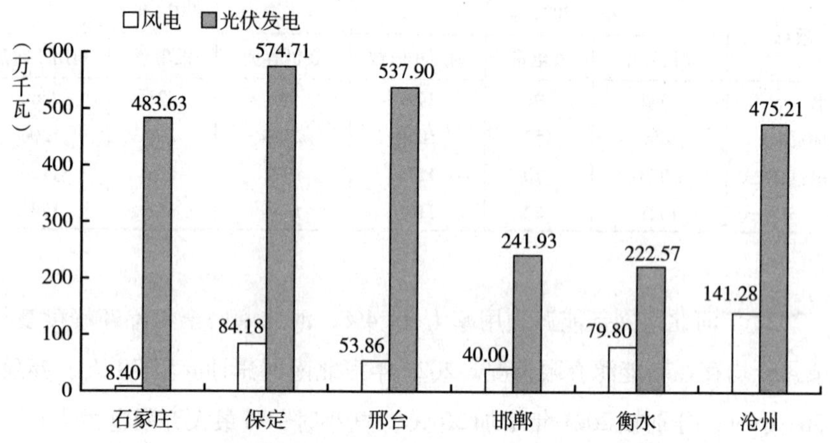

图1　2022年河北南网各地市光伏发电装机、风电装机情况

1. 保定新能源空间分布

保定光伏发电装机主要分布在曲阳县、定州市、唐县、涞源县、易县、阜平县等地区，风电装机分布在涞源县。风电、光伏发电发展区域位于电网结构末端，北部通过泉峪—易州、白石山—易州与保定主网联络；南部通过东杨—吴家庄、开元—固店双回线路与保定主网联络，同时通道承担定州电厂电力送出任务。目前保定整体送出能力已经饱和（见表2）。

表 2　保定新能源装机情况

单位：万千瓦

地　区	2022 年		2023 年	
	风电装机容量	光伏发电装机容量	风电装机容量	光伏发电装机容量
曲阳县	—	73.56	—	78.69
定州市	—	54.65	—	54.86
阜平县	—	36.71	—	36.73
涞源县	84.18	42.01	84.18	42.06
易县	—	37.16	—	37.34
唐县	—	50.22	—	52.51
蠡县	—	33.27	—	33.45
涞水县	—	24.15	—	24.30
徐水区	—	28.91	—	29.47
清苑区	—	32.90	—	33.28
安国市	—	14.80	—	16.74
顺平县	—	35.38	—	35.63
满城区	—	15.93	—	16.02
高阳县	—	16.20	—	16.33
定兴县	—	21.78	—	22.04
高碑店市	—	17.24	—	18.23
望都县	—	14.61	—	14.73
涿州市	—	12.36	—	12.43
博野县	—	9.22	—	9.82
市区	—	3.67	—	4.15

2. 石家庄新能源空间分布

石家庄光伏发电装机主要分布在南部赞皇县，北部灵寿县、行唐县、平山县等地区。目前，南部主要送电通道为元氏—许营通道、元氏—万花通道、马村—凤城通道、马村—临泉通道，送出能力已接近饱和；北部灵寿县、行唐县、平山县等县属于500千伏石北、桂山供电区，光伏集中接入后，叠加锦界、府谷电厂，石北—辛集500千伏电力通道送电能力已接近饱和（见表3）。

表 3　石家庄新能源装机情况

单位：万千瓦

地　区	2022 年		2023 年	
	风电装机容量	光伏发电装机容量	风电装机容量	光伏发电装机容量
赞皇县	8.40	78.51	8.40	79.28
行唐县	—	55.79	—	59.51
灵寿县	—	59.43	—	64.47
平山县	—	41.85	—	42.90
藁城区	—	39.93	—	40.17
井陉矿区	—	23.32	—	23.49
新乐市	—	21.45	—	21.78
深泽县	—	19.58	—	20.47
无极县	—	28.27	—	33.65
赵县	—	23.24	—	24.62
晋州市	—	17.35	—	18.91
正定县	—	13.70	—	17.07
鹿泉区	—	13.47	—	14.19
元氏县	—	14.96	—	16.19
辛集市	—	12.65	—	13.16
栾城区	—	9.84	—	11.34
高邑县	—	10.29	—	10.31

3. 邢台新能源空间分布

邢台光伏发电装机主要分布在南宫市、隆尧县、内丘县、广宗县等地区，风电装机主要分布在临西县、巨鹿县。光伏发电项目开发主要在邢台东南部，送电通道为南宫—信秋通道、南宫—隆尧通道，通道送电能力已接近饱和（见表 4）。

表 4　邢台新能源装机情况

单位：万千瓦

地　区	2022 年		2023 年	
	风电装机容量	光伏发电装机容量	风电装机容量	光伏发电装机容量
南宫市	10.00	87.93	10.00	94.13
隆尧县	—	63.12	—	63.89

续表

地区	2022年		2023年	
	风电装机容量	光伏发电装机容量	风电装机容量	光伏发电装机容量
内丘县	—	50.74	—	51.17
广宗县	—	42.12	—	43.27
信都区	—	35.06	—	35.92
宁晋县	—	42.69	—	44.15
巨鹿县	15.00	30.42	15.00	31.26
临城县	—	28.77	—	29.04
临西县	19.90	26.16	19.90	26.34
威县	—	23.26	—	23.91
平乡县	—	18.16	—	18.30
沙河市	—	19.83	—	20.26
清河县	—	17.75	—	18.46
任泽区	3.96	13.44	3.96	14.06
南和区	—	9.91	—	11.74
柏乡县	5.00	7.36	5.00	8.26
新河县	—	18.88	—	19.28
市区	—	2.30	—	2.46

4. 邯郸新能源空间分布

邯郸光伏发电装机主要分布在大名县、武安市、涉县和广平县等地区，风电装机主要分布在大名县、邱县、肥乡区等地区。目前，邯郸新能源装机总量不大，电网送出通道较多，暂不存在送出饱和问题（见表5）。

表5 邯郸新能源装机情况

单位：万千瓦

地区	2022年		2023年	
	风电装机容量	光伏发电装机容量	风电装机容量	光伏发电装机容量
大名县	10.00	28.82	10.00	29.58
武安市	—	23.33	—	23.63
涉县	—	18.60	—	18.99
广平县	—	17.21	—	17.48

续表

地　区	2022 年		2023 年	
	风电装机容量	光伏发电装机容量	风电装机容量	光伏发电装机容量
永年区	—	19.25	—	21.24
磁县	—	18.02	—	19.27
魏县	—	16.87	—	17.81
临漳县	5.00	17.82	5.00	18.89
成安县	—	13.84	—	14.33
曲周县	—	14.92	—	16.24
邯山区	—	7.08	—	7.41
肥乡区	10.00	8.69	10.00	9.19
新区	—	9.21	—	9.98
鸡泽县	—	9.90	—	10.48
馆陶县	5.00	6.42	5.00	6.88
邱县	10.00	5.86	10.00	5.95
峰峰矿区	—	3.56	—	4.14

5. 沧州新能源空间分布

沧州光伏发电装机主要分布在河间市、海兴县、沧县等地区，风电装机主要分布在黄骅市。风电、光伏发电开发区域位于沧州东部沿海，与沧州市城网通过于庄—韩村通道、牟庄—陈屯通道连接，目前220千伏送电通道能力已接近饱和（见表6）。

表 6　沧州新能源装机情况

单位：万千瓦

地　区	2022 年		2023 年	
	风电装机容量	光伏发电装机容量	风电装机容量	光伏发电装机容量
海兴县	19.95	86.96	14.40	87.05
沧县	2.00	58.92	2.00	61.42
河间市	—	73.52	—	92.17
黄骅市	86.33	21.29	87.68	21.34
南皮县	—	31.88	—	32.55
青县	—	29.42	—	29.64

续表

地　区	2022 年		2023 年	
	风电装机容量	光伏发电装机容量	风电装机容量	光伏发电装机容量
渤海新区	—	6.23	—	6.28
献县	—	22.10	—	22.70
肃宁县	—	17.50	—	18.71
任丘市	—	15.09	—	15.68
盐山县	15.00	47.55	15.00	48.07
泊头市	—	27.66	—	27.86
东光县	—	11.31	—	11.60
吴桥县	—	12.89	—	12.99
市区	—	4.99	—	5.13
孟村回族自治县	—	7.90	—	8.07

6. 衡水新能源空间分布

衡水光伏发电装机主要分布在枣强县、冀州区、故城县、阜城县等地区，风电装机主要分布在故城县、枣强县等地区。目前，故城县、枣强县等衡水南部地区与衡水市城网通过杨村—苏村通道连接，通道送电能力已接近饱和（见表7）。

表 7　衡水新能源装机情况

单位：万千瓦

地　区	2022 年		2023 年	
	风电装机容量	光伏发电装机容量	风电装机容量	光伏发电装机容量
枣强县	15.00	36.65	15.00	37.03
冀州区	—	24.01	—	24.93
故城县	34.80	23.62	34.80	24.00
武邑县	—	21.59	—	21.90
阜城县	15.00	21.54	15.00	22.62
景县	5.00	20.47	5.00	21.02
深州市	—	23.67	—	24.85
武强县	1.00	14.80	1.00	14.86
安平县	—	12.33	—	13.59
桃城区	—	12.42	—	12.59
饶阳县	—	11.47	—	11.67

（二）2022年新能源可开发空间分布

本文根据新能源消纳现状以就地消纳为主或以送出消纳为主，将县域归为就地消纳型区域或外送消纳型区域。具体而言，当该县某月风、光等电源总装机超过当月最大负荷时，则该月将大概率出现新能源外送；当该县全年超过 6 个月出现新能源外送时，将该县归类为外送消纳型区域。后续的新能源项目开发宜以 220 千伏及以上电压等级外送消纳为主，反之以就地消纳为主。

本文根据电网安全稳定约束分别计算就地消纳型区域和外送消纳型区域的新能源裕度。就地消纳型区域新能源消纳的主要约束条件为新能源反送不超主变容量（考虑主变 N-1）。220 千伏及以上电压等级外送消纳型区域的新能源消纳的主要约束条件为外送功率不能引起周边线路过载（考虑线路 N-1）。

经测算，当前河北南部地区各县域中有 38 个县域为外送消纳型区域。进一步考虑外送消纳型区域周边电网条件、送出线路距离长度、与就地消纳型区域（负荷中心）临近程度等因素，外送消纳型区域包含 16 个难外送消纳区域、10 个一般外送消纳区域和 12 个易外送消纳区域。河北南部地区各县域中有 60 个县域为就地消纳型区域。

（三）新能源开发现状与空间布局合理性评价

1. 计算原则

新能源易外送消纳或就地消纳裕度较大的区域的新能源消纳指数为 1；新能源一般外送消纳或就地消纳裕度一般的区域的新能源消纳指数为 0.5；新能源难外送消纳或者就地消纳裕度较小的区域的新能源消纳指数为 0。各县新能源装机容量乘以新能源消纳指数再相加后，除以该市的新能源装机总容量，就可以得到该市的新能源装机空间布局评价指数。

因为各地市新能源消纳条件不同，简单计算得到的新能源装机空间布局评价指数不合理，所以本文通过计算各县新能源消纳指数平均值来评定该市新能源消纳条件，将新能源装机空间布局评价指数与各县新能源消纳指数平均值的比值作为最终新能源装机空间布局评价指数（以下简称“综合评价指数”）。综合评价指数高于1代表新能源装机空间布局合理，评价指数越高，新能源装机空间布局越合理。

2. 评价分析

石家庄光伏发电项目主要集中于南部和西北部，均为新能源难外送消纳或就地消纳裕度较小的区域。石家庄各县新能源消纳指数平均值为0.47，石家庄光伏发电装机空间布局评价指数为0.33，综合评价指数为0.70，光伏发电装机空间布局合理性一般。

保定光伏发电项目集中于西部，属于新能源难外送消纳区域，其余地区新能源外送消纳能力和就地消纳能力一般。保定各县新能源消纳指数平均值为0.38，保定光伏发电装机空间布局评价指数为0.29，综合评价指数为0.76，光伏发电装机空间布局合理性一般。

邢台光伏发电项目集中于西部、中部和东部，其中光伏发电装机规模较大的隆尧新能源外送消纳能力较强，其他区域新能源外送消纳能力或就地消纳能力一般。邢台各县新能源消纳指数平均值为0.41，邢台光伏发电装机空间布局评价指数为0.35，综合评价指数为0.85，光伏发电装机空间布局合理性一般。

邯郸各县光伏发电装机规模较为平均。邯郸各县新能源消纳指数平均值为0.55，邯郸光伏发电装机空间布局评价指数为0.59，综合评价指数为1.07，光伏发电装机空间布局合理。

衡水光伏发电项目集中于衡水南部，其他地区光伏发电装机规模较为均匀，除了枣强、武邑和武强等地区新能源外送消纳能力较强，其他区域新能源外送消纳能力或就地消纳能力一般。衡水各县新能源消纳指数平均值为0.41，衡水光伏发电装机空间布局评价指数为0.40，综合评价指数为0.98，光伏发电装机空间布局较为合理。

沧州光伏发电项目集中于东部，沧州中部新能源就地消纳能力一般，东部新能源外送消纳能力较强。沧州各县新能源消纳指数平均值为0.50，沧州光伏发电装机空间布局评价指数为 0.42，综合评价指数为 0.84，光伏发电装机空间布局合理性一般。

河北南网风电装机规模较小，暂不评价其分布合理性。

（四）新能源发展方案

结合各地经济发展情况、资源禀赋与电网条件，河北南网要统筹新能源保障性并网规模、新能源市场化并网规模、消纳责任权重目标及利用率。做好保障性项目并网管理，测算市场化项目合理并网规模，规范市场化项目建设规模，优先在新能源就地消纳强或外送消纳能力强的区域发展新能源，提升系统灵活调节能力，为促进新能源发展和提高消纳水平提供有利条件。

三　新能源并网电压等级

河北南网集中式新能源电站接入电压等级情况如表 8 所示。可以看出，风电场主要接入 110 千伏和 220 千伏两个电压等级，这两个电压等级接入的风电场数量分别为 24 座和 16 座，装机容量分别为 191.9 万千瓦和 210.6 万千瓦。

集中式光伏电站主要接入 35 千伏、110 千伏、220 千伏这三个电压等级，装机容量比较平均，这三个电压等级接入的光伏电站数量分别为 102 座、57 座、22 座，装机容量分别为 290.2 万千瓦、347.4 万千瓦、329.8 万千瓦。

表 8　河北南网集中式新能源电站接入电压等级情况

单位：座，万千瓦

电压等级	风电场数量	风电装机容量	集中式光伏电站数量	集中式光伏发电装机容量
10 千伏	0	0.0	16	25.0
35 千伏	1	5.0	102	290.2
110 千伏	24	191.9	57	347.4
220 千伏	16	210.6	22	329.8
合计	41	407.5	197	992.4

四　新能源运行情况分析

（一）风电运行数据分析

2022 年河北南网风电月度运行数据如表 9 所示。可以看出，2~5 月、10~11 月，风电月度最大负荷率都高于 85%，6~8 月，风电月度最大负荷率低于 80%，这与河北南网风力春秋季最大、冬季次之、夏季最小的特性相符。

表 9　2022 年河北南网风电月度运行数据

时间	最大出力(万千瓦)	最大负荷率(%)	发电量(亿千瓦·时)	利用小时数(小时)
1 月	321.22	82.16	6.16	158
2 月	348.31	89.09	7.24	185
3 月	343.16	87.78	9.94	254
4 月	337.03	86.21	9.71	248
5 月	338.69	86.63	11.69	299
6 月	285.09	72.92	6.65	170
7 月	269.16	68.46	4.28	109
8 月	258.96	65.86	5.19	132
9 月	325.04	81.44	6.30	158
10 月	348.55	87.33	9.11	228
11 月	349.55	87.58	7.52	188
12 月	327.88	80.14	7.97	195

从发电量来看，5 月风电发电量最大，达到 11.69 亿千瓦·时，3 月、4 月、10 月的发电量均超过 9 亿千瓦·时，7 月风电发电量最小，只有 4.28 亿千瓦·时，整体呈现春季最大、秋冬季次之、夏季最小的特点。

2019~2022 年河北南网风电每月利用小时数如图 2 所示。可以看出，与往年相比，2022 年的风电资源保持在较高水平。

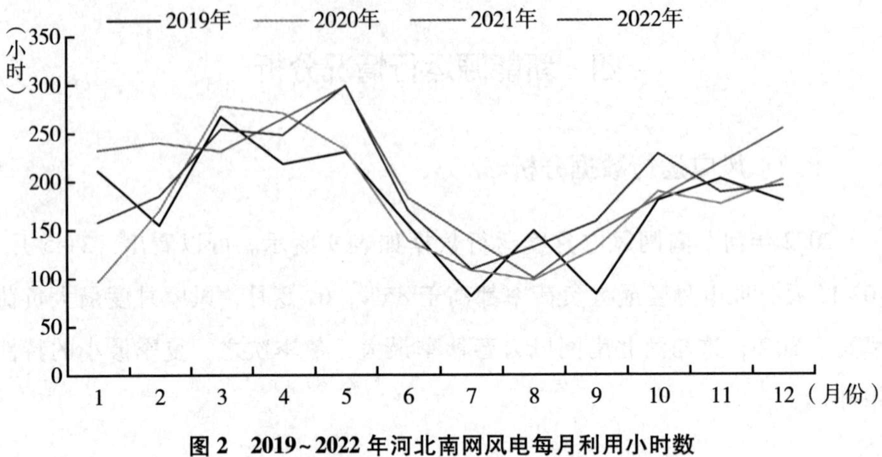

图 2　2019~2022 年河北南网风电每月利用小时数

（二）集中式光伏发电运行情况分析

2022 年河北南网集中式光伏发电月度运行数据如表 10 所示。可以看出，2022 年，集中式光伏发电最大出力 668 万千瓦，出现在 10 月，当时的最大负荷率为 65.01%。

表 10　2022 年河北南网集中式光伏发电月度运行数据

时间	最大出力(万千瓦)	最大负荷率(%)	发电量(亿千瓦·时)	利用小时数(小时)
1 月	448	53.57	5	58
2 月	534	63.88	6	68
3 月	531	63.20	7	83
4 月	564	66.61	9	112
5 月	578	66.62	11	128
6 月	571	61.82	11	122
7 月	589	63.34	10	111
8 月	600	63.61	9	99
9 月	647	62.98	12	114
10 月	668	65.01	9	87
11 月	598	58.18	6	63
12 月	596	57.13	9	85

光伏发电月度最大出力与河北南网太阳辐射夏季最大、春季次之、冬季最小的特征并不完全相符（光伏发电负荷率在秋季最大，夏季反而较低），这是由于光伏组件具有发电效率随温度升高而降低的特性，夏季虽然太阳辐射较强，但是由于光伏组件温度过高（在夏季强光照射下可达 70℃～80℃），其负荷率反而低于秋季。

2019～2022 年河北南网集中式光伏发电月度利用小时数如图 3 所示，可以看出，春季和夏季的利用小时数最高，其次是秋季、冬季。与往年相比，2022 年集中式光伏发电情况处于中等水平。

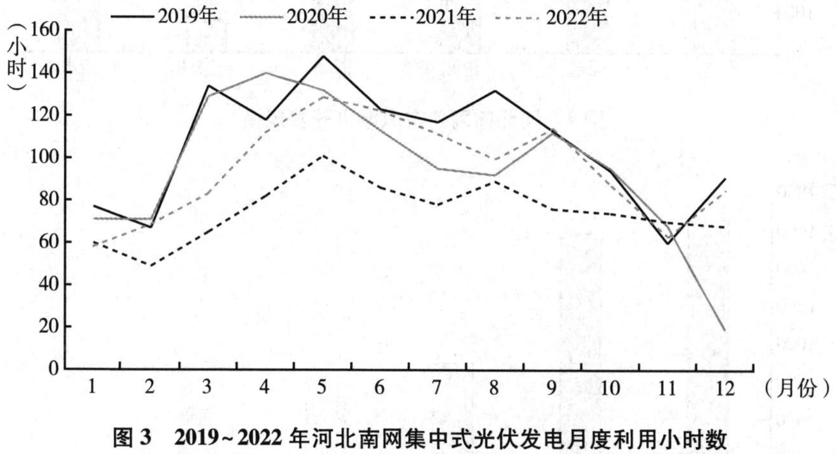

图 3　2019～2022 年河北南网集中式光伏发电月度利用小时数

五　利用小时数变化趋势

（一）具体分析

河北南网光伏发电、风电均属于国家划定的三类、四类地区，但各地市资源存在一定差异。衡水、保定、沧州风电年度利用小时数较高，资源较好；邢台、邯郸风电资源一般。保定光伏发电利用小时数最高，资源最好；石家庄、邢台、沧州和衡水光伏资源较好；邯郸光伏资源一般。河北南网各市风电可开发规模如图 4 所示。河北南网各市集中光伏发电可开发规模如图 5所示。

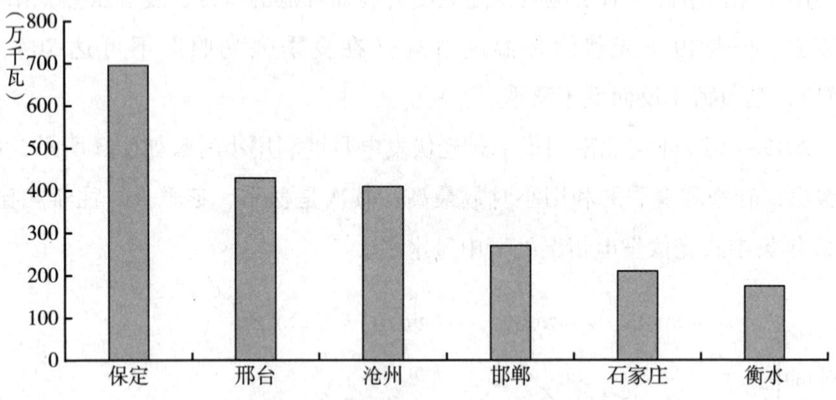

图 4　河北南网各市风电可开发规模

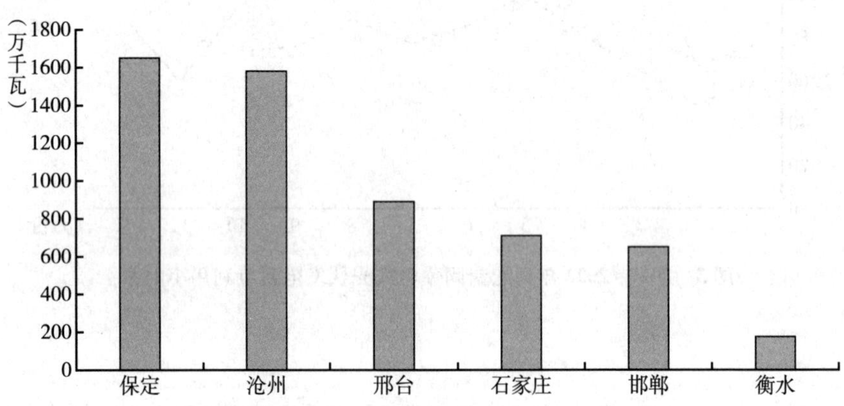

图 5　河北南网各市集中光伏发电可开发规模

2015~2019 年，河北南网基本无弃电，风电、光伏发电（集中式光伏发电和分布式光伏发电）利用小时数无较大波动。2021 年受弃电影响，且由于河北南网弃电仅为集中式光伏发电，集中式光伏发电利用小时数下降，2021 年利用小时数为 1276 小时，较 2020 年减少 28 小时；分布式光伏发电利用小时数上升至 1191 小时，较 2020 年增加 88 小时。2022 年河北南网分布式光伏发电利用小时数上升为 1241 小时，较 2021

年增加50小时，集中式光伏发电下降为1156小时，较2021年减少120小时（见表11）。

表11　2015~2022年河北南网风电和光伏发电利用小时数

单位：小时

项　目	2015年	2016年	2017年	2018年	2019年	2020年	2021年	2022年
风电	1905	2116	2163	1973	2110	2089	2491	2364
光伏发电	995	1050	1078	1053	1223	1121	1039	1206
其中:集中式	1010	1073	1366	1157	1266	1304	1276	1156
分布式	829	842	879	978	1160	1103	1191	1241

（二）提高新能源利用小时数的建议

一是新发展机制下新能源年度开发规模与利用率的协同关系发生变化，需要统筹新能源保障性并网规模、新能源市场化并网规模、消纳责任权重目标及利用率。做好新发展模式下保障性项目并网管理，测算市场化项目合理并网规模，规范市场化项目建设，推动提升系统灵活调节能力，为统筹消纳责任权重与利用率提供有利条件。

二是分布式光伏发电开发市场格局发生转变，需要创新分布式光伏发电开发模式和发展思路，实现规模化开发下的网源协调。有效引导分布式光伏发电分散就近接入，鼓励配置储能，提高接入容量，明确分布式光伏发电、微电网系统备用容量费收取标准等细则，以更好地拓展分布式光伏发电开发模式。

三是随着电力系统中新能源装机占比持续提高，电力供应保障风险将继续增大，需要建立适应新能源跨越式增长的电力供应保障体系。研究制定适应能源低碳转型的电力安全评估方法，建立常态监测机制，构建一次能源供应与电力电量平衡统筹协调机制，坚持“安全共担”原则，合理划分安全责任。

四是新能源大规模并网消纳将提高电力供应成本，需要优化新能源开发时序，避免供电成本过快增长。推动各方关注高比例新能源带来的系统成本上升问题，优化新能源开发规模、布局和时序，完善系统成本疏导机制，促进各方共担低碳发展成本。

六 新能源并网投产时间分析

在风电方面，新增风电项目主要为2016年、2017年风电建设计划、备选计划项目中尚未全容量并网的项目。2020~2023年，河北南网风电并网投产时间并没有明显规律。

在光伏发电方面，集中式光伏发电并网投产时间受政策影响明显，2022~2023年，新增集中式光伏发电的并网投产时间主要集中在6月与12月。分布式光伏发电年度并网投产时间呈现明显的周期性。

为进一步促进清洁能源高效利用，2021年国家能源局印发了《清洁能源消纳情况综合监管工作方案》，该方案提出要优化清洁能源并网接入和调度运行，聚焦清洁能源发电项目并网情况，促进清洁能源行业高质量发展。综合河北南网新能源装机时间与弃电月份分布情况，河北南网全年新能源主要弃电时段在1~3月。本文建议河北南网在7~8月并网全年装机的50%，12月并网全年装机的50%。在保证新能源发电的同时，尽量减少年度弃电。

七 政策建议

第一，未来新能源装机将主要集中在220千伏及以上和10千伏及以下电压等级，其对主网架及末端配电网的影响将日益凸显。对高电压等级并网新能源，应加强新能源机组抗扰动能力分析，开展全电压等级机电-电磁混合计算，量化新能源机组惯量支撑，建立系统惯量与系统安全稳定的物理联系，提升电网本质安全。对分布式光伏发电并网，宜完善项目发电功率、电压、电流、频率等信息采集，强化可观可测“一张图”的构建与应用。

第二，开展省—市—县三级新能源消纳预警体系建设。以县为基本单元，通过对区域内新能源可开发潜力、投产规模、电力负荷、电网建设等情况进行综合评估，对下一年各县可开发裕度进行量化计算和可视化地图展示，实现对河北各县新能源消纳状况按月监测、按季评估、按年预警，构建省—市—县三级新能源消纳预警系统及管理机制。

第三，需要统筹新能源保障性并网规模、新能源市场化并网规模、消纳责任权重目标及利用率。做好保障性项目并网管理，测算市场化项目合理并网规模，规范市场化项目建设规模，优先在新能源就地消纳强或外送消纳能力强的区域发展新能源，提升系统灵活调节能力，为促进新能源发展和提高消纳水平提供有利条件。

冀北清洁能源基地高质量跃升发展思路

摘　要： 冀北地区新能源禀赋优异，是能源发展蓝图上闪亮的“绿电之源”之一，“张北的风点亮北京的灯”成为新时代新能源发展的代表口号。作为国家九大清洁能源基地之一，冀北地区新能源发电逐渐成为冀北地区的装机主体，“双高”电力系统显出雏形。本文分析了新时期冀北地区电力系统运行风险大、消纳压力大、保供难度大的风险挑战，提出了促进清洁能源基地大规模开发、高比例利用可再生能源等方案建议。

一　新时期冀北电网保安全、促消纳、保供应任务更加艰巨

当前，冀北电网呈现“双70%”的特征（北京70%的用电通过冀北域内电网网架和跨省输电通道输入、新能源装机占统调电源装机比重超过70%），正逐步实现新能源从装机主体到电量主体的跨越发展。在保障能源安全、推动能源转型的大背景下，冀北电网既要充分服务好新能源大规模开发利用，又要全力保障首都地区安全可靠供电，面临的形势和任务更加艰巨。

（一）系统安全运行风险加大

在冀北清洁能源基地多年的发展过程中，由于张北新能源装机快速增长和送出形态的多样性，冀北地区陆续出现新能源汇集电网暂态电压失稳、风电与串补次同步振荡等运行风险骤增的问题。冀北电网依托张家口可再生能源示范区，先后建成风光储输、张北柔直、柔性配电等国际领先的示范工程，推广虚拟同步机技术、虚拟电厂技术的应用，解决了大量制约新能源安

全稳定送出的技术难题，打造了大规模新能源开发利用的“试验田”和“样板间”，促进了新能源重大装备的国产化和制造水平的提升。

随着未来冀北新能源大规模开发、高比例并网，并逐步成为电力电量的主体，源网荷储全环节都将呈现高度电力电子化的趋势，传统电力系统的物理形态和运行特性发生深刻变化，呈现明显的空间时间不均衡，调峰、调频、调压矛盾突出。冀北新能源装机占比高，低抗扰性、低惯量、低短路容量问题突出，柔直电网作为典型的“双高”系统，面临较大的宽频振荡风险、新能源功率送出受限风险和新能源故障脱网风险。

（二）清洁能源消纳压力加大

冀北清洁能源基地是全国九大清洁能源基地之一，风、光资源丰富，新能源长期保持高速发展。近年来，冀北以特高压电网为支撑，形成清洁能源大范围消纳、区外电力互济能力大幅提高的电网格局。西部规划建成了张家口地区“三站四线”、张北柔直、张雄特高压等一批大容量新能源输送通道，形成了交直流电网融合发展的新能源外送格局，可满足张家口地区2300万千瓦新能源送出需求。东部唐承秦负荷中心形成500千伏“三横三纵”网架结构，可接受区外电力1000万千瓦以上。

截至2022年底，冀北电网风电、光伏发电装机容量为3773万千瓦，占统调电源装机容量的比重超过70%，居全国省级电网首位。随着河北省将建设新型能源强省作为中国式现代化河北场景之一，光伏发电、风电提速发展，张承陆上风光基地、唐山海上风电基地加快推进。预计到“十四五”时期末，并网新能源发电装机规模将在目前基础上再翻一番，将是2025年冀北最大负荷的2.6倍，张承新能源装机容量占冀北新能源总量超85%。区外“点对网”输电通道“打捆”大量新能源项目，新能源送出通道已全部满载，新能源“增量稳率”面临较大压力。

（三）电力保障供应难度加大

冀北地处京畿、环绕首都，承担保障首都供电的重要使命。目前北京

70%的用电通过冀北域内电网网架和跨省输电通道输入，且冀北新能源是京津冀绿电的重要来源，冀北电网政治保供、经济保供、清洁保供责任重大。面对灾害频发、负荷屡创新高等多重挑战，冀北强化源网荷储协调联动，科学安排电网运行方式，强化重要输电断面和输电通道监控，筑牢“三道防线”，有力保障了中华人民共和国成立70周年、建党100周年、北京冬奥会等重大赛事活动供电。我国首个绿电交易规则《京津冀绿色电力市场化交易规则（试行）》出台，实现了奥运史上首次所有场馆100%使用绿色电力。

“双碳”目标下，冀北地区正成为推动“双碳”目标落地、京津冀协同发展的重要支点和区域能源绿色低碳转型的主战场。新能源大规模并网挤占传统能源发电空间，极热无风、晚峰无光、极端天气下机组停运，给系统电力电量平衡带来巨大挑战。冀北灵活调节电源不足，水电、抽蓄等快速调节电源严重匮乏，大部分煤电机组冬季因承担供热负荷需“以热定电”运行，调节能力进一步下降，冀北全年有50天的新能源日均出力低于装机容量的10%。预计“十四五”时期，京津唐电网电力缺口不断扩大，为保障首都供电安全，冀北电网存在有序用电的风险，电力保障供应压力巨大。

二　推动可再生能源高质量跃升发展的冀北方案

面对新形势新任务，冀北以《“十四五”可再生能源发展规划》为指导，以推动可再生能源高质量跃升发展为主题，以大规模、高比例、高质量、市场化为关键特征，开发大基地、依托大市场，让清洁能源融入大电网，为保障电力供应和推动能源转型贡献冀北方案。

（一）强主网、提外送，支撑清洁能源基地大规模开发

发挥“京津冀一张网”优势，加快推进大规模外送通道建设，依托特高压工程，让清洁能源融入大电网，在更大范围内进行消纳。一是补强主网

网架。以京津冀北1000千伏特高压大环网为支撑，以500千伏网为骨干网架，进一步拓展延伸，整体结构日趋完善，清洁能源供电能力显著提高。二是提升外送能力。加快建设大同—怀来—天津北特高压、张北—胜利2项特高压，坝上、承德北、牌楼等12项500千伏工程；后续新增承德1000千伏特高压，隆化、张北东等4项500千伏工程，从而在西部形成多层级、多通道、多落点交直流电网深度融合的清洁能源外送格局。

（二）促协同、聚合力，推动可再生能源高比例利用

促进源网协调、多能互补、政企联动、规划协同，凝聚各方合力，推动可再生能源高比例利用。一是促进源网荷储协同。加强源网荷储统一规划，实现新能源和配套电网、调节电源的同步规划、同步建设、同步投运。配合做好煤电“三改联动”，推动按照最小技术出力20%的原则来进行灵活性改造。支持储能规模化应用，做好在建抽水蓄能电站接网服务，统筹电力系统需求和电价承受能力，推动政府合理安排抽水蓄能电站建设规模。按照最大负荷5%的原则来建立可调节负荷资源库，鼓励制氢、大数据等产业向张家口和承德地区布局。二是促进电力与热力、算力协同。以源网荷储协同互动、多能互补为支撑，着力推进电力、热力、算力、制氢等互补互济深度耦合，先行示范园区级构建100%可再生能源系统，并逐步推广。到2025年，形成电力与热力、算力协同互动的典型示范经验，具备大范围推广条件。三是加强电网规划协同和政企协同。完善京津冀电网协同规划机制，建立新能源消纳协同体系，统筹新能源消纳需求，研究建立适合京津冀协同模式的消纳指标、责任分解、协同合作等相关机制。加强新能源消纳测算，推动政府科学制定建设方案，合理安排年度并网规模，明确利用率目标。

（三）重创新、出示范，助力可再生能源产业高质量发展

充分发挥科技创新的引领和示范作用，实施新型电力系统全域综合示范十大工程，持续在“双高”电力系统运行控制、柔直宽频振荡抑制等领域开展重大技术攻关，助力提升可再生能源产业竞争力。一是推广“新能源+

储能+调相机”模式，提升送端新能源系统稳定运行水平、送出能力与支撑能力，确保输电通道满送，具备一定顶峰能力。通过在张北特高压汇集新能源推广“储能+调相机”模式，提高特高压通道送出能力。二是攻关构网型新能源技术，实现新能源场站对电网频率和电压的主动支撑，为未来高比例新能源电力系统的规划、运行与控制提供技术储备和实证经验。三是强化张北柔直工程示范作用，提升张北柔直电网孤岛运行稳定水平和接纳新能源能力，2025 年初步建成张北柔直工程，提升快速频率支撑、无功电压调节能力，2030 年建成国内柔直大规模孤岛接纳新能源的示范标杆基地。

（四）融大网、扩市场，促进可再生能源在京津冀市场优化配置

创新市场机制，稳步推进绿电交易，促进冀北可再生能源在更大范围消纳，实现资源优化配置。一是推动健全电力价格形成和成本疏导机制。构建匹配高调节能力的上网电价体系，推动建立更为合理的抽水蓄能电站容量电费分摊机制，推进新能源电力参与市场化交易。推动将新能源外送消纳相关政策性投资足额纳入有效资产，维持合理输配电价水平，提升电网安全可靠供电能力。二是推动构建促进新能源消纳的市场体制机制。充分吸纳冬奥新能源交易机制经验，丰富完善绿电交易品种，积极开展绿色电力试点交易，构建全面放开的新能源交易市场机制。统筹市场交易与保障收购衔接机制，巩固完善“四方协作”绿电中长期市场机制，探索开展绿色电力长期 PPA 协议购电模式，建立长期稳定的绿色电力生产消费的市场体系。

河北省电氢协同发展路径研究

摘　要： 近年来，我国氢能产业发展步伐明显加快，国家及多个省份政府部门和行业组织相继出台实施意见，大力推动氢能产业和技术落地。由工业和信息化部、发展改革委、科技部等有关部门以及京津冀三地政府共同编制印发的《京津冀产业协同发展实施方案》提出将协同打造包括氢能在内的六条重点产业链。面对氢能爆发式发展的大趋势，本文开展了电氢协同发展分析研究，系统分析了氢能应用于新型电力系统的优势及挑战，研判其未来发展趋势，并就河北省氢能产业发展提出了有关建议。

一　研究背景

我国氢能产业发展如火如荼，京津冀、长三角、珠三角等地区已经形成了区域产业集群。河北省作为京津冀一体化的核心区域，氢能市场发展潜力巨大，有望成为国内氢能发展高地。目前，河北省氢能产业发展距离广东、上海等领先地区还有一定差距，进步空间很大。河北省需要在加快区域协同、完善全产业链条、培育优势企业、突破关键技术四个方面加大扶持力度，实现弯道超车，促使全省氢能产业处于全国领先地位。

在技术、成本、政策等的推动下，氢能作为电力系统的灵活性资源、长周期储能介质和外送新载体，在以新能源为主体的新型电力系统中扮演着重要的角色。近年来，河北省相关企业围绕“制、储、配、用”全链条开展科研技术攻关，为助推河北省抢抓氢能发展机遇、助力建设氢能产业示范城市群、推动京津冀产业协同发展迈上新台阶贡献力量。氢能产业全产业链构成如图 1 所示。

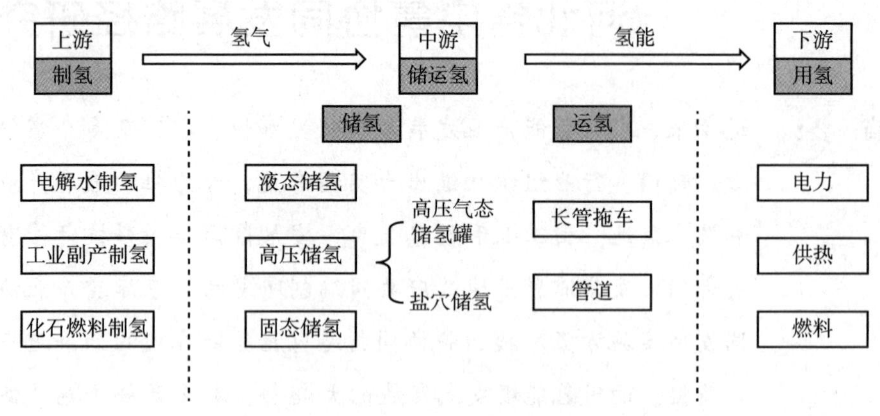

图 1　氢能产业全产业链构成

二　河北省氢能产业发展基本情况

资源方面。河北省拥有大量风能、光伏等能源，为发展氢能提供资源基础。依托风能、光伏等可再生能源来发展氢能产业具有突出优势，绿氢资源主要集中在张家口、承德以及太行山脉沿线地区。

政策方面。河北先后出台《河北省推进氢能产业发展实施意见》《河北省氢能产业发展“十四五”规划》，张家口、保定、邯郸、定州等地也先后制定氢能相关支持政策，支持氢能项目研究及相关示范工程建设。

技术方面。制氢环节，唐山、邯郸、邢台等地依托邯钢、河钢、华丰能源、金石化工、旭阳焦化等企业重点布局多个高效低成本工业副产制氢项目；张家口布局建设海珀尔风电制氢、中智天工风电制氢等多个绿氢项目；中国船舶集团有限公司第七一八研究所电解水制氢技术居于国内领先地位。储运环节，中集安瑞科等企业加大储氢、运氢技术研发力度，已成功研制国内首台 103MPa 高压气态储氢罐，相关技术成果也已在甘肃兰州、新疆库车等氢能示范工程中投入使用。用氢环节，氢能目前主要作为化工原料使用，包括合成氨、炼油和煤炭加工等；氢燃料电池汽车成为氢能高效利用的有效途径，保定长城、张家口亿华通、唐山东方氢能、定州长安、福田欧辉、张家口聚通科技等重点燃料电池、空压机、发动机和整车研发生产项目相继落地，目前已有样车下线。

三　河北省氢能产业发展面临挑战

河北省正处于京津冀协同发展、雄安新区建设和国家可再生能源示范区建设重大战略机遇期，具备氢能产业发展的资源、政策和技术优势，发展前景较好。但距离实现在消费市场规模化应用尚有一定差距。

一是政策框架亟待完善，标准亟待更新。河北省尚未形成引领氢能发展的政策体系。缺乏系统、健全的支持相关技术产业化和规模化示范应用政策，以及氢能发展的中长期目标、路线图和可操作性的实施细则。同时现有标准体系不够健全，氢能生产、储运、加注相关的安全管理、检验检测和技术标准需要根据新形势、新要求进行修订。

二是产业链、创新链不健全，京津冀氢能协同发展缺少顶层设计。现行政策对氢能全链条发展的关注度不足，提高制氢产量和燃料电池汽车应用等已呈现过热苗头，导致氢能产业存在低水平重复投资和资源浪费现象。对开发新型制氢技术、氢能储运等领域的研究较少，缺乏氢能“制—储—运—用”全产业链系统谋划。同时缺少竞争力强的先进制造业集群和优势产业链，协同机制不健全。

三是制氢原料以化石能源为主，碳排放压力大。河北省大规模采用化石燃料和工业副产提纯制取氢气，工艺简单、技术成熟，同时具有经济优势，但煤炭和天然气等化石资源总量有限，而且制氢反应运行过程造成的系统能耗和温室气体释放量较大，不利于我国“双碳”工作的推进。

四是可再生能源电解水制取氢气存在技术瓶颈。为响应国家“双碳”行动号召，河北省积极推动可再生能源电解水制氢的技术研发和试点建设。电解水制氢设备简单，工艺流程稳定可靠，产生的氢气纯度极高，可以满足对高纯度氢气的需求，同时不产生污染，但制取产能低（单台碱性水电解制氢装置产能仅为 1000Nm³/h）、成本高（设备能耗大，电价成本占制氢成本 80%左右），难以在工业上大规模推广应用。同时可再生能源发电与电解制氢系统适配性差，制氢设备难以承受快速启、停及输入电压波动变化带来的冲击。

五是缺少大规模、跨季节储氢技术。储氢技术是推动氢能产业发展的关键技术。目前，国际上常用的储氢方式主要有高压气态储氢、低温液态储氢、固态储氢，但受储氢装置容积、储氢密度、压力的限制，储氢技术只能用于制氢站、加气站和车载等小规模储能。然而随着氢能的快速和多元发展，可再生能源电力系统调峰需求变大，迫切需要开发大规模、长周期、跨季节的储氢技术。

六是氢能产业规划应用场景单一。氢能用途广泛，在交通、工业、建筑领域的应用潜力已逐渐凸显。然而，当前我国各地氢能发展方向基本局限在燃料电池汽车领域，示范应用主要集中在以公交车为主要应用场景的交通领域，应用场景单一，产业同质化突出，在难脱碳行业进展缓慢，无法真正发挥氢能的价值和潜力（见图 2）。

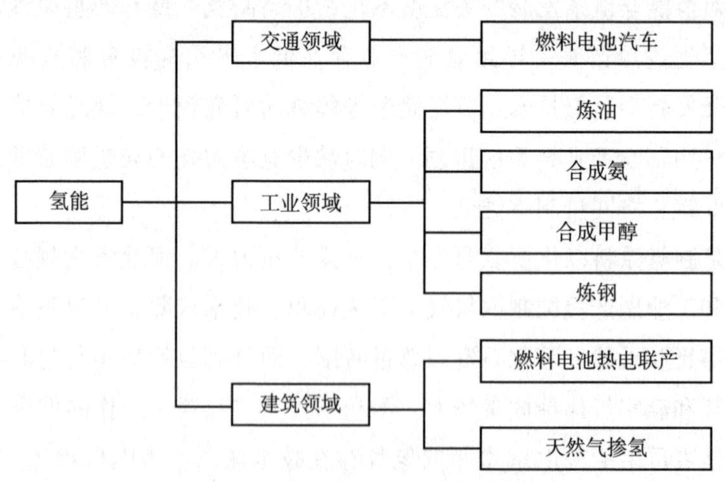

图 2 氢能主要应用场景

四　关于河北省电氢协同发展的思考

（一）氢能有助于实现电网和气网互联互通

随着新能源在能源结构中的占比不断提高，电力电量平衡问题逐渐突出，风能和太阳能存在随机性、季节性和反调峰特性，这使得风电和光伏发电存在分布不均和发电量不稳定的特点，同时增加可再生能源调峰难度，对并网带来了一定困难，导致弃风、弃光严重。配置储能系统是解决当前大规模弃风、弃光问题的有效手段，开发新型高效的储能方式不仅可以进一步提高电力系统灵活性，也可以从根本上解决可再生能源发电量过剩问题。

氢能作为一种未来能源界极具发展潜力的能源，因热值高、来源多样、储量丰富、可长时间存储的特性，被认为是21世纪的“终极能源”，以及同时解决能源资源危机和环境危机的最佳途径。利用电网无法消纳的弃风、弃光资源，电解水制取“绿氢”，发挥氢能的储能和快速功率调节优势，降低高比例可再生能源并网的不稳定性，提高可再生能源发电的利用小时数，还可充分利用弃风弃光，提高风电、光伏发电制氢的经济性（见图3）。

（二）氢能与电力系统协同互补融合发展，共同保障未来低碳社会的用能需求

随着“双碳”目标的提出和“十四五”电力规划的实施，我国正加速能源清洁化转型进程，脱碳减排需求日益增长。“十四五”期间，风能、光伏等可再生能源将迎来爆发式增长，新能源将逐步替代传统化石能源从而占据能源领域主导地位。氢气在燃烧过程中只产生水，被认为是真正实现零排放的能源，在无法直接使用可再生能源的领域中，“绿氢”及其衍生产品是很多工业部门脱碳的重要途径。《中国氢能源及燃料电池产业白皮书》预测，2030年氢能在终端能源体系占5%，2050年占比达到10%，与电力协同互补，共同成为中国终端能源体系的消费主体。

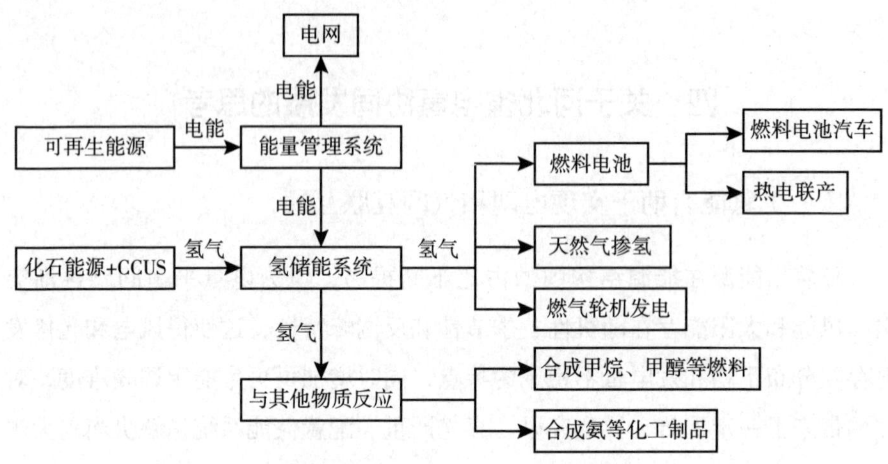

图 3　氢能在能源结构中的重要作用

氢能全产业链均与电能密切相关，在多项应用场景下（包括制氢、输氢、储氢、用氢等全环节）与电能呈共生关系。氢能全产业链可以通过电解水制氢实现大规模储能，通过氢燃料电池发电或者掺氢燃气电厂发电提升电力系统灵活性，通过制氢—加氢—充（换）电综合能源服务站提升交通领域能源供应效率，通过氢燃料电池冷热电联产供应系统为家庭或楼宇提供灵活可靠的能源解决方案，未来还可以通过超导-液氢综合能源管道降低电、氢能源输送成本。与蓬勃发展的氢能产业互利共存，将是未来电网面临的重要战略环境。

（三）构建以新型电力系统为核心的电氢综合能源网，拓展氢能多元化应用场景

作为一种能量储存器，氢能可以根据供给需求灵活地储存可再生能源，并起到平衡供求关系的作用，从而使氢能作为能源转型的一个重要基石。然而电网企业对氢能产业的规划单一集中在氢能交通方面，而对氢能作为能量储存器和不同能源行业耦合的介质这两个特点的重要性缺乏足够认识。

氢能在我国未来能源体系中占有重要地位，其短期内对电网规划布局影

响较小，中长期将挤占终端电能市场，大幅影响终端用能售电量。同时随着氢燃料电池汽车的发展，其动力足、续航时间长、充氢时间快等优势将逐渐被挖掘，长期势必会影响电动汽车占比和充电站的布局。在这样的背景下，开展以新型电力系统为核心的电氢综合能源网建设，寻求电能和氢能耦合互补供能方法，将有效扩展综合能源领域业务范围，最终提高多种能源整体供应能力，实现自有氢能业务，拓展氢能多元化应用场景。

五　河北省氢能产业发展建议

（一）积极助推京津冀氢能协同发展，凸显支撑作用

一是开展电解水制氢站、氢储能调峰电站、氢电一体综合能源服务站发展需求研究和总体布局规划，争取将配套项目纳入城市总体规划及能源（氢能）、电力等专项发展规划，为后期项目实施创造条件。二是加强合作，健全协同机制。发展清洁电力跨区输送、推动建立跨省输电长效机制等，提高输送清洁能源比重，利用电网将远方清洁电力跨区输送至本地制氢，提高可再生能源利用率（见图 4）。

（二）提升自主创新能力，实现核心技术突破

积极参与氢能产业培育，加快突破氢能核心装备和关键材料研发制造，充分利用全球创新资源，积极参与全球氢能技术合作，同时要把核心技术掌握在自己手里，避免受制于人。一是提高可再生能源消纳水平，应加快绿氢制取创新体系建设，积极发展风、光等可再生能源与电解水制氢一体化技术，推动国产碱性电解水技术大型化和纯水电解制氢技术自动化、规模化发展，开展电解水制氢技术实验室建设和技术攻关，研究高性能膜电极及高活性催化剂等关键材料的电解水制氢效率提升工艺。二是推动风、光协同绿氢制取关键技术研究，结合电解水制氢技术快速启动和响应的特点，消纳弃风、弃光电力，降低制氢成本。

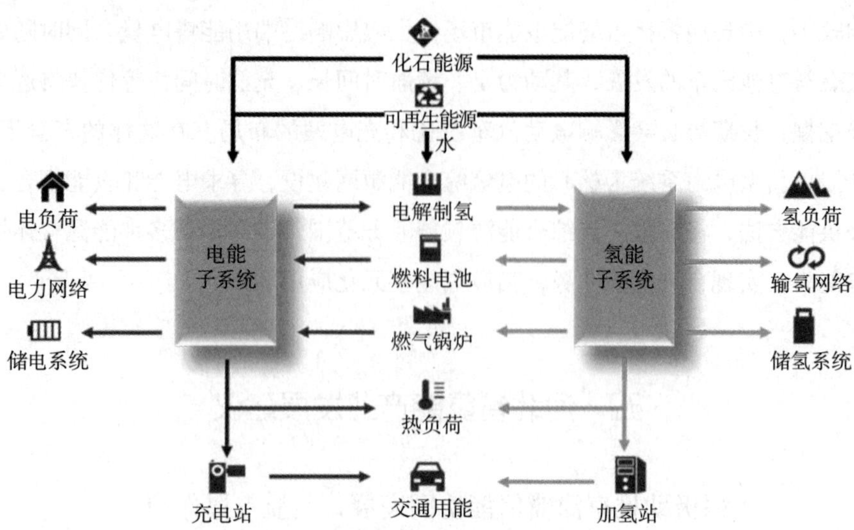

图 4　电氢综合能源系统设计

（三）解决氢能大规模储运难题，主动参与电网调峰调频

一是开发地下盐穴储氢等氢能大规模、长周期存储模式。河北省要调研地下盐穴储氢库建设需求与建设资源特点，充分考察宁晋县建设地下盐穴储氢库的可能性，提出河北南部地区地下盐穴储氢库选址与建设方案，实现氢能大规模、长周期、跨季节存储。二是积极布局储氢配套设施建设，促进可再生能源主动参与电网调峰。氢能在电网削峰填谷的潜力逐渐被挖掘，氢能有望在季度调峰场景发挥优势。氢能大规模、长时间存储配套设施建设，有利于延长电网调峰支撑时长，为新型电力系统提供灵活调节手段。

（四）建设电氢耦合示范工程，打造“电氢河北样本”

统筹考虑氢能供应能力、产业基础和市场发展阶段，有序开展氢能技术创新与产业示范，积极培育具有比较优势的产业，推动氢能在交通、储能、发电等领域的应用。加快构建河北南部地区氢能全产业链示范基地，推进光伏发电制氢和风光耦合制氢等方向项目建设，支持发展微电网和制氢工厂，形成规范体系与示范工程。

（五）拓展应用场景，服务省内多领域能源供给

作为灵活高效的二次能源，氢能在能源消费端可以利用电解槽和燃料电池，通过电氢转换实现多种能源网络的互联互补和协同优化，推动分布式能源发展，提升终端能源利用效率。一是扩展氢能在终端用能领域的应用范围，推动综合能源业务发展，加强氢能汽车、氢能发电及热电联供等领域规模化应用。二是推广电氢耦合供能模式，积极探索油、气、氢、电综合功能服务站建设，主动与中石油、中石化开展战略合作，积极参与多种能源领域的开发及投入。

河北省储能发展形势分析与展望

摘　要： 储能是新型电力系统的重要组成部分，其应用场景的复杂性决定了单一储能技术无法满足电网需求的多样性。河北省高度重视储能发展，从电源侧、电网侧和用户侧加快储能规划布局。目前储能技术仍处于商业化和规模化发展初期，参与电力交易的市场化机制、投资回报机制、成本疏导机制尚不完善，导致目前河北省新型储能示范项目发展缓慢。本文分析了各类型储能技术现状和应用场景，结合河北省储能发展规划，从技术路线、项目选择、商业模式和推进节奏四个方面提出相关建议。

一　各类型储能技术现状

按照能量转换原理和储存形态，储能技术主要可以分为物理储能、化学储能、电磁储能以及相变储能这四类。其中，物理储能也叫机械储能，主要包括抽水蓄能、飞轮储能、压缩空气储能等；化学储能主要包括钠硫电池、锂离子电池、铅酸电池和液流电池等蓄电池储能；电磁储能主要包括超导磁储能；相变储能主要包括相变储热、冰蓄冷储能等。目前适用于大规模储能应用场景的技术主要包括抽水蓄能、压缩空气储能、铅酸电池储能、锂离子电池储能、钠硫电池储能、液流电池储能等。典型储能技术的优缺点比较如表 1 所示。

表 1　典型储能技术的优缺点比较

储能技术	优点	缺点
抽水蓄能	技术最成熟、应用最广泛的储能技术，规模大、循环寿命长、投资效益比高、运行灵活	受地形和水资源限制，建设周期长、工程投资成本较高、损失能量较多
压缩空气储能	储能容量大、循环寿命长、成本较低、安全系数高	受地形地质限制
铅酸电池储能	技术成熟、成本低、储量大、原材料来源广	能量密度低、循环寿命短、容易造成环境污染
锂离子电池储能	比能量高、循环性能优异、使用寿命长及充放电效率高	成本高昂、安全性相对不足
钠硫电池储能	比能量高、充电时间短、无自放电现象	投资成本高、循环寿命短、安全性较差
液流电池储能	配置灵活、响应快速、功率输出高、循环寿命长、易于维护、储存能量大及安全性高	成本较高、材料受限制、对设备要求较高

二　储能应用场景

（一）四类储能应用场景

不同应用场景对储能技术的性能要求有所不同，储能应用场景的多样性决定了储能技术的多元化发展，不同储能技术在各自适用的场景中发挥独特的性能优势。根据不同储能时长的需求，储能的应用场景可以分为容量型、功率型、能量型和备用型四类。

一是容量型储能。该类型一般要求储能时长不低于 4 小时，主要应用于削峰填谷或离网储能等容量型储能场景。利用长时储能技术可以减小峰谷差，提升电力系统效率和设备利用率，满足新发电机组和输电线路的建设需求，储氢技术可实现跨季节尺度上的电能转移与平衡。

二是功率型储能。该类型的储能时长一般在 15~30 分钟，主要应用于辅助 AGC 调频或平滑间歇性电源功率波动等功率型储能场景。在此场景下，要求储能系统可以瞬时吸收或释放能量，提供快速的功率支撑。

三是能量型储能。该类型介于容量型和功率型储能之间，主要应用于复合储能场景，要求储能系统能够提供调峰调频和紧急备用等多重功能，连续储能时长在1~2小时，例如独立储能电站或电网侧储能。

四是备用型储能。在电网突然断电或电压跌落时，储能系统作为不间断电源提供紧急电力，持续时间一般不低于15分钟，主要应用于数据中心和通信基站等备用电源场景。

（二）不同应用场景的储能技术开发

储能应用场景的复杂性决定了单一储能技术无法满足电网需求的多样性。因此，针对特定场景需选择合适的储能技术进行开发和应用。

第一，容量型储能。容量型储能技术种类较多，包括新型锂离子电池、铅碳电池、液流电池、钠离子电池、压缩空气、储热蓄冷、氢储能等。其中，铅碳电池、储热蓄冷等虽已进入商业推广阶段，但未来还需加强在大容量方向的技术创新，降低一次投入成本，延长使用寿命，开发绿色制造和绿色回收技术。液流电池、钠离子电池等已经进入示范应用阶段，目前面临的普遍问题是成本较高、关键性能还需进一步突破。新型锂离子电池（例如，锂浆料电池）目前正处于中试或关键技术突破阶段，需要在已有锂离子动力电池产业基础上，进一步开发高安全、低成本、易回收的大容量储能专用电池。

第二，功率型储能。功率型短时储能技术主要包括超导储能、飞轮储能、超级电容器和各类功率型电池。目前面临的主要问题是系统价格昂贵、可靠性低、维护要求较高，未来仍需在关键材料和大功率器件的开发方面加强创新，掌握核心技术，建立自主知识产权体系。

第三，能量型储能。能量型储能技术以0.5C或1C型磷酸铁锂电池为主，已经进入商业应用阶段，是目前锂离子电池应用于电力储能的主要类型。未来该场景也有可能会成为功率型和容量型混合储能的应用场景。

第四，备用型储能。备用型储能技术要求具有自放电率低、响应时间短、性能稳定且安全可靠的特点，铅蓄电池、梯级利用电池、飞轮储能等都可满足使用需求。

三　河北省储能发展的布局规划

（一）抽水蓄能

2022 年 6 月，河北省能源局组织召开抽水蓄能开发建设专题推进会，将河北省抽水蓄能分 4 种情况（在建项目、重点实施库项目、储备库项目、新谋划站点项目）分类推进。以上 4 类项目共计 60 个，总容量 6963 万千瓦，其中河北南网共 18 个，总容量 1920 万千瓦。目前，河北南网共运行抽水蓄能电站 1 座，为石家庄张河湾抽水蓄能电站，容量 100 万千瓦（4×25 万千瓦）；在建抽水蓄能电站 1 座，为保定易县抽水蓄能电站，容量 120 万千瓦（4×30 万千瓦）。

一是在建项目。河北省在建项目 4 个（总容量 740 万千瓦），其中河北南网 1 个，为保定易县抽水蓄能项目（总容量 120 万千瓦）；其余 3 个项目在冀北（分别为承德市丰宁项目 360 万千瓦、张家口尚义项目 140 万千瓦、秦皇岛抚宁项目 120 万千瓦）。

二是重点实施库项目。河北省列入重点实施库项目共 8 个（总容量 920 万千瓦），其中河北南网 4 个（总容量 440 万千瓦，分别为保定徐水项目 60 万千瓦、保定阜平项目 120 万千瓦、石家庄灵寿项目 140 万千瓦、邢台信都区项目 120 万千瓦）；其余 4 个项目在冀北。

三是储备库项目。河北省列入规划储备库项目共 8 个（总容量 960 万千瓦），其中河北南网 3 个（总容量 340 万千瓦，分别为邯郸涉县连泉项目 100 万千瓦、邯郸涉县西达项目 120 万千瓦、邢台沙河东石岭项目 120 万千瓦）；其余 5 个项目在冀北。

四是新谋划站点项目。河北省新谋划站点共 40 个（总容量 4343 万千瓦），其中河北南网共 10 个（总容量 1000 万千瓦）；其余 30 个在冀北（主要分布于承德、张家口、秦皇岛）。

（二）新型储能

第一，电网侧独立储能布局政策。2022 年 5 月 22 日，河北省发改委制定了《全省电网侧独立储能布局指导方案》，结合全省电力发展和新能源规划目标，衔接全省调峰需求情况，通过测算，全省“十四五”期间电网侧独立储能总体需求约 1700 万千瓦，其中河北南网需求约 800 万千瓦。

第二，电源侧共享储能布局政策。2022 年 5 月 22 日，河北省发改委制定了《全省电源侧共享储能布局指导方案（暂行）》。2021 年以来，河北省已批复明确要求配套储能的新能源项目装机规模约 5000 万千瓦，配套储能总规模约 700 万千瓦。考虑到土地、并网、投资、运行等因素，按照集约化、共享化原则，通过统筹设计、科学布局，规划到“十四五”时期末，全省 23 个重点县区将新建共享储能电站 27 个，建设规模约 500 万千瓦，其中河北南网共计 216 万千瓦。

第三，新型储能示范项目。2022 年 5 月 17 日，河北省发改委印发了《2022 年度列入省级规划电网侧独立储能示范项目清单（第一批）》的通知，首批列入省级规划的 31 个电网侧独立储能示范项目总规模 6.16GW/17.29GW · h。示范项目涵盖了锂离子电池、压缩空气、飞轮、氢能发电 4 种新型储能技术路线，涉及河北南网项目 17 个，建设规模 2350MW/4550MW · h。其中，可接入公用电网 12 个，共计 1600MW/3000MW · h；需与新能源项目打捆接入项目 5 个，共计 750MW/1550MW · h。入选示范项目应确保在 2022 年开工建设，2023 年并网发挥作用。

四　面临的问题和建议

新型储能技术仍处于商业化和规模化发展初期，河北省新型储能参与电力交易的市场化机制、投资回报机制、成本疏导机制尚不完善，导致目前河北省新型储能示范项目发展缓慢。

（一）面临的问题

1. 电源侧

一是火电厂内加装新型储能。利用储能的快速调节性，改善火电的调频性能，从而获得更高的调频服务补偿，最后实现储能和火电厂的增加收益分成。在这种情况下，火电盈利能力较好，但由于调频辅助服务费用仅在发电侧内部分摊，尚未向用户侧疏导，发电企业投资储能协力不足。

二是新能源配置新型储能。由于河北省新能源未参与电力市场交易，新能源基本未承担电力系统性消纳成本。虽然新能源配置储能可以减少弃风、弃光，对提升收益率有一定的积极作用，但总的来看，收益率较低，新能源企业投资建设储能积极性不高。

2. 电网侧

《关于加快推动新型储能发展的指导意见》提出，研究探索将电网替代性储能设施成本收益纳入输配电价回收，为储能成本疏导留下政策空间，但实施细则尚未出台。另外，河北南网电力市场建设尚处于初级阶段，现货市场和调频服务市场正在构建中，新型储能主要通过调峰辅助服务和峰谷价差获得收益，收益形式单一。并且，新型储能大规模应用的初期成本高，未形成容量补偿机制，未对新型储能项目成本给予补贴。

3. 用户侧

目前只能通过峰谷价差获得收益，缺少成熟的商业化模式，成本回收困难，存在用户投资积极性不高等问题。

（二）相关建议

技术路线上，建议在考虑多元化技术路线基础上，紧密结合河北省实际应用需求，从技术要求、技术成熟度、投资效益等方面综合论证，选择先进、成熟、适用的技术路线。对新能源消纳和调峰等能量时移场景，钠硫电池储能、磷酸铁锂电池储能、三元锂电池储能最为适用；对电网调频需求场景，磷酸铁锂电池储能、三元锂电池储能、全钒液流电池储能适用度最高；

对延缓和替代输变电设施升级场景，磷酸铁锂电池储能、三元锂电池储能、全钒液流电池储能最为适用。综合来看，磷酸铁锂电池储能、三元锂电池储能的适用度最高，值得持续深入研究。

项目选择上，建议以解决河北省大规模分布式光伏消纳等新型电力系统建设需求为导向，选择具有代表性和良好基础条件的地区，因地制宜开展新型储能试点建设。通过储能技术的试点建设，为解决河北南网当前最为突出的新能源消纳尤其大规模分布式光伏消纳、调峰调频等现实问题提供参考路径。一是在保定、沧州等分布式光伏较为集中地区配置能量型储能应用试点；二是在石家庄市区、雄安新区等负荷密度较高、过载较为严重、输电线路和变电站资源紧张等地区配置替代性储能设施；三是结合河北省第一批新型智慧城市建议试点，选择石家庄、沧州、衡水作为新型储能与智慧城市、智慧交通、低碳城市等领域建设的跨界融合试点，拓展光储充一体化等新型储能应用模式。

商业模式上，建议在项目审批、人力资源、商业拓展等方面给予新型储能示范项目支持，鼓励技术和商业模式创新突破，发挥试点项目示范带动作用。积极对接国内外新型储能技术研发企业和机构，在技术、人才、资金和安全保证前提下先行先试，开展技术创新、模式创新以及体制机制创新。支持承建省级共享储能交易和监测平台，充分发挥电网企业统一调度优势，打造共享储能信息中台和交易业务平台，助力共享储能、云储能等商业模式发展。研究制定电网侧储能替代效益评估策略和细则，推动河北省尽快出台电网替代性储能设施成本收益纳入输配电价回收的具体相关政策，为电网侧储能发展创造空间。

推进节奏上，建议突出稳中有进、科学引领，前期注重积累技术、商业和市场经验，加强对示范项目的跟踪评估，后期可按路线、场景、地区、规模等分批实施。在充分研究论证基础上，积极推动《河北省“十四五”新型储能发展规划》落地。同时，前期宜选择储能技术路线成熟、试点地区基础条件良好、效果易显现的地区率先实施，后期可结合新型储能技术发展、成本效益以及电网替代性储能设施成本收益纳入输配电价回收进展等外部条件，根据储能技术路线、电网侧应用场景、适宜开展储能应用地区、储能项目规模等进行科学论证。

第四篇　引导能源消费绿色高效升级

能耗“双控”向碳排放“双控”转变对河北影响分析和建议

摘　要： 能耗“双控”向碳排放“双控”转变，打破了对可再生能源利用的约束，把能源安全和经济发展以及气候变化有机统一起来，是更为有效的碳达峰、碳中和激励约束机制。河北省碳总量和碳强度呈现“双高”态势，在碳排放“双控”方面任务重、责任大。本文通过分析两种指标的内涵，从指标完成、能源转型、产业发展、能耗与碳排脱钩预测等方面进行分析，并提出政策建议。

一　能耗“双控”向碳排放“双控”转变的内涵分析

（一）能耗“双控”与碳排放“双控”突出不同的约束导向

能耗“双控”旨在约束用能总量与强度，不区分能源类型，是经济规划中的约束性指标。“十三五”规划正式建立能耗“双控”制度，在全国设定总目标，并严格进行考核。

碳排放“双控”重点约束化石能源消费的总量与强度。对地区和行业进行能源和碳排放管控，需区分能源类型进行约束以实现经济与生态的协同发展，因此将碳排放“双控”作为未来地方考核的主要指标更契合“双碳”目标。“十二五”规划、“十三五”规划、“十四五”规划分别要求单位GDP二氧化碳排放量下降17%、18%、18%。目前我国还未提出碳排放总量的约束性指标。

（二）能耗“双控”与碳排放“双控”的主要区别

根据目前生态环境部发布的碳排放核算方法[①]，能耗“双控”和碳排放“双控”核算的主要区别在于电力转换系数的取值不同。目前，能耗“双控”电力的转换系数取火电厂平均发电煤耗值，没有考虑可再生能源的贡献；碳排放“双控”考虑了本地可再生能源，外来清洁电力不计算碳排放，小于能耗“双控”的折算值。

能耗“双控”直接限制了终端能源消费总量，部分高耗能企业面临限电风险，碳排放“双控”的核算方式使得“控碳”导向更为直接和清晰，可以更有效地解决部分企业的用电难题，在用能水平不变的情况下，碳排放考核模式可以释放以电能为终端能源的企业的生产力。

（三）碳总量控制与碳强度控制的结合

目前，我国明确了碳排放强度控制具体指标，碳市场配额原则也是基于碳强度控制（通过企业产量和强度基准值确定企业配额）。但在“双碳”目标导向下，总量控制具有更强的约束力和调控力，只有统筹考虑碳强度控制和碳总量控制，才能够克服能耗“双控”对碳排放间接控制和碳排放强度

---

① 包括一定时期区域内能源活动产生的二氧化碳（化石能源消费产生的碳排放和电力调入蕴含的碳排放），非能源活动的碳排放暂不计入省级总量。

单一控制的局限性，为碳市场提供清晰稳定的市场信号，进而形成更为有效的碳达峰、碳中和激励和约束机制。

我国正在制定碳排放“双控”机制，从总体设想上，应补齐碳排放总量控制短板，探索构建碳强度和碳排放相协同、行业与地区控制相配合、增量控制与绝对总量控制相结合的体制机制。从实施思路上，“十四五”时期，以强度控制为主、总量控制为辅；“十五五”时期，持续健全总量控制制度，实现总量控制与强度控制互为支撑。从地方约束上，按已达峰或处于平台期省份、未达峰省份两类，同时综合考虑人均 GDP、人均碳排放、地区碳达峰进展、“十四五”规划目标、大气污染要求和新增项目等因素，差异化进行碳排放“双控”。

二 能耗“双控”向碳排放“双控”转变对河北省的影响分析

（一）碳排放“双控”指标完成难度大于能耗“双控”指标

能耗“双控”指标保持良好态势。《2021 年上半年各地区能耗双控目标完成情况晴雨表》显示，河北省能耗强度和总量控制均为绿色预警，能耗“双控”目标完成情况总体较好。河北省“十四五”规划提出单位 GDP 能耗降低 15%的目标。通过时间序列预测法①分析，预计到 2025 年底，河北省单位 GDP 能耗较 2021 年下降 18.44%，将高于河北省“十四五”规划目标。

碳排放强度指标压力较大。河北省“十四五”规划中提出单位 GDP 二氧化碳排放量降低 19%（国家规划目标为 18%），结合能源供需预测和现行的碳排放量核算方法，预计到 2025 年底，河北省单位 GDP 碳排放强度较

① 时间序列预测法通过对历史数据统计分析，构建时间和能源消费的函数关系式，通过研究两者之间相关性来推测能源消费增长趋势，遵循了能源发展的延展性。

2021 年下降 18.44%，略低于河北省“十四五”规划目标。

碳排放总量指标将为管控重点。2015~2020 年，河北省碳排放虽未出现峰值拐点，但始终保持在 8 亿吨以内，碳排放已进入平台期，预计河北省将被纳入绝对总量控制省份，执行碳排放“双控”。

（二）碳排放“双控”对能源绿色低碳转型提出更高要求

可再生能源开发需求的快速增长加大了电力系统调节压力。国务院在政府工作报告中提出，新增可再生能源和原料用能不纳入能源消费总量控制，本地可再生能源开发进程加速。以光伏为例，河北省“十四五”规划提出，到 2025 年装机容量达到 5400 万千瓦；从实际运行来看，近期光伏装机增速超预期（2021 年新增 730 万千瓦，2022 年前三季度新增 752 万千瓦）。高比例可再生能源的随机性和波动性，导致电力系统安全运行风险不断加大，系统调节能力亟须提升，消纳新能源和能源保供付出的系统成本将会明显上升。河北省提出，建设清洁高效多元支撑的新型能源强省，需要将能源“产、供、输、储、用”各环节协调发展。

绿色能源消费需求的快速增长加大了能源电力供需平衡难度。碳排放“双控”考核模式下，企业和用户优先选择电能作为终端能源，高耗能企业使用绿色电力的意愿将大幅提升。终端电气化的普及，将进一步加大电力供需平衡难度。经测算，2025 年河北省全社会用电量将达到 4341 亿千瓦·时，最大负荷达到 7533 万千瓦，对能源资源配置能力和供需保障能力提出了更高的要求。

（三）碳排放“双控”有助于碳市场培育和产业升级

碳交易市场持续壮大和完善。从市场主体来看，目前全国碳交易市场以 2225 家发电企业为主体（其中，河北省 90 家，履约覆盖碳排放量约 2.4 亿吨）。“十四五”时期，更多的金融机构、投资机构以及碳资产管理公司等成为市场参与主体，为企业长期低碳转型、低碳投资等活动提供较为准确的政策与价格信号。从交易规模来看，我国碳交易市场主要包括两类基础产品。一是碳排放配额。目前碳交易市场采用基准法核算重点排放单位的配额量，排放基准线逐渐严格，将造成企业配额供给的减少，碳配额将成为稀缺资源，进一步激活市场活力。随着碳排放“双控”的推进，未来碳交易市场预计会转入免费分配和有偿分配并举，预计 2025 年全国碳排放权配额交易市场市值总规模将达到 2840 亿元。二是CCER①。受供需不平衡、机制不完善等因素影响，自 2017 年起，新的 CCER 项目处于停滞状态，但业内对 CCER 交易市场审批重启的期待较大，CCER 的市场发展潜力巨大。河北省提出，积极组建中国雄安绿色交易所，推动北京与雄安联合争取设立国家级 CCER 交易市场，有望为河北省绿色低碳区域产业体系和能源体系建设提供新动能。

为传统产业和新兴产业提供新机遇。以钢铁、化工等为代表的河北省传统优势产业，正在由减产、重组、环保阶段向低碳阶段演进，“原料用能不纳入能源消费总量控制”为河北省传统优势企业发展提供了更为广阔的转型思路，这些企业可以通过优化工艺流程，推动产业协同，构建更高水平的供需平衡，进而保持行业竞争优势。此外，以新能源、绿色环保、新材料为代表的与碳排放密切相关的河北省新兴产业，正在由战略部署、试点应用阶段向规模化推广阶段演进。面对新一轮的产业和科技革命，河北省通过把碳排放“双控”转变为新发展机遇，可推动实现“新时代经济强省、美丽河北”愿景目标。

（四）碳排放“双控”将加速能源消费与碳排放脱钩

依据脱钩理论和方法②，可以提出碳排放的经济弹性和能源消费弹性两

① CCER 即国家核证自愿减排量，作为配额的一种补充机制，按交易规则，排放企业每年可使用 CCER 抵减 5%~10%的碳排放配额。

② 根据环境压力增长率与经济驱动增长率的关系，经济合作与发展组织将脱钩划分为相对脱钩和绝对脱钩。其中，相对脱钩即 Δ 碳>0、Δ 能>0、0<Δ 碳/Δ 能<1（碳排放总量增长、能源消费总量增长、碳排放增长率低于能源消费增长率）；绝对脱钩即 Δ 碳<0、Δ 能>0、Δ 碳/Δ 能<0（碳排放总量降低、能源消费总量增长）。

个脱钩弹性指数[①]，进而预测河北省能源消费弹性与碳排放的脱钩关系。目前，河北省化石能源消费占比超 80%，能源消费和碳排放高度相关，随着新能源占比和终端电气化占比的不断提升，预计到 2032 年，碳排放的能源消费弹性与经济弹性均为负值，河北省在经济和能源消费增长的同时实现了碳排放下降，能耗指标与碳排放指标绝对脱钩，实现能耗“双控”向碳排放“双控”的转变（见图 1）。

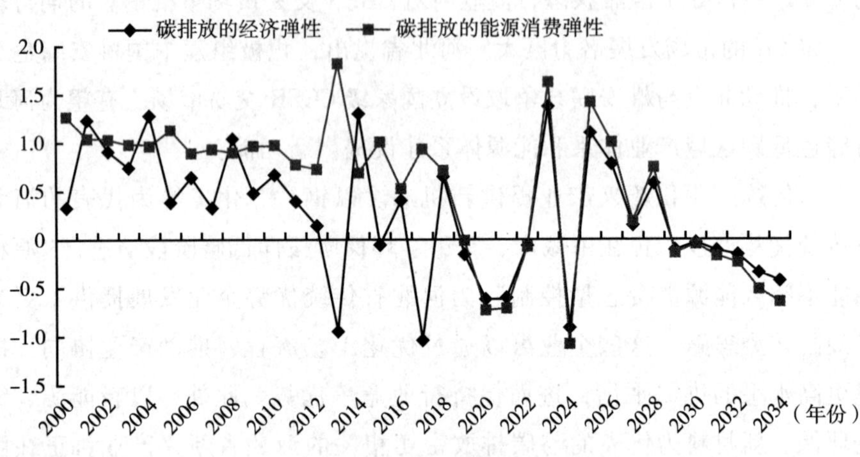

图 1　河北省能源消费与碳排放脱钩关系

三　政策建议

（一）完善碳排放“双控”管理

一是加大碳排放“双控”统筹协调力度，完善减碳基础设施与制度环境建设，构建“双碳”目标和绿色经济发展的支撑体系，积极参与国家碳排放核算标准体系建设。二是发挥信息技术和新型基础设施对碳减排的作用，推动数字经济与绿色经济的深入融合，推动绿色技术创新和数字技术应

① 碳排放的经济弹性 = 碳排放增长率/经济增长率；碳排放的能源消费弹性 = 碳排放增长率/能源消费增长率。

用提升重点产业资源利用效率。三是加强跨地区、跨行业合作交流，构建成本共担、利益共享的机制，推进环境污染联防联治工作，结合地区的发展模式差异，制定京津冀区域和省内各地市能源电力、工业、建筑和交通等重点领域的碳减排路线图。四是构建全周期、全链条的低碳金融服务体系，构建基于重点行业碳排放的河北碳指数，鼓励企业开展碳账户和碳评级工作，引导金融资源为企业绿色低碳转型提供精准支撑。

（二）打造新型能源体系示范区

一是加强煤炭清洁高效利用，积极推进煤电“三改联动”①，推动 CCUS 的技术示范应用。二是有序开发可再生能源，结合能耗“双控”、碳排放“双控”与新能源消纳权重等指标，开展可再生能源接纳量和接纳模式测算，完善可再生能源接入的规范要求。三是构建多层次协同、基础功能完善的电力市场体系，完善电力辅助服务市场机制和电力现货市场机制，合理分摊疏导系统性成本。四是构建“区内+区外”的广域多类能源资源综合利用体系，扩大储能市场规模，保障电网主动适应大规模集中式新能源和量大面广的分布式能源发展，提升河北省冬夏双高峰的能源供应能力。五是推动用户电气化和节能改造，提升系统需求侧响应能力，释放居民、商业和一般工业负荷的用能弹性，探索开展智能微电网、电动汽车灵活充电、虚拟电厂、氢电耦合等试点示范。

（三）加大传统优势产业和低碳新兴产业的扶持与培育力度

一是打造产业绿色转型的全国样板。在钢铁、化工、新能源等重点产业，打造高水平碳排放“双控”创新平台，加强产学研融合创新，强化关键核心技术产业化，加快绿色低碳新技术新产品应用推广。二是推动碳排放“双控”新模式、新业态创新发展。鼓励低碳咨询、核查、认证，碳资产管理，碳资产交易服务的开展，推动碳减排资产化，建设碳电证交易联动平

---

① 节能改造、供热改造和灵活性改造。

台，将绿色电力交易对应的二氧化碳减排量纳入碳交易市场核证减排量。三是支持数字化赋能绿色转型。在唐山、石家庄等传统优势产业聚集地市，构建城市级碳监测与评价平台，积极开展碳监测评估试点，为重点产业开展能耗、碳排放诊断，在雄安新区、张家口等低碳基础较好地市，试点建设近零碳排放区，提升河北省在工业、建筑、交通、能源等领域碳排放“双控”的影响力。

河北省电气化技术应用及展望

摘　要： 电气化是实现碳达峰、碳中和的重要途径。目前河北的电气化技术主要应用在工业、建筑供暖供冷、交通、农业生产与加工、电力供应与消费五大领域。为推动河北省能效消费向低碳高效升级，本文以成熟技术和新技术两个维度对电气化技术现状进行分析，聚焦发展方向和经济性，并以此提出商业模式推广建议。

本文主要对工业领域、建筑供暖供冷领域、交通领域、农业生产与加工领域、电力供应与消费领域的相关技术进行了分析。

一　成熟技术分析

（一）工业领域

1. 工业电窑炉

（1）技术分析

①技术现状

目前，工业电窑炉技术主要包含陶瓷电热隧道窑、中频感应炉和电阻炉。

陶瓷电热隧道窑具有烧成温度高、炉温控制精确的特点，能够克服燃气炉炉温低、温度调控粗放的缺陷。陶瓷电热隧道窑与燃气隧道窑技术比较如表 1 所示。

中频感应炉具有无污染物排放、产品适应性强的特点，解决了冲天炉污染物排放严重、更换炉料困难的难题。中频感应炉与冲天炉技术比较如表 2 所示。

电阻炉具有炉温分布均衡、便于实现连续生产的特点，解决了燃气炉炉温不均、周期性生产、生产效率低下的问题。电阻炉与燃气热处理炉技术比较如表 3 所示。

表 1　陶瓷电热隧道窑与燃气隧道窑技术比较

类型	烧成温度	热效率	温控精度
陶瓷电热隧道窑	1400℃～1500℃	72%～80%	±5℃
燃气隧道窑	700℃～900℃	50%～65%	±25℃

表 2　中频感应炉与冲天炉技术比较

类型	污染物	能耗	适应性
中频感应炉	无污染物排放	500kW · h/t 铸铁	周期生产，变料容易
冲天炉	SO_2、NOx、烟尘	750kW · h/t 铸铁	连续生产，变料困难

表 3　电阻炉与燃气炉技术比较

类型	炉温均匀性	温控精度
电阻炉	±2. 8℃	±1℃
燃气炉	±10℃	±25℃

②发展方向

未来工业电窑炉基于市场需求，不同技术发展方向各有不同。其中，陶瓷电热隧道窑主要向提升烧成温度和温控精度方向发展，进一步提高产品质量。中频感应炉主要向提高设备容量、工作频率方向发展，重点发展 200～600Hz、2000～10000kW 感应熔炼炉，进一步降低熔炼电耗，提升生产效率。电阻炉主要向适应自动化生产要求、提高自动化连续作业方向发展，提升生产效率。

（2）经济性分析

本文以中频感应炉和冲天炉、陶瓷电热隧道窑和燃气隧道窑为例，对比分析工业电窑炉的经济性。

①中频感应炉和冲天炉经济性对比

本文以 1 吨的中频感应炉和冲天炉为例，对比分析其经济性。

从初投资来看，中频感应炉明显高于冲天炉，是冲天炉的 2.5 倍。从年运行费用来看，中频感应炉略高于冲天炉，是冲天炉的 117%。综合考虑，本文采用费用年值来对比二者的经济性，中频感应炉费用年值为 140.33 万元，略高于冲天炉，其经济性略逊于冲天炉（见表 4）。近年来环保要求不断提升，加之中频感应炉的经济性已与冲天炉逐渐接近，中频感应炉将在未来替代冲天炉。

表 4　典型中频感应炉与冲天炉经济性对比

项目	中频感应炉	冲天炉
初投资(万元)	25	10
吨铁熔炼费用(元/吨)	560	480
年运行费用(万元)	134.4	115.2
使用寿命(年)	5	5
投资年值(万元)	5.93	2.37
费用年值(万元)	140.33	117.57

注：熔炼量为 1 吨。

②陶瓷电热隧道窑和燃气隧道窑经济性对比

本文以 940 吨陶瓷电热隧道窑和燃气隧道窑为例，对比分析其经济性。

从初投资来看，陶瓷电热隧道窑高于燃气隧道窑，前者是后者的 1.40 倍。从年运行费用来看，陶瓷电热隧道窑为 180 万元，低于燃气隧道窑（196 万元）。总体来看，陶瓷电热隧道窑费用年值为 192 万元，比燃气隧道窑（204.6 万元）低，具有很好的推广经济性（见表 5）。同时，工业窑炉领域技术、政策已经趋于成熟，未来几年内经济性不会有较大变化。

表 5　典型陶瓷电热隧道窑与燃气隧道窑经济性对比

项目	陶瓷电热隧道窑	燃气隧道窑
初投资(万元)	88	63
年运行费用(万元)	180	196
使用寿命(年)	10	10
投资年值(万元)	12	8.6
费用年值(万元)	192	204.6

注：熔炼量为 940 吨。

2. 工业电锅炉

（1）技术分析

①技术现状

目前，工业电锅炉（以下简称“电锅炉”）技术主要包含直热式电锅炉、蓄热式电锅炉和电极式电锅炉。直热式电锅炉主要用于替代工业领域燃煤热锅炉和燃气锅炉；电极式电锅炉主要用于替代精密电子、制药等领域工艺和消毒用的燃煤锅炉以及核电站启动锅炉。

电锅炉具有三个优势：一是环境友好，无污染物排放，能够解决燃煤（气）锅炉污染严重的问题，主要用于环保约束条件严格的场景；二是功率调节快速准确，设备启停时间短，能够克服燃煤（气）锅炉负荷调节粗放的弊病，主要用于供热负荷需要迅速精确响应的场景；三是温度控制精确，可以解决燃煤（气）锅炉温控波动大的问题，用于具有苛刻温控要求的精细生产工艺。燃煤锅炉、燃气锅炉与电锅炉技术比较如表 6 所示。

表 6　燃煤锅炉、燃气锅炉与电锅炉技术比较

锅炉类型	环境特性	负荷响应特性	温度控制特性
燃煤锅炉	产生 SO_2、NOx	负荷从 0 至 100% 时间为数小时	出水温度±15℃
燃气锅炉	产生 NOx	负荷从 0 至 100% 时间为数十分钟	出水温度±12℃
电锅炉	无污染物排放	负荷从 0 至 100% 时间为数秒	出水温度±2℃

②发展方向

目前，电锅炉热效率普遍较高，最高达到99.5%，已接近极限，能效提升已不是其主要发展方向。未来电锅炉技术应立足自身优势，顺应市场需求，向智能化、小型化的方向发展。智能化体现在电锅炉控制与上下游工艺联动，实现智能控制，提升系统生产效率；小型化体现在电极式电锅炉输入电压逐步提升，功率更大、体积更小。

（2）经济性分析

本文以最常见的每小时产生4吨蒸汽量的燃煤锅炉、燃气锅炉和电锅炉为例，对比分析其经济性。从初投资来看，电锅炉最高，燃气锅炉其次，燃煤锅炉最低，电锅炉、燃气锅炉、燃煤锅炉的初投资比为3.6∶1.5∶1.0。从年运行费用来看，在提供相同热水和蒸汽的前提下，电锅炉、燃气锅炉、燃煤锅炉的年运行费用比约为4.8∶2.7∶1.0。可见，电锅炉年运行费用高于燃煤（气）锅炉。

综合考虑初投资和年运行费用，本文采用费用年值来评价项目的经济性，在提供相同热量的条件下，费用年值越低，项目经济性越好。对比可知，燃煤锅炉费用年值最低，燃气锅炉其次，电锅炉最高。可见，一般情况下，电锅炉的经济性不及燃煤（气）锅炉。

单从经济性上看，电锅炉不如燃煤（气）锅炉，但考虑环保以及产品质量提升方面的优势，电锅炉在特定工业领域仍具备一定市场潜力。

（二）建筑供暖供冷领域

1. 热泵技术

（1）技术分析

热泵技术包含空气源热泵、水源热泵、地源热泵和吸收式热泵，其中空气源热泵应用最为广泛。

①现状分析

空气源热泵技术是利用环境中的低温余热，经系统高效整合将温度提升后进行供热的技术，主要用于建筑供暖领域燃煤锅炉、燃气锅炉的电气化。

相比燃煤（气）锅炉，空气源热泵除无污染物排放外，其突出优势是能效高。目前机组 COP 在-12℃低温工况下普遍达到2.3，在全年综合部分负荷工况下普遍达到2.5，远高于燃煤（气）锅炉。近年来由于技术进步，空气源热泵适用性大幅度提高。在低温适应性方面，空气源热泵最低工作温度普遍达到-25℃，最高出水温度达到55℃，低温适应性的提升将空气源热泵的应用范围从长江流域扩展到华北地区和汾渭平原；在采暖末端优化方面，空气源热泵广泛与地板辐射采暖相结合，有效降低了供暖出水温度，大幅度提升机组运行能效比。

②发展方向

未来空气源热泵技术主要向三个方向发展。一是开发高效喷气增焓压缩机，提升空气源热泵主机的能效比。二是与蓄热技术相结合，开发具有蓄热功能的空气源热泵，一方面利用蓄热装置进一步降低运行电费，另一方面利用蓄热装置提升极端低温天气下的适应性。三是强化热力系统优化，实现“大温差、小流量”，进一步降低循环水系统能耗，提高空气源热泵系统能效比。

（2）经济分析

本文以典型办公楼采暖项目为例，对比分析空气源热泵和燃气锅炉的经济性。假定项目建筑面积为10万平方米，采暖期为140天，热负荷指标为50W/m^2，采暖末端为风机盘管。

从初投资方面来看，空气源热泵和燃气锅炉分别为775万元和320万元；单位面积初投资分别为每平方米77.5元和32元，空气源热泵约为燃气锅炉的2.42倍。

从年运行费用来看，项目年运行小时数为2520小时，平均电价为0.7068元/kW·h，平均燃气价格为2.90元/Nm^3，空气源热泵系统能效比为2.5，燃气锅炉系统效率为0.9，空气源热泵和燃气锅炉的年运行费用分别为205.5万元和259.1万元，空气源热泵年运行费用约为燃气锅炉年运行费用的79.3%。

综合考虑初投资和年运行费用，本文采用费用年值指标来评价项目经济性，费用年值越低，项目经济性越好。可见，案例情况下空气源热泵费用年值略低于燃气锅炉，经济性略高于燃气锅炉。

2. 电（蓄热）锅炉技术

（1）技术分析

①现状分析

电（蓄热）锅炉技术是采用蓄热装置，在低谷电价时段制热蓄热，在高峰电价时段释热的技术，主要用于供暖领域替代燃煤（气）锅炉。

电（蓄热）锅炉分为水蓄热电锅炉和固体蓄热电锅炉，前者采用水作为蓄热介质，后者采用高温固体作为蓄热材料。水蓄热电锅炉技术蓄热密度小，造价较低，占地面积较大。固体蓄热电锅炉技术蓄热密度大，造价较高，占地面积较小。

相比传统燃煤（气）锅炉，除显著的环保优势外，电（蓄热）锅炉可充分利用低谷电价和弃风电价，实现年运行费用的大幅度削减，同时，可有效解决弃风问题，增加可再生能源消纳。

②发展方向

水蓄热电锅炉是完全成熟技术。固体蓄热电锅炉技术未来主要解决蓄热密度不足的问题，提升蓄热材料的蓄热温度上限，进而开发新型蓄热材料。

（2）经济分析

本文以典型办公楼采暖为例，对比分析水蓄热电锅炉、固体蓄热电锅炉和燃气锅炉的经济性。假定项目建筑面积为 2 万平方米，采暖期为 140 天，热负荷指标为 $50W/m^2$，采暖末端为风机盘管。

从初投资方面来看，水蓄热电锅炉、固体蓄热电锅炉和燃气锅炉分别为 105 万元、142 万元和 68 万元，水蓄热电锅炉、固体蓄热电锅炉投资均高于燃气锅炉。

从年运行费用来看，项目年运行小时数 2520 小时，水蓄热电锅炉、固体蓄热电锅炉和燃气锅炉年运行费用分别为 60.7 万元、61.7 万元和 55.8 万元，水蓄热电锅炉、固体蓄热电锅炉年运行费用均高于燃气锅炉。

综合考虑初投资和年运行费用，本文采用费用年值指标来评价项目经济性，费用年值越低，项目经济性越好。在案例情况下，水蓄热电锅炉、固体蓄热电锅炉经济性均不及燃气锅炉。

3. 电蓄冷技术

（1）技术分析

①现状分析

电蓄冷技术是利用低谷电价蓄冷，在高峰电价时段利用蓄积冷量供冷的技术。

相比燃气溴化锂制冷技术，电蓄冷技术主要有三方面优势。一是能效比高，电蓄冷制冷系统 COP 能效比能够达到 4.0~5.0，远高于燃气溴化锂制冷机组（1.2~1.4）。二是电蓄冷技术能够削减夏季最大用电负荷，缓解用电供需矛盾，获得政府补贴。三是无污染物排放。目前，电蓄冷技术主要有水蓄冷技术和冰蓄冷技术，其中水蓄冷技术蓄冷密度小，占地面积大，但造价低廉；冰蓄冷技术蓄冷密度大，节约用地，但由于要求蒸发温度较低，导致制冷能效较低。

②发展方向

未来电蓄冷技术发展方向是解决目前水蓄冷技术占地面积大、推广范围受限问题，以及打破冰蓄冷技术能效低、经济性差的困境；研发冰浆蓄冷技术，兼顾经济性提升和适用范围扩展两方面的诉求。

（2）经济分析

本文以某办公建筑供冷项目为例，对比分析电蓄冷和燃气溴化锂制冷的经济性。假定该项目供冷面积为 9 万平方米，按照每平方米 100W 的冷负荷进行设计，冷负荷为 9000kW，蓄冷负荷为 24000kW · h，蓄冷率为 25%①。

从初投资来看，电蓄冷高于燃气溴化锂制冷，前者是后者的 1.3 倍。

从年运行费用来看，电蓄冷明显低于燃气溴化锂制冷，仅为后者的 61%。每年供冷 120 天，每日供冷 18 小时，电蓄冷低谷时段采用“直供+蓄冷”运行模式。

---

① 蓄冷率存在最优值，并非越高越好。蓄冷率越高，虽然节约电费越多，但其要求冷机的额定容量越大，初投资越高。

综合考虑初投资和年运行费用，本文采用费用年值指标来评价项目经济性，费用年值越低，项目经济性越好。可见，在案例情况下，电蓄冷的费用年值仅为燃气溴化锂制冷的71%，其经济性明显优于后者。

（三）交通领域

交通领域电气化技术分为电动车船、电动装卸和其他三个门类，其中重点技术为港口岸电技术和电动汽车技术。

1. 港口岸电技术

（1）技术分析

①现状分析

港口岸电技术是指在船舶停靠港口时利用岸电系统向船舶供电，替代船用燃油发电机进行发电的技术。港口岸电技术按照电压等级及容量可分为低压小容量岸电技术、低压大容量岸电技术、高压岸电技术三类。

相比船电系统，港口岸电技术采用的岸电系统具备以下优势。一是减排效益显著。按美国洛杉矶港经验，对集装箱船舶进行岸电改造后，港口二氧化硫、氮氧化合物和可吸入颗粒物 PM_{10} 的排放量平均减少95%。二是水域生态保护效益显著。目前长江流域燃油船靠港停泊时，柴油发电机发电噪声可达80~90分贝，会严重干扰中华鲟等珍稀濒危物种的性腺发育，导致其无法产卵，生存繁衍与延续受到影响。推广港口岸电建设应用，可以减少噪声污染，保护长江流域中华鲟、长江鲟等珍稀濒危物种。三是能源利用效率高。船电系统一般采用柴油发电机，发电效率为31%~35%；岸电系统采用大电网输电，主要发电设备为燃煤发电机组，以目前主流的600MW和1000MW机组为例，发电效率高达40%~44%，可见岸电系统发电效率明显高于船电系统。

②发展方向

港口岸电技术未来将从单一电力供应逐步向智能化、网络化电力供应方向发展，满足不同船舶类型在不同地域的差异性需求。智能化方面，采用信息化技术，逐步实现岸电快速连接、电缆自动收放、计量计费统一管理等功能，大幅提升岸电应用效率。网络化方面，逐步实现船舶应用信息在区域间、流域间互联共享、统一管控，实现全流域“一条龙”服务。

（2）经济分析

本文通过综合分析得出，专供游轮和1000吨及以下干散货船的岸电经济性相对较好，具体分析如下。

第一，在岸电收费价格不高于船舶辅机发电成本、最高取2.4元/千瓦·时①的条件下，当岸电设施利用率在理想情况时，岸电设施投资回收期在8年以内。其中，专供游轮（主要在三峡坝区运营）、大型集装箱货船、1000吨及以下干散货船用电的岸电设施可在3年以内完成投资回收。当岸电设施利用率下降50%时，经济性会大幅下降，专供游轮用电的岸电设施投资回收期会延长至6年；大型集装箱货船、1000吨及以下干散货船用电的岸电设施投资回收期分别延长至11年和20年。当岸电设施利用率降至理想情况的30%时，所有岸电设施均无法在供电设备全寿命周期（20年）内完成投资回收。

第二，在岸电收费价格按地方政府出台的最低标准（1.2元/千瓦·时）条件下，所有岸电设施均无法在供电设备全寿命周期内收回投资，不具有经济性。

2.电动汽车

（1）技术分析

①现状分析

电动汽车是指以车载电源为动力、用电机驱动行驶的车辆，用于替代传统燃油车。目前，电动汽车的应用已涉及公交车、出租车等各个领域。

相比传统燃油车，电动汽车具有以下优势。一是清洁环保，无污染物排放。以年行驶里程2万千米来计算，电动汽车比燃油车减少一氧化碳排放20千克，减少氮氧化合物排放1.2千克，减少颗粒物排放0.09千克。二是能效利用效率高，电动汽车百千米电耗仅为燃油车百千米能耗的21%~23%。

① 根据三峡坝区游船实际运行数据分析，船舶辅机发电平均成本为2.4元/千瓦·时。

②发展方向

未来，电动汽车技术主要向三个方向发展。一是提升动力电池性能，解决用户里程焦虑问题，研发高强度、轻量化、高安全、低成本、长寿命的动力电池。二是发展电动汽车与电网融合技术，研发 V2G 技术，满足电动汽车充放电、电力调度需求，实现电动汽车与电网能源能量高效互动，降低成本，提高电网调峰调频能力。三是加快电动汽车与信息通信技术融合，以无线通信、定位导航等信息通信技术为支撑，发展多级联动的自动驾驶技术。

（2）经济分析

本文以典型的乘用电动汽车和燃油车为例，对比分析二者的经济性。

从购置成本来看，电动汽车购置成本明显高于燃油车，尽管有政府补贴和税收减免政策支持，电动汽车购置成本是燃油车的 137%。

从年运行能源费用来看，按照年行驶里程 2 万千米、汽油价格 7 元/升、家用慢充电价 0.58 元/千瓦·时、快充电价 1.8 元/千瓦·时、慢充与快充 7∶3 的指标计算，电动汽车和燃油车的年运行能源费用分别为 2629.9 元和 8260 元，前者仅为后者的 31.8%。

从生命周期成本（10 年内的总费用）来看，电动汽车和燃油车分别为 22.06 万元和 23.15 万元，可见电动汽车的经济性略优于燃油车。随着电动汽车技术的不断发展，未来经济性方面竞争优势将不断提升。电动汽车、燃油车经济性对比如表 7 所示。

表 7　电动汽车、燃油车经济性对比

项目	电动汽车	燃油车
整车价格(元)	129900	86900
购置税(元)	—	7690
车船税(元)	—	420
全车寿命(年)	10	10
年运行里程(千米)	20000	20000
百千米平均电耗/油耗(升)	5.9	13.9

续表

项目	电动汽车	燃油车
年运行能源费用(元)	2629.9	8260
年运行保险成本(元/年)	4699	4557
更换动力电池价格(元)	26950	—
全生命能源成本(元)	26299	82600
全生命保险成本(元)	46990	45570
全生命维修成本(元)	26950	—
全生命保养成本(元)	4400	18024
购置成本(元)	129900	94590
运行成本(元)	73289	128170
维保成本(元)	31350	18024
处置成本(元)	13947.9	9330.8
生命周期成本(元)	220591.1	231453.2

（四）农业生产与加工领域

1. 电烘干

（1）技术分析

①技术现状

电烘干技术的目的是提升农产品储藏性和运输性，常见技术包括远红外干燥技术、空气源热泵干燥技术以及微波干燥技术，可用于粮食烘干、果蔬干燥、木材烘干等（见表8）。

表8　电烘干技术分类情况

技术类型	技术细分	适用范围	设备类型
电烘干技术	远红外干燥技术	食品干燥	远红外干燥机
	空气源热泵干燥技术	粮食烘干	热泵烘干机
		木材烘干	木材热泵烤房
		烟叶烘烤	热泵烤烟房
	微波干燥技术	粮食、果蔬、食用菌干燥	微波干燥机

②发展方向

我国在农产品电烘干技术研究、装备研发与制造方面都已取得了一些发展，从可持续发展的角度来看，我国农产品电烘干技术将朝着以下趋势发展。一是节能、高效。农产品收获时水分普遍较高，造成干燥加工环节的能耗也较高。随着技术的不断发展，农产品电烘干技术向着节能、高效方向不断优化。二是标准化、大型化、集中化。当前，农产品电烘干技术仍处于发展初期，技术与设备还未形成统一的规范，以作坊式、农户式、小企业式等小而散的方式为主。未来随着技术不断成熟、应用规模的不断扩大，农产品电烘干技术将向着标准化、大型化、集中化的方向发展。

（2）经济性分析

初投资方面，部分电烘干设备可享受政府购置补贴，有效降低了项目的初投资，但一般仍高于燃气、燃油项目的初投资，如电制茶、电烤烟、粮食烘干等。

年运行费用方面，微波干燥技术、空气源热泵干燥技术效率较高，结合电价制定适当的运行策略，年运行费用大都低于燃气、燃油项目。加之电烘干技术具有控制精准、成品率高、附加值高等优点，在电制茶、电烤烟、海鲜烘干等多个行业已经具有很好的竞争性。

（五）电力供应与消费领域

1. 石油钻机电改（电钻机）

（1）技术分析

石油钻机是专门用来勘探和开发地下石油、天然气的钻井机械，当前钻探公司大都使用柴油钻机。传统钻机结构复杂、可靠性低、钻井成本高、跑冒滴漏严重、环境污染大、噪声大且不能调速。电钻机采用直流调速器加直流电机的驱动模式，可靠性高、操作简便，可实现无极调节电机转速；能避免传统钻机跑冒滴漏现象，减少环境污染。

（2）经济性分析

现有石油钻机比较常见的型号有 ZJ40 钻机、ZJ50 钻机和 ZJ70 钻机。以 ZJ50 钻机为例，ZJ50 钻机油电改总费用为 149.4 万元，但改造后每月可节约燃料成本 19.9 万元，改造投资回收期为 7.5 个月。同时，电钻机所需维护人员较少，可以节省大量维护费用，具有显著的经济效益和节能效益。

2. 商用电厨炊技术

（1）技术分析

商用电厨炊技术主要是通过电磁加热、电热管加热、远红外加热来替代明火加热。商用电厨炊技术相对传统厨炊技术具有节能低碳、安全卫生、精准控制、节省人力等优点，推广的难点在于如何培养厨师使用电厨具制作菜品的习惯，这是一个渐进的过程。商用电厨炊技术与传统厨炊技术优劣对比如表 9 所示。

表 9　商用电厨炊技术与传统厨炊技术优劣对比

领域	商用电厨炊技术	传统厨炊技术
节能领域	电磁设备热效率高达 90%以上，是传统燃气灶 3 倍以上，无废气产生，年碳排放量极大减少	效率一般，使用化石能源，有 CO_2 废气等产生
安全卫生领域	杜绝明火及可燃气体，防止二次爆炸，杜绝卫生死角，降低隐患	使用明火，易燃易爆
智能领域	全电厨房方案，火力精准控制，保证菜品出品稳定性；可实现智能化控制，定时定温定火力；节省人力管理成本，拼插式结构，方便运维	不宜精准控制，人力成本高

二　新技术及其发展趋势分析

随着技术的不断进步，部分电气化新技术已开始崭露头角，应用场景较广，本文选取了重点、热门技术进行研究分析。

（一）工业领域

1. 高温蒸汽热泵技术

（1）技术分析

高温蒸汽热泵技术与普通热泵技术原理相同（利用低温热源的余热，在提升温度后向外输出高品位热能），但输出的热能温度更高。近年来，由于高压缩比两级螺杆式压缩机技术、新型高温热泵工质R245fa技术以及先进控制技术实现突破，日本已经成功研制出超过85℃的高温热水热泵和超过120℃、165℃的高温蒸汽热泵。

（2）经济性与市场潜力

高温蒸汽热泵能效比可达3.0~4.0，同时又能充分利用这些丰富的低温余热资源，相比现有燃煤锅炉、燃气锅炉可实现50%~60%的节能率。随着技术逐步完善，成本将不断下降，未来高温蒸汽热泵技术发展潜力巨大。

2. 绿电制氢技术

（1）技术分析

目前主流的绿电制氢技术有3种，分别是碱性电制氢技术、固体聚合物电制氢技术（SPE）和固体氧化物电制氢技术（SOEC）。与煤制氢、天然气制氢相比，绿电制氢具有污染低、氢气纯度高等优点。

其中，碱性电制氢技术的发展时间最长、技术最为成熟，国内已实现商业化，其优点在于成本低，缺点在于占地面积大、电解效率低（50%~60%）。固体聚合物电制氢技术（SPE）采用极薄的质子交换膜代替碱性电解槽中的隔膜和碱液电解质，其优点在于电解效率高（70%~80%）、占地面积小，缺点在于售价较高。目前国外已实现商业化，国外多家公司已研发出兆瓦级设备，并在部分场景实际应用；国内还处于初期探索阶段。固体氧化物电制氢技术（SOEC）目前处于实验室早期开发阶段，其电解效率可高达90%，但需要解决高温运行问题。

（2）经济性与市场潜力

经济性方面，煤制氢、天然气制氢、甲醇裂解制氢、绿电制氢 4 种主流技术成本依次增加，分别为 1.67 美元/千克、2.00 美元/千克、3.99 美元/千克、5.20 美元/千克。可以看出，当前煤制氢成本最低，绿电制氢成本最高。

市场潜力方面，氢能在未来应用前景广阔，除了燃料汽车领域，在航空航天、金属冶炼、食品加工、化工生产等领域也均有较大应用空间；同时，随着绿电制氢技术的发展，氢能也可以通过管道送往千家万户，经金属氢化物储罐储存，然后分别接通厨房灶具、浴室、氢气冰箱、空调机、氢能源汽车等。

（二）交通领域

1. 纯电动船

（1）技术分析

纯电动船指采用动力电池作为主能量源或者主储能器，并利用电力推进的船舶。纯电动船具备节约能量、环境友好、易于控制、布局灵活、简化系统、改善劳动环境、有效减少机组人员等优势。目前，国内已成功研制内河大功率锂电池电动客船、客渡船、游览船、货船等纯电动船，已有十余家电池厂家获得 CCS 型式认可，在续航里程、载重量等方面基本能够满足短途运输的要求，具备推广应用的条件。

（2）经济性和市场潜力

纯电动船造价高、整体经济性不佳，主要是因为动力电池成本过高。随着动力电池成本下降，纯电动船的经济性将逐步显现，预计到 2030 年，动力电池价格将下降至 1000 元/千瓦·时。届时，纯电动船将具备和传统燃油船竞争的能力。

2. 电动载重卡车

（1）技术分析

电动载重卡车是采用动力电池作为动力的卡车，用于替代燃油卡车，主要适用于港口、矿区和内部专线等短途固定线路的物流运输等。在能效方面，电动载重卡车效率高达 90%，远高于柴油内燃机 45%~50%的效率。在年运行费用方面，电动载重卡车年运行费用为传统燃油卡车的 50%，同时，由于电部件无须保养，车辆维修保养费用大幅降低。目前电动载重卡车载重量已达到 14~17 吨，续航里程已达到 200~300 km。

但电动载重卡车仍存在以下问题：一是续航里程短，适用场景局限于短途；二是充电困难，目前常见的充电站不能满足其快速充电要求，需要建设专用充电配套设施；三是可靠性有待提升，尤其是低温条件下出力不足和高温环境寿命损失的问题突出。

（2）经济性和市场潜力

电动载重卡车在经济性上已略优于传统燃油卡车。电动载重卡车初投资较大，约为同等载重量传统燃油卡车的 2 倍，但能源费用远低于传统燃油卡车，仅为后者的 30%~40%，电动载重卡车潜在市场规模庞大。目前，电动载重卡车市场快速增长的态势已初步显现。

3. 智能轨道电动机车

（1）技术分析

智能轨道电动机车是基于传统燃油机车进行改造，使用动力电池替代内燃机的新型轨道机车，主要用于钢铁、矿山和港口厂区内调车和短途牵引运输作业。相比传统燃油机车，其环保和节能优势突出，智能轨道电动机车完全无污染物排放，动力费用降低 80%，维护费用降低 60%。目前，智能轨道电动机车最高时速可达 20km/h，持续牵引力达到 319kN，满载续航里程超过 120km。智能轨道电动机车未来还将结合智慧运输技术、自动摘挂钩等技术，实现机车远程遥控、无人驾驶等功能。目前，智能轨道电动机车已在南京钢铁公司正式上线运行。

（2）经济性分析

智能轨道电动机车能够大幅度降低年运行费用。以一台 640kW · h 智能轨道电动机车为例，每年可减少 20 万升柴油消耗，同时可大幅度减少维护费用和人工费用，节约年运行费用 140 万元。

（三）农业生产与加工领域

1. 农业机械电气化

（1）技术分析

农业机械可按使用环节不同进行分类。使用环节主要分为土地平整、播种施肥、田间管理、收获、收获后处理、农产品初加工和其他，农业机械主要类别如图 1 所示。其中，收获后处理、农产品初加工、其他 3 个环节一般具有固定场所，多采用接入电网方式直接提供动力，当前农业机械电气化程度已经较高。土地平整、播种施肥、田间管理、收获 4 个环节大都需要移动作业，当前动力仍以内燃机为主，是今后农业机械电气化的重要方向之一。这 4 个环节涉及的技术主要有电动耕整地机械、电动种植施肥机械、电动田间管理机械、电动收获机械，需重点加强相关技术的发展。

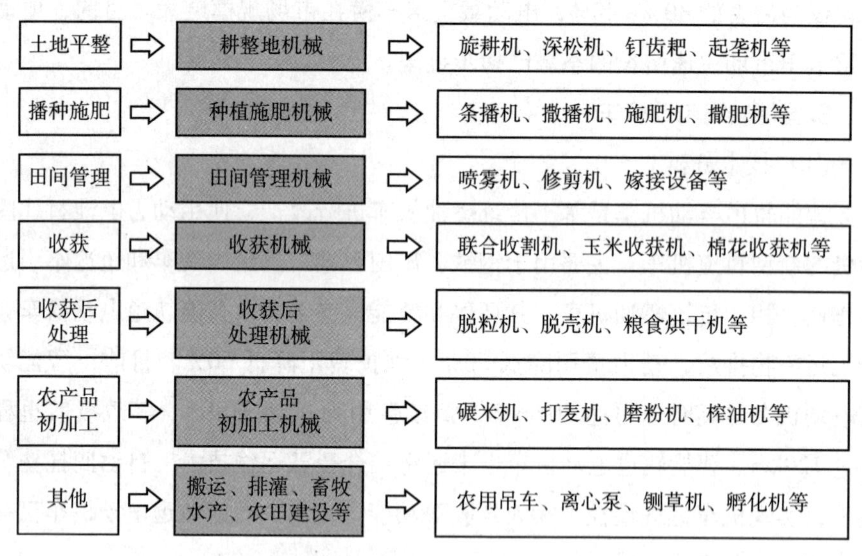

图 1　农业机械主要类别

（2）经济性分析

当前受电池成本较高的影响，农业机械电气化成本相对较高，初投资较大。年运行费用方面，电气化的农业机械一般直接利用农民家用插座进行充电，电价较低，整体运行费用相比燃油机械低 50%。部分地区尝试重点推广电动打捆机、电动拖拉机等，政府进行适当补贴，推动了小功率电气化的农业机械在一定范围内的推广应用，并得到了农民的认可。

2. 冷链物流电气化

（1）技术分析

冷链物流是指为保证食品质量，为食品生产加工、储藏运输、销售等环节提供低温环境的系统工程。冷链物流电气化的用电需求主要包括冷库储藏及作业环节供冷用电、运输环节叉车用电和电动冷藏车用电三部分。

（2）经济性分析

电气化的冷链物流相比传统冷链具备明显的经济性，本文以 10 万吨冷库为例进行经济性分析。在冷库方面，蓄冷技术相较于常规制冷技术，增加初投资 500 万元，节约年电费 300 万元。在叉车方面，电动叉车相较于燃油叉车，增加初投资 480 万元，节约年燃料成本 400 万元。在冷藏车方面，电动冷藏车相较于燃油冷藏车，增加初投资 240 万元，节约年燃料成本 220 万元。在实施电气化后，增加的初投资将在 1.3 年内回收。

河北省充电基础设施车网互动发展趋势和建议

摘　要： 2022年，国家能源局、科学技术部印发了《“十四五”能源领域科技创新规划》，提出要推进电动汽车与智能电网之间能量和信息的双向互动，发展低碳交通技术，鼓励电动汽车等用户侧储能参与电力系统的调峰、调频。电动汽车与智能电网的双向互动简称“车网互动”，是指电动汽车接入充电桩充电时，将电动汽车作为柔性可调资源，响应电网需求，调整功率，有目的地与电网进行信息和能量交互，实现电力系统价值调节的过程。车网互动包含仅调整充电功率大小的有序充电模式，以及既可以调整充电功率大小，还可以反向给电网放电的V2G模式。车网互动可使电动汽车充电负荷参与电网调节，对电网拓展灵活调节资源、支撑新型电力系统构建具有积极意义。

一　国内外车网互动发展现状

（一）国外车网互动示范应用

截至2022年底，国外发起了超过100个车网互动项目，并且车网互动已由有序充电模式转向V2G模式。其中，欧美国家的车网互动示范项目大多对电动汽车向电网放电以提供调频、备用、消纳新能源等服务的能力进行技术与商业模式上的验证；而亚洲其他国家的车网互动示范项目则更多的是针对电动汽车向楼宇或住宅放电的应用进行验证，其中日本最具代表性。国外典型的车网互动示范项目特点如表 1 所示。

表 1　国外典型的车网互动示范项目特点

项目名称	运营策略	商业模式
美国 PJM 试点项目	以跟踪可再生能源发电为目标的有序充电策略	峰谷价差套利
英国 VIGIL 项目	以提升配变容量利用率为目标，考虑楼宇负荷和配电变压器容量限制来制定充放电策略	项目未重点研究
英国 Sciurus 项目	以用户充电成本最小为优化目标，制定聚合响应电网计划负荷曲线的充放电策略	峰谷价差套利、调频服务收益、消纳光伏补贴
丹麦 Parker 项目	以聚合商参与调频收益最大为目标，监测电网频率，按计划频率曲线动态制定充放电策略	调频辅助服务市场收益
荷兰 CITY - ZEN 项目	以响应电网高峰负荷需求为目标的充放电策略	项目未重点研究
美国 INVENT 项目	以响应校园楼宇负荷变化和最大消纳光伏发电为目标，制定调峰和调频的充放电策略	项目未重点研究
德国 Re-dispatch 项目	以降低配电网运行维护费用、跟踪台区负荷变化和可再生能源发电为目标的充放电策略	峰谷价差套利、辅助服务
日本 V2H/V2G 试点	以响应中部电力公司供需控制指令为目标，制定兼顾园区工业用户负荷的充放电策略	市场收益

总体来看，国际对 V2G 模式比较重视。政策支持方面，一些发达国家探索将 V2G 模式作为实现交通低碳化、支撑电力系统运行的重要措施。德国相关监管部门于 2018 年批准了日产聆风车型向电网供电；英国发布了世界首个国家层面要求居民社区采用智能充电的强制性法案，并允许表后计量数据参与充放电结算。技术标准方面，国际标准化组织提出的充电标准 ISO 15118—20、日本提出的充电标准 CHAdeMO 均已兼容双向充放电；英国能源网络协会针对电动汽车单独制定了并网流程和并网管理要求。示范应用方面，美国得州电力运营商 ERCOT 通过较高的价格，鼓励电动汽车提供电网紧急电能管理服务；英国能源供应商 OVO Energy 与日产等相关企业合作开展了车网互动示范项目。但国外这些试点项目普遍缺乏可持续的商业模式，在停止专项激励补贴后，运营效果明显降低，也影响了 V2G 模式进一步发展。

（二）国内车网互动示范应用

国内车网互动试点是由国家电网、南方电网组织车企、桩企和运营商，联合开展的有序充电、电动汽车参与需求响应、源网荷储协同互动、虚拟电厂等示范项目。目前国内有序充电模式的示范应用较成熟，而关于V2G模式的试点尚处于起步阶段。国内车网互动示范应用整体可分为以下三个方面。

第一，电动汽车有序充电。国内示范应用相对成熟，主要缓解大规模电动汽车并网充电带来的峰值负荷叠加、台区过载风险提高等问题，示范场景大多为居民区。国内电动汽车有序充电试点项目验证了车网互动在居民区推广的可行性，存量充电桩的改造升级和增量有序充电桩的部署无须过多的成本，就可达到削峰填谷、降低配电网扩容改造费用的目的。然而，目前试点项目中，用户只能通过峰谷价差节省一定的充电成本，电动汽车在居民区有序充电的获利空间太小，导致用户的参与意愿不强。

第二，车网双向互动。试点刚起步，主要集中在商业楼宇和工业园区，多与对应台区的综合能源管理系统相结合，同时作为源、荷参与调控。当前大功率放电是否会给配电网带来冲击等问题尚不明晰，试点项目配装的双向充放电桩的功率较小（以20kW左右为主），实际的放电功率需根据实际调控需求和电池的剩余容量确定。

第三，电动汽车参与电网调峰和调频辅助服务。调峰辅助服务方面，在打通电网调控系统和电动汽车聚合服务平台基础上，电动汽车充电桩调节资源于2020年正式纳入华北电力调峰辅助服务市场并正式结算，电动汽车参与调峰辅助服务由单向充电拓展至充放电两种形态。经过调峰辅助服务市场机制的引导，凌晨和午后两个用电低谷时段的电动汽车充电功率明显大于基础负荷功率。然而，参与调峰辅助服务市场的电动汽车以公交车为主，私家车较少。调频辅助服务方面，华东电网的多类型可调节负荷资源于2021年完成了区域调频响应试验，当电网频率跌破预警值时，实时计算华东省市实际可用调节分量并下发控制指令给各省市的可调节负荷协调控制平台，通过降低电动汽车充电功率，并结合中央空调、循环泵、储能等可调节负荷实现对电网频率的调节响应。国内典型车网互动示范项目如表 2 所示。

表 2 国内典型车网互动示范项目

<table>
<tr><th>示范类型</th><th>项目名称</th><th>成效经验</th><th>商业模式</th></tr>
<tr><td>电动汽车有序充电</td><td>河南郑州世纪家园项目、北京西八里庄小区项目、深圳碧新路项目</td><td>电动汽车在小区的停车时间长、充电时间短,充电负荷与其他用电负荷的叠加现象显著,是有序充电的良好应用场景。实时采集跟踪台区配变负载和充电桩运行功率,转移充电高峰负荷,降低变压器负载率</td><td>峰谷价差套利</td></tr>
<tr><td>车网双向互动</td><td>北京人济大厦项目</td><td>动力电池在正常质保的基础上,额外提供了 1500 次 V2G 循环质保,减少车主对电池损耗的顾虑</td><td>峰谷价差套利、放电补贴收益</td></tr>
<tr><td rowspan="2">电动汽车参与电网调峰和调频辅助服务</td><td>国网华北电网电力调峰实践</td><td>经过市场机制的引导电动汽车充电功率在凌晨用电低谷时段充电</td><td rowspan="2">聚合商代理结算</td></tr>
<tr><td>国网华东电网电力调频实践</td><td>电动汽车参与调频的容量和响应速度比储能、循环泵等优秀负荷表现更优</td></tr>
</table>

总体来看，我国车网互动的工作在稳步推进。政策支持方面，国家和地方出台的碳达峰、储能、可再生能源、电价等相关文件将车网互动纳入支持范围。《新能源汽车产业发展规划（2021—2035 年）》，首次从国家层面提出要加强新能源汽车与电网能量互动。《江苏省电动汽车充换电基础设施规划实施方案（2023—2025 年）》提出，针对车网互动、有序充电等新技术，积极研究出台用电价格和市场交易政策。同时，国家发改委等部门发布的《关于进一步提升电动汽车充电基础设施服务保障能力的实施意见》提出，要研究完善新能源汽车消费和储放绿色电力的交易和调度机制。

当前，负荷聚合商通过组织电动汽车参与绿电交易，可以获得绿证，进而促进新能源消纳。技术研究方面，我国已完成了 7 千瓦、15 千瓦、60 千瓦等一系列直流充放电桩的自主研发，比亚迪、广汽、长城等厂商推出了 10 余款 V2G 车型，但尚未量产，动力电池 V2G 充放电效率、寿命分析等技术研究也在同步开展。示范应用方面，国家电网公司依托车、桩、平台技术能力，在全国 10 余个省份开展了试点项目建设，累计部署了 1000 余个 V2G 终端。2020 年 4 月，国家电网公司在国内首次将充放电桩资源正式纳入华北电力调峰辅助服务市场并完成结算。2022 年上半年，南方电网公司在深圳民兴苑小区试点 V2G，成功参与需求侧响应调控。据不完全统计，我国 V2G 充电桩数量占全国充电桩数量的比重不足万分之二，主要用于试验验证，电动汽车通过充电桩向电网反送电量还很小。

二　河北省电动汽车接入电网的充电特征分析

（一）电动汽车充电行为分析

一是充电时段不均衡，集中充电呈双峰分布。早上 5：30~7：00 是第一个充电高峰，中午 11：30~12：30 为全天充电最高峰。中午休息时间充电情况普遍，高峰时段较为拥挤，非高峰时段部分充电桩闲置导致利用效率偏低。

二是充电时长差异化，受类型和区域影响大。从类型看，直流桩中 73%的用户会在 1 小时内结束充电，而交流桩中 48%的用户选择充电 4 小时以上。从区域看，办公区、商业区、居民区等地的平均充电时长超过 90 分钟，高速服务区平均充电时长仅为 39 分钟，其他区域平均充电时长在 1 小时左右。

三是存在长期滞留用户现象，充电桩利用效率有待提升。8.6%的直流桩存在长期占用问题，长期滞留用户缺乏有效管理，这将加大充电拥挤程度。

（二）充电桩利用效率分析

充电桩使用效率两极分化。根据利用效率，充电桩可以分为高频桩、中频桩、低频桩三类①，高频桩贡献了 50%以上充电电量，低频桩仅贡献 7%

① 高频桩为使用效率处于前 20%的充电桩；低频桩为使用效率处于后 40%的充电桩（含闲置桩）；中频桩无主要特征，故未开展详细分析。

的充电电量，此外5.1%的低频桩为“零电量”桩。具体而言，高频桩日均充电5.24次，日均充电时长为5.85小时，日均充电电量为87.4千瓦·时，平均充电电价为0.91元/千瓦·时，单桩日均故障1.02次，80%的高频桩分布在城市核心公共区域或交通主干道两侧。中频桩日均充电2.2次，日均充电时长为2.82小时，日均充电电量为38.1千瓦·时，平均充电电价为1.01元/千瓦·时，单桩日均故障0.37次，地理分布无明显特征。低频桩平均每4天使用一次，日均充电时长为0.59小时，日均充电电量为7.88千瓦·时，平均充电电价为1.10元/千瓦·时，单桩日均故障0.1次。交流桩全部为低频桩，且有48.9%的低频桩位于县域。

高速公路充电桩“充电潮汐”“一桩难求”现象凸显。受假日电动汽车集中远行的影响，高速公路充电桩使用频次是平日的3.69倍，导致车桩比阶段性失衡，增加了车主的“里程焦虑”，充电难问题近两年开始显现。一是高速“充电潮汐”现象日益严峻。充电桩存在平时多闲置、假期不够用的现象，在春节、劳动节、国庆节等假日“充电潮汐”现象更为突出。以2022年春节为例，高速公路充电桩日均充电次数、日均充电时长、日均充电量较2020年分别增长13.5%、9.5%、12.7%。受出行往返影响，假日“首尾两端”高速公路充电桩使用频次明显高于中间。二是假日充电“一桩难求”现象局部显现。2022年春节期间，充电等待次数在1次以上的充电站有67座，涉及218个充电桩。

专用充电桩使用效率显著高于其他类型。2021年，专用充电桩充电总次数、总时长、总电量分别为47.3万次、36.2万小时、1401.9万千瓦·时，较2020年分别增长17.8%、4.4%、20.4%。专用充电桩年度充电电量是公共区域充电桩、高速公路充电桩的0.6倍、2.2倍，其中公交充电桩使用效率最高，单桩年均充电量是公共区域充电桩的19.7倍。

三　河北省车网互动发展现状与需求

基于上述河北省充电特征分析不难发现，河北省电动汽车充电行为呈现的时间和空间不均衡性，以及充电桩利用效率低和高峰充电排队之间的矛盾日益突出等问题，都进一步影响了河北省车网互动的发展。

（一）有序充电分析

有序充电是车网互动的最基本形式，指通过智能化手段调整电动汽车充电时间和充电功率，或通过峰谷分时电价政策引导和鼓励车主主动选择在低谷时段充电，降低电网高峰负荷，提升配变设备利用效率，缓解配电网运行压力，最大限度提升台区充电桩接入数量。

私家电动汽车的充电时间有规律、充电行为可引导，适合开展有序充电。国家和地方政府已出台了一系列鼓励支持政策，河北省出台了私人充电桩峰谷分时电价政策，引导用户错峰充电、充低谷电，发挥了明显的引导作用。如前文所述，河北省电动汽车充电行为呈“双峰”分布。目前，河北省充电桩大部分采取分时电价模式，通过适当的价格引导，将居民区的充电高峰期进行调整，降低居民区晚高峰用电的重合度。然而，目前居民区高峰充电时间与河北省主要用电负荷的高峰时段仍然高度重合，尚需进一步引导用户有序充电，优化转移负荷高峰。

当前，有序充电推广仍面临困难。智能有序充电控制模式不明确、标准不健全，车桩间的交互控制技术不完善。有序充电可以通过本地集中控制、桩端平台调控、车端平台调控等多种方式实现，目前尚未形成一致性解决方案。此外，充电功率实时调节等车桩交互控制技术不完善，车辆“预约充电”和“休眠唤醒”等必备功能也未被纳入车辆强制标准。

（二）V2G 分析

V2G 是车网互动的更深层次应用，指将电动汽车作为储能设施，通过充放电桩实现负荷低谷时充电、负荷高峰时向电网放电（见图 1）。V2G 的概念最早由美国洛基山研究所首席科学家 Amory Lovins 于 1995 年提出，特拉华大学教授 Willam Kempton 将其进一步发展，并于 2007 年成功将具备 V2G 功能的电动汽车接入电网。近年来随着电动汽车广泛使用，V2G 技术日益受到关注。

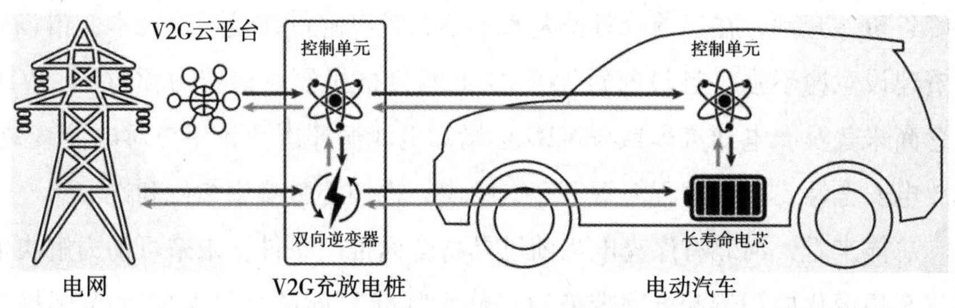

图1　V2G 技术应用示意

从理论上来看，V2G 技术有两大优点。一方面，V2G 有利于电网削峰填谷，降低峰谷差，提高电力系统运行效率。《2030 年前碳达峰行动方案》提出，2030 年省级电网基本具备 5%以上的尖峰负荷响应能力。近年来，我国空调负荷快速增长，2022 年夏季经营区降温负荷占比接近四成，12 个省份降温负荷占比超 40%，尤其在居民用电中空调负荷占比超过 60%。电动汽车充换电转换速度快，若充分挖掘其“电力海绵”潜力，通过规模化、精准高效的车网互动，可助力提高电力系统整体运行效率。另一方面，通过 V2G，车主可利用峰谷价差赚取收益，充分发挥车载电池的储能作用及商业价值。清华四川能源互联网研究院、中国汽车工程学会的测算结果显示，电动汽车购置成本普遍高于油车，全周期成本仅比油车低 3%；在应用车网互动技术使电动汽车变成“赚钱工具”后，全周期成本则比油车低 16%。

目前，河北省 V2G 仍处于技术验证和局部小规模试点阶段，大范围推广主要面临以下的困难。技术标准方面，动力电池和储能电池虽然原理类似，但功能要求有差异，如动力电池设计循环次数远低于储能电池。车网互动标准体系尚不完善，尤其是缺乏充放电控制原理、通信协议、并网技术等相关标准。V2G 对配电网安全性、承载力等方面的影响需要进一步研究。建桩成本方面，专门的充放电桩价格是常规直流桩的 3 倍左右，未来成本能否显著下降主要看能否大规模推广。组织聚合方面，车载动力电池总规模大，但单台车辆电池容量小且极为分散，可获取容量不确定，相较于一些固定式电化学储能，组织协调成本较高。价格机制方面，V2G 收益主要来源于峰谷价差套利，在当前峰谷价差水平下，难以降低建设运营成本，市场化投资建设意愿不强，且目前暂无 V2G 上网价格机制。消费习惯方面，V2G 概念尚未普及，电动汽车参与 V2G 会增加电池循环次数，用户对电池衰减、充放电安全性、行驶里程缩短等存有顾虑，也担心影响用车便利性。

总体来看，河北有序充电当前已具备全面推广条件，未来可助力解决电动汽车规模化应用给配电网带来的“峰上加峰”问题，但 V2G 大范围推广还有赖于技术、经济条件的进一步成熟。

四 河北省车网互动发展前景分析

（一）车网互动发展形势研判

河北省电动汽车产业快速发展，2022 年电动汽车新车销量占汽车总销量的比重超过 1/5，到“十四五”时期末，公用充电桩将达到 10 万个，可满足 60 万~80 万辆电动汽车的充电需求。电动汽车充电桩作为灵活调节资源的能力不断提升，且具有通过互动补贴降低用户充电费用的经济性前景，但当前也受到部分客观因素掣肘，潜力未被充分开发。

从电网视角看，依托充电桩资源聚合开展大规模车网互动，有利于增强系统灵活调节能力，但潜力的释放受到用户充电行为的制约。一是可调节容量开发潜力较大。按 2025 年河北省电动汽车规模达到 60 万辆计算，河北南网分别可以提供 18.3 万千瓦的灵活电力调节容量。二是参与响应调节性能优良。除转移充电负荷时间、响应削峰填谷外，车载电池还具备响应时间短、爬坡速度快等性能优势，可以提供调频、爬坡等对性能要求较高的辅助服务。三是灵活调用受到充电行为的制约。基于用车便利性，充放电负荷具有一定的波动性和不确定性，需要调用削峰能力时，电量充裕的车辆可以有效参与响应，电量不足的车辆难以参与响应，存在无法全部响应的风险。

从车网互动行业视角看，参与车网互动可降低用车成本，但经济性前景的量化案例较少，参与规模有待扩大。一是用户参与车网互动成本很低。有序充电模式下，充电桩仅需按指令调节充电功率大小、优化充电时间即可响应电网削峰填谷，对电池寿命无影响；V2G 模式下，电池循环次数将增加，可以充分发挥电池全生命周期的价值。二是用户参与车网互动可以获利。初步测算，通过参与有序充电将部分高峰时段负荷转移至低谷时段，充电费可减少约 30%①，未来还可通过提供调峰、调频、爬坡等辅助服务获取收益。按照当前华北分部电动汽车试点结算的案例进行测算，在充分调动电动汽车互动潜力的场景下，车网互动在汽车 8 年质保期内可以带来 3.3 万元收益，超过电池成本的 50%。三是宣传、参与机制上对用户参与车网互动的激励不够。车网互动的概念尚未普及，用户对车网互动缺乏了解，或对电池折旧、充电速度下降、充电和用车便利性存在顾虑。用户参与渠道不畅通，公共充电桩用户对充电速度要求较高，互动空间有限，私人充电桩尚缺乏充电运营商的介入。四是盈利模式尚未到位。当前电力辅助服务、需求响应等有偿互动市场规模有限，盈利模式未被充分验证，在用户和电网之间负责聚合负荷、参与市场、执行调度的充电运营商尚未到位，价值链条还未被有效打通。

从充电设施视角看，有序充电已初步具备推广条件，但 V2G 改造成本有待进一步下降。一是有序充电的升级改造门槛较低。智能充电桩通过软件升级均可具备有序充电功能（交流桩、直流桩均可）。目前，智能充电桩在公共充电桩中基本普及，主流品牌车型配套的私人充电桩也以智能充电桩为主，技术上的普及条件基本具备。二是 V2G 改造有额外成本，且私人充电桩暂不具备推广条件。当前技术路线下，仅有直流桩具备加装双向互动模块、升级 V2G 功能的可行性，且需要增加 5%～10%的成本。直流桩成本高，主要用于公共充电桩，受限于用户对充电速度的需求，V2G 的推广空间不大。私人充电桩则以成本较低的交流桩为主，且由于充电时间较为宽裕，缺乏升级直流桩、实施 V2G 的动力。②

① 充电电价分为平段、高峰时段和低谷时段电价，其中以平段电价为基准，高峰时段电价上浮 60%，低谷时段下浮 60%。调研数据显示，无序充电场景下，三个时段充电电量分别占 45%、35%和 20%，有序充电场景下可以将其调整为 20%、30%和 50%。

② 目前主流市场中，交流桩以 20 千瓦以下型号为主，单台售价在 3000 元以下；直流桩以 60 千瓦以上型号为主，单台售价在 2 万元以上。

（二）车网互动推广模式分析

截至 2022 年底，国网河北电力车联网平台联合社会运营商，累计实现居民移峰电量 6600 万千瓦·时；累计部署 80 多个 V2G 场站和 1000 多个 V2G 终端，验证了削峰填谷服务、重过载优化治理、清洁能源消纳能力提升等多项辅助功能，可以科学有序地推动车网互动，尤其是有序充电模式的发展。

一是重点推广有序充电，继续开展 V2G 试点来积累经验。即使仅考虑有序充电，2025 年、2030 年国网河北电力的车网互动的灵活调节容量也将达到 410 万千瓦、1400 万千瓦。对电网来说，无须放电，仅适时调整充电功率即可发挥灵活性价值。而 V2G 的大规模应用，需要等待直流桩的成本进一步下降、充放电模式利于用户用车时才具备条件，当前仍应以产业园区、光储直柔建筑等典型场景下的示范验证为主，积累管理、交易机制等方面的经验。

二是积极推动车网互动充电桩的普及，有效开发灵活调节资源。推动技术标准的制定和修订，促进车网互动充电桩的普及；实现新建充电桩及内部车辆的有序充电功能全覆盖；在有序充电桩报装接入、配电网扩容环节，积极提供专用绿色通道；将充放电负荷纳入负荷管理、需求响应，依托智慧车联网平台的资源聚合能力，逐步实现多场景应用推广。

三是积极推进建立市场化机制，提高车网互动吸引力。对公共充电桩，基于充电服务费设置合理峰谷价差；对私人充电桩，充分考虑电动汽车充电负荷对配电网的影响，合理设置居民用电峰谷电价。积极推动将车网互动纳入调峰、调频、爬坡、旋转备用等辅助服务，考虑车网互动具备的快速响应等特性，提高响应速度、爬坡速率的权重，实现“以质论价”。

四是积极开展对外宣传合作，引导用户树立正面认知。基于试点应用数据，梳理宣传亮点，争取用户对车网互动的广泛认同，比如参与有序充电对电池没有损耗、参与互动可以获益等。与充电运营商合作设计有序充电定制方案，打消用户对充电便利性的顾虑。

五　车网互动发展建议

为推动车网互动发展，在发展前景分析基础上，本文提出三个方面的建议。

一是全面推广有序充电。编制有序充电相关标准，将有序充电纳入全国充电桩和新能源汽车生产销售的强制标准。统筹推动地方政府全面落实有序充电峰谷分时电价政策，对私人充电桩强制执行，并合理设置峰谷时段和上下浮动比例。

二是坚持对 V2G 的探索。深化跨行业、跨领域合作，加强车网互动技术研究与示范验证，研究电动汽车与电网交互机制、技术模式和调控策略，研制高效可靠、经济实用的充放电设备，开展 V2G 示范运营，加强技术验证和价值评估。加快制定和修订 V2G 相关国家和行业标准，优先完成充放电设备技术规范、预约充放电、通信控制接口协议等标准，同步完善配套检测认证体系，为 V2G 推广提供基础支撑。加大政策支持力度，建立健全适合 V2G 的价格补偿机制，引导各方加大投入力度。

三是推动车网互动融入新型电力系统。电网是能源转换利用和资源优化配置的枢纽，电动汽车正逐步从传统的出行交通工具转化为移动智能终端、储能单元和数字空间。建议将车网互动作为能源产业与数字技术融合发展的重要着力点，完善配套政策，强化组织协调，推动“源网荷储数碳”协同发展，丰富车网互动应用场景，鼓励新模式新业态发展，使车网互动成为未来新型电力系统的重要组成部分。

基于用户用能画像的综合能源服务模式研究

摘　要： 综合能源服务是“多源互补、信息互动、网络智能”的能源互联网研究与应用的最佳实验场景。河北省综合能源服务逐步从示范试点阶段向商业化阶段过渡，由于客户的用能类别、业态布局不同，存在地域差异，企业对用户能源需求理解认知程度不足，未形成典型成熟的商业模式。本文基于大数据用户用能画像，对用户属性、能耗构成、用能特性等进行分析，完成用户需求精准定位。本文针对不同的应用场景以及用户偏好，融合不同的综合能源服务策略与商业模式，有针对性地提供综合能源解决方案，以满足多元化综合能源供给需求。

一　基于大数据的用户用能画像构建

满足用户多元化用能需求是综合能源服务的核心理念。本文通过对用户大数据分析，建立标签体系，分析用户用能需求，构建用户用能画像，精准定位用户痛点，提出综合能源解决方案。

电力用户用能画像是电力信息化发展的必然趋势。本文通过电力大数据将用户基本信息、用电行为习惯、用电发展需求、用能需求等进行数据挖掘与处理，全面掌握用户全貌，打通与用户之间的“最后一公里”，形成与用户的关系纽带。

（一）基于用电行为的用户用能分析

1. 数据来源与应用分析

目前，电力用户用能画像的数据来源主要分为内部数据与外部数据两个部分。内部数据来源主要是用电信息采集系统、营销系统、95598 工单、营业厅，这些系统主要包含用户日负荷曲线、用户年负荷曲线、用户档案属性等。外部数据来源主要是气象站、节假日信息、天然气数据、供暖方式以及用户个性化需求（见图 1）。

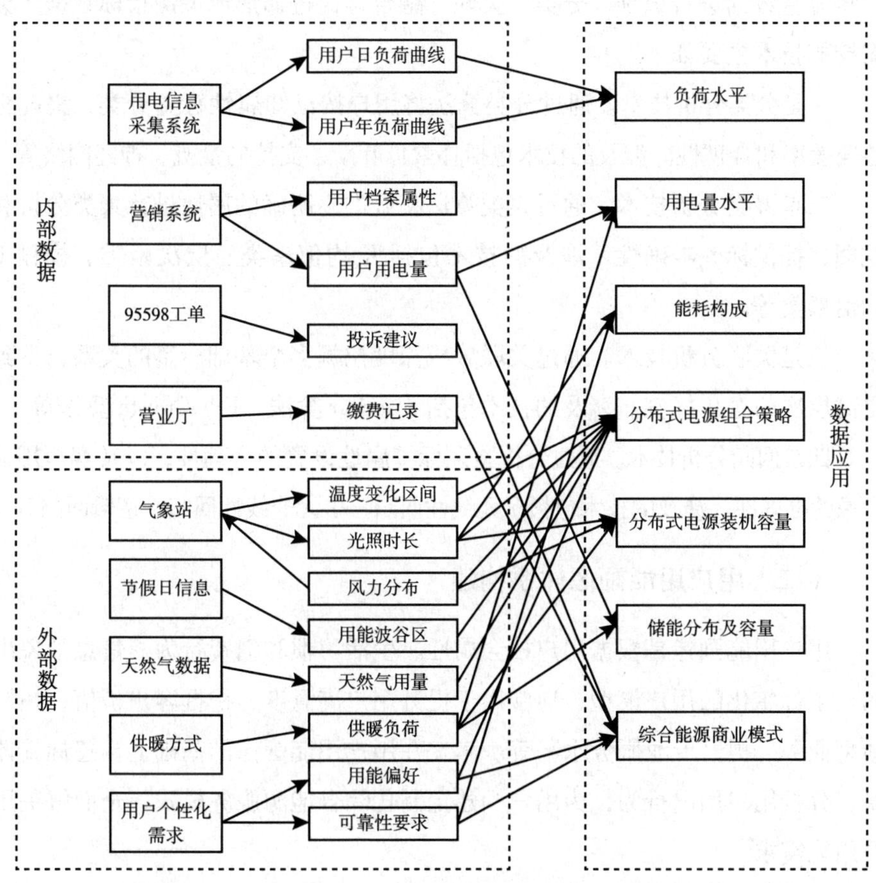

图 1　数据来源与应用分析

2. 标签体系建立

标签体系需要将定性分析与定量分析相结合，基于定性分析将不同类别的用户进行区分，基于定量分析为综合能源解决方案提供数据基础。通过标签体系，可以开展个体用户用能画像与群体用户用能画像体系的构建，从基本信息、负荷水平、用电行为、互动能力、用能需求等方面给出用户用能画像；也可以通过输入用户用能画像指标反向查询，了解潜在用户信息。

3. 数据挖掘技术

因为采集的数据种类、数量、类型众多，所以需要通过相关数据挖掘技术将海量数据进行识别、分类、关联、融合等，进而形成关键指标数据。数据挖掘技术主要如下。

一是分类分析技术。通过分类算法将用户按已知属性标签分类，提高标签覆盖率和合理性。涉及的技术包括朴素贝叶斯、支持向量机、神经网络等。

二是聚类分析技术。通过聚类算法将分类不明确的属性进行聚类分析和挖掘，提供标签准确性。涉及的技术包括 K 均值聚类、层次聚类、模糊 C 均值聚类等。

三是关联分析技术。通过关联分析深度挖掘多个基础标签的关系，得到更高层次的客户标签。涉及的技术包括 Apprioir 算法、FP-Growth 算法等。

四是回归分析技术。通过分析验证标签属性设置的合理性，以及客户用能画像的准确性。涉及的技术包括多元线性回归、多元非线性回归、逻辑回归等。

（二）用户用能画像体系构建

用户用能画像是根据用户社会属性、生活习惯和消费行为等信息抽象出的一个标签化的用户模型，通常用于提升用户满意度、挖掘客户价值、拓展新型业务、提升专业服务水平等。本文在用户用能画像的基础上构建标签体系，分析用户用电行为，为用户构建定制化综合能源服务模式，全面解决用户用能需求。

用户用能画像主要包括数据源、标签体系与展示应用三个层级结构。基于标签体系，可以展示个体用户用能画像、群体用户用能画像、自定义用户用能画像等，可实现潜在用户挖掘、用户能耗总量测算、综合能源解决方案初选、商业模式研判。用户用能画像体系如图 2 所示。

二　用户终端综合能源服务模式研究

基于用户用能画像，可以分析潜在用户群体，拓宽用户对象。区别于传统的综合能源服务流程，基于用户用能画像的综合能源服务流程包括用户来源分析、用户需求分析、用户能源测算与策略分析、技术模式与商业模式综合分析、不同策略下综合能源解决方案选择（见图 3）。在对用户来源进行分析后，对用户需求进行分析，精准定位用户的用能水平、用能构成、用能特性，全面了解用户现状，勾勒用户未来用能画像。此外，在不同策略下可以选择不同的综合能源解决方案，如效益最大化、可靠性高、自足能力强等。

（一）基于用户用能画像的综合能源服务新模式

1. 典型用户划分

（1）居民区用户

居民区用户分为别墅区、普通住宅与高层住宅。用能主要包括供冷、供热、天然气、生活负荷、电动汽车等。居民区需求特点为尖峰负荷明显，通常晚间用电高峰明显，且持续时间较短；节假日负荷波动明显，即节假日期间，居民区负荷随人口流动而产生波动变化；季节差异性，北方地区温差大，供冷供热需求明显。

（2）学校用户

学校用户分为幼儿园、中小学与大学。用能主要包括供冷、供热、照明、餐饮等。需求特点主要为负荷需求规律性强、集中且明确；周期性强，由于寒暑假，需求具有明显的阶段性与间歇性；季节差异性，北方地区温差大，供冷供热需求明显；温控要求高，对图书馆、体育场、实验室等有温度控制要求。

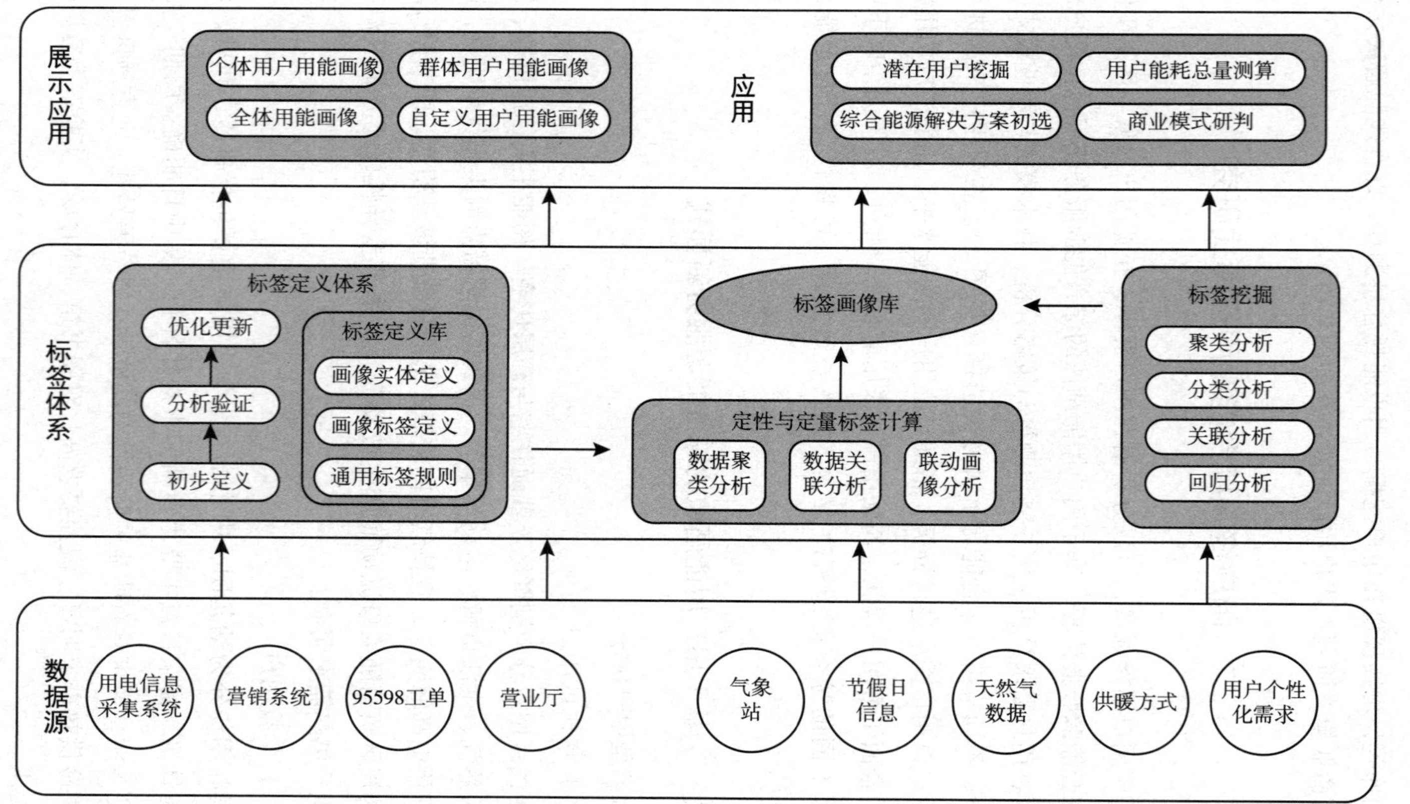
展示应用
个体用户用能画像
群体用户用能画像
全体用能画像
自定义用户用能画像
应用
潜在用户挖掘
用户能耗总量测算
综合能源解决方案初选
商业模式研判
标签体系
标签定义体系
优化更新
分析验证
初步定义
标签定义库
画像实体定义
画像标签定义
通用标签规则
标签画像库
定性与定量标签计算
数据聚类分析
数据关联分析
联动画像分析
标签挖掘
聚类分析
分类分析
关联分析
回归分析
数据源
用电信息采集系统
营销系统
95598工单
营业厅
气象站
节假日信息
天然气数据
供暖方式
用户个性化需求

图2 用户用能画像体系

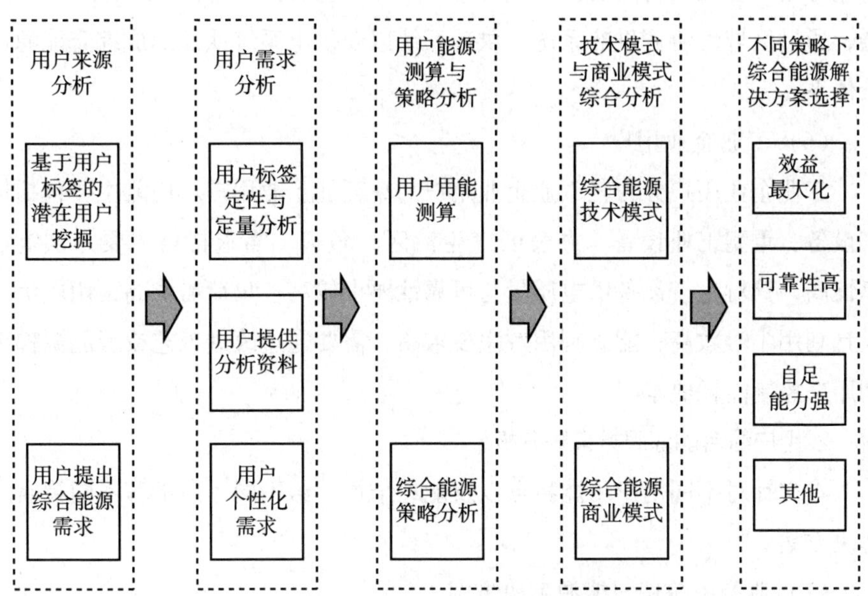

图 3　基于用户用能画像的综合能源服务流程

（3）城市综合体用户

城市综合体用户分为商业综合体、生活综合体。用能主要包括供冷、供热、餐饮、设备设施、电动汽车等。需求特点主要为日内用能具有规律性，基于营业时间，具有明显波峰波谷特性；季节差异性明显，北方地区温差大，供冷供热需求明显。

（4）医院用户

医院用户分为三甲医院、普通医院。用能主要包括供冷、供热、餐饮、医疗设备等。需求特点主要为可靠性高、供电质量要求高、24 小时不间断功能；季节差异性明显，北方地区温差大，供冷供热需求明显；环境要求高，对住院部、化验室、手术室等有温度、光线需求。

（5）园区用户

园区用户分为工业园区、科技园区、物流园区。用能主要包括供冷、供热、电力设备等。需求特点主要为用能体量大，负荷需求高且相对分散；综

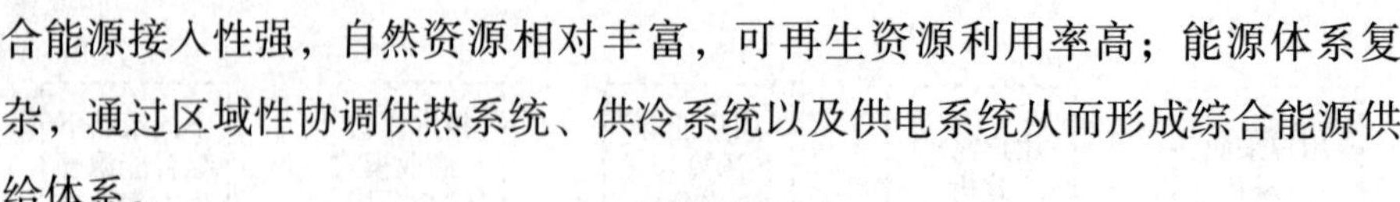

合能源接入性强，自然资源相对丰富，可再生资源利用率高；能源体系复杂，通过区域性协调供热系统、供冷系统以及供电系统从而形成综合能源供给体系。

（6）工业企业用户

工业企业用户分为轻工业企业用户与高耗能企业用户。用能主要包括加工设备、重型工业设备、办公区（生活区）负荷。需求特点主要为供电可靠性高，针对生产设备供电质量与可靠性要求较高；负荷需求高，用电负荷大且利用小时数高；能源利用效率要求高，需要通过改进工艺或者能源梯级利用来控制能耗成本。

2. 用户综合能源服务策略分析

本文针对不同用户用能特点以及能耗结构，给不同用户推荐不同策略的解决方案。

（1）典型医院用户能源解决方案

通过光伏发电来满足部分电力负荷需求，基于地源热泵、水冷热泵、空气源热泵、燃气热泵等满足冷、热负荷的需求；通过化学储能设备来调节光伏间歇性出力，满足照明、空调、医疗设备、电梯、充电桩等用能需求。

（2）典型园区用户能源解决方案

将光伏、风力发电作为主要的电力来源，基于冷热电三联供、地源热泵、蓄冷式空调等来满足冷、热负荷的需求；通过化学储能设备来调节光伏机组、风机的间歇性出力，满足照明、办公设备、生产设备、充电桩等用能需求。

（3）典型工业企业用户能源解决方案

将光伏、风力发电作为主要的电力来源，基于空气源热泵、工业余热热泵、蓄冷式空调来满足冷、热负荷需求；通过化学储能、小型微燃机来满足设备用电需求，满足生产设备、生活用能需求。

（二）基于用户用能画像的综合能源服务商业模式

传统的综合能源服务商业模式包括 EMC、能源托管、BOT、PPP、设备租赁等。本文提出将基于用户用能画像的综合能源服务新模式与商业模式进行优化组合，针对不同用户属性、能源应用场景、个性化需求等综合条件，制定不同用能偏好的综合能源解决方案。典型用户综合能源服务商业模式推荐如表1所示。

表1　典型用户综合能源服务商业模式推荐

用户属性	综合能源解决方案		方案特点
	用能策略	服务商业模式	
居民区用户	光伏+光伏幕墙+碳晶采暖+电网	能源托管	清洁、能效高
	光伏+光伏幕墙+(地源+空气源)热泵+储能	能源托管	清洁、自主
	光伏+地源热泵+电网+天然气	EMC	经济、可靠
	光伏+地源热泵+电网	EMC	经济性高
学校用户	光伏+光伏幕墙+碳晶采暖+电网	能源托管	美观、能效高、环保
	(地源、水源、空气源)热泵+蓄冷式空调+电网	EMC	经济、节能
	光伏+光伏幕墙+蓄热式锅炉+蓄冷式空调+电网	能源托管	经济、可靠
城市综合体用户	空气源热泵+蓄热式电锅炉+蓄冷式空调+电网	EMC	经济、节能
	光伏+光伏幕墙+(地源、水源、空气源)热泵+蓄冷式空调	能源托管	清洁、循环、自主
医院用户	光伏+微燃机+地源热泵+燃气锅炉+水源热泵+储能	能源托管	清洁、可靠、自主
	光伏+燃气锅炉+蓄冷式空调+电网	能源托管	经济、能效高
园区用户	光伏+风机+地源热泵+蓄冷式空调+储能	BOT	低成本
	光伏+地源热泵+燃气锅炉+蓄冷式空调+电网	能源托管	清洁、节能
工业企业用户	光伏+地源热泵+工业余热热泵+电网	能源托管	节能、高可靠性
	光伏+风机+(地源、水源、空气源)热泵+储能	BOT	低成本

三　结论建议

（一）加强扶持综合能源服务

要进一步深化能源体制改革，破除各能源行业壁垒，通过多元股权投资、混合所有制投资等形式推进综合能源一体化供应，支撑能源结构优化与能源效率提升。通过拉大商业、工业等用户的峰谷价差等，反向刺激综合能源的发展。通过减免税收、贴息等方式引入各方资源，带动技术进步、模式创新、产业链完善。

（二）搭建综合能源服务互动管理平台

通过能源互联网大数据分析平台完成系统内外能源数据的采集与分析，平衡系统处于最优运行状态。构建智慧能源多能互补的管理体系，对能源生产和消费环节进行智能化管控，实现源、网、荷、储智能化调度，高比例清洁能源安全性防御，间歇性能源出力预测与管控，用户用能辅助决策等。

基于源网荷储协同的零碳数据中心运营模式研究

摘　要： 近年来，我国数据中心正快速发展，已成为全球第二大互联网数据中心市场。针对数据中心快速发展带来的显著能耗问题，本文从技术、经济双重角度提出源网荷储一体化发展的绿色零碳数据中心园区发展模式。基于能源架构特性分析，提出园区源网荷储一体化的优化配置模型，进而实现风光储的多能互补、源网荷储协调互济，并通过考虑市场化机制设计与推广模式，提出一套相对完整的零碳数据园区技术与经济方案。

一　数据中心园区能源架构特性

为实现能源与数据中心深度融合，需要对数据中心园区源网荷储各环节的用能特性进行精准分析，为优化配置模型提供数据基础。

（一）电源侧特性

为构建零碳数据中心，数据中心园区电源侧应以可再生能源为主体，其中风力发电受自然来风影响，出力波动性较大，具有较高的日变化率和季节变化率，呈现较强的季节性和间歇性；光伏发电相较于风电，出力波动性明显较小，季节性、规律性较强，但曲线的形状不固定，容易受到云层等因素的影响。随着科学技术进步，近年来可再生能源发电成本快速降低，具有经济性，并开始得到广泛应用。

（二）电网侧特性

数据中心园区电网侧通常有独立分区、互联分区等不同连接模式。园区电网侧是完成源、荷、储三者互动和优化运行的重要一环，发挥了输、配电作用，完成对分布式电源、储能设备及智能用电负荷的控制和管理。电网侧通过统一规划网络进行整体调度，建设的运营成本较低。而直连的方式对运行调度和建设要求高，建设成本也较高，经济性依赖于直连电网的利用率。

（三）用户侧特性

数据中心园区应主要考虑设备、建筑、配套设施等负荷的用能规律及耦合特性，包括 ICT 设备、基础设施、运营维护服务设备等。此外，还应考虑园区内不同等级数据中心对供电可靠性及电能质量的要求，包括对高压供电回路的要求、对备用电源的要求等。

（四）储能侧特性

针对单种储能容量配置的不足，数据中心园区宜采用混合储能，以改善储能系统的整体性能。在数据中心园区配置储能电站具有重要意义，一方面，可解决风、光出力高峰与负荷高峰错配的难题，通过削峰填谷，增加谷负荷以促进可再生能源的消纳，减少峰负荷以延缓容量投资；另一方面，可解决风、光出力随机性和波动性带来的频率稳定难题。

二　源网荷储场景设计

根据面向对象的不同，源网荷储一体化在数据中心园区的场景可分为以电网为中心、以用户为中心、以市场为中心三种（见图 1）。

（一）以电网为中心的场景设计

以电网为中心的场景，是由电网中心承担零碳成本的一种模式，通过建

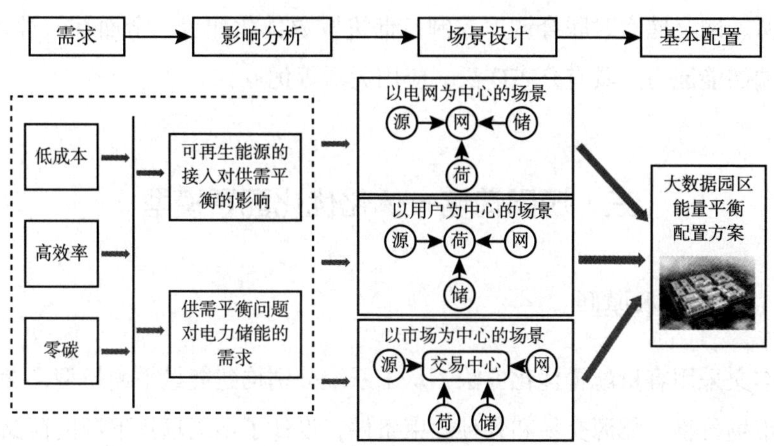

图1　源网荷储一体化在数据中心园区的场景设计

设风光电站、建设电网侧储能、改造电网、协助用户节能等方式实现零碳目标。

该场景的特点是零碳电网建设，收益较高，可应用于平抑发电、负荷波动、提升发电机组灵活调节能力以及提供调峰、调频、调压、备用等多种服务。在增强电网频率和电压调节能力、提高电能质量方面发挥了重要作用。

（二）以用户为中心的场景设计

以用户为中心的场景是由用户承担零碳成本的一种模式，通过节能增效，自建风力电站、光伏电站，建设用户侧储能的方式实现零碳目标，旨在通过市场化的手段和电力的价格杠杆来推动绿色经济的发展，引导用户侧错峰用电，以此提高电网的运行效率。该场景的特点是成本较高、依赖技术进步。

（三）以市场为中心的场景设计

以市场为中心的场景是由政府、电源侧、电网侧、用户侧各方分担零碳成本的一种模式。该场景的特点是储能电站资源以电网为纽带，将独立分散的电网侧、用户侧储能电站资源整合，统一协调服务于网内所有新能源站，通过源、网、储实时联合调度控制，促进资源优化配置，全面释放源、网、荷各端储能能力，具有分布广泛、应用灵活等优点。

三　源网荷储一体化优化配置模型

（一）技术模型

本文采用容量配置优化方法，从子系统分别构建能量平衡模型，考虑到电力市场价格、能源交易和各种约束条件，设计了不同场景下源网荷储一体化的配置模型。

1. 电源侧出力模型

当电源侧为风电时，电源侧出力模型如下。

$$F(P_{wind}) = \frac{k}{c}\left(\frac{P_{wind}}{c}\right)^{k-1} e^{\left[-\left(\frac{P_{wind}}{c}\right)^{k}\right]} \tag{1}$$

$$k = \left(\frac{\sigma_{wt}}{p_{wt}}\right)^{-1.086} \tag{2}$$

$$c = \frac{p_{wt}}{\Gamma(1 + 1/k)} \tag{3}$$

其中，P_{wind} 是风电输出功率；k 是形状参数，反映风功率分布的不对称性；c 是尺度参数，反映风功率的期望均值；p_{wt} 为平均功率；σ_{wt} 为标准偏差；Γ（1+1/k）是 Gamma 函数。

当电源侧为光伏发电时，电源侧出力模型如下。

$$P_{pv} = I_r(t) \times S \times \eta^{PV} \times \eta_{inv} \tag{4}$$

其中，$I_r(t)$ 是 t 小时内太阳辐照度；S 是光伏电池板面积；η^{PV} 是光伏电池板效率；η_{inv} 是逆变器效率。

2. 电力系统平衡容量配置

本文依据数据中心园区电源侧产能以及负荷用电量，按就地平衡、余电上网以及余电就地存储两种方案确定储能容量配置，进而确定储能配置所需的容量大小。储能功率依据功率平衡公式计算，以零碳为目标，根据园区能源产生电量以及以往负荷用电量的需求匹配，确定储能功率、容量配置。

功率平衡公式如下。

$$\int_{t}^{T} P_{wind},t + \int_{t}^{T} P_{pv},t + \int_{t}^{T} P_{es},t = \int_{t}^{T} P_{l},t \tag{5}$$

其中 P_{wind} 是风电输出功率、P_{es} 是储能功率、P_l 是负荷功率。

在日常运营期间，数据中心园区内部源网荷储输出功率应保持平衡。

（二）经济模型

数据中心园区三种场景的收益与成本情况如表 1 所示。

表 1　数据中心园区三种场景的收益与成本情况

项目	以电网为中心的场景	以用户为中心的场景	以市场为中心的场景
收益	调频收入	峰谷价差套利	调频收入
	调峰收入		调峰收入
	延缓电网升级改造收入		峰谷价差套利
成本	储能年投资成本	储能年投资成本	储能年投资成本
	运维成本	运维成本	运维成本
	年购电成本	年购电成本	年购电成本
	碳排放处理成本	碳排放处理成本	碳排放处理成本

1. 以电网为中心的场景

该场景下，电网侧储能利润=调频收入+调峰收入+延缓电网升级改造收益-储能年投资成本-运维成本-年购电成本-碳减排处理成本。

2. 以用户为中心的场景

该场景下，用户侧储能利润=峰谷价差套利-储能年投资成本-运维成本-年购电成本-碳减排处理成本。

3. 以市场为中心的场景

该场景下，市场中心储能利润=调频收入+调峰收入+峰谷价差套利-储能年投资成本-运维成本-年购电成本-碳减排处理成本。

三种场景下，均应考虑风电、光伏发电功率输出限制等源侧约束，以及电池容量约束、储能电池性能约束、储能充放电功率约束等储侧约束。

四　张家口实例论证与结论

本文以张家口张北某数据中心园区为实例进行论证。其能量系统拓扑参数如下。

（1）光伏发电共 100MW，通过 380/10kV 变压器接入 10kV 母线。

（2）风力发电共 118.8MW，通过 690/10kV 变压器接入 10kV 母线。

（3）光热发电 15MW，直接接入 10kV 母线。

（4）负载 71.6MW，接入 10kV 母线。

（5）储能接入系统 10kV 母线。

（6）系统通过 10kV/110kV 升压变压器接入 110kV 区域电网。

数据中心园区收益、成本参数设置与计算如表 2 所示。

表 2　数据中心园区收益、成本参数设置与计算

项目	数据来源与假设
调峰收入	调峰标准为 0.792 元/千瓦·时
调频收入	调频标准为 75 元/千瓦·时
延缓设备投资	单位容量电网扩建所需投资为 2019 元/千瓦·时;年利率为 10%;延缓时间为 10 年
放电收益	0.792 元/千瓦·时
投资成本	按照锂电池测算储能系统单位造价计算,为 500 元/千瓦·时
运维成本	按照建设成本的 5%估算
碳排放处理成本	单位碳处理成本取 0.252 元/千克
充电成本	0.3151 元/千瓦·时
增值税	13%

仿真计算结果表明，三种场景下的财务净现值均大于0，财务内部收益率大于基准收益率，三种场景均具有可行性。首先是以电网为中心的场景项目盈利效果最好，其次是以市场为中心的场景，最后是以用户为中心的场景（见表3）。

表3 三种场景的盈利能力分析

指标	以电网为中心的场景	以用户为中心的场景	以市场为中心的场景
财务净现值（万元）	38123.00	414.00	5687.00
财务内部收益率（%）	36.95	8.79	18.55
动态投资回收期（年）	4.21	14.01	7.54

影响零碳数据园区储能运行经济性的因素主要包括峰谷价差、储能参与市场调频的比例及经营成本等。本文进一步通过敏感度分析，得到以下结论。

不同场景下的数据中心源网荷储建设方案的经济性差距较大，应结合具体场景采用不同方案。依据不同场景的特点研究其商业模式，本文采用计算生命周期净现值的方法，评估经济性。根据计算结果，以电网为中心的场景经济性最好，能在较短的时间年限内回收所有成本并获取较高利润；但以用户为中心的场景经济性较差，几乎难以回收投入成本，此时需要对以用户为中心的场景进行优化。

峰谷价差偏低会影响储能的经济效益。削峰填谷是投资回收的有效途径，也是市场化的有效手段。峰谷价差影响了储能的收益能力。不管消纳清洁能源模式，还是削峰填谷模式，峰谷价差越大，储能的收益能力就越强，因此，提高峰谷价差有利于提高项目经济性。根据张家口张北某数据中心园区实际案例计算结果，提高峰谷价差将提高项目净现值，可以缩短项目动态投资回收期；如果峰谷价差在现行水平降低0.1元/千瓦·时，以用户为中心的场景净现值则会减少1704万元，将不再具有经济性。

完善储能参与辅助服务市场的市场规则有利于形成新的商业模式。本文通过对关键商业化措施的分析发现，改进商业模式与促进市场化机制建设有利于促进“新能源+储能”的发展。以用户为中心的场景与以市场为中心的场景投资回收期过长，经济性较差。而当调高电量参与辅助服务的比例时，项目净现值显著增加。

储能投资成本的快速下降有利于源网荷储协同市场化程度的提高。储能投资成本作为衡量储能项目的重要指标，对项目的经济性评估具有极高的参考价值。降低电化学储能的一次性投资成本有利于促进零碳数据中心园区市场化程度的提高。根据张家口张北某数据中心园区实际案例计算结果，当储能的初始投资成本提高 500 万元/兆瓦时，以用户为中心的场景净现值则会减少 44 万元，将不具有经济性。而当储能的初始投资成本降低 500 万元/兆瓦时，三种场景的净现值都会提高，投资回收期缩短。因此，降低储能的投资成本是决定竞争力的关键因素。

五　市场机制建议

开放辅助服务市场，鼓励第三方储能投资。当调高电量参与辅助服务的比例时，以用户或以市场为中心的场景经济可行性显著提高。建议河北省开放辅助服务市场，通过提高调频服务的定价，鼓励用户或者第三方投资储能，从而提升源网荷储协同的经济性。

调整峰谷电价，增强用户参与负荷调节的积极性。目前部分省份的峰谷价差过低，储能通过峰谷价差获利的经济性不足。建议河北省根据发展需求和源荷情况，通过经济测算提出合理的峰谷电价，鼓励用户参与负荷调节。

加强技术创新，降低储能的成本。目前我国储能技术在基础性、前瞻性交叉技术领域的个别环节较为薄弱。建议河北省在能源重大创新技术专项支持源网荷储关键技术的研发和产业化示范，有计划、有步骤地推进能源技术进步，提高源网荷储项目的经济性。

第五篇 探索能源关键技术创新

基于高清卫星的光伏和抽蓄资源潜力分析技术及应用

摘 要： 目前世界各国都在加快向低碳清洁能源转型的步伐，积极发展以太阳能等为代表的新能源的利用技术。河北省南部地区是典型的高耗能产业聚集、高煤炭占比、高污染排放、高人口密度的“四高”地区。面对一次能源资源匮乏现状，河北省在积极争取外来电力的基础上，深度挖掘分布式和集中式光伏发电潜力，做好抽水蓄能站址潜在资源储备，为构建100%可再生能源的清洁电力系统，推进碳中和目标实现奠定坚实的技术和资源储备。结合2060年碳中和的战略目标，河北省能源结构清洁转型、新旧动能转换的实际，以及河北省光伏产业强基础、上水平、扩布局的政策导向，本文认为，有必要开展深度挖掘分布式和集中式光伏发电潜力技术研究。

一　技术背景

发展低碳清洁的能源技术、充分应用新能源，实现经济绿色增长已经成为国际社会追求的目标。目前世界各国都在加快向低碳清洁能源转型的步伐，积极发展以太阳能等为代表的新能源的利用技术。“十三五”时期是我国能源结构转型以及国家大气污染治理取得显著成效的关键期，习近平主席在联合国大会上提出，中国将采取更加有力的政策和措施，2030 年左右，中国二氧化碳排放将达到峰值且非化石能源占一次能源消费比重将提高到 20%左右，2060 年中国将实现碳中和的战略目标。结合河北省能源结构清洁转型、加快新旧动能转换实际，以及河北省光伏产业强基础、上水平、扩布局的政策导向，本文认为，有必要开展深度挖掘分布式和集中式光伏发电潜力研究，做好抽水蓄能站址潜在资源储备研究。

河北省南部地区是典型的高耗能产业聚集、高煤炭占比、高污染排放、高人口密度的“四高”地区。面对一次能源资源匮乏现状，河北省在积极争取外来电力的基础上，深度挖掘分布式和集中式光伏发电潜力，做好抽水蓄能站址潜在资源储备，为构建 100%可再生能源的清洁电力系统、推进碳中和目标实现奠定坚实的技术和资源基础。同时，河北省积极建设主动配电网，借助 GIS 应用技术评估太阳能利用潜力，充分利用分布式光伏发电可控资源，进而实现电网侧的主动规划与管理，提升配电网与大规模分布式电源灵活互济水平。

河北省光伏发电快速发展，但太阳能资源与用电负荷极为不均，导致消纳问题始终存在，对此国家针对性地出台了多项政策措施，鼓励各地开发分布式光伏电站。光伏建设用地相对紧张，如何根据太阳能资源，考虑地形、地貌及用地性质的制约，综合评价光伏发电潜力，对政府产业政策制定，以及市场投资行为都有很大的实际意义。

遥感技术具有时效性强、监测范围广等优势。基于遥感数据的地表要素提取技术和空间数据库技术已日趋成熟。因此，为推广新能源发电，需要建立清洁、高效的电力系统。借助遥感技术手段开展的光伏和抽蓄资源潜力评估综合工作，对缓解资源匮乏、保护环境和提高当地生态承载力具有非常重要的现实意义。

二 关键技术

本文构建了一套基于高分辨率遥感影像的光伏和抽蓄资源潜力评估方案，为后续技术的应用推广提供基础及支持。关键技术流程如图 1 所示。

（一）光伏可利用土地资源评估技术

光伏可利用土地资源评估技术流程如图 2 所示。

在总体设计的基础上，基于高分辨率卫星影像数据，收集光伏可利用地表要素信息，进而实现对河北南网 98 个县市的光伏可利用地表要素调查。

一是利用辐射校正等技术，得到大范围、高分辨率的遥感数据。

二是基于深度学习自动识别和人工结合的方法，识别光伏可利用地表要素（屋顶、水面、路面、干涸滩涂等），从而获取河北南网 98 个县市的光伏可利用地表要素分布情况。

（二）不同土地利用类型的光伏潜力评估技术

不同土地利用类型的光伏潜力评估技术流程如图 3 所示。

一是基于概化估算法，以光伏发电年等效利用小时数、理论装机量、土地利用率、理论发电量 4 个指标为落脚点，通过模拟太阳能资源，量化不同地理条件对光伏开发的约束，构建光伏潜力评估模型。

二是利用光伏潜力评估模型，评估光伏潜力，形成河北南部光伏开发潜力“一张图”。

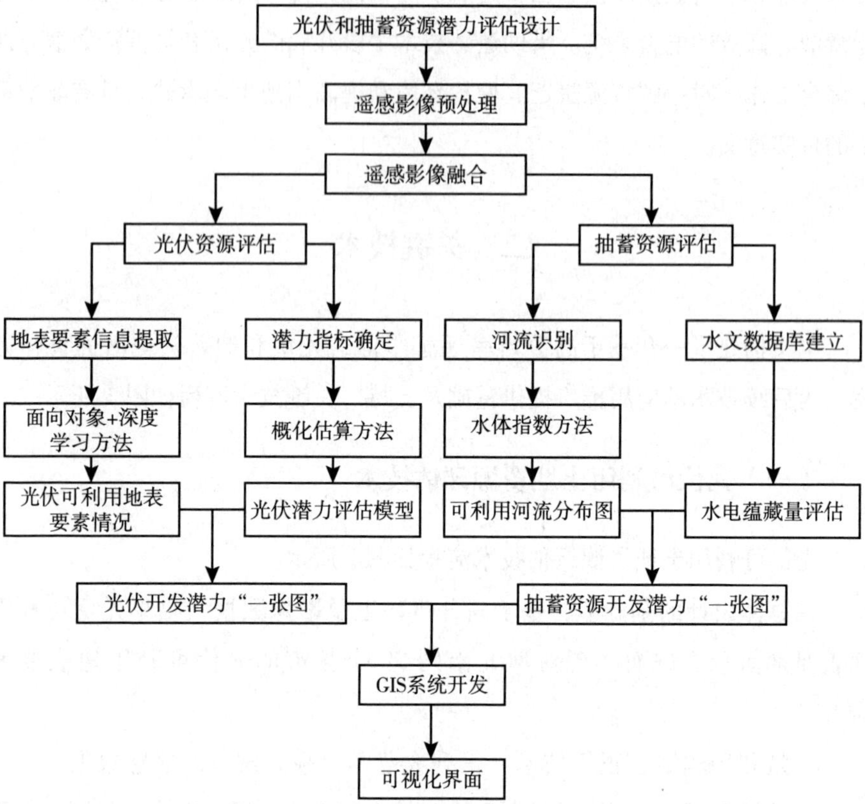

光伏和抽蓄资源潜力评估设计

遥感影像预处理

遥感影像融合

光伏资源评估

抽蓄资源评估

地表要素信息提取

潜力指标确定

河流识别

水文数据库建立

面向对象+深度学习方法

概化估算方法

水体指数方法

光伏可利用地表要素情况

光伏潜力评估模型

可利用河流分布图

水电蕴藏量评估

光伏开发潜力“一张图”

抽蓄资源开发潜力“一张图”

GIS系统开发

可视化界面

图 1　关键技术流程

（三）抽水蓄能潜在站址资源分析技术

抽水蓄能潜在站址资源分析技术流程如图 4 所示。

一是基于遥感影像数据和调查资料，利用多源数据融合技术，得到大范围、高分辨率的遥感影像数据。基于该数据，利用适用于抽水蓄能电站发展的河流识别技术，识别抽水蓄能电站可利用河流资源。

二是结合河流资源数据库以及历年水文数据库，建立抽水蓄能电站可利用河流资源水文数据库，利用水电资源评估技术，对河流水电资源蕴藏量进行评估分析。

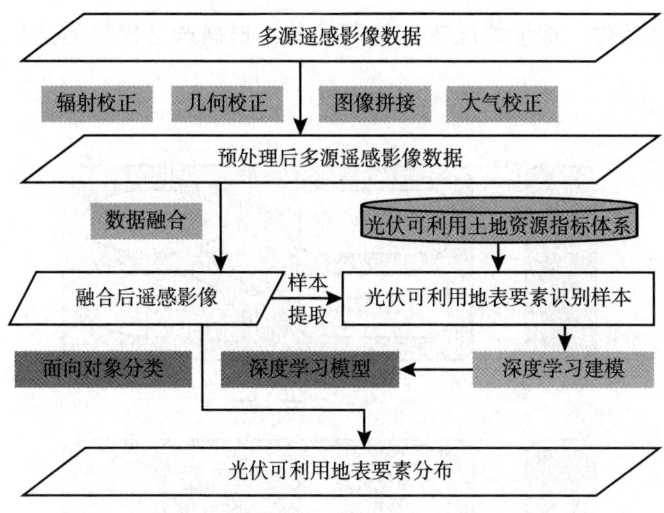

图 2　光伏可利用土地资源评估技术流程

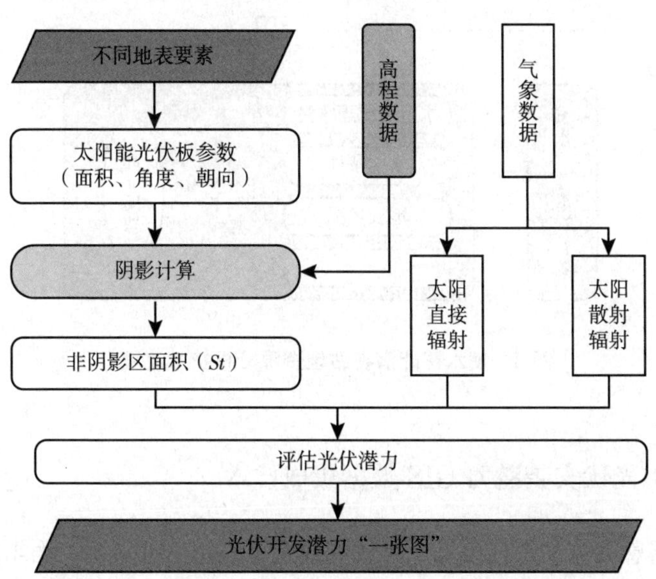

图 3　不同土地利用类型的光伏潜力评估技术流程

三是通过抽水蓄能电站可利用河流资源水文数据库信息（水电资源蕴藏量、水文条件、地址情况等）进行评估，根据选址模型初选出抽水蓄能潜在站址。

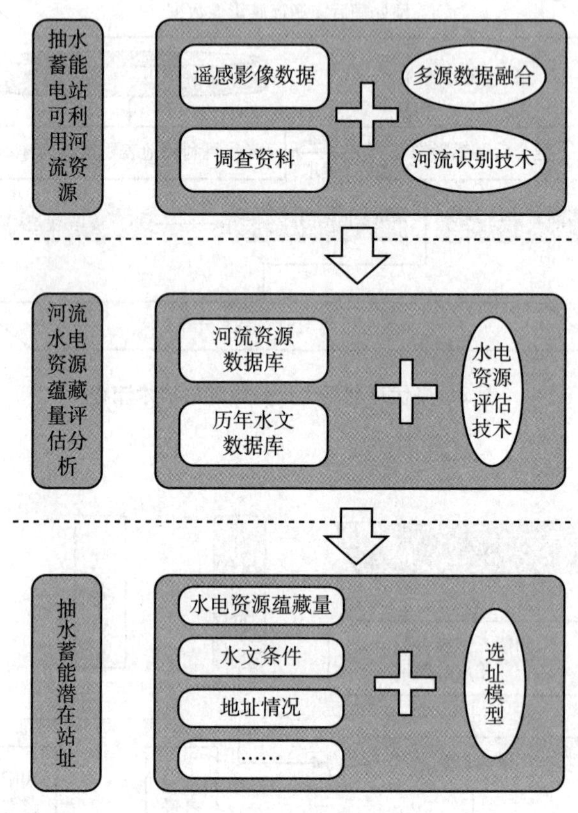

图 4　抽水蓄能潜在站址资源分析技术流程

（四）光伏安装潜力 GIS 数据集成技术

基于遥感数据和评估模型，考虑到光伏可利用土地资源、太阳能辐射资源、光伏技术等要素，可以构建基于 GIS 的光伏潜力评估的可视化界面，从而详细展示光伏安装潜力 GIS 图、资源情况、光伏可安装量及其发电量情况。光伏安装潜力 GIS 数据集成技术流程如图 5 所示。

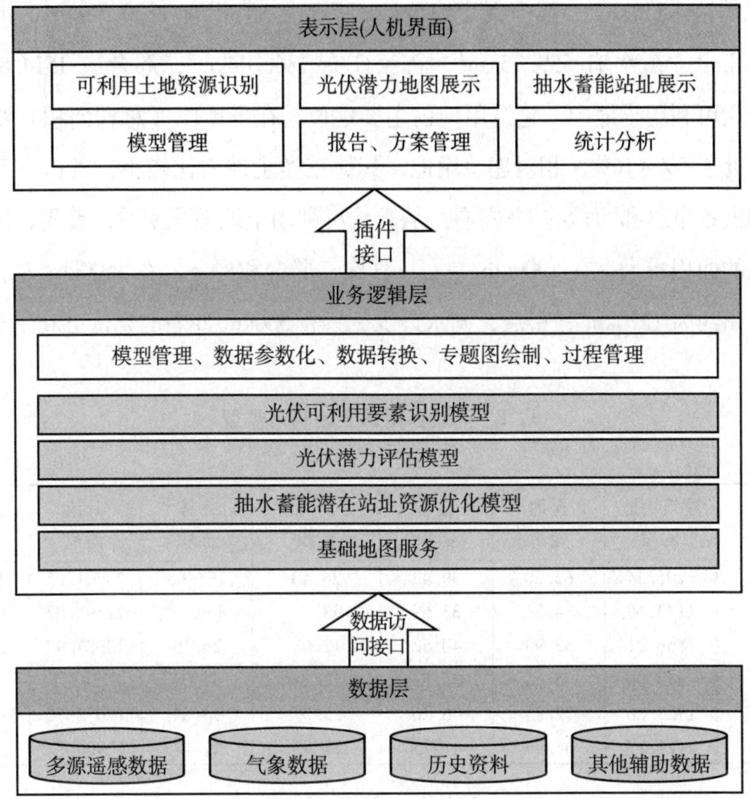

图 5　光伏安装潜力 GIS 数据集成技术流程

三　河北省南部光伏开发潜力分析

（一）光伏可利用土地资源分析

本文分析了河北省南部各市的土地利用情况，对其光伏可利用土地资源进行了统计。可以看出，河北省南部各市的主要土地利用类型为耕地、草地和建筑用地，但耕地、草地的开发利用价值较低，不具备光伏开发利用的条件。河北省南部土地利用类型如表 1 所示。其中，建筑用地、裸地、道路和干涸滩涂四类土地为光伏可利用土地。从整体来看，河北省南部光伏可利用土

地面积约为 $8530km^2$，其中保定有 $1426.27km^2$，沧州有 $1220.55km^2$，邯郸有 $1941.84km^2$，衡水有 $559.75km^2$，石家庄有 $1866.44km^2$，邢台有 $1514.81km^2$。四类光伏可利用土地中，建筑用地占主要地位，在各市内（总和面积）都占比较高，处于5%~16%。相对建筑用地，其他三类土地占比较小，各市三类土地之和均占各市总和面积的1%左右。从光伏可利用土地面积来看，首先，邯郸和石家庄的面积最大，在 $1900km^2$ 左右；其次，邢台和保定，在 $1500km^2$ 左右；再次，沧州约为 $1220km^2$；最后，衡水最少，只有 $560km^2$ 左右的光伏可利用土地。

表1　河北省南部土地利用类型

单位：km^2

城市	建筑用地面积	裸地面积	道路面积	干涸滩涂面积	水体面积	其他面积	总和面积
保定	1295.24	65.20	39.43	26.40	108.68	20701.05	22236
沧州	1143.68	4.31	33.69	38.87	499.38	12394.07	14114
邯郸	1856.21	32.93	40.62	12.08	26.19	10087.97	12056
衡水	517.96	2.68	25.87	13.24	37.04	8254.21	8851
石家庄	1722.26	72.85	46.26	25.07	94.81	12072.75	14034
邢台	1421.17	33.96	41.75	17.93	22.47	10900.72	12438

（二）河北省南部光伏开发潜力评估

本文以年地表太阳总辐射量和 K 值分别作为太阳能资源丰富程度和稳定程度的评价指标，利用空间分析方法进行计算，可以得到太阳能资源在河北省南部的空间分布情况。河北省年地表太阳总辐射量呈现中间低、东西两侧较高的空间分布特征。其中，低值区主要集中在保定、石家庄、邢台和邯郸四市，大致沿京广铁路分布，石家庄、邢台和邯郸总辐射量在 $5000MJ/m^2$ 以下；沧州、衡水东部、保定西北部、石家庄西部和邢台西部为高值区，总辐射量在 $5200MJ/m^2$ 以上。

本文对河北省南部区域2015~2020年6个市级气象观测站逐天日照时数进行计算，得到各站点5年的平均 K 值，再用普通克里金法对各站点的 K

值进行空间插值，得到河北省南部 K 值分布情况。河北省南部 K 值在 1.78~2.03。其中，保定中东部和衡水大部为低值区，K 值在 1.83 以下，太阳能资源相对稳定；邯郸和邢台的 K 值略高，但整体差距较小。总体而言，河北省南部太阳能资源较为丰富且稳定性高，具有较高的可利用价值。

本文结合年等效利用小时数、理论装机量和理论发电量 3 个指标，对河北省南部各市的光伏发电潜力进行评估。由于裸地、建筑用地、干涸滩涂的土地可利用率高，所以整体光伏发电量比道路高。从整体来看，光伏潜力分布主要随太阳辐射值和日照时长的变化而有所不同。衡水和沧州单位面积内的光伏潜力较高，两个市虽然日照时长较短且日照不稳定，但是太阳辐射较高。从土地利用类型来看，建筑用地因为其土地利用率较高、分布比较广泛，光伏发电量较高。

与光伏可利用土地分布类似，邯郸和石家庄的光伏发电量最高，约为 220 亿千瓦·时，其次为保定和邢台，两市的发电量为 175 亿千瓦·时，沧州相对较少，发电量为 147 亿千瓦·时，衡水则最少，发电量仅为 66 亿千瓦·时，主要是由于衡水的光伏可利用土地面积最少。总体来说，河北省南部地区适宜光伏建设的区域面积较大，光伏发电量总共约为 1007 亿千瓦·时，光伏潜力巨大。

四　河北省南部抽水蓄能潜在站址分析

通过土地利用提取方法，本文获得了河北省南部的水域分布数据。河北省南部降水整体分布较为均匀，分布为东部地区较多，西部地区较少。降水量最高值为 610mm，最低值为 454mm。

基于土地利用数据、河流数据、数字高程模型（DEM）数据，并参考已有的水库数据，本文分析了抽水蓄能电站选址的范围，为后续抽水蓄能电站选址提供支撑。抽水蓄能电站选址推荐范围主要集中在河北省南部的西部和西北部地区，该地区的降雨量分布虽然较其他地区偏小，但是河流的汇集区域在此处，水流量较大，并结合已有水库的分布，所以，此处可为抽水蓄能开发优先发展区。

面向新能源接入的配电网安全控制关键技术研究

摘　要： 随着新型电力系统建设进程加快，作为支撑分布式能源并网、承载用户侧灵活性调节资源的平台，配电网的重要性进一步提升。为准确地对配用电系统进行精准感知，辅助配电系统的运行、管理、调度和控制，本文重点研究了配电网电压补偿技术、配电网自治控制方法、配电网区域自治快速响应方法、配电网故障辨识与定位方法等关键技术，支撑河北省新能源配电网协同控制技术的创新性发展。

一　基于同步量测数据的配电网电压补偿技术

随着可再生能源接入和高铁发展，电压暂降已经成为不可忽视的问题。本文认为，可以通过边缘侧终端，监测不同运行工况的电压暂降，就地实现暂降补偿算法，进而向储能设备发送控制策略。

（一）电压暂降问题

大功率投切或者高速铁路行驶，配电网都会出现电压暂降。例如，高铁行驶过程中会产生加速、上坡、再生制动、过分相等状况，进而引起供电网电压暂降，威胁其他设备安全运行。在高铁加速时，突增的取用功率会对A相的供电电压产生偏差，同时其负序电压的不平衡度显著增大会引起供电网电压暂降。所以，电压暂降进行补偿的难点在于监测的准确性和补偿功率的不对称性。

（二）动态补偿方法

电压暂降的动态补偿方法包括 5 个模块，即电压采集及检测模块、直流储能模块、逆变模块、滤波并网模块、电压暂降补偿控制模块。其中，电压采集装置采用 PMU，电压暂降检测算法是采用瞬时电压 dq 分解检测法。直流储能模块为超级电容，直流储能模块由 10 千伏的光伏发电站提供能量；逆变模块是采用逆变控制环节输出的正弦脉冲宽度调制（SPWM）控制的三相全桥电路，逆变模块输出到滤波并网模块，滤波并网模块由 LC 电路构成，检测模块中算法并对输入的电压信号进行处理，将得到所需的参考波分量送入逆变器控制环节。

（三）仿真分析

动态电压恢复器（DVR）主要由储能单元、逆变器单元、滤波器单元组成。动态电压恢复器结构如图 1 所示。

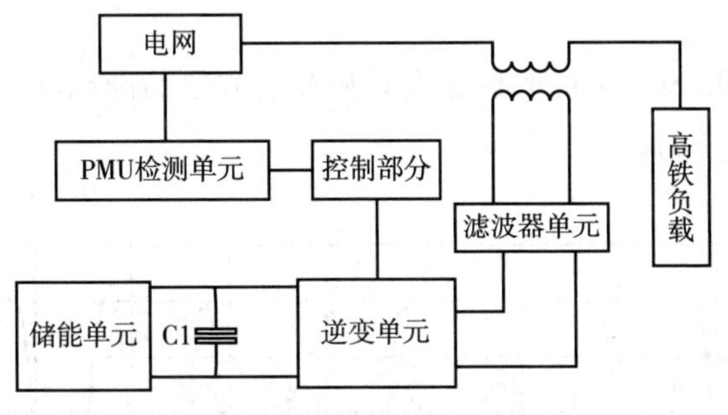

图 1　动态电压恢复器结构

DVR 补偿的流程为检测电路对电压暂降的 3 个特征量进行实时快速的检测，然后根据特征量并结合装置的实际补偿能力，确定需补偿的幅值以及相位，再经逆变电路生成逆变器需要的 SPWM 信号，使得储能单元中的直流电压变换为交流电压，经由 LC 滤波电路，滤除其中的高次谐波，并注入电网，由此补偿电源侧所需电压。直流储能模块为超级电容，超级电容由 10 千伏的光伏发电站提供能量，该模块包括太阳能电池板、直流升压单元、超级电容储能。逆变模块是采用逆变控制环节输出的 SPWM 控制的三相全桥电路，可使由逆变得到的电压有效地补偿电网中电压暂降对负荷所造成的影响。

滤波并网模块由 LC 电路构成。由于经过动态电压恢复器逆变单元出来的 SPWM 波形中含有大量的谐波成分，需要通过一个滤波电路来滤除这些谐波成分。电压暂降补偿控制策略采用的是改进的 PID 控制。模型预测基本原理如图 2 所示。

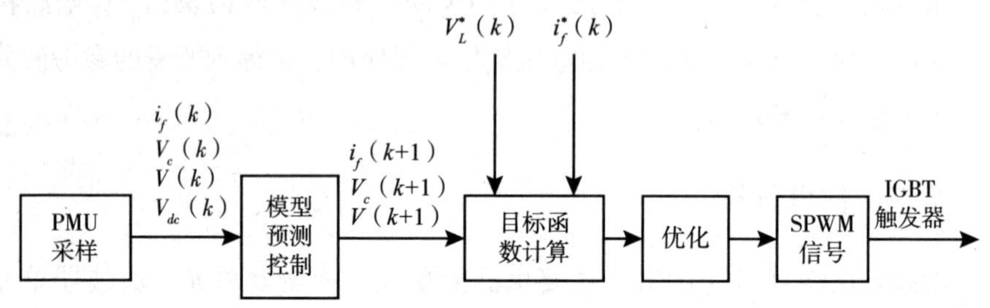

图 2　模型预测基本原理

通过 Matlab/Simulink 来验证检测和补偿方法的准确性，补偿后的电压前后对比如图 3 所示。

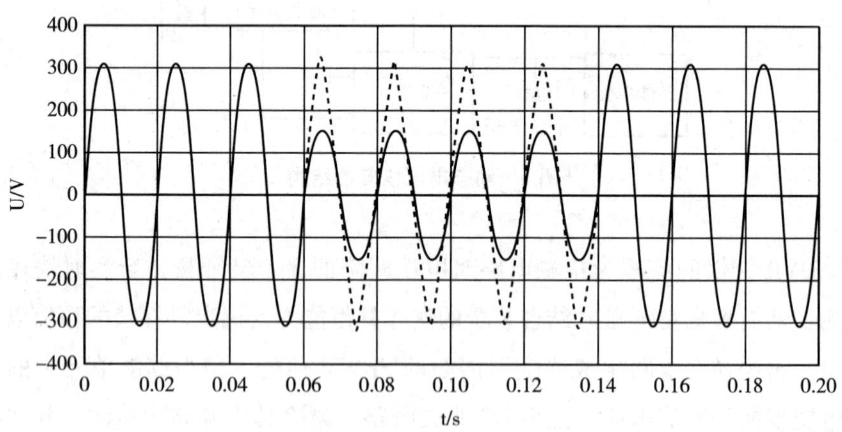

图 3　补偿后的电压前后对比

二　基于同步量测数据的配电网自治控制方法

随着信息技术、大数据分析、边缘计算技术在配电网中的深化应用，应用大量同步量测数据以及其他配电网运行数据，对配电网运行进行精细化感知与优化控制成为可能。因此，本文提出基于同步量测数据的配电网自治控制框架及方法。一是对配电网架构进行介绍，指出各层的定义、关键设备与具体承担功能。二是具体的实施方案，即考虑到配电网存在多个供电区域，将具备一定同步量测数据及其他数据存储、计算与分析能力的智能融合终端作为边缘计算装置部署于智能变电站以及配电网的各台区，结合同步量测数据负责区域内的功率预测以及本区域内部调压设备的精细化调节工作。而配电云主站则实现全局的无功优化功能，下发各区域的基准运行参考点至智能融合终端。

（一）配电网架构

配电网架构如图 4 所示，配电网架构采用“云—管—边—端”的四层方案。云，即配电云主站，主要负责对配电网内的设备进行统一资产管理、接收来自上层调度中心的控制指令、对配电网内设备进行精准操控等传统配电网业务。由于云计算技术、分布式存储技术、大数据分析与挖掘技术、人工智能技术等先进技术的引入，配电云主站需要利用先进的深度学习方法去提升原有业务的运行智能化水平，并拓展新型业务场景。因此，配电云主站还承担对各类深度学习模型的训练任务。配电云主站需要在完成传统配电自动化业务、设备资产数据贯通与信息融合、末端设备即插即用与实时图模维护的基础上，采用容器化技术、虚拟池化技术、并行化计算技术等，通过软件定义方案实现对配电网云端与边端网络资源、存储资源、计算资源等的统一调配，并基于云计算技术、人工智能技术等，对配电网传统的电力资源（如储能设备、调压设备、新能源场站等）进行安全、经济的精细化调控，最终实现配电网整体运行的可靠性与经济性。基于此，配电云主站可进一步细分为三层，进而对配电网的不同用户与应用场景提供差异化、个性化服务。

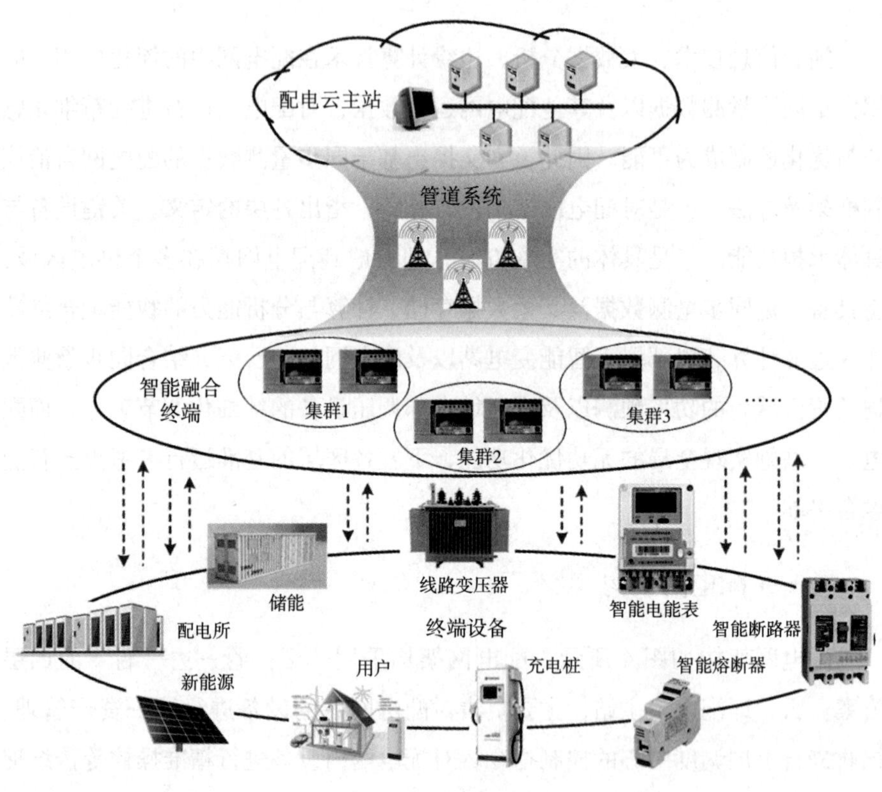

图4　配电网架构

（二）配电网自治控制实现方案

随着配电网规模的不断扩大、电动汽车与新能源在配电网侧接入比例的不断攀升，配电网的功率变化变得越来越频繁，电压越限风险也越来越高。由于区域特性，多区域配电网具有实施区域自治的条件，能够通过区域控制器完成对于一片区域的控制。此外，配电网的扩展速度快，分布式控制方式对网络拓扑结构变化的包容性能够很好地满足配电网的发展需求。因此，多区域配电网能够通过区域自治与区域协同，减轻配电网主站的负担，降低系统对单个决策系统的过度依赖，提高系统的抗打击能力。在多区域配电网中，主站主要负责长时间尺度（云端日前）的电压优化，而区域负责短时间尺度（边端日内）的电压控制，其分为云端日前基准运行点设定和边端日内精细化调整两个部分。本文主要研究短时间尺度的区域协同控制策略，不涉及长时间尺度的优化。

在每个配电网调度时刻，配电网主站基于负荷预测与发电预测优化各区域的电压参考值，以减少网损，保障配电网在下个调度周期能够安全稳定运行。各区域依据电压参考值进行区域内自治，将区域电压维持在参考值附近。若两个调度时刻之间，负荷与分布式电源波动、配电网故障造成了配电网电压越限，区域之间应通过协同控制将电压调节至可接受的范围内，配电网主站在此期间不进行干涉，直到下一个调度周期重新计算各区域电压参考值。配电网电压控制架构如图 5 所示。

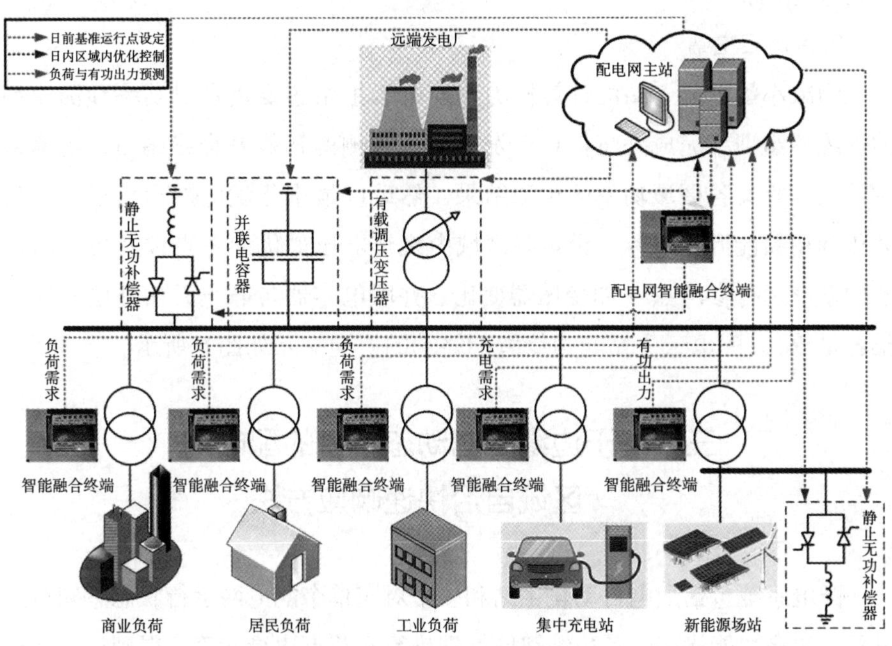

图 5　配电网电压控制架构

1. 配电网智能调压装置

配电网智能调压装置包含有载调压变压器、线路调压器、并联电容器、静止无功补偿器等，其基本原理为通过直接调整低压侧电压或改变配电网无功功率分布而间接调压的方式实现用户侧的电压波动在允许范围内。

2. 配电网智能融合终端

配电网一般包含一个有载调压变压器和多个常规变压器，从而满足居民用电、电动汽车集中充电以及新能源并网，故可以将配电网划分为多个供电区域以及新能源场站，并将智能融合终端作为边缘计算设备，配置在各自区域内的变压器关口侧。常规变压器侧的智能融合终端负责对本地区域内负荷需求或有功出力进行信息采集与储存。此外，常规变压器侧智能融合终端还负责该区域内智能调压装置调压命令的下达。智能变电站侧的智能融合终端，则负责对变电站内部的有载调压变压器进行精细化调整。

3. 配电云主站

为减小配电云主站的计算压力，配电云主站还要负责对功率预测模型的训练。当训练完成并将信息下发至各边缘侧的智能融合终端后，配电云主站只需收集各区域功率的预测结果，然后以最小化配电网运营成本和最大化利用新能源为目标，设定各区域内次日电压最优参考点以及各调压设备的基准运行参考点（如变压器变比、并联电容器与静止无功补偿器的补偿容量等）。配电云主站与边缘智能终端的协同交互如图 6 所示。

三　基于边缘数据动态融合的配电网区域自治快速响应方法

配电系统包括配电自动化主站和多个对应单个配电网运行状态感知节点设置的边缘智能终端。各边缘智能终端进行本节点边缘计算，得到运行特征数据，并将其传输至配电自动化主站进行全网运行态势计算。配电自动化主站根据态势计算结果确定区域运行策略。边缘智能终端根据区域运行策略信

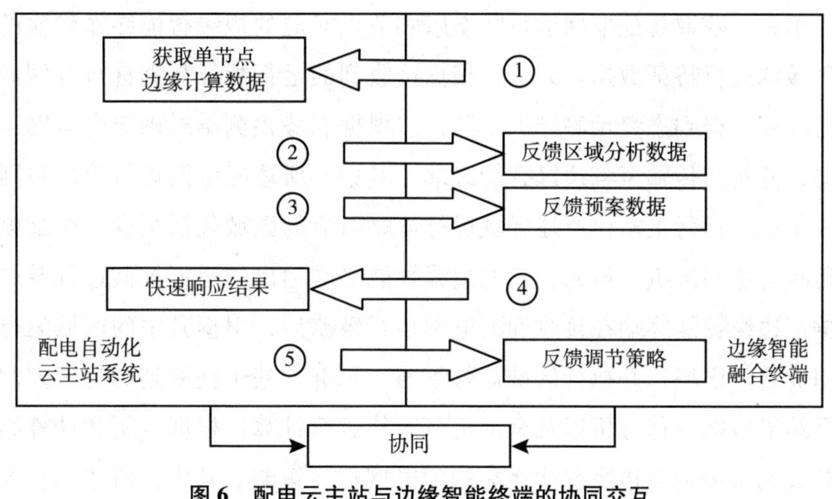

图 6　配电云主站与边缘智能终端的协同交互

息组成自治区域。自治区域中的各边缘智能终端根据区域运行策略信息、本节点及自治区域内其他节点区域的源网荷储运行状态信息，对本节点的源网荷储进行运行控制，并将运行控制过程及结果数据反馈至配电自动化主站。配电自动化主站进行分析后，维持或调整配电网运行策略。这些方法能够提高配电网的供电可靠性和故障处理能力。

配电网区域自治快速响应方法中，主站侧基于边缘端的节点边缘计算结果进行全网运行态势分析，从而确定及调整配电网运行策略，实现边缘数据的动态融合。边缘端根据主站下发的配电网运行策略中的区域运行策略组合成自治区域，并相互通信实现根据区域运行策略的区域自治，将区域自治的过程和结果信息回传给主站，使得主站能够根据区域自治的过程和结果进行配电网运行策略的调整，即实现了主站与边缘端之间的协同控制，以及自治区域的动态调整。利用该方法能够提升配电网在正常运行和故障运行时的控制响应效率，提高分布式电源接入后的配电网管理水平，降低故障造成的停电损失，提高供电可靠性和故障处理能力。

（一）区域自治快速响应方法

配电网区域自治快速响应方法由配电自动化主站执行，主要步骤如下。第一，获取各配电网运行状态感知节点对应的边缘智能终端传输的节点区域的运行特征数据。第二，根据接收到的运行特征数据进行全网运行态势计算，得到态势预测结果。第三，根据态势预测结果确定配电网运行策略，并将其传输至各边缘智能终端。其中，所述配电网运行策略包括至少一个区域运行策略，所述区域运行策略对应的区域包括至少一个配电网运行状态感知节点。第四，获取边缘智能终端输出的运行控制过程及结果数据。边缘智能终端在接收到配电网运行策略后，根据其中的区域运行策略组成自治区域，并执行区域运行策略。第五，基于获取到的运行控制过程及结果数据进行分析以及全网运行态势进行计算，根据分析和计算结果维持或调整传输至边缘智能终端的配电网运行策略。其中，所述调整配电网运行策略包括调整区域运行策略对应的自治区域的配电网运行状态感知节点组合、调整自治区域的运行方式。

（二）配电网运行状态感知节点的边缘智能终端执行

获取本节点区域的源网荷储运行状态信息，进行节点边缘计算，得到当前节点区域的运行特征数据，并将其传输至配电自动化主站，并接收配电自动化主站下发的配电网运行策略。其中，所述配电网运行策略包括至少一个区域运行策略，所述区域运行策略对应的区域包括至少一个配电网运行状态感知节点。根据所述区域运行策略与其他配电网运行状态感知节点的边缘智能终端通信，以组成自治区域，获取其他节点区域的源网荷储运行状态信息；根据区域运行策略信息，和本节点区域以及所属自治区域中其他节点区域的源网荷储运行状态信息，对本节点区域内的源网荷储进行运行控制，并将运行控制过程及结果数据反馈至配电自动化主站。

1. 配电网运行策略

接收配电自动化主站下发的调整后的配电网运行策略，根据调整后的配电网运行策略，与其他边缘智能终端组成自治区域。根据调整后的区域运行策略信息，和本节点区域以及所属自治区域中其他节点区域的源网荷储运行状态信息，对本节点区域内的源网荷储进行运行控制，并将运行控制过程及结果数据反馈至配电自动化主站。

2. 节点边缘计算

根据预先从配电自动化主站获取的状态特征算法进行节点边缘计算，所计算得到的当前节点区域的运行特征数据包括稳态统计数据和暂态数据。稳态统计数据的计算包括负荷电流越限计算、电压越限计算、负荷不平衡计算、负荷预测计算、分布式电源功率统计计算、故障信号合成计算等；暂态数据的计算包括固有模态能量（EMD）计算、波形相似度计算、相电流突变计算等。以上计算涉及的算法可采用现有技术。

3. 运行特征数据

将节点边缘计算得到的稳态统计数据和暂态数据进行归一化，多维度特征值的统计计算及归一化处理能够保障节点运行状态感知的准确性，为配电网主站进行运行态势感知和策略制定提供可靠的数据基础。

4. 区域运行策略

区域运行策略包括对应各配电网运行状态感知节点的运行方式以及运行控制整定参数。

根据区域运行策略信息和本节点区域以及所属自治区域中其他节点区域的源网荷储运行状态信息，对本节点区域内的源网荷储进行运行控制。具体而言，控制本节点区域内的设备按照区域运行策略中对应本节点区域的运行方式运行；根据本节点区域的源网荷储运行状态信息，计算本节点区域的运行特征数据；将计算得到的运行特征数据与相应的运行控制参数进行比较，若两者差值大于预设阈值，则判定为存在异常或故障，通过与自治区域内其他边缘智能终端之间通信，获取其他配电网运行状态感知节点的源网荷储运行状态信息；根据本节点区域以及所属自治区域中其他节点区域的源网荷储运行状态信息，定位异常或故障位置；响应于异常或故障位置位于本节点区域，则按照预设的就地处理策略进行处理，并将处理结果信息传输至配电自动化主站。

（三）边缘智能终端

各边缘智能终端获取本节点区域内源网荷储运行状态信息，进行节点边缘计算，得到当前节点区域的运行特征数据，并将其传输至配电自动化主站。

配电自动化主站基于获取到的各节点边缘计算结果，进行全网运行态势计算，得到态势预测结果，根据态势预测结果确定配电网运行策略，从而传输至各边缘智能终端。其中，所述配电网运行策略包括至少一个区域运行策略，所述区域运行策略对应的区域包括至少一个配电网运行状态感知节点。

边缘智能终端接收所述区域运行策略信息，根据区域运行策略信息，与区域运行策略信息所对应的区域中的其他配电网运行状态感知节点通信，形成自治区域。自治区域中的各边缘智能终端根据区域运行策略信息、本节点区域的源网荷储运行状态信息以及通信获取到的自治区域内其他节点区域的源网荷储运行状态信息，对本节点区域内的源网荷储进行运行控制，并将运行控制过程及结果数据反馈至配电自动化主站。

配电自动化主站获取边缘智能终端输出的运行控制过程及结果数据，并基于所述运行控制过程及结果数据进行分析以及全网运行态势计算，根据分析和计算结果维持或调整配电网运行策略，并传输至边缘智能终端，使得边缘智能终端根据调整后的配电网运行策略，与其他边缘智能终端组成自治区域。边缘智能终端根据调整后的区域运行策略信息，和本节点区域以及所属自治区域中其他节点区域的源网荷储运行状态信息，对本节点区域内的源网荷储进行运行控制，并将运行控制过程及结果数据反馈至配电自动化主站。

第一，所述区域运行策略包括自治区域的配电网运行状态感知节点组合、各配电网运行状态感知节点的运行方式、各配电网运行状态感知节点的运行控制整定参数和自治区域的区域运行指标。调整配电网运行策略包括调整区域运行策略对应的自治区域的配电网运行状态感知节点组合、调整各配电网运行状态感知节点的运行方式、调整各配电网运行状态感知节点的运行控制整定参数、调整自治区域的区域运行指标。

第二，配电自动化主站还接收智能配电终端传输的网络拓扑更新信息，并响应于接收到所述网络拓扑更新信息，则基于更新后的配电网拓扑结构进行全网态势运行计算，并根据全网态势运行计算结果维持或调整传输至边缘智能终端的配电网运行策略。由此可实现配电网拓扑变化时的协同运行控制。

四 基于大数据的高比例新能源接入配电网鲁棒电压安全控制技术

可再生能源和负荷输出功率的波动给配电网的调度和运行带来了挑战。针对可再生能源和负荷的不确定性，一种基于改进的生成对抗网络（IGAN）的鲁棒电压控制模型被提出。使用实际数据和预测数据训练由鉴别器和生成器组成的IGAN，从高斯分布中采样的噪声被反馈到生成器，以生成大量的情景，进而用于鲁棒电压控制。针对传统方法求解精度有限的问题，一种新的改进 Wolf Pack 算法（IWPA）被提出，来求解建立的鲁棒电压控制模型。仿真结果表明，IGAN 能够准确地捕捉到可再生能源和负荷的概率分布特征和动态非线性特征，使得 IGAN 生成的情景比传统方法生成的情景更适合于鲁棒电压控制。此外，IWPA 在收敛速度、精度和稳定性方面表现出比传统方法更好的性能，可用于鲁棒电压控制。

（一）鲁棒电压控制模型

鲁棒电压控制的主要组成部分是情景生成和确定性优化。首先，使用实际数据和前天预测数据来训练 IGAN。经过训练，IGAN 的生成器生成了大量的可再生能源和负载场景。为了降低算法的复杂度，采用 K-均值算法来减少相似场景的个数。其次，IWPA 被用来获得极端情况。最后，再次利用 IWPA 求出正常情况下 DVC 模型的最优解，最优解需要保证极端情况下的电压不超过极限。

（二）场景的生成和缩减

卷积神经网络（CNN）是一种具有卷积运算的前馈神经网络。它的出现极大地加速了人工智能的发展。CNN 以其强大的特征提取能力被广泛应用于稳定性评估、目标检测、语义分割、故障诊断等领域。使用 CNN 可以提高生成数据的质量，具体内容包括以下四个方面。

第一，为了提高特征提取能力，用卷积层代替了隐含层中的致密层。

第二，将生成器中的所有汇聚层替换为分数跨度卷积。与之类似，鉴别器中的所有汇聚层都被跨步卷积取代。在这种情况下，网络可以学习它自己的空间采样。

第三，批量归一化通过将样本映射到每个单元具有单位方差和零均值来稳定学习过程，从而加速网络的收敛并避免过拟合。因此，批量归一化被应用于生成器和鉴别器。

第四，在生成器中，除了使用 Tanh 函数的输出层，所有层都使用 RELU 作为激活函数，因为这些激活函数可以帮助模型更快地学习真实样本的概率分布。在鉴别器中，前人的工作表明泄露整流激活效果很好。因此，LeakyReLU 被用作所有层的激活函数。

五　基于同步量测边缘终端和数据融合的配电网故障辨识与定位方法

故障识别是配电网高级应用的重要功能。目前，许多学者正在研究相量测量单元（PMU）的故障识别问题。有的学者提出了一种基于 PMU 的故障检测和定位方法，通过比较所有状态估计器的加权测量残差来检测故障的存在，但无法识别具体的故障类型。有的学者提出可以采用多参数融合建立识别逻辑，然后通过对波形数据特征参数的分类来实现故障类型的识别，但算法复杂。也有学者提出了一种基于 PMU 数据的在线故障识别方法，使用电压相量和故障后开关信息，通过 PMU 和方向继电器状态识别故障类型，使用 PMU 数据和母线节点阻抗矩阵来确定故障部分并识别故障类型。故障识别的一个非常重要的部分是提取特征向量，常用的向量提取方法如小波变换和 Hilbert-Huang 变换，然后使用这些向量用人工神经网络对故障类型进行分类。

（一）基于阻抗的故障辨识方法

微型同步相量测量单元（μPMU）可以实时测量电压和电流值，求出对应时刻的阻抗值。系统发生不同故障时，阻抗轨迹差别明显。单相短路的阻抗曲线如图 7 所示，发生单相短路时，阻抗轨迹为从 B 点到 E 点。

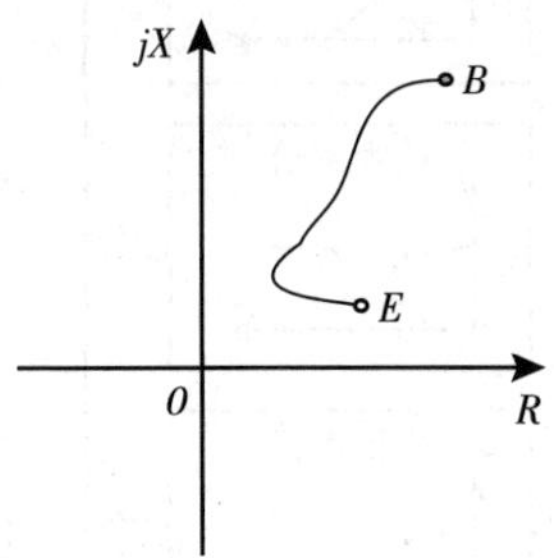

图 7　单相短路的阻抗曲线

当 μPMU 监测区域内部发生故障时，监测的等值阻抗会有明显减小。从边界上配置的 μPMU 装置可以得到故障条件下的电压电流相量，间接得到阻抗幅值，当小于阈值时，可判断该区域发生故障（见图 8）。

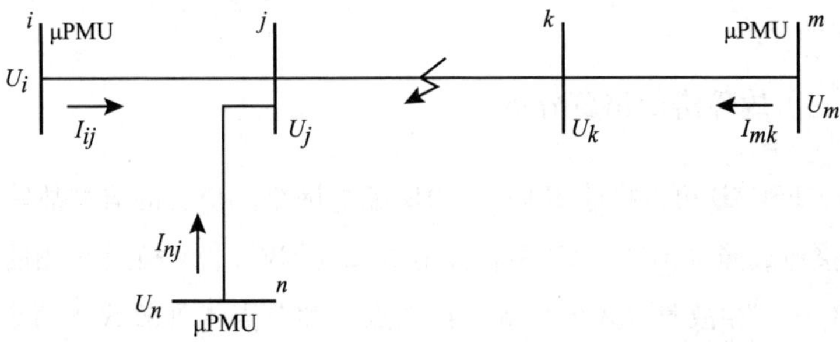

图 8　故障时的配电网拓扑

（二）基于 Petri 网络的故障类型辨识架构

国内外学者提出了基于暂态特征提取的故障类型智能辨识方法，Petri

网络对离散系统的建模、推理具有优势。首先，通过小波变换实现故障特征提取；其次，对故障特征进行模糊化；再次，应用于模糊 Petri 网络进行推理；最后，实现故障的实时辨识（见图 9）。

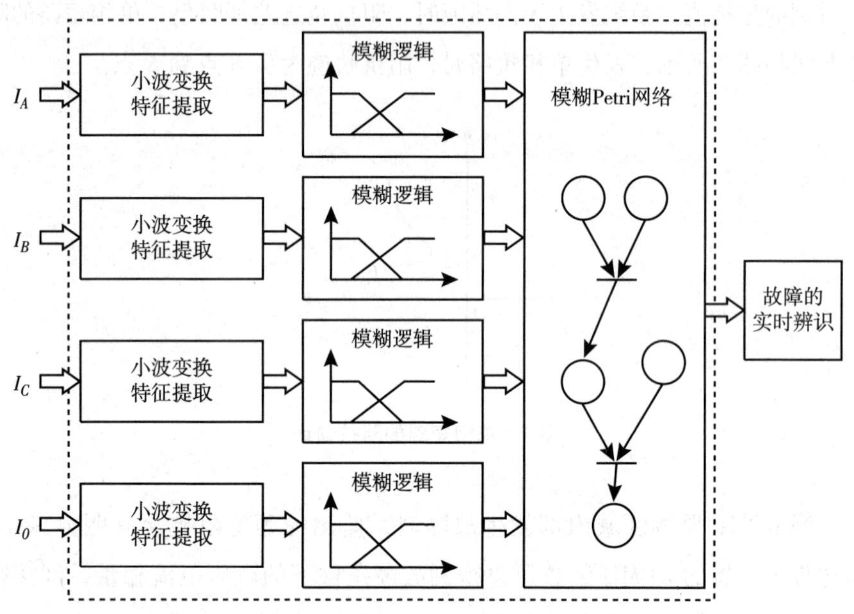

图 9　故障类型辨识框架

（三）故障辨识仿真分析

基于 PSCAD 可以搭建 10kV、50Hz 配电网络。仿真的典型故障主要包括单相接地故障（AG）、AB 两相接地故障（ABG）、A 相到 B 相的相间故障（AB）、三相故障（ABC）等。在节点 1 和节点 4 处放置了两个 μPMU 和故障录波装置。

10kV 配电网如图 10 所示，左侧接主网，右侧含有分布式电源，主要参数包括线路正序电阻 $r_1=0.124\Omega/km$、零序电阻 $r_0=0.124\Omega/km$、正序电感 $l_1=0.2292mH/km$、零序电感 $l_0=0.6875mH/km$、正序电容 $c_1=250nF/km$ 和零序电容 $c_0=375nF/km$ 等。

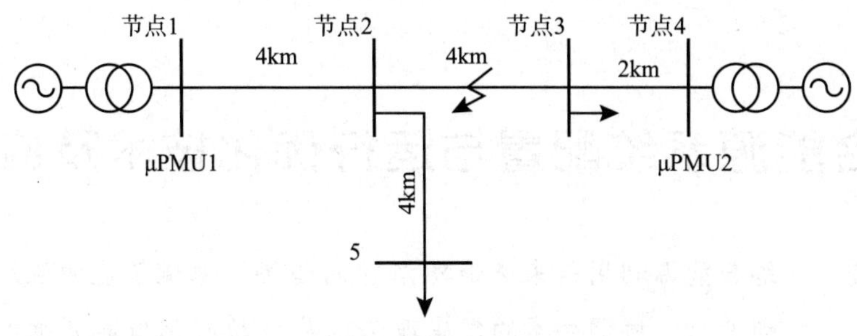

图 10　10kV 配电网

在图 10 中，节点 2 和节点 3 之间 0.35s 发生故障，过渡电阻为 10Ω。安装在节点 1 的瞬态波形通过 8 层小波分解，获得电流的高频能量 E_A、E_B、E_C、E_0，进而可以计算故障特性值。

（四）基于同步量测数据的配电网故障定位方法

配电网处于电力系统的末端，与电力用户密切相关，涉及国家、人民的经济和财产安全，是电力系统的重要组成部分。配电网发生故障后，快速准确的故障定位有利于迅速隔离故障和恢复供电、减少停电时间、降低运行成本。故障定位对配电网安全和可靠性至关重要，但这也对准确性提出了更高的要求。本文在故障辨识的基础上，提出一种基于 μPMU 量测数据的配电网故障定位新方法，可以在辐射状多分支配电网发生各种类型故障时进行准确故障定位。

我国为满足配电网供电可靠性要求，基本采用有备用网络进行供电，其中环网和双端电源供电网络最为常见。配电网大多都是设计为闭环结构，但为了电网安全一般采取开环运行方式。环网、双端配电网的主线路均可以等值转化双端网络，而在系统故障中，以单相接地故障发生概率最高，可采用一种基于模糊 Petri 网络的故障辨识方法。具体而言，引入阻抗归一化指标，分析同步量测数据获得的阻抗轨迹特征，从而提取典型故障电流的暂态特性。

综合能源系统配置与运行优化技术及应用

摘　要： 综合能源利用是未来能源消费的趋势，体现了能源互联网创新开放、协调共享的发展理念，是推动河北省能源战略转型的重要载体，也是实现综合能源合理规划和效率提升的重要方式。本文主要研究适合河北省的综合能源典型业务模式，分析主要服务模式，以提升系统能源效率等目标为优化方向，研究用户负荷特征提取、综合能源负荷需求量化分析模型和综合能源供给优化模型，为推动第三方综合能源服务、能源交易等新兴业态发展，培育有竞争力的新兴市场主体提供参考。

一　综合能源典型业务模式

根据对河北省能源规划与资源禀赋的分析，本文从综合能源服务业务库中筛选出四大类综合能源典型业务进行分析，即能源交易服务、分布式新能源服务、储能服务和供冷供热多能供应服务。

（一）能源交易服务

能源交易服务涉及电、热、冷、气等多种能源在不同综合能源系统之间的交易管理。综合能源服务商根据各综合能源系统能量交互情况，与电力市场进行电力交易，利用价差来获取收益。

（二）分布式新能源服务

分布式新能源服务以提本增效、促进消纳为主要目标，涵盖了生物质能、地热能等新能源的利用。该服务因地制宜开展分布式新能源项目的规划设计、投资建设、运营维护一体化服务，以期提供清洁能源。

（三）储能服务

储能服务是指将电能、热能、机械能等不同形式的能源转化成其他形式的能量存储起来，在需要时将其转化成所需要的能量形式释放出去。目前应用的储能技术主要有物理储能、化学储能、储热储冷、储氢四大类。从国内储能技术发展水平及实用角度来看，化学储能比物理储能具有更广阔的应用前景，也更适合储能系统建设。锂电池与铅酸蓄电池技术较为成熟，电池储能技术可广泛应用于电力系统输发配用以及分布式新能源等领域，具备良好的社会效益与发展前景。

（四）供冷供热多能供应服务

供冷供热多能供应服务，即满足用户对电、冷、热及生活热水等不同能源需求的能源供应服务，主要是冷热电三联供技术的应用，具体包括电供冷供热、天然气供冷供热、生物质能供冷供热、太阳能采暖等。供冷供热多能供应服务业务的快速发展，将保障城市清洁能源供应，增强城市对人口集聚和服务的支撑能力。

二　综合能源服务模式

（一）综合能源一体化服务模式

综合能源是以智能电网为基础，与热力管网、天然气管网等多种能源网络互联互通，多种能源形态协同转化，集中式和分布式能源协调运行的能源网络。

在综合能源一体化服务模式中，主要参与方有能源公司、售电公司、居民用户、企事业单位（如园区、校园和医院）和政府机构等。在综合能源服务公司主导型供需方式下，综合能源服务商作为能源统一调配者，负责调动能源以满足客户的能源需求。

中心化的交易方式是传统能源市场应用最为广泛的方式，集中式的交易配给模式可以优化资源分配，给予市场合理的成长空间。在未来一段时间内，中心化的交易方式仍将在规模上占据优势。建议综合能源一体化服务模式下仍采用中心化的能源交易方式进行交易。此处所提的综合能源一体化服务模式具有一定的局限性，要想为用户提供一站式综合能源服务（包括多种能源供应和能源服务），还需在此模式基础上进一步深化设计。

在综合能源一体化服务模式下，综合能源服务商既是能源的统一调配者，也是冷热电气输送管网的建设运营者，负责直接将冷热电气输送到区域内的能源终端用户手中。综合能源服务商获得的冷热电气等能源应该坚持自发自用的原则，优先满足本区域内用户的用能需求。园区、校园、医院能源互联网的供能系统产生的能源优先供应本区域内部的用能负荷，多余部分可以按照经济调度的原则，采取储能、余量上网等方式，实现对多余能量的消纳。当能源不足之时，可以直接参与电力市场的直购电交易或者由电网公司、热网公司支援。综合能源服务商可以与其他热力公司签订协议，当能源存在富余或者不足的情况下，按照协议价格，提供支援。综合能源一体化服务模式下的重点业务包括供冷供热多能供应服务和能源交易服务（见图1）。

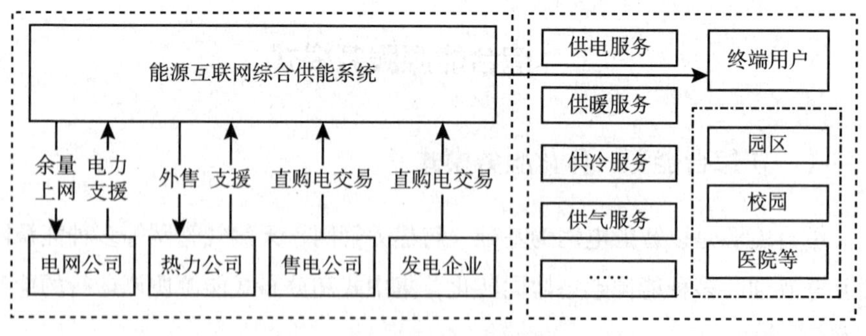

图1　综合能源一体化服务模式

（二）综合能源托管服务模式

综合能源托管服务模式脱胎于传统的节能服务公司，用能单位和综合能源服务公司约定能源托管费用，由服务公司进行能源系统的运行管理和节能改造，并负责能源系统的运行和维护工作，用能单位按照合同约定向服务公司支付托管费用。

综合能源托管服务包括全托管和半托管。全托管的托管内容包括日常设备运行、管理和维护，人员管理，环保达标控制管理，日常所需能源燃料及运营成本控制等，并最终为客户提供能源使用；半托管的托管内容只包括日常设备运行、管理和维护。能源托管重在提供节能改造和节能咨询等管理及技术改进服务，对能耗企业的设备改造、能源购进、消费、生产方式以及能源管理和设计中存在的问题进行逐一排除和解决。

综合能源服务公司与服务对象达成合作意向后，成立项目组，根据项目情况安排专业技术人员进行初步节能诊断，主要内容包括项目运营以来，历年能源费用变化情况及变化原因、主要耗能设备清单和现场核实、主要耗能系统效率测试、拟定节能改造措施、能耗模拟等。综合能源服务公司根据诊断结果以及服务对象需求，确定托管的基准能耗、月度支付费用与未来托管能耗调整规则。双方谈判成功后，正式签订能源托管合同，综合能源服务公司按照计划实施节能措施工作，包括节能措施的工程设计以及节能设备的采购、安装、施工，定期测试能耗设备效率，保证合同约定的节能量。当合同到期后，按照合同协议，综合能源服务公司将设备移交给服务对象。

（三）区域共享能源服务模式

区域共享能源服务模式可以将综合能源公司主导型供需方式与平台运营商主导型供需方式结合起来，既实现能源的一体化供应服务，又可以通过平台为用户更好地提供能源产品与服务。区域共享能源服务涉及的交易包括以下三种。一是电力交易，交易的对象包括电网公司、发电企业等，交易类型具体包括电力互济、直购电、辅助服务等；二是用户侧交易，对区域内用户的供能交易、合同能源管理等；三是环境交易，充分体现能源互联网绿色低碳的经济价值，包括绿证交易、碳交易等。这些交易更多涉及的交易方式为中心化的能源交易。

区域共享能源服务模式，适用于园区、学校、医院、智能楼宇等场所。综合能源服务商通过在园区、学校等场所建设综合能源系统，进而实现区域的共享用能。综合能源系统包含冷热电联供系统、屋顶光伏发电系统、储能系统等，在保证用户用能的前提下，以更经济环保的方式运行。冷热电联供系统按照以热定电的方式运行，为用户提供冷、热、电、气服务；屋顶光伏发电系统利用屋顶的空间结构，通过太阳能发电为用户节省用电成本；储能系统以“低储高发”的模式运行，赚取差价，同时起到削峰填谷的作用。这种模式需要在用户侧配备智能终端设备，一方面与综合能源服务系统建立信息交流通道，作为综合能源系统供给侧和用户侧制订用能计划的依据；另一方面接收共享能源服务中心的指令，在一定范围内进行需求响应。综合能源服务系统可以为用户提供用能管理、设备管理、智能用电管理等一系列服务。整个服务区域作为整体，当内部能量不足或有余量时，可以利用区块链技术与其他园区进行能源流的互补共享。信息流、能量流在源、网、荷、储之间流通，可以是能源供给侧也可以是能源需求侧，平等协作，共享能源，共享效益。区域共享能源服务模式的重点业务包括能源交易服务、分布式新能源服务、储能服务和供冷供热多能供应服务（见图 2）。

（四）智慧能源平台服务模式

智慧能源平台服务模式有各种综合能源服务提供方，包括能源公司、售电公司、技术公司、服务公司等。居民用户、大型企事业单位（如医院、学校、工业园区等）、政府机构等服务对象都可以作为智慧能源平台的客户，平台运营商可以满足各方的需求。智慧能源平台运营商可以采取平台运营商主导型供需方式，来帮助能源供需双方实现对冷、热、电、气等能源以及能源服务的供需对接。由于能源交易市场之中竞争主体种类增多，交易数量以及数据信息量激增，为了更好地保证交易的安全性、隐私性与高效率，

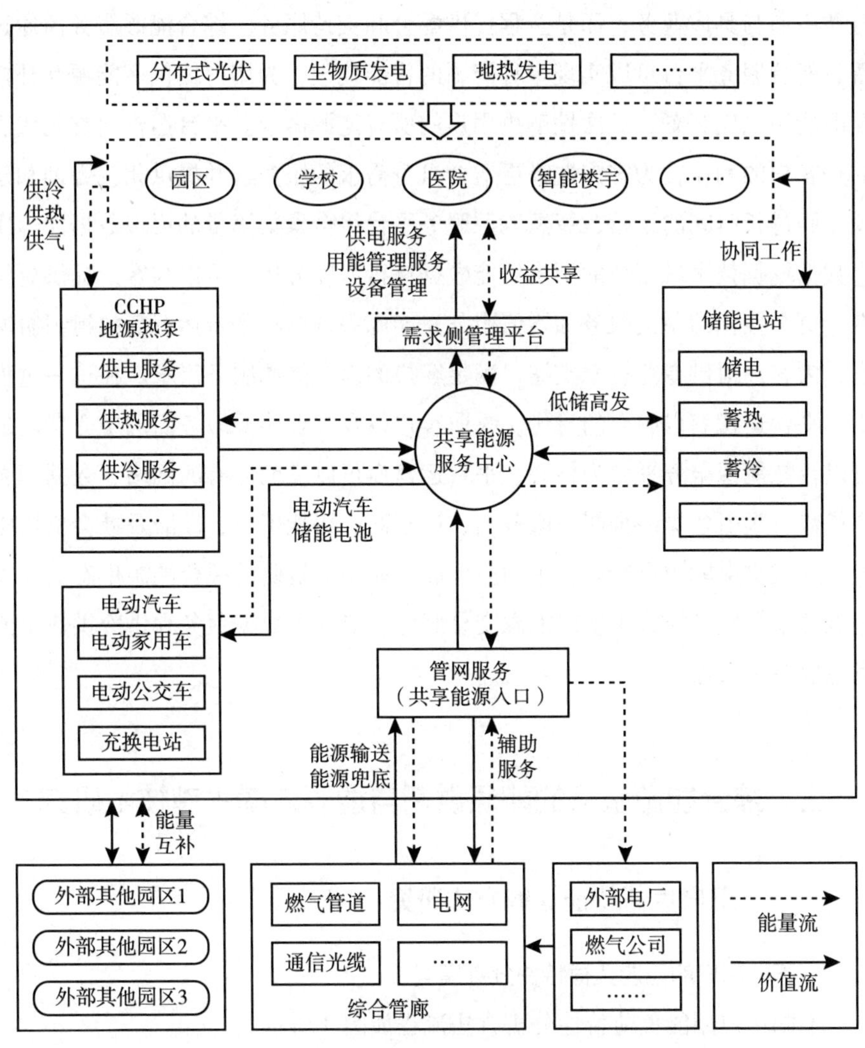

图 2　区域共享能源服务模式

去中心化的能源交易方式更为合适。

随着综合能源的各项业务发展趋于成熟，“云大物智移区”等技术相对完善，同时供给侧和需求侧的双向交互需求都很旺盛，通过构建统一的智慧能源服务平台可以很好地满足客户的能源需求。在智慧能源平台服务模式下，平台运营商侧重对整个能源服务价值链的资源进行整合，平台运营商自身并不参与具体业务，而是全程提供配合和支持服务。综合能源服务商通过智慧能源服务平台可以实现多种能源的售能代理，为用户提供多能源互补搭配的能源供应套餐，一次性解决用户的所有能源需求。平台运营商首先代表的是客户的利益，为客户选择更适合自身需求的服务，并提供相关咨询和建议。经过长时间的运营，智慧能源服务平台将会聚集海量的用户数据，运用大数据挖掘技术对用户的历史用能数据进行深度分析，可以为客户提供更精准、更个性化的用能服务和增值服务。能源服务商在平台运营商的组织协调下，为客户提供专业技术支撑，满足客户的综合能源服务需求。在这一过程中，平台运营商以中介的身份，收取客户以及综合能源服务商的中介费。最终以智慧能源服务平台为核心，平台运营商可以借助已有的网络、数据和客户优势，吸引各类综合能源服务商、运营商、用能用户、政府及社会机构接入，形成贯穿能源供给侧、中间服务商和能源消费侧的综合能源生态圈。智慧能源平台服务模式主要以能源交易服务、能源大数据服务和供冷供热多能供应服务为重点。

三　综合能源服务的能源供需与能源效率关键技术研究

（一）用户负荷特征提取方法研究

1. 不同用户的用能负荷特性分析模型

不同用户用能负荷特性分析方法流程如图 3 所示。

2. 典型用能模式

用能模式辨识基于全体用户负荷特征数据集 V_D 的聚类分析，因此对不同用户群体的用能模式分析结果往往会存在差异，即子空间 L_1、L_2 和 L_3 的聚类簇的差异。面对用能行为越来越灵活的用户，没有必要也不可能对各个用户群体的负荷特征进行聚类研究。基于此，可以构造几类典型的用户用能模式，将单个用户与典型的用户用能模式相比较，以此类推出它们的负荷特征，提高工作效率。

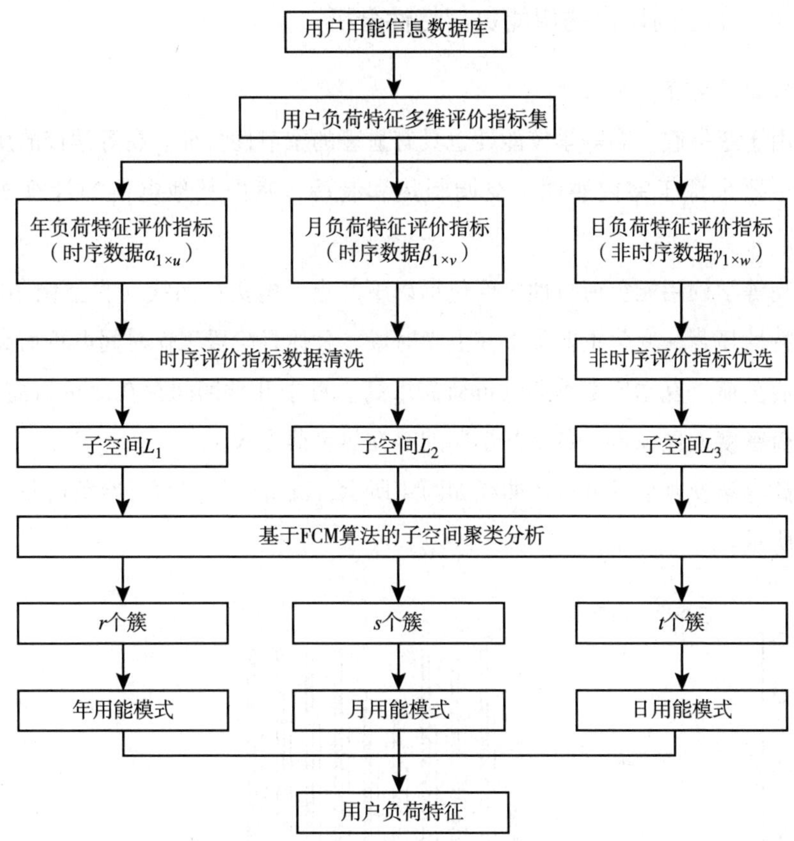

图 3　不同用户的用能负荷特性分析方法流程

本文基于对大量用户典型用能信息的研究，分别对用户的年用能模式、月用能模式和日用能模式进行总结（见表 1）。

表 1　用户典型用能模式

项目	典型用能模式
年用能模式	平稳型、单调增长型、波动增长型
月用能模式	平稳型、冬季高峰型、夏季高峰型、双峰型、波动型
日用能模式	迎峰型、避峰型、连续型(高负荷率型)

（二）不同用户的用能负荷特性分析

1. 高等学校

由于寒暑假，高等学校能耗也具有显著的季节性特征。高等学校的用能需求主要来源于室内照明、空调制热和制冷、室内其他电器如计算机的使用。

高等学校用能负荷特性主要包括以下几点。电负荷曲线（含空调用电）峰谷特性显著，变化主要集中在上学时段、公休日阶段工作时间电负荷高于放学后负荷，夏季比冬季的电负荷需求高。夏季开学期间存在冷负荷需求，冷负荷密度大且稳定；冬季开学期间存在热负荷需求。

高等学校典型日电负荷曲线如图 4 所示，高等学校典型日冷负荷曲线如图 5 所示。

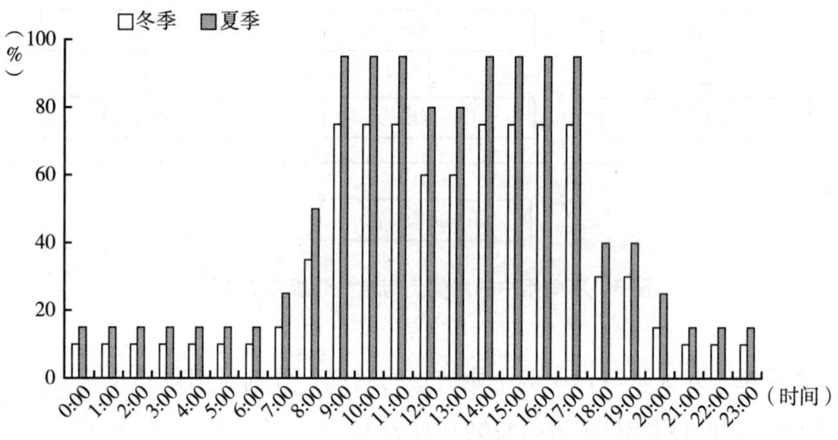

图 4　高等学校典型日电负荷曲线

2. 医院

医院通常拥有全周期较稳定的电、冷、热需求，因而具有较好的配置综合能源的潜力。医院用能负荷特性主要包括以下三点。

第一，日电负荷主要由医院门诊时段决定，门诊运营时段电负荷处在峰值，门诊时段结束后电负荷跌落，全年的变化规律基本一致，可预测性强。

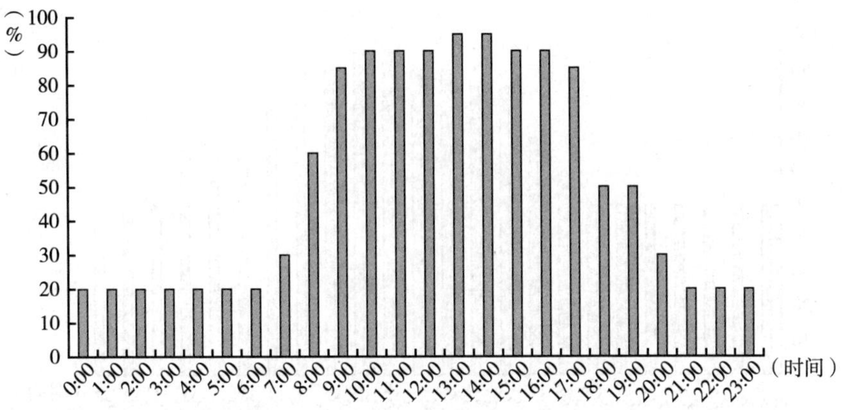

图 5　高等学校典型日冷负荷曲线

第二，住院部和药物及设备存放区域全年冷负荷需求稳定，夏季门诊部在工作时段产生较大的冷负荷需求，总体来说在具有较高的基本冷负荷的同时拥有峰谷特性。

第三，全年病房热水、消毒蒸汽等热负荷需求稳定。冬季建筑内部存在一定的供暖需求，季节性明显。

医院典型日电负荷曲线如图 6 所示，医院典型日冷负荷曲线如图 7 所示。

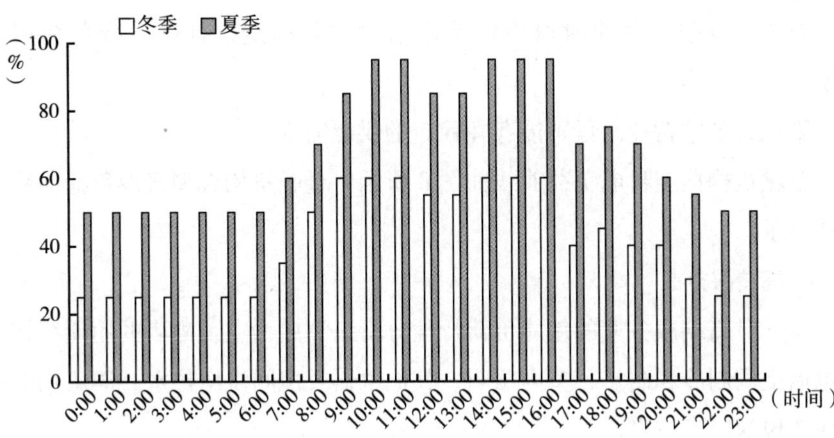

图 6　医院典型日电负荷曲线

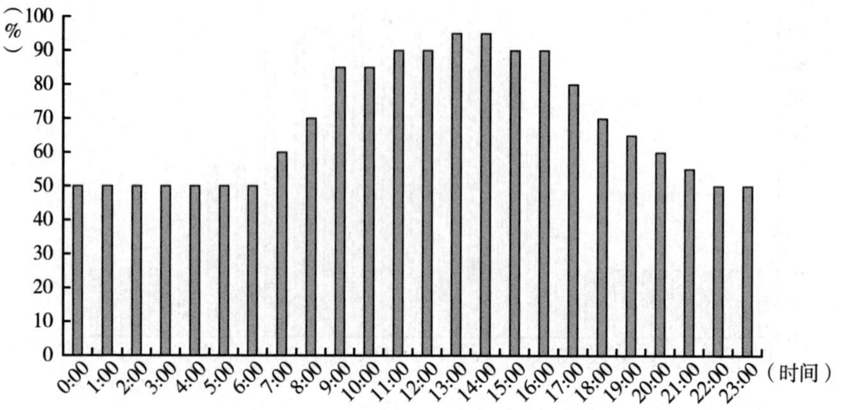

图 7　医院典型日冷负荷曲线

3. 金融机构

金融机构的负荷主要为建筑内制冷、供暖与照明负荷，其负荷变化特性与金融机构的营业时间关系密切。金融机构用能负荷特性包括以下三点。

第一，电负荷（包括空调用电）变换与营业时间吻合度高，营业时间负荷稳定，打烊后电负荷变低，日峰值随晚间照明需求增加而出现，峰谷差在变化上具有阶跃性。

第二，夏季在营业时段冷负荷需求量大且稳定，打烊后冷负荷回落谷值。

第三，冬季营业时段可能存在稳定的供暖需求。

金融机构典型日电负荷曲线如图 8 所示，金融机构典型日冷负荷曲线如图 9 所示。

4. 高端服务业

本文对高端服务业的用能负荷特性分析以酒店为主。酒店的用能终端主要包括空调制冷和制热、室内照明、其他电器及房间洗浴热水。酒店用能负荷特性包括以下三点。

第一，用电量受酒店入住率及客流量影响大，通常暑期为旺季而冬季为淡季，电负荷变化由于旅客活动的高随机性而呈现较弱的阶跃性。

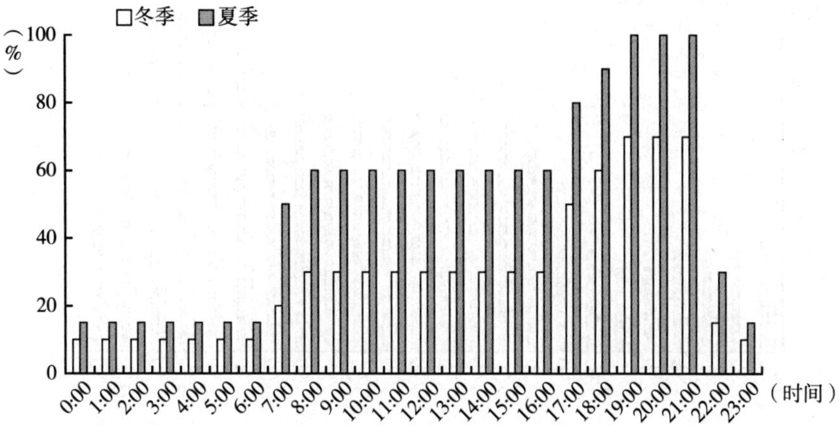

图 8　金融机构典型日电负荷曲线

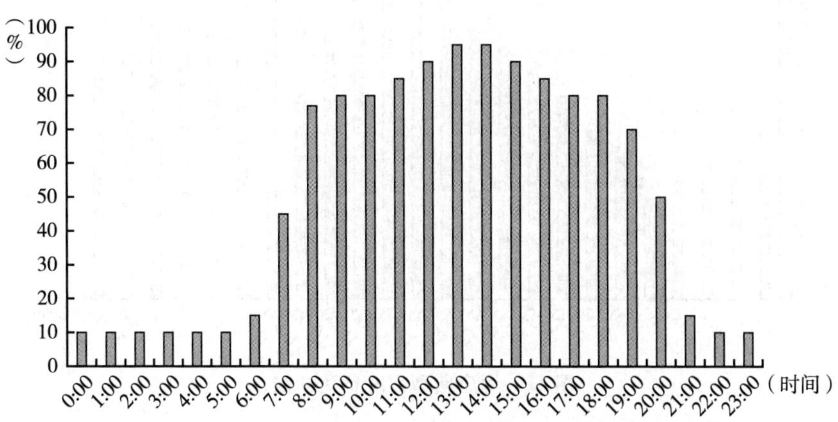

图 9　金融机构典型日冷负荷曲线

第二，夏季冷负荷需求量极大且需求稳定，而冬季冷负荷则进入谷期，年峰谷特性显著。

第三，酒店存在洗浴热水、少量蒸汽的供应需求，其需求量由酒店的房间数与入住率决定，因而随旅游淡旺季交替呈现峰谷特性。

酒店典型日电负荷曲线如图 10 所示，酒店典型日冷负荷曲线如图 11 所示。

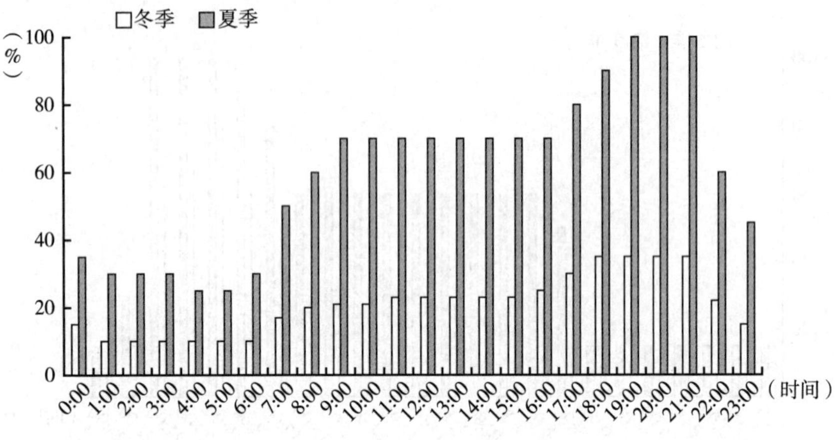

图 10　酒店典型日电负荷曲线

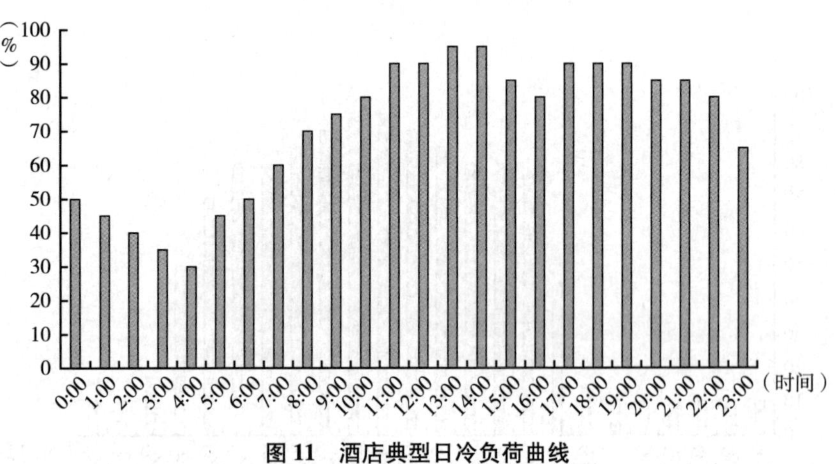

图 11　酒店典型日冷负荷曲线

（三）综合能源负荷需求量化分析模型研究

1. 负荷耦合度计算模型

为了直观描述综合能源系统多元负荷的协同特性，本文对综合能源系统负荷实测数据进行相关性分析。

可以发现，综合能源系统中电、气、冷、热负荷两两之间呈明显相关性，且电负荷、冷负荷，气负荷、热负荷呈现明显的正相关特性，这与综合能源系统冷负荷主要来源于电制冷、热负荷主要来源于气制热的实际情况相符。

2. 中长期综合能源负荷估算方法

在对综合能源系统园区规划时，需要对不同用户的各类能源需求量进行长期分析预测，确定用户用能特性。在综合能源系统规划优化的整个建模过程中，将负荷预测结果作为输入变量，其准确性对规划结果的各设备装机容量、用户投资以及投资回收期的计算有着关键的影响。基于对不同用户的用能特性的分性，依据不同的建筑类型，采取差异化的综合能源负荷估算方法。

（四）综合能源供给优化模型研究

园区综合能源系统一般以电能和天然气能为主导能源，外部能源供应网络由联络线和天然气管网组成，在系统的基本物理架构与设备层面，各种综合能源系统基本一致，主要包含冷、热、电、气等能源形式，包括各类能源的生产、传输、存储与消费的设备。园区综合能源系统中能量输入方式丰富多样。综合能源系统的基本结构如图 12 所示。

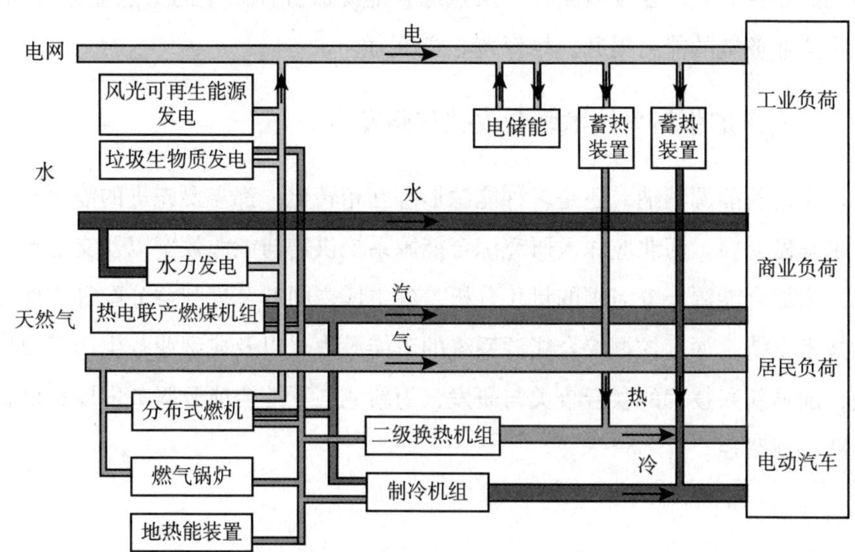

图 12　综合能源系统的基本结构

四 相关建议及展望

（一）推动能源行业深度融合，为河北综合能源发展提供参考方向

河北应结合以博弈论等相关经济学理论为基础的利益分配方法，优化综合能源集成化交易，推动第三方综合能源服务、能源交易等新兴业态发展，培育有竞争力的新兴市场主体，探索提升可持续、可推广的集成交易模式和经济效益评价方法，走出一条清洁、高效、安全、可持续的综合能源服务发展之路，为河北经济社会持续健康发展提供重要支撑。

（二）增强重点业务布局，培育河北经济核心竞争力

综合能源服务具有高效、绿色等多重优势，是未来能源行业发展的重要方向。河北能源产业需把握综合能源发展方向，从供给、消费、运行、交易等多维度研究构建综合能源服务模式，通过引领新能源技术应用，巩固完善河北战略性新兴产业发展路径，聚焦综合能源服务体系中的重点业务布局，注重全业务链的能力提升，培育核心竞争力。

（三）加强新兴技术联合攻关与研发

无论新能源消纳，还是多种能源形态互相转化，都需要先进的能源转化技术来做支撑。河北应深入研究综合能源系统供需与能源效率以及交易等领域，为综合能源服务需求的量化分析、各主体之间的合理利益分配等方面提供技术支持。深度挖掘综合能源系统的节能潜力，以及典型业务生产模拟模型，加强新兴技术的联合攻关与研发，为新业态下综合能源服务发展提供新思路、新路径。

微电网技术前景及应用

摘　要： 在“双碳”目标引领带动下，河北省分布式光伏快速增长，对配电网发展提出了更高要求。微电网作为先进的技术手段、电网形态和管理模式，是促进新能源消纳、提高能源利用效率、降低用能成本的有效方式。本文分析了河北省面临的形势，结合白洋淀10兆瓦级微电网示范工程，提出了新型电力系统背景下微电网关键技术及组网方式，为持续推进微电网发展迭代升级，构建清洁低碳、安全高效的现代能源体系提供参考。

一　微电网概念和发展现状

根据国家发改委、国家能源局印发的《推进并网型微电网建设试行办法》，微电网是指由分布式电源、用电负荷、配电设施、监控和保护装置等组成的小型发配用电系统。微电网分为并网型和独立型，可实现自我控制和自治管理。并网型微电网通常与外部电网联网运行，且具备并离网切换与独立运行能力。

微电网须具备以下基本特征。一是微型。主要体现为电压等级低和系统容量小，电压等级一般在35千伏及以下，系统容量（最大用电负荷）原则上不大于20兆瓦。二是清洁。电源以当地可再生能源发电为主，或以天然气多联供等能源综合利用为目标进行发电，鼓励采用燃料电池等新型清洁技术。其中，可再生能源发电装机容量占比在50%以上，或天然气多联供系统综合能源利用效率在70%以上。三是自治。微电网内部具有保障负荷用电与电气设备独立运行的控制系统，具备电力供需自我平衡运行和黑启动能力，独立运行时能保障重要负荷连续供电（不低于 2 小时）。微电网与外部电网的年交换电量一般不超过年用电量的 50%。四是友好。微电网与外部电网的交换功率和交换时段具有可控性，可与并入电网实现备用、调峰、需求侧响应等双向服务，满足用户用电质量需求，实现与并入电网的友好互动。

微电网是利用分布式电源最有效的方式之一，也是智能电网的有机组成部分。我国微电网建设虽然起步略晚，但在十几年内取得了较大的进展。据不完全统计，我国已有超过 30 个微电网示范工程建成并投入运行。整体来看，我国微电网的发展主要依赖于科技创新推进以及各级各类政策的促进。

二　河北省面临的形势

河北行政面积约 18.88 万平方千米，供电人口达 7461 万人。从资源禀赋看，河北缺煤、少油、贫气，但光照资源丰富，分布式新能源发展潜力较大；从电网发展看，河北面临绿色、经济、安全三个方面挑战。

一是绿色消纳压力大。“十四五”时期，河北分布式光伏呈爆发式增长，分布式光伏渗透率较高。分布式光伏导致局部区域电网设备反送重过载、调峰压力大等问题，给新能源消纳带来巨大压力。二是经济投资压力大。河北山区电网网架结构相对薄弱，改造升级任务较重，投资需求大。同时，山区负荷密度较低，投资增供电量和经济性不明显，高效发展压力大。三是安全供电要求高。河北的革命老区、国家级旅游景区以及水利重点保障单位等多位于偏远山区，分布分散、电网结构薄弱的特点与供电可靠性要求较高之间的矛盾日益凸显，对该类地区电网经济建设和安全运行提出了更高的要求。

三　解决问题的方法和技术手段

依托传统电网在技术、管理、运营、服务等方面长期积累的优势，微电网在提升新能源消纳水平、投资经济效益、电网供电能力等方面，将更好地发挥自身优势和独特作用，支撑构建新型电力系统，推动能源转型升级。

一是利用“光伏+储能”的技术方式，创新构建虚拟电站、多源多级自组网等新型组网技术，提升分布式光伏本地消纳能力。一方面，建设“开闭所+储能+边缘控制服务中心”的虚拟电站，采用多源互补协同控制、并离网无缝切换、构网型变流器一次调频、惯量支撑等关键技术，实现区域能源自治管理，为配电网末端供电提供双重保障。另一方面，创新采用“变电站—线路—台区”多源多级自治组网技术，聚合不同层级源网荷储资源，打造多层级嵌套式微电网群，建立“自治优化—群间互济—分布协同”的运行控制体系，实现多电压等级下微电网群调群控、集群互济互补、系统自治自愈、多模态组网运行。

二是从提升经济效益入手，实现同质化供电服务。实施替代性微电网工程建设，有效解决传统新建线路方式造价高、施工运维难度大的问题，在节省投资的同时，提高城乡电网同质化发展水平。电网规划方面，结合当地资源禀赋、负荷特性及用电特点，基于光储系统容量优化配置技术合理调节电源容配比，在保证同质化供电的前提下，替代山区新建变电站、水中建塔等传统电网建设方式，大幅降低电网建设成本。电网运行方面，以最大限度促进光伏消纳、降低用户电压越限程度为目标，统筹考虑光伏、储能等设备运行条件限制，合理制定微电网运行策略，利用储能设备实现系统负荷削峰填谷，提高现有设备利用率，降低系统运行成本。

三是从提升供电能力入手，实现源网荷储协调运行。搭建微电网集群协控系统，聚焦关键设备、控制技术、控制系统等，实现微电网内部互动响应与协调控制，支撑系统长周期离网运行。关键设备方面，创新设计构网型变流器本体拓扑结构方案，应用“光伏+储能”一体化发电机及构网型储能设备，提升光伏及储能涉网性能，支撑新能源局域网安全稳定运行。控制技术方面，依托构网型核心控制技术，提升光储一体化发电机及构网储能设备对弱电网电压、频率的主动支撑控制能力，实现并离网无缝切换、黑启动以及长周期离网运行。控制系统方面，研发应用微电网集群协控系统，构建整体协调快速控制和机组间功率均衡分配控制模型，利用光储一体化发电机分布式集群控制技术，提升区域新能源微电网运行控制水平。

四　雄安新区白洋淀10兆瓦级微电网示范工程情况

（一）工程背景及必要性

35 千伏郭里口变电站位于白洋淀东北部，负责为白洋淀景区核心区域供电，供电可靠性要求较高。该站为单电源供电的末端站，供电线路较长且“T”字形接点较多，电源进线路径长度为 8.75 千米，其中 5.12 千米位于白洋淀淀区内。在配合雄安新区开发进行线路迁改时，全站较长时间停电难以避免，供电可靠性低，无法满足当地民生需求。

35 千伏郭里口变电站共有 3 条 10 千伏出线，其中郭里口 521 线路接带王家寨村和白洋淀文化苑景区。2021 年，河北提出要将雄安新区打造成无煤区，原有裸导线无法满足“煤改电”后区域最大负荷功率输送要求。王家寨四面环水，地处白洋淀核心生态红线，导致常规电网改造工程难以实施。国网河北南网在王家寨秉承清洁取暖、绿色用能的规划原则，通过云边协同、群调群控策略，构建了风光储协调互补、冷热电群调群控的微电网群系统，达到了与传统电网改造同样的效果，形成了绿色共享、柔性高效、数字赋能的乡村级新型电力系统，解决了王家寨区域电力保障问题。

根据雄安新区规划，白洋淀核心景区属于暂不大规模开发区域，短期无村庄拆迁计划和城市开发建设计划。第二电源工程若采用传统改造方案，投资约 4895 万元，会越过生态红线，不具备实施条件。针对上述问题，可以优化本地“光伏+储能”资源配置，通过创新大电网与微电网无感切换、并离网控制以及构网型储能控制技术，模拟形成第二电源，融合已建成的王家寨微电网系统，打造具有主动支撑能力的 35 千伏微电网，进而提升区域供电可靠性和绿色用能水平，实现同质化供电服务。

（二）建设方案

在35千伏郭里口变电站供电区域内建设具备功率支撑功能的储能系统，并配套开展35千伏郭里口变电站站内改造，为区域提供可靠第二电源，实现供暖季“煤改电”用户在外部故障条件下不间断供电（外电源线路抢修时间为4小时）、非供暖季实现新能源本地全额消纳。华能河北公司投资约1900万元，在区域内一期建设分布式光伏5.1兆瓦，2023年底建设光伏达到10兆瓦，远期建设16兆瓦。通过优化光伏与储能配置，实现本地绿电供应，在光伏大发期将多余电能储存在本地，提升分布式光伏利用效率；为区域提供可靠的本地第二电源，在35千伏郭里口变电站进线故障导致全站停电的情况下实现无感并离网模式切换，减少用户停电次数，提高供电可靠性。同时在系统出力不足时，区域应具备一定的自平衡能力，提升系统安全性能与用户用电质量。

（三）示范成效

一是为新型电力系统形势下提升系统稳定水平提供了新思路。相较于传统火电机组，“新能源+储能”电站配置构网型逆变器一次调频响应起始速度提升约40倍，响应速度提升约270倍。结合电网发展需要，引导新能源场站明显改善涉网性能、独立储能合理选址定容，提升新能源占主体的新型电力系统安全稳定水平。

二是创新建设了电网友好型且具备主动支撑能力的微电网系统。创新应用储能变流器主动同步构网控制算法，有效解决传统电流源型储能变流器被动跟随控制算法惯量响应慢、缺乏电压频率主动支撑、无法实现无感并离网模式切换等问题。创新采用光纤同步和多主机备用的微秒级快速协调控制算法，解决了多变流器并联易出现环流、谐振等影响稳定运行的问题，实现了多变流器高可靠并联。针对大电网中大容量变压器投切冲击电流大的问题，创新应用储能变流器从零电压软启动建立电网电压，以6兆瓦储能实现35千伏50兆伏安配电网系统带载平滑黑启动。通过上述技术创新，实现最高电压等级（35 千伏）最大规模（6 兆瓦）电化学储能微电网系统无感并离网模式切换，系统切换过渡时间小于 20 毫秒，在大电网扰动时可主动为系统提供电压频率支撑。

三是提升主配微电网协调控制水平。针对多层级微电网群协调优化信息量大、集中调度复杂的问题，创新建立“自治优化—群间互济—分布协同”的调度体系，依托先进可再生能源功率和负荷需求预测技术，聚合各微电网内部源网荷储资源，上报联络线交互功率可调范围，在分布协同架构下，集群调控系统优化各微电网边界联络线交互功率，实现 35 千伏、10 千伏系统源网荷储多资源聚合联络线交互功率柔性调控，提升区域内新增光伏的就地消纳水平，与大电网年交互电量由 99%下降至 43%，远期可下降至 20%左右，并网联络线交互功率可根据电网运行需要趋近于 0，探索实现微电网自平衡的可行性。

四是通过更经济的手段为电网延伸困难地区提供可靠的第二电源。首创“台—线—站”多源多级自治组网灵活供电规划技术，实施替代性微电网工程建设，有效解决了传统新建线路方式造价高、施工运维难度大的问题，供电可靠性由 97%提升至 99%，探索了结合新能源消纳能力提升、提高城乡电网同质化发展水平的新思路，较常规电网改造方案节省投资约 1900 万元。

五　相关建议

综合利用政策、市场、技术手段释放微电网发展空间，是构建新型电力系统、提升电力系统灵活性与调节能力的最优解。河北可结合新型电力系统发展重点任务，坚持问题导向，因地制宜建设微电网，探索“不可能三角（绿色、经济、安全）”困局的破解之道，积极争取在市场等方面有所突破。

一是统筹微电网规划建设。建议能源主管部门以“双碳”目标下保障清洁能源消纳、电力系统安全可靠供电和全社会成本最优为目标，坚持政府主导、规划统筹，引导微电网合理布局，并纳入电网发展规划，实现微电网与大电网高效协同发展，持续推进微电网发展迭代升级。

二是推动完善价格机制。深化输配电价改革，优化输配电价结构，逐步推动将因电能替代引起的微电网输配电成本纳入输配电价回收。完善峰谷电价机制，引导具有蓄能特性的微电网项目参与削峰填谷，优化分时电价政策，适当拉大峰谷价差，延长低谷时长。

三是完善储能市场机制。推进储能市场化，推动构建统一、完善的电力市场，鼓励储能以独立市场主体身份参与市场化交易。加快推进容量市场建设，推动制定储能电价及补偿政策，充分发挥储能在削峰填谷、优化电能质量等方面的积极作用。

四是加强新技术研发应用。充分发挥智慧物联、人工智能、区块链、5G、数字孪生等新一代信息技术的赋能作用，持续完善和建设微电网数字基础设施，大力培育新业态新应用，培养建立具有国内领先水平的专业人才队伍，为微电网发展建设提供有力保障。

虚拟电厂技术前景及应用

摘　要： 虚拟电厂具有响应速度快、形式灵活、成本较低的巨大优势，对丰富需求侧管理手段、迅速响应负荷调节意义重大，能够实现“源随荷动”传统模式向“源荷互动”协同模式的深刻转变。本文分析了虚拟电厂的主要技术和试点开展情况，并结合发展形势提出适宜河北虚拟电厂建设的支持政策、市场机制、商业模式的建议。

一　虚拟电厂技术概要

1997 年，Shimon Awerbuch 首次提出虚拟电厂的概念，虚拟电厂并未改变每个分布式电源的并网方式，而是通过先进的控制、计量、通信等技术聚合分布式电源、储能系统、可控负荷、电动汽车等不同类型的分布式资源，并通过更高层面的软件构架实现多个分布式资源的协调优化运行，更有利于资源的合理优化配置及利用。

1997 年以来，虚拟电厂受到欧洲、北美地区、日本等的广泛关注，各地对虚拟电厂的研究侧重点也不一样。欧洲以分布式电源的聚合为主，参与电力市场交易，打造持续稳定发展的商业模式；北美地区的虚拟电厂主要基于需求响应发展，兼顾可再生能源的利用，希望通过自动需求响应和能效管理来提高综合能源的利用效率；日本侧重于用户侧储能和分布式电源，以参与需求响应为主。

经过 20 余年发展，政、学、产、研各界对虚拟电厂形成了较为统一的共性认识，即虚拟电厂通过先进信息通信技术和软件系统，实现分布式电源、储能系统、可控负荷、电动汽车等的聚合和协调优化，进而可以作为一个特殊电厂参与电力市场和电网运行的电源协调管理系统。

（一）虚拟电厂特点

对外，虚拟电厂具有类似常规火力发电机组的特性，可以作为一个特殊的发电厂运行，接受电网调度，参与电网运行；对内，虚拟电厂相当于一个综合能源管理系统，能够帮助用户进行能源管控，提升能源利用效率，降低用户用能成本。

与传统发电厂相比，虚拟电厂具有资产虚拟、主体多元、响应速度快、调控难度大等特点；与微电网、能效电厂相较，虚拟电厂不需要实际物理边界，更节能节电；与负荷聚合商相较，虚拟电厂更注重与大电网协调等底层逻辑，同时它也是市场化条件下实现需求响应的一种高级技术形式。

（二）虚拟电厂分类

按照构成元素，虚拟电厂可分为“负荷型”“电源型”“源网荷储一体化型”三大类。从功能的角度，虚拟电厂可分为商业型虚拟电厂和技术型虚拟电厂两类。

（三）虚拟电厂商业模式

目前在我国，虚拟电厂还处在商业模式的探索阶段。虚拟电厂的商业模式可以分为三个阶段，即邀约型阶段、市场型阶段、自主调度型阶段。从发展现状看，我国虚拟电厂项目多数处于邀约型阶段，开展的业务主要以邀约型需求响应为主，盈利模式来源于响应补贴。但是需求响应属于偶发交易，仅在电网供需调节存在困难时触发，具有交易频次不确定的特点，无法构成虚拟电厂运营商主要盈利模式。

（四）虚拟电厂分层架构

虚拟电厂分层架构主要包括云、管、边、端四个部分。云，即管控平台，与电网运营商、电力交易平台和边缘服务器互联，支撑资源管理、计划实施与运营交易。管，即通信网络，使用专网或公网，保障信息交互的安全性、准确性、时效性。边，即边缘服务器，进行信息汇聚分析、本地自治或根据上级平台生成调节控制策略。端，即监测与调控装置，采集电、热、环境参数，执行调节控制操作。

二　国内虚拟电厂发展形势

虚拟电厂是能源与信息技术深度融合的重要方向，可以将不同空间的资源聚合起来，实现自主协调优化控制，是参与电力系统运行和电力市场交易的智慧能源系统，是市场机制下源网荷储协调互动的有效实现形式。近期，国家与地方政策的陆续出台，为虚拟电厂建设与发展提供了良好的发展环境。

（一）虚拟电厂政策支持

2021 年 7 月，《关于加快推动新型储能发展的指导意见》提出，要积极探索智慧能源、虚拟电厂等商业模式。2022 年 2 月，《关于完善能源绿色低碳转型体制机制和政策措施的意见》提出，要支持用户侧储能、电动汽车充电设施、分布式发电等用户侧可调节资源，以及支持负荷聚合商、虚拟电厂运营商、综合能源服务商等参与电力市场交易和系统运行调节。2022 年 11 月，《电力现货市场基本规则（征求意见稿）》明确提出，做好调频、备用等辅助服务市场与现货市场的衔接，推动储能、分布式发电、负荷聚合商、虚拟电厂和新能源微电网等新兴市场主体参与交易。2023 年 1 月，国家发改委和国家能源局印发的《“十四五”现代能源体系规划》首次提出需求侧资源的发展目标，即到 2025 年，电力需求侧响应能力达到最大用电负荷的 3%~5%；大力提升电力负荷弹性，开展工业可调节负荷、楼宇空调负荷、大数据中心负荷、用户侧储能、新能源汽车与电网能量互动（V2G）等各类资源聚合的虚拟电厂示范。随后，北京、上海、山东等地密集发布虚拟电厂和需求响应实施细则，山西省更是印发了首份省级《虚拟电厂建设与运营管理实施方案》，明确了虚拟电厂类型、技术要求、建设与入市流程。

（二）国内典型虚拟电厂运营情况

国内虚拟电厂仍处于初级阶段，以试点示范为主。本文选取以下四个案例进行说明。一是深圳虚拟电厂。2022 年 8 月 26 日，深圳虚拟电厂管理中心成立，这是国内首家虚拟电厂管理中心，标志着深圳虚拟电厂迈入快速发展新阶段。该中心虚拟电厂管理平台采用“互联网+5G+智能网关”的先进通信技术，满足电网调度对聚合商平台实时调节指令、在线实时监控等技术要求，为用户侧可调节资源参与市场交易、负荷侧响应，实现电网削峰填谷提供坚强技术保障。二是上海虚拟电厂。上海虚拟电厂建设目前走在全国前列，并已初步具备了 100 万千瓦的发电能力。随着“智慧”和“减碳”理念的引入，虚拟电厂在规模化、双向调节负荷的能力更加凸显，今后将为上海加快建设“韧性城市”提供更多助力。三是山西虚拟电厂。2022 年 6 月，山西省能源局印发《虚拟电厂建设与运营管理实施方案》，为推进源网荷储协同互动、建立现货背景下的虚拟电厂市场化运营机制、充分挖掘系统灵活性调节能力和需求侧资源、提升系统运行效率和电源开发综合效益打下坚实基础。山西省首批由 9 家售电主体申报的 15 家虚拟电厂已建设完成，共聚合容量 184. 74 万千瓦，可调节容量 39. 2 万千瓦。四是冀北虚拟电厂。2019 年，冀北虚拟电厂示范工程落地运行，是我国首个以市场化方式运营的虚拟电厂工程。

（三）当前市场机制下虚拟电厂运营模式

一是虚拟电厂作为一个整体参与电力市场。虚拟电厂构成的电源、用户、储能目前均为单独计量、单独结算，在此条件下，虚拟电厂内部电量平衡按照现行交易结算规则执行，多余或不足部分电量参与外部市场交易。

二是虚拟电厂发用电资源分别参与电力市场。虚拟电厂通过聚合不具备参与市场调节的分散式储能、分布式光伏的条件，只能通过参与中长期市场、现货市场获得收益。考虑虚拟电厂内聚合现有的微电网储能，虚拟电厂主要获利方式为省内电力现货市场交易和绿电交易。

三是虚拟电厂参与需求响应市场。基于当前虚拟电厂参与需求响应市场的情况，虚拟电厂可以通过与用户分成获取收益。2025 年以后，随着电力供需达到平衡，通过需求侧响应市场获取收益的空间将逐步变小。此外，需求响应市场由政府主导，是一种被动的调节方式。

（四）虚拟电厂远期运营模式

一是绿电交易。分布式光伏暂不能独立参与绿电交易，由虚拟电厂聚合后可参与绿电交易。绿色环境权益价格约为 0.015 元/千瓦·时，可考虑将绿电用户和分布式光伏聚合在同一虚拟电厂中，进行绿电内部平衡。随着全社会绿电消费意识的提升，绿电交易规模将不断扩大，虚拟电厂通过聚合分布式光伏参与绿电交易获利的空间将继续增大。若现货市场开启，分布式光伏未全部入市，由于午间低谷时段价差过大，虚拟电厂内的用户可能会退出虚拟电厂，与集中式光伏进行绿电交易。这就需要推动现货与分布式光伏入市同时开展。

二是容量补偿机制或容量市场。随着电力市场建设的完善，河北南网建立容量补偿机制或容量市场后，虚拟电厂依靠自身的上调和下调能力，可类比储能、抽蓄收取容量费用或补偿。《国家发展改革委关于进一步完善抽水蓄能价格形成机制的意见》规定，可在成本调查基础上，对标行业先进水平合理确定核价参数，按照经营期定价法核定抽水蓄能容量电价，并随着省级电网输配电价监管周期同步调整。目前，国家发改委价格司尚未公布抽水蓄能容量电价。根据经验，抽水蓄能年度容量电费是工程本体总投资的 1/10。目前，尚无虚拟电厂容量确定的方法，电力现货市场规则暂无容量电价，需进一步深入研究。

三是虚拟电厂内部建立二级市场。虚拟电厂内部建立二级电力市场，依据聚合用户发用电特性及价格曲线，优化自身资源配置后，在批发市场申报运行日 96 点发、用电曲线购电，零售市场制定用户价格套餐售电，通过批发市场购电与零售市场售电的价差获取收益。但目前河北南网市场化零售合同限定了4类套餐，均实行分时电价政策。此种模式盈利空间不大。

四是辅助服务市场。随着辅助服务市场的发展，备用、爬坡、转动惯量等辅助服务交易品种慢慢出现，虚拟电厂的灵活调节能力将随着市场的不断完善拥有更多盈利空间。

三　河北建设虚拟电厂面临的问题

一是尚未出台虚拟电厂相关政策标准。各界对虚拟电厂的概念定义，缺乏统一认识。此外，河北还缺乏明确虚拟电厂应承担的责任和义务的政策细则，缺乏统一的建设标准和明确的并网调度规程。用户侧终端改造成本较高，成本回收有一定难度。

二是电力市场建设不完善。目前河北南网现货市场规则中虽明确了虚拟电厂的市场主体地位，但虚拟电厂的准入条件、注册条件、注册程序、权利及义务、运营管理、参与方式、退出方式等仍不明确，虚拟电厂参与电力市场路径仍不清晰。另外，辅助服务市场有待完善。现货市场连续试运行后，河北南网辅助服务市场仅有调频市场，虚拟电厂参与调频市场调度方式仍不明确。

三是发用一体化虚拟电厂缺乏商业模式。发用一体化虚拟电厂聚合发电侧、储能、用户侧灵活性资源，用户侧灵活性资源可通过参与需求响应市场获取一定收益，发电侧资源可通过调峰或调频市场获取一定收益，但储能参与市场尚没有政策支撑。发用一体化虚拟电厂作为一个整体参与电力市场，与发电侧、储能、用户侧单独参与电力市场相比，并不会有额外收益。

四　相关建议

一是出台专项政策，明确虚拟电厂市场定位。在国家层面出台全局性、系统性专项政策基础上，研究制定河北省指导性文件，统一规范虚拟电厂概念定义，进一步明确虚拟电厂作为电力市场参与主体、电网并网调度主体应具备的权利、责任和义务，引导虚拟电厂健康发展。

二是差异化明确准入标准。根据响应特性、响应时长、响应速度、容量规模等指标和技术特征分类，差异化明确虚拟电厂市场准入标准，明确虚拟电厂的准入条件、注册条件、注册程序、权利及义务、运营管理、参与方式、退出方式等。

三是完善配套市场体系，促进商业模式创新。结合虚拟电厂的聚合特性及灵活调节能力，完善调峰、调频等辅助服务市场的市场规则，丰富辅助服务交易品种。推动虚拟电厂以灵活方式参与中长期、现货各类市场化交易，充分激发虚拟电厂自身活力，促进商业模式创新。

四是探索建立相关激励机制。加强资金支持，设置终端灵活性改造补贴，提高虚拟电厂可调节能力，进而促进虚拟电厂的广泛运用和实践。

共享储能运行技术与模式研究

摘　要： 碳达峰、碳中和目标下，河北省可再生能源发展持续加速，新能源装机爆发式增长和送出形态的多样性给电网安全稳定运行带来了较大的挑战。为了促进大规模新能源并网消纳，抽水蓄能、压缩空气储能、电化学储能等灵活性调节资源的支撑作用日趋重要。本文对比分析了传统储能和共享储能运行方式的差异，在明确共享储能与源、网、荷互动互联过程的基础上，研判了配电网侧储能资源汇聚共享潜力，提出了适用于河北省电网的共享储能商业模式，并构建了兼具安全性和经济性的共享储能交易机制。

一　共享储能运行方式及汇聚潜力研究

（一）传统储能和共享储能的区别

储能可以显著提高风、光等可再生能源的消纳水平，促进能源生产消费，实现多能协同，是推动主体能源由化石能源转向可再生能源的关键技术，是构建能源互联网、推动电力体制改革和促进能源新业态发展的核心基础。近年来，储能及其相关应用在国家的大力扶持下得到了长足的发展。

随着一批储能项目的落地，储能系统面临缺乏协同统一调配、容量利用不充分等问题。共享经济概念的引入可以很好地解决储能发展面临的应用瓶颈，共享储能作为能源互联网背景下产生的新一代理念，具有分布广泛、应用灵活的优点，可以有效提升高渗透率下电网的稳定性和对新能源的消纳能力。2018 年以来，国家及地方多次发布共享储能政策以促进共享储能发展，加强新能源、电网与共享储能的互动互联，促进能源高效利用。

传统储能与共享储能对比如图 1 所示。传统储能运营模式如图 1 左侧部分所示，配套的储能项目往往仅服务于单一个体，各个电站的储能装置彼此没有直接的联系，商业模式简单、经济性较差。而共享储能借鉴共享经济概念，可将发电侧、电网侧、用户侧的储能电站视为一个整体，通过不同层级的电力装置相互联系、协调控制、整体管控，共同为区域内的新能源电站和电网提供电力辅助服务，共享储能运营模式如图 1 右侧部分所示。因此，共享储能可以满足多主体对储能的互补性与替代性需求，大大降低储能的投入成本，提高现有储能设备的利用率，实现储能装置的经济效益最大化，促进大规模清洁能源的并网消纳，为电网提供坚强支撑。

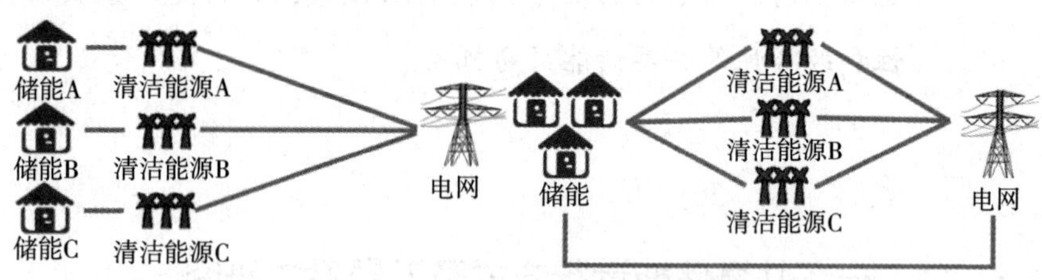

图 1　传统储能与共享储能对比

（二）共享储能与源、网、荷互动互联过程

在电源侧，风能和太阳能发电间歇性、不稳定性的特点对电网系统的稳定性和安全性带来较大的负面影响，截至 2022 年底，冀北电网新能源装机 3776.6 万千瓦，占全口径电源装机比重达到 59.4%，其中风电装机 2457.2 万千瓦，光伏装机 1319.4 万千瓦。共享储能可以快速响应电网系统对新能源出力的要求，实现功率动态调节，减少外部影响，有效实现新能源发电的调幅调频、平滑输出和计划跟踪，提高电网对新能源发电的消纳能力，有效解决弃风、弃光问题。

在电网侧，保证潮流不越限且电压维持在额定范围内，对电力系统安全稳定运行具有重要意义。接入储能可以有效缓解负荷高峰时期的供电紧张，同时通过选择合适的储能接入地点，可辅助实现系统调峰调频、改善线路电压分布并降低电网损耗。但电网对储能的需求仅在部分时段存在，若建设专用储能电站，大部分时间段内会存在闲置情况，经济性较差。而随着国家对储能产业的支持及储能技术的进步，共享储能的利用率不断提高，共享储能电站可以更好地提高电网经济性。

在用户侧，分时电价情况下各类工业、商业与居民用户的电力需求将随价格波动变化，若短期价格上涨，电力需求会相应下降。但一方面电能成本对大多数工业和居民用户而言仅占生产生活成本中很小一部分，另一方面由于电能具有“使用方便，容易获取”的特性，生产生活中对电能的依赖性较强，工业、商业与居民用户电力需求价格弹性较低。相较于在电价上升时减少用电需求，电力用户更倾向于在电价高时租用共享储能，通过峰谷价差套利服务提升用能经济性。储能充放电曲线及分时电价曲线如图 2 所示。

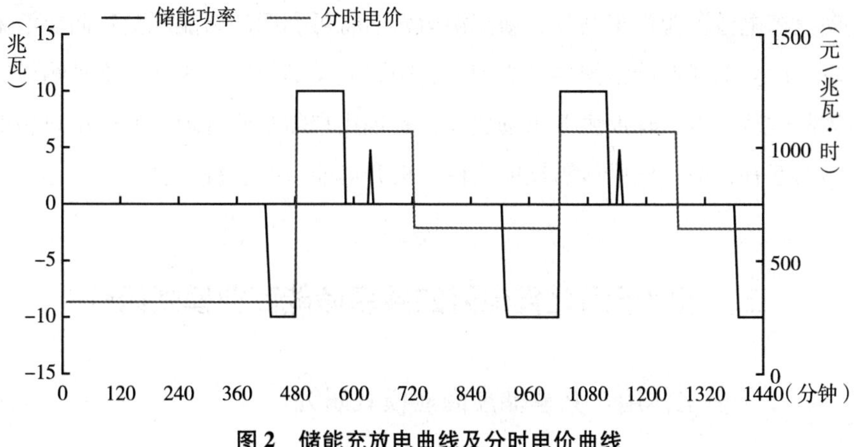

图 2　储能充放电曲线及分时电价曲线

（三）配电网侧储能资源汇聚共享潜力

配电网作为电力输送和分配的末端载体，承担了重要的输电、配电工作，是共享储能建设应用的主要场景。目前，配电侧可利用的储能资源主要包括台区储能设备、移动电源车、便携式应急电源设备、电动汽车和数据中心等。现阶段配电侧储能装机规模不断扩大，储能资源可能存在闲置情况，可将已建成的闲置储能资源汇聚共享，也可新建共享储能电站，整体布局，做到整个区域协调发展，提高系统运行效率。

以配电网中电动汽车和分布式光伏配置的储能系统为例，在这两种应用场景中，储能系统均具有闲余时段或闲余容量来参与电网的汇聚应用，具备一定的汇聚潜力。电动汽车中，通勤车辆使用规律性较强、储能汇聚潜力高，由于行程时间普遍集中在早上 5：00~8：00 和晚上 5：00~7：00，通常早于负荷高峰时段，可在高峰时为电网供能、非高峰时储能。而分布式光伏配置的储能系统在昼间需要平抑光伏出力波动或平衡光伏发电与用户负荷间的功率差额，仅在夜间分布式光伏无出力时段具有汇聚潜力。

若将分布式储能通过某种汇聚技术进行联合调控，存储局部电网调节余量，打破传统各个储能系统之间壁垒，有助于电网和发电行业进行联合运行调控，提高电能品质和储能系统利用率。例如，电动汽车聚合商将可利用的电动汽车电池资源汇聚共享，新能源运营商将可利用的新能源配置储能汇聚共享，以分散式储能汇聚共享为辅、集中式共享储能电站为主，推动响应电力体制改革下电力辅助服务市场建设，实现用户需求侧管理，通过用户用电行为的互补，缩小电网所需储能规模，提升储能系统经济性。

二　适用于河北省电网的共享储能商业模式研究

（一）多主体用户共享储能商业模式研究

根据投资主体的不同，储能技术的商业模式主要分为发电侧投资运营模式、电网侧投资运营模式、用户侧投资运营模式和第三方投资运营模式。前三种投资运营模式均从投资主体自身利益出发，收益来源单一，而第三方投资运营模式下投资者建设的储能装置可供多方同时使用、共同收益，并根据

“谁收益，谁付费”的原则收取相应服务费用。结合储能电站的多种应用场景以及共享储能理念下各利益方同储能电站投资方间的利益关系，从储能电站发挥最大经济价值的角度考虑，可以建立第三方投资运营模式，收益来源于政府方、设备方、常规机组方、电网方、新能源方以及用户方等（见图3）。

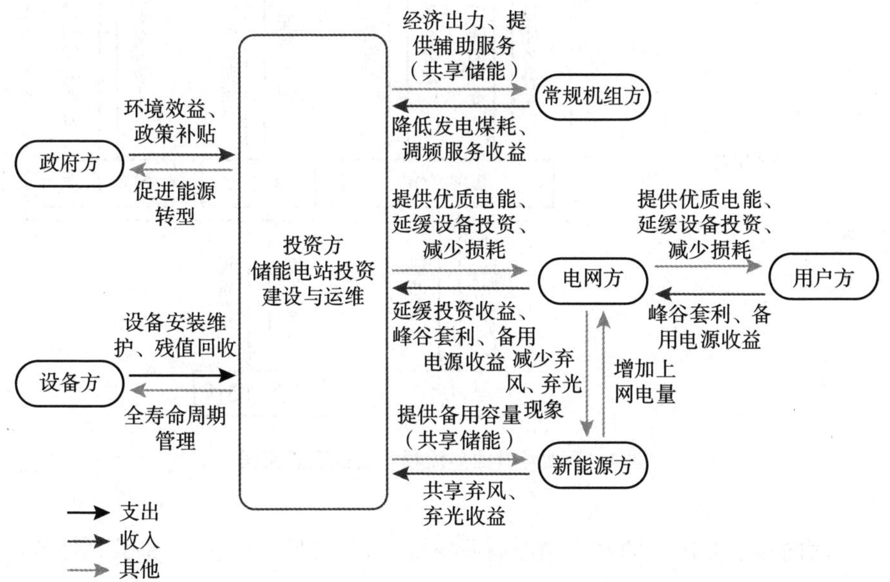

图3　第三方投资运营模式

目前，储能电站典型商业模式有两种，即合同能源管理模式和两部制电价模式。例如，河南电网百兆瓦级电池储能项目为合同能源管理模式，大连全钒液流电站则采用两部制电价政策。这两种商业模式虽然在一定条件下可以保证储能电站项目的收益，但由于利益方主体较少，难以实现储能多应用场景套利。考虑到共享储能系统在支撑电网安全稳定方面的特殊作用，可以以各参与方“利益共享、风险共担”为原则，建立一种“租赁+电利益分享”商业模式，并通过交易中心建设运营、信息通信网统筹管理，实现基于能源互联的共享储能规模化应用。商业运营业务流程和效益获取流程如图4所示。

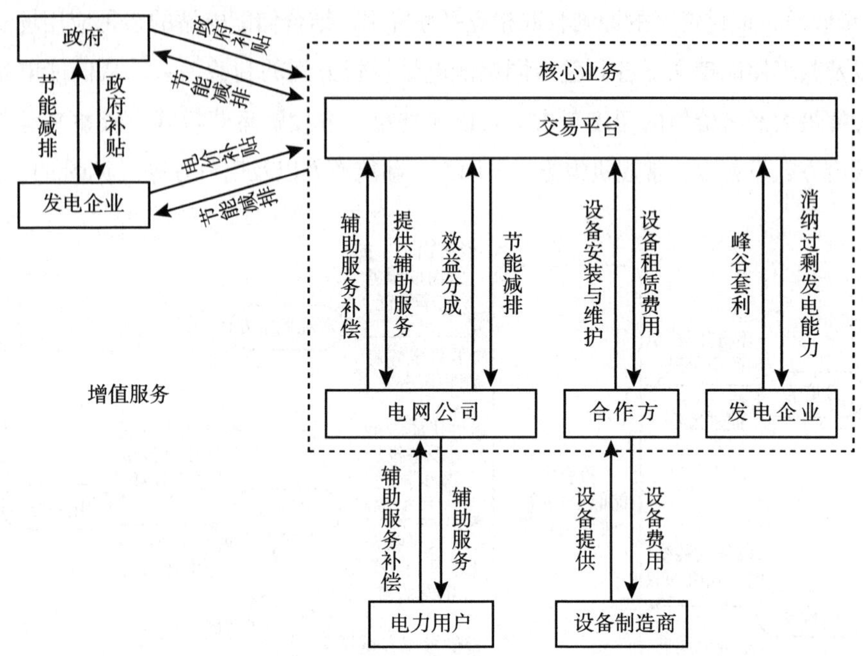

图 4　商业运营业务流程和效益获取流程

面向多主体用户的共享储能商业模式主要有以下特点。一是共享储能通过消纳弃风、弃光，低充高放协调多主体用户需求，提供调峰辅助服务，延缓设备投资，降低电网损耗，节约火电燃煤成本，政策补贴等方式创造价值；二是共享储能费用由提供者对储能设备的投资和运维成本决定，定价形式多样，可通过按容量、按放电电量和按服务套餐等方式收取，其中按服务套餐方式定价可以更好地运用价格杠杆，针对不同用户对储能服务提供时间和可靠性的不同要求，最大限度共享使用分布式储能资源，进而降低用能成本。

（二）提升安全性和经济性的共享储能交易机制

根据多主体用户参与的共享储能商业模式，可构建与之相适应的交易机制。具体而言，共享储能供给方组织闲置储能资源构成共享储能资源供给池，需求方发布储能资源需求信息构成共享储能资源需求池，利用平台进行价格匹配，供给方通过电力网络向需求方提供点对点服务。其中，共享储能资源供给池主要包括共享储能厂站、新能源电站配置储能的闲置容量、电动汽车电池闲置容量、其他储能等。共享储能购买方主要为需要减少弃风、弃光的新能源电站，需要调峰调频的电网，需要峰谷价差套利的工商业用户等。产消者通过点对点交易可以直接参与市场，从而实现能源共享和局部供需平衡，提高产消者参与市场的主动性，相较于将过剩的电能通过第三方直接输送给主网，这种方式可以更有效地提高用户侧资源的灵活性和经济性。

在提升安全性方面，当前电力交易大部分是通过交易中心实现全过程的管控，管控过度中心化特性导致参与交易主体信息不对称，难以保证各主体参与交易的公平性。同时，因中心机构掌控所有用户交易资料、数据，中心数据库一旦遭受恶意攻击和篡改将造成用户隐私泄露等严重问题。因此，共享储能交易可利用交易平台存储交易信息，交易平台根据交易双方提交的购售电信息进行撮合，成功撮合购电方与售电方签订合同，交易过程无须通过中心机构，中心机构仅负责安全校核与阻塞管理，从而极大地提升交易的安全性。

在提升经济性方面，主要有两点。一是改进支付机制。在实际电力交割后，通过将智能电表数据实时上传至交易平台来保障计量的准确性，验证通过后执行交易价值清算、完成资金转移。二是引入惩罚机制，对各方违约行为进行惩罚。如果共享储能违约，则扣除其部分保证金；如果购电方违约，则通过扣减信用分值以及追加信用惩罚费用对其进行惩罚；如果交易双方出现了违约情况，无法按合同完成电量转移、消纳，则可向第三方发起仲裁申请，维护自身合法权益。

（三）共享储能实时交易平台建设架构探索

实时交易平台是共享储能商业模式建设的核心，为实现储能资源的多主体高效共享，实时交易平台需要满足注册登录、市场报价、购电售电和查询管理四大使用需求。在需求导向下，共享储能实时交易平台可自下而上分为五层，底层为基础层，包括硬件设施和通信设备；第二层为网络层，主要是用于共享储能交易在网络上的实际执行；第三层为合约层，通过智能合约的形式实现逻辑功能；第四层为信息层，用于在服务层和合约层之间实现信息交互；第五层为服务层，实现用户管理、电能交易、支付管理、账户管理四个模块的功能。

其中，合约层是实现共享储能实时交易的逻辑核心，是进行交易的最终决策规则。平台通过网络绑定智能电表来读取电表数据，通过调用合约函数来实现能源交易和转移的逻辑功能。通过平台用户参与交易的阶段，设计报价函数、交易撮合函数、数据处理函数、交易结算函数、奖惩激励函数共五个功能函数来实现兼具安全性和经济性的共享储能实时交易。智能合约内部逻辑设计如图5所示。

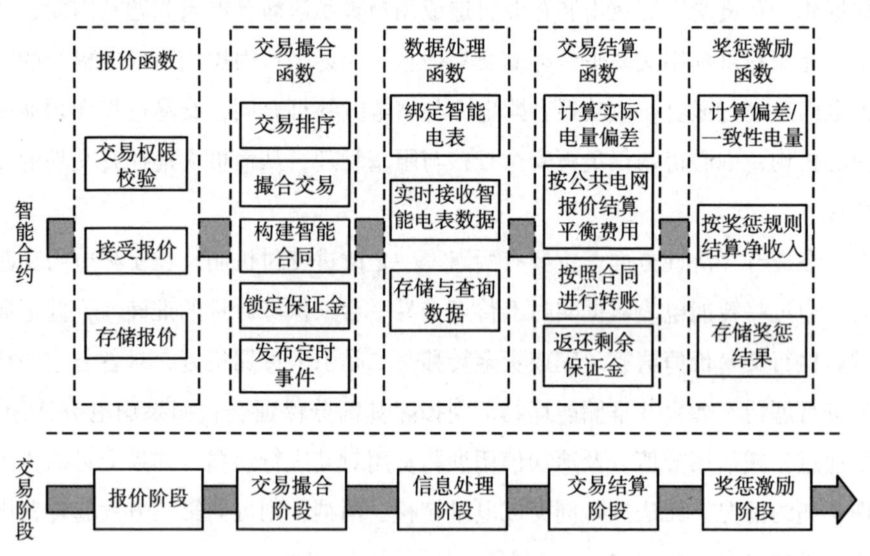

图5　智能合约内部逻辑设计

三　河北省共享储能发展建议

第一，完善政策机制建设，筑牢储能产业基础。目前共享储能电站建设、参与电力市场规则、租赁服务价格机制等方面缺乏明确的政策支持、技术标准以及交易机制。建议进一步完善共享储能设备并网运行相关标准和安全规范的制定，面向共享储能主要应用场景，编制针对性规程规范，提高系统的安全性、可靠性及综合效益。

第二，完善现货市场建设，鼓励第三方投资共享储能。河北省新能源装机规模大、消纳要求高，未来辅助服务市场规则与电能量市场挂钩，调峰、备用与现货市场实现联合优化出清，建议完善共享储能参与现货市场和辅助服务市场的交易机制，鼓励第三方投资建设共享储能，并通过“租赁+电利益分享”商业模式实现储能电站可持续发展。

第三，完善融资体系建设，提升储能发展新价值。随着主体的不断加入，共享储能商业模式长远健康运行需要多元化、多渠道、多产品的融资体系。建议开创完善新型金融服务模式，促进产融结合，将共享储能建设融入河北省经济社会环境发展，实现经济效益、社会效益、生态效益的有机统一。

第六篇　深化能源体制机制改革

河北南网新能源入市机制研究

摘　要： 我国电力市场多元竞争的格局初步形成，市场在资源配置中的作用逐步增强，但我国电力市场还存在市场交易体系不完善等问题。本文针对当前新能源参与电力市场的必要性、国内新能源已参与市场省份的基本情况、新能源参与中长期交易及电力现货市场机制、各类型新能源参与电力市场面临的关键问题等进行分析，探索研究新能源参与中长期交易及电力现货市场方案，从而提出相关建议。

一　新能源参与电力市场的必要性

（一）支持政策陆续出台，新能源入市进程逐步提速

新能源入市政策的推动力持续增强。2020 年以来，国家相关部委陆续

发布《关于建立健全可再生能源电力消纳保障机制的通知》《关于进一步做好电力现货市场建设试点工作的通知》《关于加快建设全国统一电力市场体系的指导意见》等文件，提出鼓励和支持新能源稳妥、自愿参与市场交易，并在消纳考核、保障性收购、绿证交易、中长期与现货制度设计等方面给予保障。

我国半数以上省份的新能源已参与市场交易。按照中国电工技术学会统计，全国已有20多个省（区、市）的新能源参与到电力市场化交易中。宁夏回族自治区、陕西省、内蒙古自治区等陆续出台政策，明确新能源参与电力市场化交易，保障收购小时数外的电量基本通过市场交易消纳；青海省、云南省等的新能源发电已经全部市场化；甘肃省、宁夏回族自治区等的市场化比例超过了50%；山西省、甘肃省、山东省已经将新能源纳入电力现货交易范畴；江苏省、上海市等第二批试点区域正在积极推动新能源进入现货市场。

（二）市场供需不平衡，亟须拓展市场化交易电源

市场化发电量、市场用户用电量不匹配问题凸显。从总量上看，部分月份市场化发电量难以满足市场用户用电量需求，尤其是春秋季较为明显。外购电量和新能源发电量较大，且优先消纳，挤占了市场化煤电机组的发电空间，出现市场化电量月度总量“击穿”。从时段上看，外购电、新能源消纳优先级高于煤电，在新能源发电量较大时段，煤电机组需降低出力保障新能源消纳，夜间（02：00~05：00）与白天（08：00~16：00）易出现市场化发用电负荷不匹配的问题。春秋季，新能源发电条件较好，不匹配问题更为突出，极易形成市场化电量时段性“击穿”。

从长期来看，外购电量随输电通道的建设而增加，新能源发电量随装机规模的扩大而增加，网内燃煤机组发电量受到双重挤压，发电量将越来越低；而电网代理购电用户受政策要求不断转移至市场交易，致使市场化交易电量规模不断扩大。燃煤机组发电与市场交易规模的变化将导致月度、时段市场化电量“击穿”情况频繁出现，甚至出现年度市场化电量“击穿”情况。总体来看，用户急需新能源作为新的市场化电量来源，以满足用电需求。

（三）调峰能力不足，需要引导调峰资源加快配置

初步测算，2025 年，河北南网调峰能力缺口超过 2000 万千瓦，但储能建设、火电灵活性改造等项目由于收益模式不清晰，发展积极性不足。新能源入市后，一是促进新能源配套储能建设，部分新能源入市电量可通过储能实现时空转移，获得更大的峰谷价差与利润空间。二是提升火电灵活性改造的积极性，火电机组可通过主动调峰等方式增加收益，若全部并网煤电机组进行灵活性改造，非供热期与供热期调峰能力将分别提升至 727 万千瓦与 584 万千瓦。三是加快其他调峰资源配置，提供调峰调频服务的电网侧独立储能、需求侧响应负荷的收益空间将增加，可进一步减轻调峰压力，同时提高尖峰时段电力供应能力。

（四）新能源成为市场主体，将有效疏导不平衡资金

发电、用电两侧市场化规模不匹配，市场化发电量无法实时覆盖市场化用电量时，将产生不平衡资金。新能源入市后，将降低发用不匹配电量，从而有效降低不平衡资金。

第一批现货试点中，山西省、甘肃省、山东省三个试点新能源消纳形势严峻，在现货市场设计中均考虑了新能源入市。

山西省新能源入市情况。新能源入市方式方面，山西省新能源采用了“以优购、定优发”原则来分配发电量，即调度优先安排水电、自备电厂电量，满足居民、农业用电，剩余优发空间分配给新能源，新能源预测出力超过优发空间以及实际出力偏差的部分参与现货市场。新能源目前采取“报量不报价”的方式参与市场，保证优先出清。

甘肃省新能源入市情况。新能源入市方式方面，甘肃省新能源以“报量报价”方式参与市场。在日前市场，新能源报送次日出力预测曲线作为其中长期结算曲线，调度机构通过调节火电中长期结算曲线，保证每个时刻申报的中长期发电量与用电量匹配，避免不平衡资金，分时电量在火电企业之间等比例分摊。在实时市场，允许新能源发电企业依据超短期预测日内数据进

行二次报价，同时创新开发新能源辅助调频功能来解决新能源发电预测偏差的问题。

山东省新能源入市情况。山东省新能源自愿与非自愿参与机组分别以全电量、出力的10%参与现货市场。新能源（不含扶贫光伏）按照自愿原则参与中长期市场，参与中长期交易的电站全电量参与现货市场，未参与的电站按照预测出力的10%参与现货市场。新能源日前市场总出清曲线（由日前市场出清曲线及90%预测出力曲线叠加而成）与90%实际发电曲线的偏差部分按照日前市场价格结算，实际发电曲线与日前市场总出清曲线的偏差部分按照实时市场价格结算。但参与现货的结算电量对应居民、农业，并未对应入市用户，并非真正意义上的市场化电量。

二　新能源参与电力市场机制分析

（一）参与机组范围

1. 分布式电源暂不具备参与市场条件

客观原因主要有四点。一是入市机制不完善。和过网费、交叉补贴、辅助服务等相关的核心问题尚未厘清。二是主体数量过于庞大。例如，目前河北南网分布式电源注册主体共计50.84万个，每个分布式电源作为一个市场主体，开展交易组织和结算存在一定的难度。三是调控手段缺乏。调度暂时无法做到分布式电源的实时可观、可测、可控，入市存在技术障碍。四是不具备入市经验。新能源入市省份均未考虑分布式电源参与电力市场交易，入市经验不足。

主观原因主要有两点。一是涉及利益复杂。入市后的收益变化易引起投资商、屋顶业主等利益主体间纠纷。二是参与市场意愿及能力不足。分布式电源主体对电力市场调控策略和交易模式认知程度低，参与度和执行度难以保障。

从长远考虑，若分布式电源装机容量达到一定规模后，应适时考虑采用聚合体方式参与电力市场。

2. 扶贫光伏暂不进入电力市场

保收益与市场波动存在矛盾。参考近年来各地市场情况，新能源入市后收益均有不同程度的降低，现货市场运行地区该现象更为明显。若其参与市场后收益下降，将难以保障扶贫户年基本收入，存在一定的风险。

3. 集中式新能源可自愿有序入市

（1）入市机组

首批进入电力市场的新能源电站以集中式方式接入新能源项目（不含扶贫光伏）。按照国家规定，新能源入市应以自愿为前提，分批次有序推进市场化进程。

目前，符合河北南网入市条件的新能源场站容量为1256.93万千瓦，其中，集中式风电为399.59万千瓦、集中式光伏发电为857.34万千瓦，年上网电量可达到188亿千瓦·时。

（2）补贴条件

从政策要求来看，国家相关部门陆续出台《可再生能源电价附加补助资金管理办法》《关于促进非水可再生能源发电健康发展的若干意见》《关于促进非水可再生能源发电健康发展的若干意见》等文件，明确纳入可再生能源发电补贴清单范围的项目，未超出全生命周期合理利用小时数时，按可再生能源发电项目实际发电量给予补贴。

从实践经验来看，山西省新能源入市后补贴资金与保障性收购部分保持一致，山东省对现货市场电量也进行了补贴。

若新能源企业入市后执行差别化补贴标准或削减其电量补贴，则会减弱新能源企业入市积极性及主动性。因此本文建议河北南网新能源入市电量与保障性收购电量补贴标准一致。

（3）绿证交易

补贴与绿证存在互斥关系。《北京电力交易中心绿色电力交易实施细则》明确，已纳入国家可再生能源电价附加补助政策范围内的风电和光伏发电电量可自愿参与绿色电力交易，其绿色电力交易电量不计入合理利用小时数，不享受补贴。

（二）中长期分时段交易入市方案

基于试点省份经验和河北南网实际，河北省可以综合考虑以下四种新能源参与市场方案（见表1）。

表 1　河北南网新能源参与电力现货市场中长期交易方案

序号	参与方式	基本思路	方案分析
方案一	基于消纳责任权重分配至市场化用户	按消纳责任权重指标，强制安排市场化用户需购买的新能源电量。2021年河北非水可再生能源消纳责任权重为16%	河北省能够完成新能源消纳责任权重指标，河北南网无单独的消纳责任权重。实施无政策依据
方案二	基于均衡保障消纳入市（冀北模式）	政府设置保障性收购年利用小时数，或者明确保障性收购比例，保障性收购外的新能源电量参与市场化交易	新能源企业在部分保障消纳基础上入市更易接受。但国家已停止核定保障性收购利用小时数，难以获取政策支持
方案三	以固定比例入市	执行国家政策明确的比例或政府核定的其他比例	设计简单，有相应政策支撑，易被各方主体接受，且易与现货市场相衔接。但全年执行固定比例，难以适应分月的差异化需求
方案四	解决市场"击穿"电量，月度滚动调整新能源入市电量及比例	月前预测"击穿"电量及新能源发电出力，以"击穿"电量确定新能源入市电量，入市电量在满足入市条件的新能源场站中等比例分摊	可以消除月度"击穿"电量，但入市电量依赖于预测数值，预测数值不准确直接影响"击穿"电量。新能源入市电量的确定较为灵活，缺少相应监管。交易模式无法与现货交易相衔接

综合来看，方案一、方案二受政策制约实施难度较大，因此本文选取方案三、方案四来开展具体分析。

1. 方案三

（1）方案设计

《关于进一步做好电力现货市场建设试点工作的通知》规定，引导新能源项目以10%的预计当期电量通过市场化交易竞争上网，建议新能源入市电量执行国家政策明确的比例或政府核定的其他比例。

在交易环节，为防止新能源场站对市场交易、盈利模式等认知不清晰，初期建议符合条件的新能源场站年度、月度均以固定比例电量参与市场，且各分时段电量执行统一入市比例。随着新能源场站对电力市场盈利模式的认知不断清晰，适时组织自愿入市的新能源场站全电量参与市场，其余满足入市条件的新能源场站则以一定比例参与市场。新能源企业以场站为单元参与年度、月度、旬、周、多日交易。年度交易采用双边协商方式，且规定高比例签约；通过月度集中竞价、月内滚动撮合及上下调完成剩余电量交易，减小电量偏差。新能源场站与火电机组间暂不开展合同转让、回购等二级市场交易。已入市新能源场站原则上不得退出电力市场。

在结算环节，按照“照付不议、偏差结算”原则开展。新能源场站实际市场化电量，由当月实际上网电量与市场化交易比例的乘积确定。市场化电量执行中长期市场交易价格，其余上网电量为优先电量，执行政府定价。交易合同按照约定电量、电价全额结算，实际执行的市场化电量与交易合同偏差按照现行偏差机制结算。

在入市时机环节上，考虑交易峰谷时段进行调整，建议在调整后组织新能源入市。主要考虑的是，在现行时段下，光伏场站峰段和平段电量比重较大，入市后较入市前收益增加，但时段调整后，峰段和平段电量比重下降，入市后较入市前收益降低。为避免收益大幅波动而导致光伏企业非议，建议新能源在时段调整后入市。

（2）方案测算

①社会效益

有效降低“击穿”电量。按照方案三测算，能够有效解决市场化电量“击穿”问题，但在个别月份、个别时段新能源入市电量无法完全覆盖“击穿”电量。按照2022年4月数据测算，高峰、平段、谷段“击穿”电量分别为0.34亿千瓦·时、0.81亿千瓦·时、2.1亿千瓦·时。若新能源入市比例为10%，峰平谷“击穿”电量分别减少0.84亿千瓦·时、0.71亿千瓦·时、0.47亿千瓦·时，平段及谷段无法完全覆盖“击穿”电量。若完全解决2022年不同月份电量“击穿”问题，当年新能源入市比例需提高到

20%左右。本文依据 2022 年春季电力市场预测结果，对照分月新能源出力及居民、农业电量等数据，计算 2022 年分月“击穿”电量。经过测算，2022 年 4 月、5 月、9 月、10 月、11 月存在市场化电量“击穿”问题，新能源入市比例分别为 12.48%、16.77%、5.59%、11.93%、7.75%。

②市场主体利益变化

光伏企业收益上升。目前，相关部门正在研究与出台同负荷时段一致的交易时段。以现阶段时段划分来看，光伏企业尖、峰、平、谷电量比例分别为 5.5%、48.5%、43.01%、2.97%；时段划分调整后光伏企业尖、峰、平、谷电量比例分别为 1.16%、4.93%、24.15%、69.76%。目前，光伏入市部分可增加度电收益 0.192 元，时段划分调整后，光伏峰、平段电量比例下降 66.8 个百分点，光伏入市部分减少度电收益 0.065 元。

风电企业收益稳中有升。以现阶段时段划分来看，风电企业尖、峰、平、谷电量比例为 4.18%、25.89%、32.13%、37.80%；时段划分调整后风电企业尖、峰、平、谷电量比例分别为 3.97%、29.79%、35.97%、30.27%。目前，风电入市部分可增加度电收益 0.062 元，时段划分调整后，风电峰、平段电量比例上升 7.53 个百分点，风电入市部分可增加度电收益 0.086 元。

火电机组收益下降不明显。新能源入市初期，由于其入市电量比例较小，市场边际出清价格仍由火电机组决定，新能源入市电量对市场价格几乎没有影响，但新能源入市电量易挤占部分火电发电空间，调峰困难时段发电量进一步压缩，导致火电机组收益略有下降，但下降趋势不明显。

代理购电用户用能成本略有上升。以现阶段时段划分来看，代理购电用户的价格上升 0.0032 元/千瓦·时；时段划分调整后，价格上升 0.00025 元/千瓦·时。新能源入市前后，批发及零售用户由于用电特性的持续性及用电价格的稳定性，用电成本基本不变。考虑 2022 年 6 月后代理购电价格与市场化价格拉平，代理购电价格上浮空间可完全覆盖交易带来的电价提升。

（3）方案分析

方案优点方面。一是政策依据充足，新能源按固定比例入市，市场主体分歧意见小，执行难度小。二是满足市场用户需求，对市场化用户用电成本基本没有影响，且后续随着时段划分调整及现货市场实施，市场化用户用能成本将逐步降低。三是促进新能源场站储能配置，时段划分后，光伏收益下降，将加快储能配置，将低谷电量转移至高峰时段。四是交易模式无缝衔接现货交易，为新能源参与电力现货市场奠定基础。

方案缺点方面。一是入市电量不能完全覆盖“击穿”电量。“击穿”电量在不同月份存在明显差异，个别月份入市电量与“击穿”电量不匹配。二是市场主体收益变化随时段调整波动，可能在短期内引起市场主体非议。

2. 方案四

（1）方案设计

在交易环节，方案四需月前预测网内“击穿”电量规模以及新能源场站电力电量规模，以“击穿”电量确定新能源入市电量及比例。月度交易开展前，通过交易公告发布次月新能源入市电量及比例。方案四除无法参与年度交易且入市比例需月前滚动调整外，其余交易环节与方案三保持一致。

在结算环节，与方案三结算原则一致。

（2）方案测算

电量“击穿”主要原因为新能源大发挤占燃煤机组发电空间，导致燃煤机组在发电能力充足的情况下发电空间不足。新能源进入电力市场后，能够有效解决电量“击穿”问题，且优先发电计划电量能够完全满足优先购电用电需求。

经过测算，2022年4月、5月、9月、10月、11月存在市场化电量“击穿”问题，新能源入市比例分别为12.48%、16.77%、5.59%、11.93%、7.75%。

在主体利益分配方面，新能源入市后，以现阶段时段划分来看，光伏发电、风电收益有所增加，火电收益变化不明显，用户用电价格上升不明显。时段划分调整后，光伏发电收益略有下降，风电收益有所上升，用户用电价格上升不明显。市场化主体利益变化与方案三一致。

（3）方案分析

方案优点方面。从月度范畴解决了市场化电量“击穿”问题，以月度滚动方式调整新能源入市比例，能够有效实现市场化电量发用平衡，且对市场化用户用电成本基本没有影响。

方案缺点方面。一是年度交易电量无法组织，月前预测的交易方式导致新能源场站无法确定年度交易规模。二是与现货阶段衔接存在一定困难。现货市场中各月、日前及实时市场入市比例不一致，导致市场分歧较大。三是无电量“击穿”月份不组织交易，导致市场无法连续运行，不符合连续开市交易的要求。四是对月度预测准确度要求较高，否则将难以达到消除“击穿”电量的目标。

3. 方案比选

以上两种新能源入市方案均以优先保障新能源消纳为基础，新能源作为市场主体参与中长期市场，在时段性发用电量不匹配的情况下，缓解或消除“击穿”电量。从利益分配来看，两种方案市场主体利益分配结果相似。

综合来看，方案四虽然较为准确地消除了“击穿”电量，但是月度交易缺乏统一执行标准，且入市比例受预测结果影响较大，与后续现货市场机制缺乏衔接。本文建议推荐方案三作为新能源参与中长期市场的交易方案，并在交易峰谷时段调整后实施。

（三）电力现货市场参与方案

结合中长期交易方式，本文提出河北南网新能源参与电力现货市场的四种方案（见表2）。

表2　河北南网新能源参与电力现货市场方案

序号	参与方式	基本思路	方案分析
方案一	按照消纳责任权重，强制所有市场化用户购买一定量的新能源发电量	基于消纳责任权重，分解市场化用户购买的新能源发电，由市场化用户强制购买这部分新能源发电	同中长期交易方案一
方案二	按照保障性利用小时数，确定保障性收购比例，超出部分进入现货市场	政府设置保障性收购小时数，保障性收购外的新能源发电参与现货交易	同中长期交易方案二

续表

序号	参与方式	基本思路	方案分析
方案三	自愿入市与固定比例入市相结合，动态调整年度入市比例	自愿入市的新能源全量入市，未自愿入市的新能源由政府逐年核定一定比例的电量入市，入市比例年度动态调整，逐步提高比例	降低不平衡资金，提高新能源消纳率。有政策依据，推行难度较小
方案四	优发与优购电量规模匹配，剩余部分新能源电量全部入市	按照居民、农业用电优先由新能源和外购电满足，优发之外的新能源发电量参与现货交易	基本消除不平衡资金，但河北南网优发远大于优购，可能导致外购电入市

1. 方案一

该方案需根据国家下达的年度最低消纳责任权重指标，在河北南网和冀北电网之间科学分解河北省年度总量，按照消纳责任权重由电网公司全额收购可再生能源电量，再通过电力市场向所有市场化用户进行强制分配的方式进行分摊。缺点与中长期交易方案一的缺点一致。

2. 方案二

在该方案下，由政府下达新能源年度保障利用小时数。新能源企业按照部分保障性收购小时数，超出部分以参与电力现货市场的方式进入市场。缺点与中长期交易方案二的缺点一致。

3. 方案三

在该方案下，按照“自愿入市+政府逐年核定比例”的方式推进新能源入市。先按照自愿入市的方式，鼓励自愿入市的新能源发电全电量入市，针对未自愿入市的新能源，由政府逐年核定一定比例的发电量入市，初期可以设置较低的入市比例。随着市场建设逐渐成熟、市场主体对市场规则逐渐熟悉，新能源入市比例逐年提高，直至新能源完全进入市场。

（1）方案设计

在年度范畴，推动自愿入市的新能源发电全电量入市，针对未自愿入市的新能源，政府按照一定比例推动其入市（初期可按照国家发改委规定的10%）。新能源入市的电量全部参与中长期市场交易，签订年度中长期分时段交易合同，并且高比例签约。在月度范畴，按照中长期交易时间安排，参加月度、旬、周、多日交易。

在日前市场，入市新能源以“报量报价”方式参与市场，当系统负荷低于火电机组技术最小出力与优先发电之和时，现货价格可以按照新能源报价作为边际价格出清，现货出清的系统范围进一步扩大。

在实时市场，新能源按超短期预测出力（提前2小时申报出力预测曲线）参与实时市场出清。在新能源弃限电时段，在确定的状态下，充分考虑发电机组最小出力、通道约束等各类安全约束条件以及发电机组停机成本，安排新能源弃限。

在结算环节，按照差价合约方式进行结算，进入现货市场的新能源电量按照现货市场价格进行偏差结算，未进入市场部分的电量按照政府批复电价进行结算。同步建立对新能源预测偏差考核机制，促使新能源提升预测精度。

（2）方案测算

本文以2022年河北南网春季、冬季、夏季三个典型日①的购售电量数据和山东电网对应日的现货电价为基准开展测算，按照典型日96点市场化购售曲线计算各时段不平衡电量，套用山东现货结算价格②，不平衡电量与现货价格的乘积为典型日不平衡资金量。按春秋185天、冬夏各90天计算全年不平衡资金规模。为科学评估不同比例新能源入市带来的影响，测算了三种新能源入市比例下的影响，分别为30%（高方案）、20%（中方案）和10%（低方案）。不同新能源入市比例测算结果如表3所示。

① 分别为4月11日、1月11日、6月11日。

② 由于河北南网现货市场尚未开展试运行，无可供参考价格，本文参照山东现货结算价格，数据取自山东现货市场结算试运行的工作日报。

表 3　不同新能源入市比例测算结果

入市比例	新能源入市电量（亿千瓦·时）	新能源收入降低（亿元）	新能源电价水平降低（元/兆瓦·时）	现货市场电价降低水平（元/兆瓦·时）	不平衡资金规模（亿元）
30%（高方案）	56.01	5.85	31.32	2.96	63.02
20%（中方案）	37.34	3.90	20.88	1.99	76.51
10%（低方案）	18.67	1.95	10.44	1.01	90.00

从测算结果来看，通过逐步提高新能源发电的入市比例，可以有效降低电力现货市场价格水平，缩小不平衡资金规模，具体分析如下。

新能源企业收益明显收窄。随着进入现货市场交易的电量比例逐步提高，由于新能源发电主要集中在低谷时段，导致新能源发电利润收窄，并促使新能源发电逐步提升发电预测精度，倒逼加快储能配置。

不平衡资金规模缩小。随着新能源入市比例的提高，市场化发、用电量匹配程度提高，不平衡资金规模随之缩小。

现货市场电价水平有所降低。市场化用户一方面可以从现货市场上购买更多的低价新能源电量，另一方面随着新能源入市比例的提升，不平衡资金规模缩小，需分摊的不平衡资金减少。保障性用户按照政府规定的目录电价缴纳电费，新能源入市比例对其利益无影响。

（3）方案分析

方案优点方面，一是降低了现货市场电价水平，利用新能源低谷时段大发且价格偏低的特点，防范火电企业滥用市场，降低了市场化用户的用能成本；二是市场化发用电量匹配程度更高，缩小了不平衡资金规模；三是将倒逼新能源加快储能配置，获取高峰电价收益，从而减少调峰压力；四是提高了新能源消纳率，新能源大发时段现货价格大幅降低，将使火电机组主动降低出力而提升新能源消纳。

方案缺点为新能源收益降低，可能造成初期未配置储能的新能源主体参与意愿较低。

4. 方案四

在该方案下，按照居民、农业用电量确定优发电量，优发电量在外购电和新能源发电之间等比例分解，超出优发电量的新能源发电量以参与现货市场的方式开展新能源入市工作。

在一定时期内，该方式不适用于河北南网。主要原因是河北南网优发电量远大于优购电量，按此模式，除新能源全部入市外，也将导致外购电量入市。2022 年河北南网网内新能源发电量约为 380 亿千瓦·时，外购电量约为 939.6 亿千瓦·时，而保障性用户用电量约为 719.4 亿千瓦·时，如果采用优购定优发模式，将导致外购电量直接参与市场交易。

三　结论与建议

（一）主要结论

第一，明确了新能源入市范围和条件。推动网内风电、集中式光伏（不含扶贫光伏）、与集中式光伏接入技术条件一致的分布式光伏等市场主体自愿入市。为了避免形成隔墙售电，建议与集中式光伏接入技术条件一致的分布式光伏不得与批发用户开展交易，并在峰谷时段调整后开市。同时，市场化电量部分利用小时数纳入全生命周期合理利用小时数考虑，补贴政策不随入市改变，为全电量入市做准备。

第二，中长期分时段交易市场条件下，按年核定的 10%固定比例或政府核定的比例推动新能源有序入市。10%固定比例遵循了国家政策，方案可行性强，政策争取难度较低，能够缓解市场化电量“击穿”问题，保障市场化用电需求，且与现货市场形成有效衔接。

第三，现货市场条件下，建议按照“自愿入市+政府逐年核定比例”的方式推动新能源入市。自愿入市机组全电量、非自愿机组核定电量比例入市模式，具有可操作性和实践经验。年度动态调整入市比例、“报量报价”等，能够降低市场化用户的用能成本，缩小不平衡资金规模。

（二）相关建议

一是逐步建立新能源入市与绿证、碳证相结合的市场机制，除电能量市场外，拓展新能源企业在其他市场的收益来源。二是进一步推动新能源参与省间现货交易，降低弃限电量，通过省间现货提高新能源企业收益。三是加快储能参与电力市场研究工作，建立电能量市场、容量市场和辅助服务市场协调发展的市场机制，充分发挥储能作用，提高新能源消纳率。四是加快研究容量市场建设，保证入市火电机组基本收益，提高火电机组运行的积极性，保障电力供应。

河北省新型储能市场机制研究

摘　要： 2022 年 5 月，国家发改委发布《关于进一步推动新型储能参与电力市场和调度运用的通知》，进一步明确新型储能市场主体地位，新型储能顶层规划逐步清晰。本文分析了我国新型储能参与电能量市场、辅助服务市场、容量市场和容量租赁市场的情况，参考我国已实现市场化运营的新型储能商业模式，电化学储能按参与电能量市场、容量市场和容量租赁市场进行经济性分析，飞轮储能按参与二次调频辅助服务市场进行经济性分析，并提出明确新型储能市场地位、分阶段加快市场机制建设、完善配套交易规则体系的相关建议。

一　新型储能参与电力市场总体情况

目前新型储能在国内可参与的电力市场类型主要包括电能量市场、辅助服务市场、容量市场和容量租赁市场四种模式。

（一）参与电能量市场

1. 中长期分时段交易模式

随着分时电价政策的完善，峰谷价差不断拉大，目前全国仅甘肃省、宁夏回族自治区、贵州省三地未执行尖峰电价，山东省在 2022 年 11 月率先执行深谷电价，为新型储能提供了一定的套利空间。在《关于进一步推动新型储能参与电力市场和调度运用的通知》中明确“独立储能向电网送电的，其相应充电电量不承担输配电价和政府性基金及附加”后，储能充电成本更为合理，但受新型储能运行特性、市场机制、建设进程等因素影响，目前国内没有新型储能参与中长期分时段交易的实施案例。

2.现货交易模式

目前，山东省新型储能不参与电力中长期市场，以“报量不报价”方式参与日前及实时市场。日前申报运行日电能量市场96点充放电自调度曲线，在现货市场中优先出清，接受现货出清价格。实时阶段，值班调度员基于电网安全和新能源优先消纳可以调整独立储能自调度曲线。新型储能设施自主参与调频辅助服务市场或以自调度模式参与电能量市场，且提供调频辅助服务的新型储能不参与电能量市场出清。

目前，山西省新型储能不参与电力中长期市场及实时市场，以“报量报价”方式参与日前市场，自主决策申报充、放电状态的量价曲线。储能与其他市场主体同台竞争，其申报纳入市场出清，以经济最优为原则来调用储能。因现货市场与调峰辅助服务融合，独立储能和用户可控负荷在现货试运行期间，不再参与电力调峰辅助服务市场，自行与售电公司或电力用户签订协议，提供用电响应服务。事故情况下或现货市场的出清结果不满足电网运行实际时，独立储能作为市场“价格接受者”，由调度机构按需调用安排充放电，保障电网安全和电力平衡。山东省与山西省新型储能入市情况如表1所示。

表1　山东省与山西省新型储能入市情况

省份	中长期	日前	实时	参与方式	辅助服务
山东	允许参与、实际未参与	参与	参与	报量不报价	与电能量市场冲突
山西	允许参与、实际未参与	参与	不参与	报量报价	无明确要求

（二）参与辅助服务市场

电力辅助服务包括调频、调峰、无功调节、备用等。目前在市场建设初期，各地主要围绕调峰、部分地区辅以调频开展辅助服务市场建设。

1. 调峰辅助服务

国家电网区域主要采取市场化补偿模式，收益不确定性较强；南方电网区域采用固定补偿模式，多数地区对储能设定准入门槛，小规模储能可采用聚合形式参与市场。目前政策下，执行市场化模式报价上限较高的地区为福建省（1 元/千瓦·时）、宁夏回族自治区（0.6 元/千瓦·时）、华北区域（0.6 元/千瓦·时），固定补偿较高的地区为广东省（0.792 元/千瓦·时）、云南省（0.6624 元/千瓦·时）。据了解，目前我国已投产的新型储能参与现货交易市场，不涉及调峰市场。

2. 调频辅助服务

一次调频服务通常由传统发电机组义务提供，调度机构对一次调频功能进行考核，但没有补偿。随着可再生能源发电装机比例的不断提升，一次调频纳入有偿服务或将成为趋势。储能参与一次调频的收益=调节性能×调节深度×结算价格。2022 年 6 月，山西能源监管办印发的《山西电力一次调频市场交易实施细则（试行）的通知》，成为全国首个正式发布的新型储能参与一次调频有偿服务的地方政策。

二次调频主要是自动发电控制（AGC）服务，主要补偿包括里程补偿和容量补偿，其中里程补偿主要依据调频里程计算，容量补偿主要依据调用容量计算。据统计，目前已有 14 个省份发布了二次调频价格机制，但目前最适宜二次调频的飞轮储能技术仍处在示范阶段，且电力系统对二次调频需求迫切度较低，目前新型储能尚未参与二次调频市场。

（三）参与容量市场

目前国内尚未形成容量市场，主要是采用容量补偿方式作为过渡性措施解决我国不同类型电源协调发展问题。目前有 11 个省份在相关文件中提出要研究建立容量补偿机制，但只有山东省进入给予新型储能容量补偿的实际实施阶段。

（四）参与容量租赁市场

目前在多个地区推动的共享储能并非“能力共享”模式，而主要是金融性的容量租赁模式，即由新能源场站支付给储能电站一定的容量租赁费用（签订年度或多年协议）而换取建设指标，在未改变配置比例的情况下“变投为租”，储能电站独立运营，新能源电站不具有储能使用权，不参与储能电站的任何收益分享。国内新能源租赁储能模式如表2所示。

表2　国内新能源租赁储能模式

省份	相关内容
山东	部分项目正在推进对外容量租赁
河南	鼓励新能源租赁储能容量
广西	国电投广西公司将全容量租赁武鸣共享储能电站(50MW/100MW·h),租赁期为10年
湖南	国网湖南综合能源规划建设合计60MW/120MW·h新能源配套电化学储能电站工程,向储能企业租赁核心设备。租赁期限为10年,四个项目合计年租金最高限额3950万元

二　河北新型储能项目经济性分析

2022年5月17日，河北省发改委印发的《2022年度列入省级规划电网侧独立储能示范项目清单（第一批）》显示，河北南网电网侧独立储能示范主要为电化学储能和飞轮储能。电化学储能依靠单一的峰谷价差收益，内部收益率为负值，不具备盈利能力。本文参考我国已实现市场化运营的新型储能商业模式，电化学储能按参与电能量市场、容量市场和容量租赁市场进行经济性分析，飞轮储能按参与二次调频辅助服务市场进行经济性分析。

（一）电化学储能在新峰谷分时电价下收益分析

1. 边界条件

本文选取主流的磷酸铁锂电池电站，按照10MW/20MW·h的规模进行测算。储能容量衰减比例假定为2.5%/年，储能充放电效率为85%，储能循环寿命为3000次，年运行300天；建设期为1年，折现率取6.5%；按照自有资金比例 20%、贷款资金比例 80%的等额本金法进行还款，贷款利率取 4. 73%进行计算；运维费按每年建设成本的 2. 5%进行计取。

依靠单一的峰谷价差收益，新型储能内部收益率为负值，不具备盈利能力，参考我国已实现市场化运营的新型储能商业模式，收益组成包括分时段交易（分时段交易按全电量考虑，不再计算辅助调峰交易）、容量补偿和容量租赁三部分。由于频繁进行快速充放电的调频操作对电池寿命和性能有很大影响，电池寿命一般会急剧缩减至 3 年以内，电化学储能电站不适宜提供调频服务。峰谷价差套利方面，设定储能电站按照“一充一放”和“两充两放”两种模式，分别测算两种模式在河北南网新峰谷分时电价水平下的储能收益，容量电价方面，参考山东省关于容量电价的计算方式，向所有市场化用电收取 0. 991 元/千瓦 · 时的容量电费，按照容量比例返还至所有市场化发电机组及储能设施。容量租赁方面，参照山东目前的价格水平进行测算。

2. 成本与收益测算

项目成本方面，建设投资 3200 万元，运维费为每年 80 万元，“一充一放”年均利息为 66. 60 万元，年均税金为 137. 26 万元，“两充两放”年均利息为 70. 63 万元，年均税金为 150. 77 万元。项目收益方面，容量补偿为每年 158. 95 万元，容量租赁为每年 520 万元，“一充一放”峰谷价差年均收益为 308. 18 万元，“两充两放”峰谷价差年均收益为 423. 08 万元。由于“两充两放”模式充放电次数增加引起储能寿命降低以及第一次充放电“谷-平”价差较低影响，“两充两放”收益低于“一充一放”收益。“一充一放”内部收益率为 9. 04%，“两充两放”内部收益率为 4. 72%。河北南网新峰谷分时电价政策下新型储能电站财务收益情况测算如表 3 所示。

表 3　河北南网新峰谷分时电价政策下新型储能电站财务收益情况测算

序号	运行模式	运行年限（年）	平均充放价差（元）	财务净现值（万元）	内部收益率（%）	投资回收期（年）
1	“一充一放”	10	0. 6837	1593. 06	9. 04	5. 99
2	“两充两放”	6	0. 5821	520. 38	4. 72	5. 03

（二）电化学储能参与电力现货市场收益分析

1. 边界条件

同电化学储能在新峰谷分时电价下收益分析的边界条件。

2. 成本与收益测算

项目成本方面，同电化学储能在新峰谷分时电价下收益。

项目收益方面，采用“一充一放”模式，分别按照平均峰谷价差 0.5 元/千瓦·时、0.6 元/千瓦·时、0.7 元/千瓦·时、0.8 元/千瓦·时、0.9 元/千瓦·时进行测算。若确定 6.5%的内部收益率为盈亏平衡点，结合容量补偿和容量租赁收益，平均充放价差达到 0.52196 元/千瓦·时，项目具备经济可行性。河北南网电化学储能电站财务收益情况测算如表 4 所示。

表 4　河北南网电化学储能电站财务收益情况测算

平均充放价差	财务净现值(万元)	内部收益率(%)	投资回收期(年)
0.9 元/千瓦·时	2234.80	12.398	5.12
0.8 元/千瓦·时	1945.30	10.895	5.48
0.7 元/千瓦·时	1655.80	9.370	5.90
0.6 元/千瓦·时	1366.30	7.817	6.36
0.5 元/千瓦·时	1076.80	6.234	6.88

（三）飞轮储能参与电力现货市场收益分析

1. 边界条件

飞轮储能电站规模按照 10MW/2.5MW·h（充放电时长 15 分钟）全容量参与调频市场进行测算。年运行 300 天，容量无衰减，储能充放电效率为 96%，建设期 1 年，运行期 25 年；按照自有资金比例 20%、贷款资金比例 80%的等额本金法进行还款，贷款利率 4.73%进行计算；运维费按每年建设成本的 0.5%进行计取。

收益为二次调频市场交易，受技术特性限制，暂不考虑参与电能量市场和容量市场。河北南网新型储能尚未参与调频辅助服务市场，本文参考山东电力辅助服务市场运营规则的计算方法，即调频辅助服务补偿按机组或储能设施为单位进行计量、结算，补偿和分摊费用按日统计，按月结算。

$$\text{AGC服务贡献日补偿费用} = \begin{cases} D \times [\ln(K_{pd}) + 1] \times Y_{AGC} \times C_{AGC} & (\text{日内发生实际调用}) \\ 0 & (\text{日内未发生实际调用}) \end{cases}$$

式中，D为每日调频调节总量，折返调节额外奖励5%的调节量；K_{pd}为机组当天的调节性能指标（储能设施性能指标参照执行）；Y_{AGC}为AGC辅助服务补偿出清价格；C_{AGC}为AGC辅助服务贡献率，申报参与调频市场的新型储能，调频贡献率暂定为1，AGC调节性能指标暂设定为5.5。假定储能电站参与调频市场交易时每天折返调节300次，调频市场出清价格分别按照8元/兆瓦、10元/兆瓦、12元/兆瓦、14元/兆瓦、16元/兆瓦进行测算（河北南网调频报价上限为16元/兆瓦）。

2. 成本及收益测算

项目成本方面，建设投资3100万元，运维费为每年15.5万元，年均利息为37.53万元，年均税金为75.8万元。项目收益方面，按出清价格上限16元/兆瓦测算，年调频收入为520.58万元，项目收益率为3.16%，在现行的市场规则条件下，河北南网飞轮储能项目不具备盈利能力。建议在科学测算河北南网调频资源供需状况的前提下，充分研究飞轮储能项目的建设必要性，未来如果存在调频缺口需要通过飞轮储能进行调节，则需要适度上调调频价格或给予政策补偿，保障投资合理收益。河北南网飞轮储能电站财务收益情况测算如表5所示。

表5 河北南网飞轮储能电站财务收益情况测算

调频市场出清价格	财务净现值(万元)	内部收益率(%)	投资回收期(年)
8元/兆瓦	-1407.29	-4.51%	50.28
10元/兆瓦	-773.3	-2.35%	35.58
12元/兆瓦	-139.32	-0.41%	26.04
14元/兆瓦	494.66	1.42%	19.35
16元/兆瓦	1128.65	3.16%	14.39

三　市场机制设计思路建议

（一）明确新型储能市场地位

以配建形式存在的新型储能可以通过三种方式参与市场交易。方式一是在通过技术改造达到技术条件和安全标准时，新型储能可选择转为独立储能来参与电力市场；涉及风、光、水、火多能互补一体化项目的储能，原则上暂不转为独立储能。方式二是与所属电源联合参与电力市场，在完成站内计量、控制等相关系统改造并符合相关技术要求的情况下，与所配建的其他类型电源联合并，作为一个整体参与市场，利用储能改善新能源涉网性能，保障新能源高效消纳利用。方式三是随着市场建设逐步成熟，若配建储能与所属厂站满足独立容量与联合容量的单独计量，则可探索同一储能主体按照部分容量独立、部分容量联合两种方式同时参与市场的模式。

（二）分阶段加快市场机制建设

1. 电能量市场

第一阶段，中长期交易合同按月度分时段签订，不利于充分发挥新型储能充放电决策的灵活性特性，建议初期采用自愿参与中长期市场的原则；储能的充放电周期以小时为单位，与现货交易契合度较高，考虑目前独立储能规模较小，建议采用“报量不报价”方式参与现货市场出清。第二阶段，新型储能达到一定规模后，日前灵活的申报行为可以主导或影响现货市场电能量价格，影响市场运行稳定，需采用“报量报价”方式参加统一出清。

2. 辅助服务市场

第一阶段，在目前中长期交易模式下，现货市场未建立前，沿用调峰辅助服务的相关机制。目前河北南网仍有较大调频裕度，可暂不建设调频市场。第二阶段，在现货交易模式下，调峰辅助服务与现货市场融合，考虑对用户电价的影响以及电网运行调整需求的迫切度，先行建立二次调频辅助服务市场，新型储能不能同时参与现货电能量市场和调频辅助服务市场，必须在日前全容量申报参与两个市场其中之一，不能同时参与。第三阶段，随着新能源占比的提升，测算电力系统辅助服务需求，逐步推动新型储能参与备用、爬坡、转动惯量、无功调节、黑启动等辅助服务市场，并按照“谁提供、谁获利，谁受益、谁承担”的原则，成本由相关发电侧并网主体、电力用户合理分摊。

3. 容量市场

第一阶段，采用容量补偿方式。容量直接补偿机制操作简便，可作为过渡性措施解决不同类型电源协调发展问题。结合《河北省“十四五”新型储能发展规划》，根据替代的火电和电网投资，对满足条件的各类大规模新型储能电站，结合不同储能时长给予差异化的容量补偿。建议向所有市场化用电收取容量电费，按照容量比例返还至所有市场化发电机组及储能设施。第二阶段，采用容量市场方式。根据电力现货市场的逐步成熟，根据设定的连续放电时间要求，对储能的放电功率进行直接折价。

4. 容量租赁市场

第一阶段，为保障独立储能建设收益，在新型储能发展初期，允许新能源场站支付给独立储能电站一定的容量租赁费用而换取建设指标，由新能源厂家与储能厂家协商确定价格。第二阶段，独立储能具备良好经济性，同时新能源场站配套储能的市场地位明确后，独立储能逐步退出容量租赁市场。

（三）完善配套交易规则体系

市场机制方面，根据市场类型，明确交易方式、价格形成机制等，建立面向不同主体储能的经济、安全、环境综合效益评价指标体系，鼓励新型储能、用户可调节负荷、聚合商、虚拟电厂等资源参与市场交易服务。

建设管理方面，全面强化规划设计、设备选型、施工验收、并网验收、运行维护、应急消防等环节的安全管理，制定现场规程及相关故障预案。

调度运行方面，完善河北南网新型储能调度运行规则，明确未建立现货交易阶段和现货交易阶段的调度配置、技术配置、管理要求，严格并网验收管理，明确安全调用区间，确保储能安全运行。

适应电力现货市场的河北省需求响应机制研究

摘　要： 完善需求响应机制是我国新一轮电力体制改革的重要内容，是电力现货市场的必要补充，两者相互影响、不可分割。本文针对当前我国需求响应机制与电力现货市场建设不适应问题，借鉴国内外经验，研究探索与河北省电力现货市场相衔接的需求响应机制，提出相关建议。

一　我国需求响应机制与电力现货市场建设不适应问题分析

欧美国家成熟电力现货市场都重视需求响应机制建设：一是常态化响应实时价格信号，挖掘负荷自主调峰潜力；二是利用紧急备用资源，提升系统应急保障能力；三是发挥快速调节技术优势，提供调频、备用等辅助服务。

本文通过调研我国多个省份电力现货市场，发现我国普遍存在需求响应机制与电力现货市场建设不衔接、不适应问题，没有充分发挥需求响应机制的价值。我国需求响应机制与电力现货市场建设的不适应问题主要包括以下三点。

一是组织实施仍以计划性为主。国际主流电力现货市场中，需求响应资源会作为常态化运行品种参与电力现货市场，以确保处于随时可用状态。但从我国电力现货试点省份公开的市场规则看，目前，除了山西省等个别省份允许以虚拟电厂为代表的需求响应资源作为独立市场主体参与现货电能量交易，大部分试点省份需求响应资源仍以用户自主调整的邀约式为主，在实践中通常将需求响应资源作为实施有序用电的前置保险措施，季节性、节假日性和计划性特征明显，尚未成为常态化且通过价格信号实时引导的系统调节资源。

二是参与应急保供的潜力有待发掘。各省份普遍将启动需求响应资源作为省间现货购电等措施的保底手段。同时，由于补偿机制激励程度不足、省级电力负荷管理系统建设不健全，应急需求响应资源的接入率和可控性还有很大提升空间。以河北南网应急需求响应资源库为例，目前在库用户约为6400户，用户申报可响应量为896万千瓦，不到全网预估可响应总量的一半，其中实际可控响应能力只有约360万千瓦，仅占申报量的40%。

三是参与调频等辅助服务的潜力有待开发。调频等辅助服务是现货市场的重要组成。温控负荷、电动汽车等需求侧资源响应速度快、可灵活调节，具备参与调频等辅助服务的良好条件。最新发布的《华北区域电力辅助服务管理实施细则》，允许满足相关要求的需求侧资源并网运行并提供调频等辅助服务。但由于准入门槛较高且补偿条款激励性不足，截至目前，河北南网尚无负荷聚合商或虚拟电厂参与调频的实例，在需求响应资源库注册的潜在调频资源仅为23.23万千瓦（温控负荷、充电桩及储能等），且都未被聚合商代理，负荷聚合商普遍不具备聚合控制需求侧分布式调频资源的客观技术能力和主观参与意愿。

二　国内外实践经验分析

针对上述三个方面问题，本文梳理并总结了美国、欧洲国家及国内首批现货试点省份应对此类问题的典型经验。

一是以经济型需求响应资源为常态化方式参与电力现货市场。美国PJM市场将需求响应资源分为经济型和紧急型两种类型，经济型需求响应资源以一般市场主体身份直接参与现货交易，按市场出清价格结算并获得一定补偿。山西省在最新的现货市场规则中参照美国PJM市场的模式，探索虚拟电厂等需求响应资源以“报量报价”方式参与现货申报，并在结算细则中提出适应性的结算机制。总体上看，经济型需求响应资源常态参与现货电能量市场的模式，资源利用效率较高，具有推广价值。

二是提升紧急型需求响应资源的奖惩机制实施力度及系统管理水平。在美国PJM市场中，紧急型需求响应资源可参与容量市场，提前上报认缴的负荷削减量和可用容量，结算时根据完成情况进行奖惩。山东省的紧急型需求响应资源采用容量、电量双补偿，对电量补偿价格按照现货节点价格4倍执行。现货市场具有善于发现价格的优势，可以此为基础，进一步完善配套奖惩机制，充分调动紧急响应资源积极性，实现可靠调用。浙江省通过建立全时段分行业的精细化负荷管理系统，开展针对日前、日内不同场景的需求响应资源应急潜力挖掘与分类管理，应急保供可靠性明显提升。

三是利用高水平需求响应资源聚合控制平台，实现高效资源控制。欧洲国家对需求响应资源的聚合及控制利用成效显著。例如，德国最大的虚拟电厂运营商Next Kraftwerk构建了具备聚合资源、监控、个体控制等功能的平台，利用分布式可再生电源启动快、变动灵活的特点参与辅助服务市场，为开展相关实践提供了参考。

三　河北省需求响应机制建设相关建议

第一，建立经济型和紧急型相结合的需求响应机制。一方面，建立需求侧资源以虚拟电厂等形式直接参与现货电能量市场的常态化经济型需求响应机制，引导需求响应资源自主参与削峰填谷，减少对高价补贴的依赖。另一方面，建立细分需求响应资源行业类型（工业生产、商业楼宇、分布式聚合商）与时间属性（日前、小时、分钟、秒级）的精细化负荷管理系统，实现在日前、日内、实时不同应急需求场景下的资源匹配与靶向管理，定期开展摸底测试、实战演练，建立基于电力现货价格的调节容量、响应速率“双导向”紧急型需求响应奖惩机制，奖惩程度按需求响应资源行业类型、时间属性分别设定，完善配套信用管理及响应性能考评机制。

第二，硬件、软件同步发力，逐步建立完善需求响应资源参与调频等辅助服务的市场机制。硬件方面，聚焦需求响应资源聚合平台在数据处理传输、远程监测控制、用能提质增效等方面的建设，与高校、科研院所及上下游企业开展联合攻关，做好技术研发与孵化应用，加快实现分布式需求侧资源参与调频等辅助服务的核心技术突破。软件方面，在辅助服务交易规则设计中对需求响应资源的响应指标、结算方式等做出明确规定，建立发用两侧按责任原则、收益原则共同补偿或分摊费用的机制，在前期可基于需求侧高于发电侧资源的补偿标准，鼓励社会资本自发聚合分布式资源参与市场，后期则逐步引导需求侧资源与发电侧资源公平竞争。

适应新型电力系统的河北省市场化电网规划机制探讨

摘　要： 随着新型电力系统加快构建，电力系统的物理架构、调度运行模式、市场价格机制和价值分配方式等发生深刻变革，电网规划的目标要求、约束条件和评价指标等也将发生根本性变化，传统的在计划体制下以安全为核心的电网规划方法已难以适应这些新变化、新要求。本文认为，电网是电力市场运行的物理基础，其容量、结构和规模会对电力市场效率和市场成员效益产生重要影响，电网规划亟须适应电力市场化改革，以市场化思维实现电力资源的优化配置。

一　电网规划机制面临的新形势

（一）电力市场化改革加速推进

2021 年下半年以来，我国相关部门陆续印发了一系列推动电力市场改革的政策文件，建立起“能跌能涨”“随行就市”的市场化定价机制，发电企业的发电收入和电力用户的购电成本随市场交易电价的变化而变化。2022 年 3 月，《关于加快推进电力现货市场建设工作的通知》提出，加快推动用户侧全面参与现货市场交易，加快推动各类型具备条件的电源参与现货市场交易。电力市场的建设目标是通过市场化竞争，提升电力系统运行效率，降低用户的购电成本。电网作为电能的传输媒介，是体现电力市场运营效率的基本保障。而传统的电网规划方法难以提供有价值的经济信号，可能导致电力市场运行效率低下，上游发电企业收入降低，用户购电费用增加，无法保证社会福利最大化。

（二）并网新能源比例不断提高

在传统电力系统中，新能源的占比较低，电力系统运行方式相对固定，在电网规划时，只需要选取不同季节的典型负荷状态，例如，对“夏大”“冬大”等极限的电网运行方式，进行潮流、稳定、短路等安全性分析。而在高比例新能源电力系统中，电力系统运行方式多样化、分散化、复杂化，电网规划与运行特征也将发生根本性变化。电网规划除了能够满足多样的运行状态，还要考虑高比例新能源消纳问题。局部输电通道输送能力受限，如汇集站变压器容量不足，会导致新能源送出主网困难，难以保证新能源发电企业合理的上网电量。对电网企业来说，不及时扩容输电设备将影响电网的新能源消纳水平，而过度冗余的通道容量将降低电网的利用率。因此，电网规划需要协调新能源出力的随机特性与输电容量充裕度，为新能源发展提供坚强的基础平台。

（三）源网荷储各环节融合发展

传统的电网规划主要采用增加不同电压等级的输变电设备实现规划目标。随着“双碳”目标的提出，新型电力系统正在向着安全、清洁和经济的多种目标发展。同时各种新技术手段正规模化发展，包括分布式发电技术、储能技术、需求侧管理技术等。2021 年 2 月，《关于推进电力源网荷储一体化和多能互补发展的指导意见》提出，充分发挥源网荷储协调互济能力。新型电力系统下的电网规划已不再局限于新建或改造输电线路等单一手段，而是需要考虑源网荷储协同的综合规划，包括“源源互补”“源网协调”“源荷储互动”，并实现在综合规划成本最小的情况下实现新型电力系统的发展目标。

（四）电网企业经营模式发生转变

2021 年，国家发改委发布《关于进一步深化燃煤发电上网电价市场化改革的通知》《关于组织开展电网企业代理购电工作有关事项的通知》，“管住中间、放开两头”，电网企业统购统销的传统经营模式发生彻底转变。同时，电网企业投资规模受到更加严格的监管，2020 年，《关于加强和规范电网规划投资管理工作的通知》发布，强化了电网投资监管，提出电网规划要按照市场化原则与相关市场主体充分衔接等要求。投资回报率受到严格监管，要求电网规划准确反映电网投资与电力市场运营效益的关系，依据市场主体经济效益规划方案，为电网投资监管和输配电价核定提供充分的规划依据，从而保障电网企业的经营效益。

二　国际主要电力市场电网规划机制经验启示

（一）美国 PJM 电力市场

PJM 是美国最大的独立系统运营商，同时负责电网升级规划以保障系统可靠性。PJM 建立了区域输电发展规划制度（RTEP）进行电网规划。RTEP 主要包括可靠性规划、经济性规划、电网互联规划和局部电网规划四个部分。PJM 首先对该区域进行可靠性规划，包括建立暂稳态数据集、建立预想事故集、静态安全分析、各类暂态分析等，在此基础上，进行经济性（市场效率）规划。规划人员会提出多种提高市场效率的规划方案（例如，新建输电线路缓解现有系统运行的阻塞情况，并对这些方案进行效益成本比的量化分析和排序），提交给 PJM 输电规划委员会，经各利益攸关方讨论和审查后，形成最终的经济性规划方案。

（二）美国 CAISO 电力市场

美国加利福尼亚州独立系统运营商（CAISO）负责运营美国加利福尼亚州电力批发市场和年度电网升级规划。CAISO 建立了一套标准的电网规划经济效益分析制度，以评估每个市场参与者在输电规划升级方案中获得的经济效益。基于经济性原理，CAISO 社会福利剩余的效益指标可分为三类，即消费者剩余、生产者剩余、阻塞收入，规划方案产生的经济效益为社会福利剩余之和。CAISO 采用传统的成本效益分析方法，通过计算每个规划方案全生命周期带来的社会福利剩余，再根据规划方案全生命周期的成本，计算规划方案的净现值，最后按净现值对规划方案进行排序。

（三）欧洲跨国电力市场

欧洲输电运营商合作组织（ENTSO-E）负责欧洲跨国电网规划，根据社会福利效益来评价规划方案的经济性、安排建设时序等。社会福利效益的计算方法有发电成本法和总剩余法两种。发电成本法将规划方案实施后节约的市场总发电成本作为规划方案产生的社会福利效益，主要包括缓解输电阻塞节约的发电成本、新建输电线路接入低成本电源节约的发电成本和促进发电机组竞争节约的发电成本。总剩余法是将规划方案实施后增加的生产者剩余、消费者剩余和阻塞收入，作为规划方案产生的社会福利效益。

（四）国际经验启示

电网规划体系包括安全性规划和经济性规划。国际成熟电力市场的电网规划中，安全性规划通常在经济性规划之前进行，规划目标首先要满足未来电网安全运行的要求，电网运行安全性与经济性相互融合。对所有电网升级、系统阻塞和可靠性问题的缓解方案，需通过经济性分析进行排序。

社会福利最大化是经济性规划的评价指标。电网规划均需要对电力市场整体的经济效益进行评价，关键目标主要为降低电力市场的总发电成本、降低用户电价、提升社会福利等。对输电规划的方案排序，由于涉及高额的投资，需要对每个方案的效益进行详细的量化分析。

长周期电力市场仿真技术是量化电网规划效益的必要手段。电力市场仿真技术通过长周期仿真可以精确计算出规划方案实施后各类经济效益指标，向规划决策人员提供完备的经济性决策依据。目前，在欧美国家，电力市场仿真系统已普遍应用于电源和电网的规划。

三 河北省构建市场化电网规划机制的建议

（一）在规划思路上，从以安全为核心向以安全为基础、以市场效益为中心转变

随着电力体制改革的深入，电力系统的调度模式正在向以电力现货市场为核心的市场化模式转变，电网规划愈发影响电力市场的运行。同时，电网企业由统购统销模式转变为收取“过网费”。电网规划应遵循市场配置资源的决定性作用规律，由市场价格信号引导，考虑电力市场成员的经济效益，包括系统总生产成本、用户总购电费用、阻塞成本、发电企业净收入等，建立科学的评价指标体系，合理安排电网建设和投资时序，在保证电网运行安全基础上，建立以电力市场的社会福利最大化为目标的精准投资规划体系。

（二）在规划范围上，从输变电设备规划向综合规划转变

在构建新型电力系统的目标下，电网规划应转变为广义的综合规划，把新建和扩建输变电设备、加装储能设施、实施需求侧灵活性能力建设等多种技术类型方案纳入规划的考虑范围，进行综合分析论证。电网替代性储能设施可以在适当的情景下减少变电容量及输配电线路的建设，降低或者延缓电网投资，进而有利于降低终端用户电价。建立可调节负荷资源库，可降低尖峰用电负荷，调控低谷用电负荷，促进可再生能源消纳，缓解输电线路的阻塞。各类解决方案在实际实施过程中，投资成本和产生的经济效益可能存在较大差异，需要计算不同解决方案的成本效益，评估经济方案。

（三）在规划手段上，构建长周期电力市场仿真系统

结合当地电力系统调度运行的要求和特点以及电力市场模式和规则，构建适用于当地的电力市场长周期仿真系统。对市场内的各类电源、电网和负荷等电力市场关键元件进行精细化建模，构建安全约束的机组组合和经济调

度模型以及节点边际电价计算模型，精准模拟电力市场运行出清过程，量化分析市场成员的各类经济技术指标，校验源网荷储协同规划方案的可行性。需要强调的是，电力市场仿真应考虑调度运行对安全性的要求，在技术手段上实现调度和规划的有效融合。

（四）在规划监管上，将规划效果纳入输配电价核定体系

建立电网规划的激励相容机制，把电网规划效果纳入输配电价核定体系，激励电网企业加强对电网规划的经济性分析。政府按照电网固定资产投资准许收益率核定输配电价，纳入成本的固定资产投资应是有效资产。在电力市场环境下，有效资产是投入使用后能够降低系统成本、提高电力市场运营效益的输电线路或设备，利用率应达到设定水平。准许收益率根据电网资产实际利用率、供电可靠性及服务质量相应上下浮动。电网企业通过不断完善经济性规划和控制成本，确保投资建设的规划项目成为有效资产，从而获得合理收益。

第七篇　促进能源数据融合应用

河北省数字政府背景下电力大数据支撑功能研究

摘　要： 国家政策纲要和数字政府建设需求突出强调要发挥数据价值作用，整合多元行业数据，打造综合治理数据库，用数据指导政府工作。作为行业数据的重要一环，电力大数据优势特征显著，是支撑数字政府建设的重要因素。本文分析了电力大数据支撑数字政府建设的角色定位及关键作用，明确以搭建电力大数据基础设施、拓展电力大数据应用场景为两条主线，助力河北省数字政府实现优化电力营商环境、提高数字治理能力、驱动绿色低碳转型等建设目标，进而提出有利于加快河北省电力大数据支撑数字政府建设的相关思路建议。

一　电力大数据支撑数字政府建设的角色定位及关键作用

（一）能源互联网背景下电力大数据优势特征

区别于其他行业数据，电力大数据的独特优势特征决定了其支撑数字政府建设的不可或缺的作用，尤其是随着能源互联网的快速发展，电力大数据的优势特征得到进一步深化。能源互联网背景下电力大数据主要包括以下四个优势特征。一是准确度高。电力大数据能够全面真实地反映宏观经济运行情况、产业发展状况、居民日常生活情况和消费结构。二是覆盖范围广。一方面，电力大数据涵盖发电运行数据、电网运行数据、用户用电数据等多类数据；另一方面，智能电表覆盖率已超 99%，可实时反映全部区域的居民用电情况。三是实时性高。基于电力系统中对业务处理的高要求，实时处理效率以“秒”为单位，实时性高。四是关联度强。电力大数据在应用过程中与行业内外其他能源数据、天气数据等数据指标交互融合，外部数据关联度强（见图 1）。

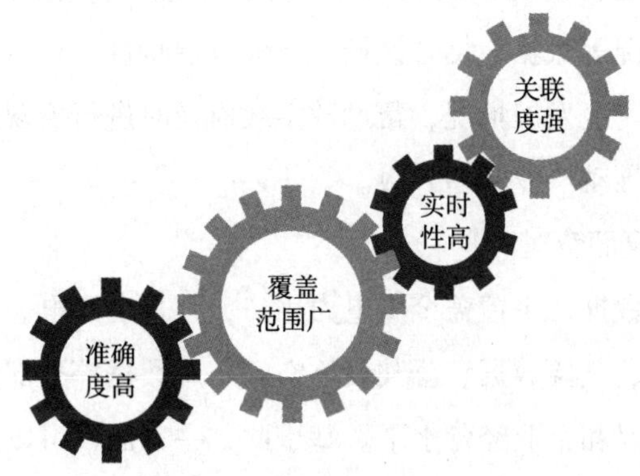

图 1　电力大数据优势特征

（二）电力大数据支撑数字政府建设价值意义

基于电力大数据的准确度高、覆盖范围广、实时性高、关联度强的优势特征，强化电力大数据在数字政府中的延展应用，可有效支撑数字政府在助力宏观经济调节、加强社会全面管理、推动绿色低碳转型三个方面发挥职能作用（见图2）。

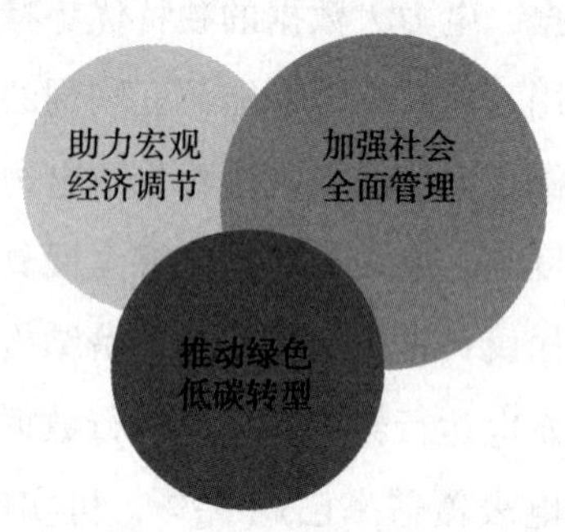

图2　电力大数据对数字政府建设的支撑作用

1. 助力宏观经济调节

作为社会经济运行的“晴雨表”和“风向标”，电力大数据可直观真实地反映国民经济运行情况和发展态势。分析区域、行业内电力用户的用电量、用电负荷情况等数据，结合区域、行业发展特性，可以综合反映区域内经济运行情况和产业发展情况，帮助数字政府及时进行宏观经济调控和合理规划产业布局，推动产业转型升级。

2. 加强社会全面管理

鉴于电力大数据几乎覆盖全域电力用户，整合全网电力大数据并结合社会生产经营数据、气象数据、公共设施空间布局数据等外部数据，可全方位反映居民生活情况和企业经营水平。基于此，一方面，可以通过电力民生大数据产品，结合房屋空置率、复工复产率、商圈活力指数等数据，帮助数字政府合理规划公共基础设施搭建和空间布局，改善民生福祉。另一方面，可以通过企业用电情况、电费缴纳情况等数据帮助数字政府监测企业生产经营活动、保障企业合规安全生产、评估企业征信情况、帮助企业缓解信贷难题。

3. 推动绿色低碳转型

借助电力大数据关联度强的优势特征，实现能源资源内部的有效互通融合，可帮助数字政府实现对生态资源的综合利用和协同治理。此外，数字政府可以借助电力大数据实时监测企业碳排放情况，从而帮助企业制定有针对性的绿色低碳转型方案，实现高能耗、高污染产业的优化升级，促使绿色低碳经济高速发展。

（三）电力大数据支撑数字政府建设角色定位及功能作用

电力大数据在支撑数字政府经济、社会、生态建设方面具有重要价值意义，因此需要紧密围绕电力大数据经济调节“测算师”、社会治理“服务官”、生态搭建“践行者”角色定位（见图3），释放电力大数据要素价值，支撑数字政府精准施策实现营商环境、社会治理、能源监测的全面优化。

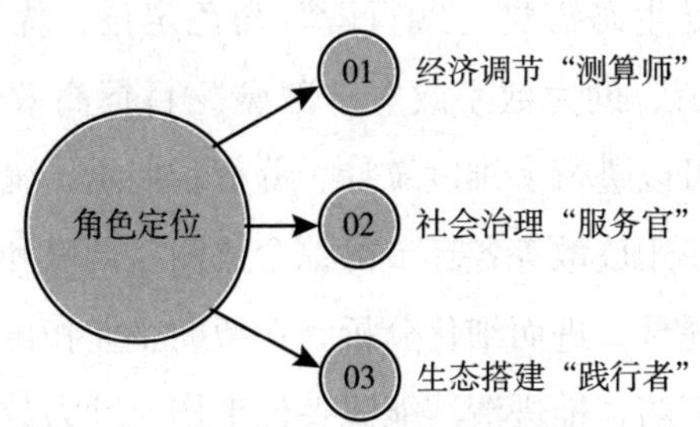

图3　电力大数据角色定位

1. 经济调节“测算师”

电力大数据立足经济调节“测算师”角色定位，优化营商环境，彰显电力大数据经济价值，助力数字政府经济调节精准施策。电力大数据与行业、产业发展数据相互关联，可以明确行业、产业的整体经济发展趋势，促进数字政府对金融交易、商贸活动、企业运行等经济活动的全面精准掌控，提高定向调控、相机调控、精准调控等数字政府宏观经济调控能力。电力大数据能通过精准绘制客户画像，优化电力企业自身及数字政府的个性服务、精准服务和综合服务，进一步实现服务方式创新、办电手续流程简化、接电速度加快、供电可靠性提高、运营模式优化，助力数字政府优化营商环境。

2. 社会治理“服务官”

电力大数据立足社会治理“服务官”角色定位，优化社会治理，彰显电力大数据社会价值，助力数字政府现代化治理全面转型。全社会、各地区及行业层面的电力大数据与国内生产总值、工业增加值等宏观指标相互关联，利用数据处理技术和模型构建的方法，可以完成阶段性降低用电成本分析、光伏电站扶贫成效分析、电动汽车充电设施补贴分析、网络化环境检测、住房空置率分析、生态环境应急状态的用电分析和检测等。通过电力大数据推进数字政府加强社会管理，提高对人口、交通、市政、安全、网络等重点领域的管理能力，助力数字政府广泛了解社情民意，助力科学决策、精准施策，为数字政府在行业内外的宏观决策提供更客观更科学的信息服务。

3. 生态搭建“践行者”

电力大数据立足生态搭建“践行者”角色定位，优化能源监测，彰显电力大数据生态价值，助力数字政府“双碳”目标高效落实。通过采集企业电力能源数据，可以进行多维度统计、分析和展示，辅助企业对能源采购储存、分配转化、使用放散等各环节的综合监测、调度和平衡优化，帮助企业了解各类能源消耗量，进而细化分析，在帮助企业找出超出行业标准能耗环节的同时，对症下药，推进清洁能源替代工作，助力数字政府改善或淘汰落后产能。

（四）河北省数字政府建设需求

1. 全面数据整合，发挥数字政府经济调节职能，激发数字经济活力

用好数字经济平台，激发数字经济活力。持续推进大数据在数字政府中的深度应用，用好中国国际数字经济博览会等重要平台，抓好雄安新区数字经济创新发展试验区、石家庄正定数字经济产业园的建设发展工作，打造数字经济样板，激发发展活力。

整合数据资源，集中发展优势产业。发挥数字政府资源配置职能，实现

数字政府领导下的多元数据汇聚整合，集中优势力量，大力发展沿海经济，重点推进实施港口转型升级工程，推动自贸试验区创新发展，培育一批营收超千亿元的开发区。

深化“放管服”，营造一流营商环境。鉴于河北省区位特性，重农、重仕意识突出，亲商、重商氛围有待加强，数字政府需加强构建“亲清”政商关系，深入实施暖企、助企、稳外贸、稳外资行动。此外，需要完善金融、担保、物流、中介等产业服务体系，构建数字政府主导，银行、创投紧密协作的线上线下一体化机制，解决中小企业融资难、收费重等问题。

2. 协同数据共享，发挥数字政府社会治理职能，筑牢城市安全防线

构建数据共享体系，化解行业风险。构建政务数据信息共享体系，让数据流动共享，稳妥有序地化解金融、债券、房地产等领域风险，筑牢“三道防线”。制定数据使用标准，规范企业生产经营活动。规范数据使用权，深度释放数据红利，加强市场监管，规范企业日常生产经营活动，激发企业自主创新意识。

实现多维数据共享，筑牢城市安全防线。通过数字政府牵头领导，实现能源、交通、气象等数据的深度共享，健全水源、防洪、能源、交通等安全防控体系，建设供水、供电、燃气、交通等生命线应急保障系统，构建全时、全域多维数据融合的城市安全监控体系。

3. 城乡数据分析，发挥数字政府公共服务职能，统筹城乡建设工作

大力推进民生工程，增加民生福祉。充分利用“民生工程推进月”，通过数据分析，加快完善对农宅空置率为30%~50%“空心村”的治理。规划智慧城市、智慧社区搭建，全面完成棚户区、老旧小区、老旧管网、城中村改造和雨污分流工程任务。

推进政务数据分析，防范返贫风险。提高数字化水平，推进政务信息化，巩固拓展脱贫攻坚成果，加强返贫监测帮扶，培育强县富民产业，多渠道增加农民收入。

4. 深度数据监测，发挥数字政府环境保护职能，构建生态保障体系

监测碳排数据，降低城市碳排。数字政府主导完善全套环境监测平台搭

建，构建碳排放监测体系，实时监测城市碳排情况。此外，积极建设雄安新区零碳智慧城市，引领全球未来城市规划建设和绿色能源发展趋势。

监测高能耗产业数据，推动产业转型。数字政府需借助数据挖掘和深度学习算法等数据技术，分析当前钢铁等重化工产业比重情况，合理规划重化工产业合规排污和绿色低碳转型。另外，大力发展新能源汽车产业，实现交通运输结构的调整（见图4）。

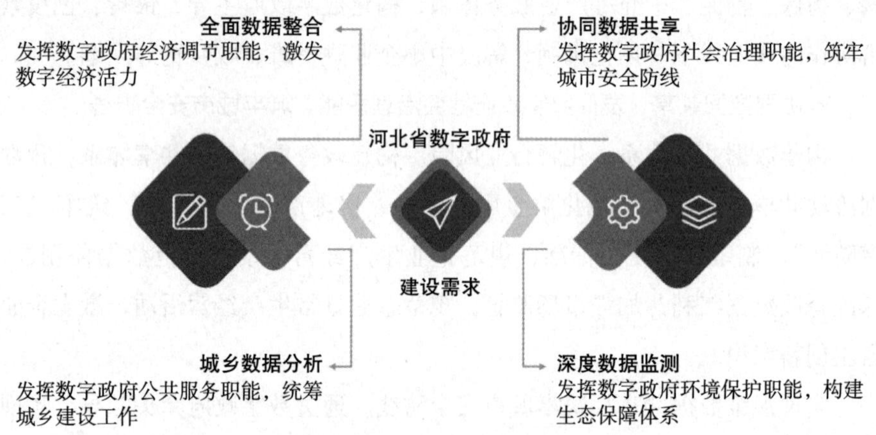

图4　河北省数字政府建设需求

二　河北省电力大数据服务支撑数字政府建设的路径

河北省应基于目标导向、需求导向和问题导向，围绕“以建设智慧城市为大数据应用抓手”的大数据应用战略布局、建设现代化经济强省和美丽河北、打造区域协调发展增长极的战略目标，聚焦电力大数据经济价值、社会价值和生态价值释放，以搭建电力大数据基础设施、拓展电力大数据应用场景为两条主线，创新以电力大数据为基点的政企合作新模式，助力数字政府实现优化电力营商环境、提高数字治理能力、驱动绿色低碳转型等建设目标，加速河北省电力大数据服务支撑数字政府建设进程，推动河北省成为经济高效、治理高效、低碳高效的新时代高质量发展智慧城市样板，为河北省数字化发展注入动能。河北省电力大数据支撑数字政府服务如图 5 所示。

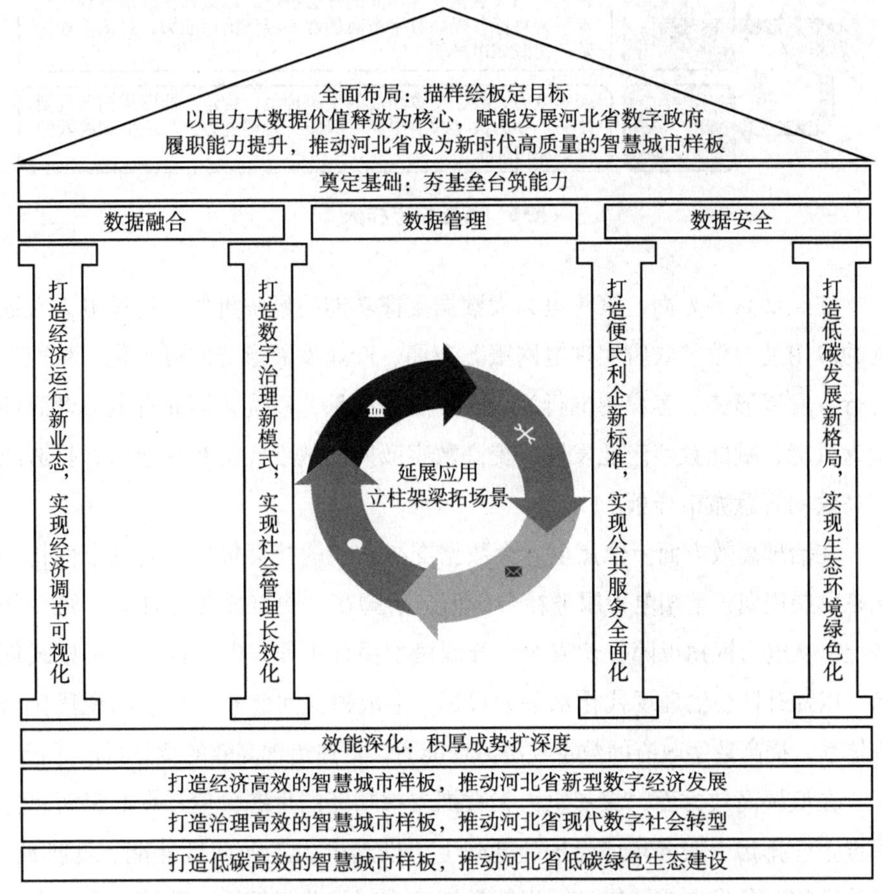

图 5　河北省电力大数据支撑数字政府服务

（一）全面布局：描样绘板定目标

以电力大数据经济价值、社会价值和生态价值释放为核心，有利于提升河北省数字政府经济调节、社会治理和生态监管履职能力，推动河北省成为新时代经济高效、治理高效、低碳高效的智慧城市样板（见图 6）。

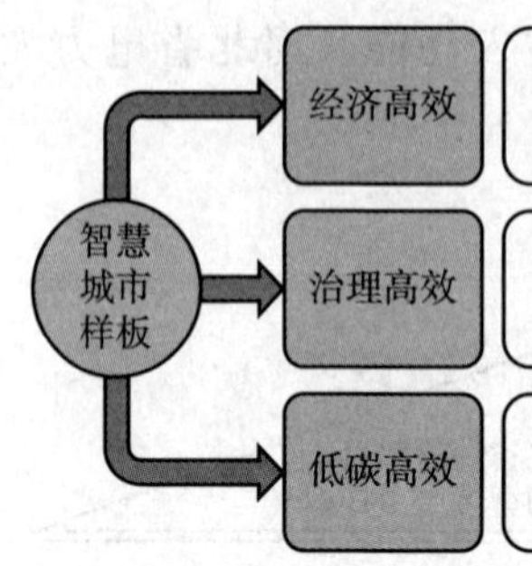

图 6　智慧城市样板

在经济高效方面，聚焦电力大数据支撑功能的经济价值，通过电力大数据的应用助力数字政府实现电网服务布局、产业发展形势的可视化，精准把握行业发展形势、客户用电行为、客户服务质量，以优化河北省电力营商环境为目标，赋能数字产业发展，提高数字政府的数字经济布局能力，打造经济高效的智慧城市样板。

在治理高效方面，聚焦电力大数据支撑功能的社会价值，通过个性化的未来发展规划，重塑电力服务社会价值，落脚在“更好服务全社会”这一任务上。从电力视角保障住房安全，开展民生民计工作，助力社会治理模式创新，以提升社会治理现代化水平为目标，形成覆盖河北省全社会的现代化治理体系，提高数字政府的数字经济治理能力，打造治理高效的智慧城市样板。

在低碳高效方面，聚焦电力大数据支撑功能的生态价值，在监督河北省重点企业排污、服务环境保护的基础上，推动电力工业向低耗能、低排放、高效率的绿色发展方式转变。以能源视角实现河北省钢铁、建筑等重点企业的碳监测、碳评估、碳预测，构建产业碳排辅助规划体系，以实现地区能源低碳转型，助力数字政府提高“双碳”管理能力，加速零碳雄安智慧城市示范区建设，打造低碳高效的智慧城市样板。

（二）奠定基础：夯基垒台筑能力

聚焦数据融合、数据管理和数据安全三大板块，创新电力大数据技术，加快基础设施搭建，为河北省数字政府提升数字化能力打好基石（见图 7）。

图 7　三大板块

1. 数据融合：实现多元数据融合，提升数字政府数据整合能力

电网内部数据融合，构建新型电力系统。借助“大云物移智链”技术，打通源网荷储各环节，强化数据中台，打通调度运行数据、状态监测数据、电网设备数据、用电采集数据、营销数据之间的数据壁垒，实现对海量电力数据资源的可观、可测、可控，方便相关部门获取、查询电力数据。

电力数据和政务数据融合，提升政务服务水平。将电力大数据接入“冀时办”“河北政务服务网”“掌上石家庄”等省市政务服务平台，实现企业与政务部门共建“一网通办”协同高效共建体系，提升获得电力水平和数字政府政务服务水平，促进数字政府向服务型数字政府属性转变。

产业链多元数据融合，构建现代化省级工业互联网。在数字政府的牵头下，深入布局信息基础设施、融合基础设施、创新基础设施建设，实现河北电力大数据与燃气数据、热力数据、智能交通数据等能源行业和产业链上下游行业数据的融合，打造现代化省级工业互联网平台，打造产业集群。

2. 数据管理：建立明确数据应用标准，提升数字政府数据治理能力

梳理数据来源，制定数据采集、调用标准。共同明确合规数据采集渠道和方式，规范采集频率和口径，协同制定合规的能源采集、储存、调用制度，确保所获得的数据源头可查、安全可靠、应用合规。

梳理数据属性，制定综合数据维度指标。联合省统计局等相关部门，从宏观经济、产业、环保等维度对所有数据进行属性划分，并协同制定数据指标体系，最终形成以电力大数据为核心的综合能源数据体系架构。

3. 数据安全：构建数据保障体系，提升数字政府数据保障能力

以区块链技术为抓手，实现数据全周期安全管理。应用区块链技术将电

力设备商、发电和电网企业、电力用户、数字政府连接在同一链条上，实现数据生产、传输、使用、销售全过程的共享，实现对隐私数据的存储、防伪溯源。

以制度规范为准绳，构建数据安全保障机制。明确政企责任承担机制，加强对大数据安全技术、设备和服务提供商的风险评估和安全审查，运用主动监测、智能感知、威胁预测等安全技术，强化日常监测、通报预警、应急处置，扩展网络安全态势感知监测范围，提升大规模网络安全事件、网络泄密事件预警和发现能力。

（三）延展应用：立柱架梁拓场景（四新四化）

基于电力大数据基础设施的搭建，深度挖掘电力大数据经济价值、社会价值和生态价值，打造经济运行新业态、数字治理新模式、便民利企新标准和低碳发展新格局，持续扩宽电力大数据优势赋能应用场景，从而为数字化精准施策提供抓手（见图 8）。

1. 打造经济运行新业态，实现经济调节可视化

基于河北省产业用电数据，构建以电力数据为核心的综合反映经济发展多维特征关键指标，反映河北省产业集群发展、地区经济运行、区域协同发展的变化与趋势，从而为经济形势研判提供真实可靠的数据，打造“经济态势+电力大数据”政企合作新模式，支撑数字政府科学制定经济发展政策。

第一，构建分析模型，推动产业集群发展。以大数据技术为支撑，构建“创新电力-经济”指标；研判产业发展趋势，向相关部门报送产业发展趋势报告；监测分析重点行业用电数据，向市级部门报送产业集群发展趋势报告。

第二，深挖数据价值，助力区域经济协同发展。研判区域经济形势，助力河北省健全区域经济发展机制；构建京津冀产业发展指数，量化协同发展成效；多维度收集用电数据，构建京津冀产业发展指数；横纵对比城市用电量，量化京津冀协同发展成效；科学制定区域经济发展政策体系和发展创新系统。

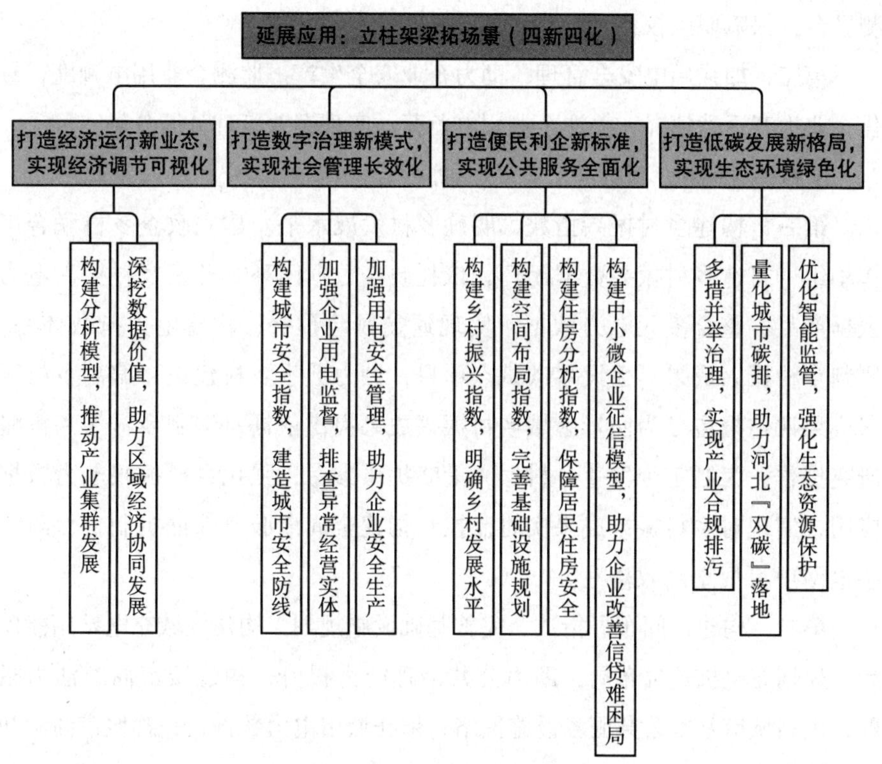

图 8　电力大数据应用场景

2. 打造数字治理新模式，实现社会管理长效化

基于河北省区域居民用电信息，从电力视角出发，多元开展保障住房安全、促进乡村振兴和管控企业生产等工作，可以有效推动河北省数字政府工作精准化管理，实现工作风险预警，反映工作成效，打造“社会治理+电力大数据”政企合作新模式，为河北省数字政府制定应急救灾、道路预警、企业监管等政策提供数据支撑。

第一，构建城市安全指数，建造城市安全防线。健全灾害预防体系和综合应急体系，提升防灾水平；建立道路预警模型，保障交通道路安全；加强各地联动，构建自上而下的应急机制。

第二，加强企业用电监督，排查异常经营实体。明确企业用电规模，了解经营情况；对比横向电力数据，实现用电异常捕捉；政企合作打造劳动监测平台，保障职工权益。

第三，加强用电安全管理，助力企业安全生产。监测企业用电频度，量化企业生产运营情况；关注企业用电负荷，实现企业管理分级分类。

3. 打造便民利企新标准，实现公共服务全面化

第一，构建乡村振兴指数，明确乡村发展水平。建立政企乡村联合工作小组，打造乡村振兴数据闭环；依托政企数据闭环，开发乡村振兴电力数据产品；整合多元电力数据，实现返贫风险预警；构建电力指数体系，研判乡村振兴成果；建设零碳试点项目，助力数字乡村建设；编制乡村振兴成果评估报告，为衡量区域乡村振兴成果提供依据；编制乡村振兴策略研究报告，为制定个性化乡村振兴策略提供参考；强化乡村振兴电力数据应用，实现对乡村振兴成果实时监控；构建全周期服务保证机制，保障数字电网项目规划高效落地。

第二，构建空间布局指数，完善基础设施规划。构建区域充电站用能模型，规划充电桩选址布局，助力公共治理能力提升；构建城市商圈活力指数，规划城市基本公共服务设施网络；依托城市电力数据，完善城市商圈和公共设施规划。

第三，构建住房分析指数，保障居民住房安全。开发住房用电数据监测产品，为排查住房安全隐患和制定住房宏观调控政策提供参考；制定群租房隐患排查方案，为打击群租房安全问题提供策略参考；开展独居老人关爱服务和安全监测，助力解决独居老人养老问题；开展电力大数据监测、分析；构建住房空置分析模型，为制定住房宏观调控政策提供依据。

第四，构建中小微企业征信模型，助力企业改善信贷难困局。构建企业信用指数，减少、缓解企业经营资金风险；分析企业基本用电数据，构建企业征信池；构建具体用电行为模型，绘制企业征信画像；依托电力信用指数，规范企业信贷行为，畅通中小微企业与金融机构的沟通渠道。

4. 打造低碳发展新格局，实现生态环境绿色化

第一，多措并举治理，实现产业合规排污。牵头企业排污调研，搭建产业电力-排污模型；牵头企业排污电力监管可行性调研，搭建产业电力-排

污模型；预测企业未来排污情况，制定排污方案；结合生态数据，预测未来企业排污。政企合作搭建企业排污管控平台，实现排污精细化监管。

第二，量化城市碳排，助力河北“双碳”落地。通过海量数据对比分析，为企业优化用能提出直观建议；绘制电-碳地图，构建能源电力低碳转型分析体系；强化转供电费码功能使用，查处违法违规行为。

第三，优化智能监管，强化生态资源保护。以电力 GIS 系统数据为溯源，构建整体协同的情报链，完善生态环境主题库建设；建设生态监测的网络链，实现全要素数据融合，推进污染防治攻坚战的智能化转型；以电力大数据为汇集点，构建互联互通的数据链，推进生态治理流程优化再造。

河北省电力和经济数据相关性分析

摘　要： 电力数据具有覆盖面广、实时性强、计量精确等特征，是经济社会发展的“晴雨表”与“风向标”。为更好地支撑政府评估和实施宏观经济政策，提升电力数据分析的科学性，本文通过对“十三五”时期以来河北省全行业用电量与经济指标的对比，发现数据变化的一致性与差异性，为电力经济分析工作提供参考。

一　河北省全行业用电量与经济增长相关性分析

（一）全行业用电量增速与 GDP 增速显著相关，经济发展波动期背离相对明显

在统计学中，皮尔逊相关系数[①]（Pearson Correlation Coefficient）广泛用于度量两个变量之间的相关程度，其值介于-1～1。系数绝对值接近 1，表示两者有完全的关联；系数绝对值接近 0，表示两者没有线性的关联（可能是非线性关联）。根据 2016 年以来河北省各季度数据，河北省全行业用电量增速与 GDP 增速的皮尔逊相关系数为 0.906，双尾检验为 0.01 级别，两者呈高度相关性。

“十三五”时期以来河北省全行业用电量增速与 GDP 增速比较如图 1 所示。从纵向幅度来看，用电量增速波动大于 GDP 增速波动。从横向趋势来看，河北省全行业用电量增速与 GDP 增速有三个特点。一是用电量增速略

① 皮尔逊相关系数为两个变量之间的协方差和标准差的商。

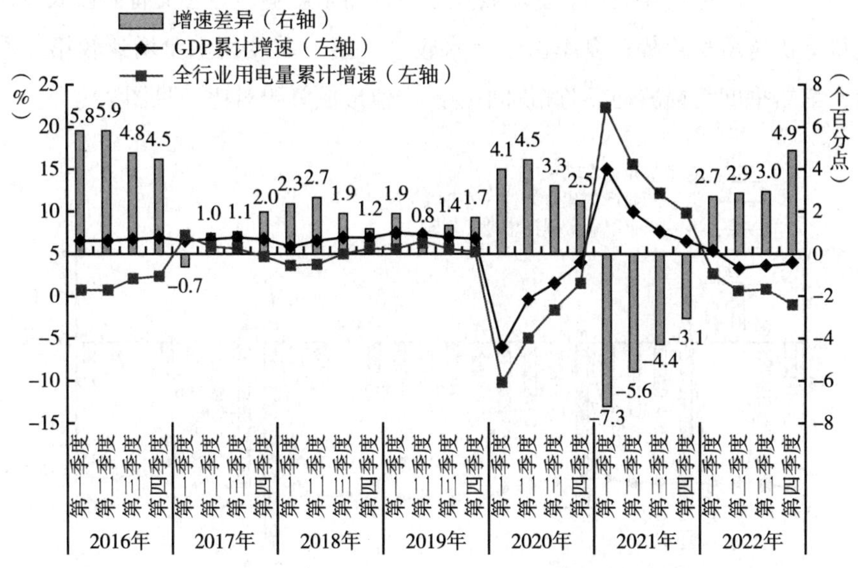

图 1 “十三五”时期以来河北省全行业用电量增速与 GDP 增速比较

低于 GDP 增速，这与转型升级、节能低碳的发展趋势基本保持一致。二是经济发展平稳期，用电量增速与 GDP 增速趋势保持较高一致性。2017～2019 年，用电量增速与 GDP 增速相对平稳，差距基本保持在 2 个百分点左右。三是经济发展波动期，用电量增速与 GDP 增速背离相对明显。2020～2021 年，用电量增速经历了由负转正、大幅波动的阶段，与 GDP 增速差异相对较大。

（二）第一产业用电量与经济相关性较弱

本文选择用电量增速和产值增速来分析第一、第二、第三产业用电量与经济的相关性。“十三五”时期以来，河北省持续加大农业农村投入力度，调整农林牧渔产业结构，第一产业产值保持平稳增长，用电量增速与产值增速比较主要呈以下特点。一是用电量增速明显高于产值增速。“十三五”时期以来，随着河北省畜牧业、农业深加工等行业快速发展，第一产业用电量较快增长，第一产业年均用电量增速高于产值增速。二是用电量增速波动幅度明显大于产值增速波动。受农牧业季节性需求影响，冬春交替阶段农业用电量呈快速增长趋势；夏季由于降水较多，第三季度用电量增速较第一季度、第二季度大幅波动，与相对平稳的产值形成鲜明对比（见图2）。

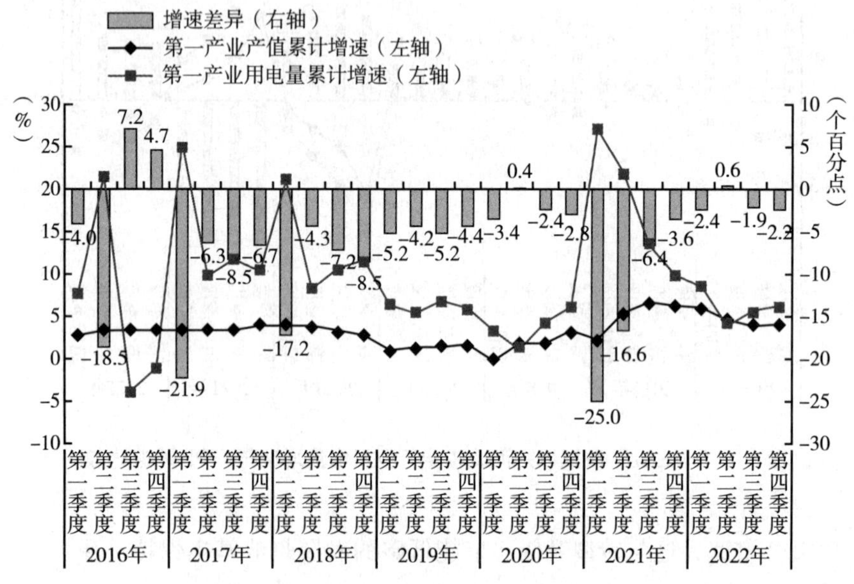

图2 "十三五"时期以来河北省第一产业用电量增速与产值增速比较

（三）第二产业用电量与经济相关性低于全行业水平，近两年差距加大

"十三五"时期以来，河北省第二产业用电量增速与产值增速的相关系数达到0.848。从纵向幅度来看，用电量增速波动明显大于产值增速波动。尤其是近两年，工业产品供需与价格形势变化加快，工业生产受下游市场冲击，形成了不一致的转换节奏。在2020年第一季度、2020年第四季度、2021年第四季度形成了三次用电量增速与产值增速高低转换的拐点，背离相对明显。从横向趋势来看，经济平稳期用电量增速相对平稳，经济波动期用电量增速也出现大幅波动。2022年上半年，全省第二产业用电量增速快速下降，低于产值增速，这一方面受上年同期基数偏高影响，另一方面

受钢铁、建材等高耗能行业市场运行低迷影响，从而形成了同期与结构的叠加效应，导致了第二产业用电量增速与产值增速的偏离度较高（见图 3）。

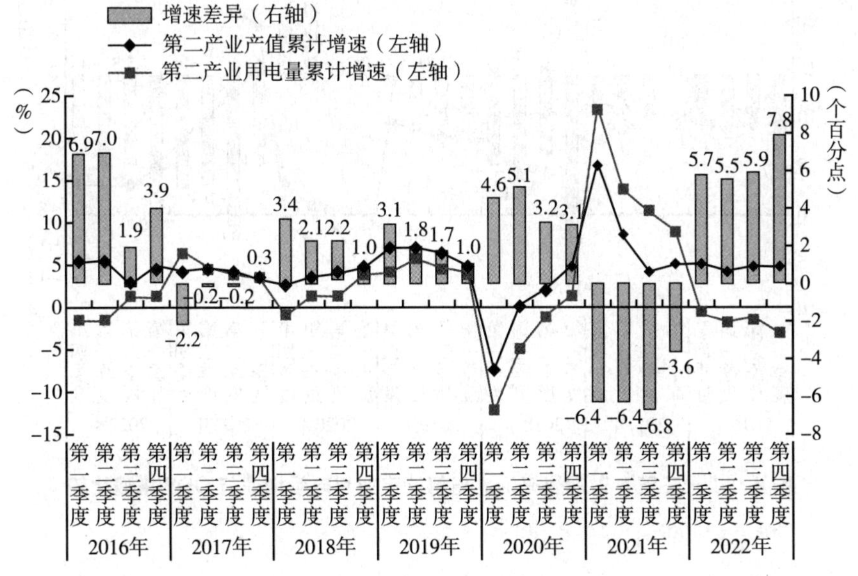

图 3 “十三五”时期以来河北省第二产业用电量增速与产值增速比较

（四）第三产业用电量与经济相关性略高于第二产业

“十三五”时期以来，河北省第三产业用电量增速与第三产业产值增速的相关系数达到 0.874。从纵向幅度来看，第三产业用电量增速波动明显。受消费市场、数字经济、交通电气化、季节性需求等多重因素影响，形成了 2018 年、2020 年至今两个长周期的波动变化阶段。2018 年主要受房地产拉动，相关消费、服务领域加快发展，带动第三产业用电量快速增长，导致了用电量增速与产值增速的偏离。从横向趋势来看，第三产业用电量增速高于产值增速，尤其是 2021 年以来，在消费市场逐步恢复以及数字经济加速发展等因素带动下，发展动力快速转换，用电量增速高于产值增速，但整体变化趋势、回落速度基本一致（见图 4）。

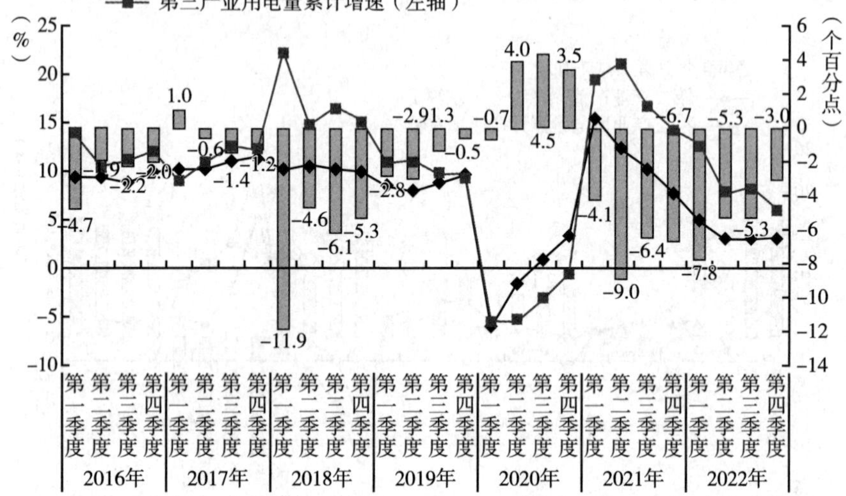

图 4 “十三五”时期以来河北省第三产业用电量增速与 GDP 增速比较

二 重点行业用电量与经济相关性分析

（一）工业用电量增速与规模以上工业增加值增速相关性较低，行业差别与近期变化显著

“十三五”时期以来，河北省逐月工业用电量增速与规模以上工业增加值（占全部工业增加值比重超过95%）增速的相关系数达到 0.829。

从纵向幅度来看，工业用电量增速略低于规模以上工业增加值增速，但波动幅度较大。2016~2019 年，年初受春节因素影响，企业节后复工形势不一，用电量增速出现大幅波动。近两年，工业用电量增速呈现“缓升缓降”特点，2020 年工业用电量增速回升缓慢，2021~2022 年与经济增速呈“X”字形交叉。

从横向趋势来看，“十三五”时期以来，除 2022 年初与 2022 年 3~4 月外，工业用电量增速与规模以上工业增加值增速变化趋势保持较高一致性，呈现“同升同降”特征。2022 年 3~4 月，钢铁、建材等高耗电产业与汽车、光伏等新兴产业均出现用电量负增长或低增长，导致工业用电量快速下降，且恢复相对缓慢。综合分析，用电量的结构性、时段性因素导致工业用电量增速“持续低迷”，与其增加值增速“平稳向好”趋势背离。

从大类行业来看，制造业用电量增速与规模以上制造业工业增加值增速的相关系数达到 0.842。制造业用电量占工业用电量的 70%~75%，与工业经济趋势基本一致，制造业用电量增速略低于其增加值增速水平，符合转型升级、节能降耗趋势。2022 年以来，同样受结构性与时段性因素影响，制造业用电量增速与其增加值增速背离明显。采矿业用电量增速与规模以上采矿业工业增加值增速相关性偏低，逐月增速的相关系数仅为 0.661。河北省采矿业主要集中在石油、铁矿、煤炭三大领域，受近年大宗商品市场价格波动变化影响，采矿业生产经营不稳定，2019 年后采矿业用电量增速与其增加值增速背离明显。

（二）重点行业用电量与经济相关性差异大，高耗能行业相关性相对较强

本文比较分析了河北省重点支柱行业的用电量增速、产量增速及增加值增速数据，非金属制品业相关系数为 0.880，汽车制造业相关系数为 0.746，相关性较高。受春节与气温影响，建材市场一般在年初进入淡季，用电量增速小幅波动。汽车制造行业近年持续调整产品结构，其增加值增速略高于用电量增速。黑色金属冶炼及压延加工业增加值与产品产量[①]数据变化趋势基本吻合，用电量增速与其增加值增速、产量增速在 2017~2018 年相关性较高，其他年份则出现较大背离。主要原因是规模以下企业用电量增速较其他行业用电量增速明显偏高，导致行业用电量增速与规模以上产量增速及增加值增速存在差别。医药、食品、纺织服装等轻工行业用电量增速与增加值增

① 本文选取最终的钢材产品产量作为分析对象。

速的相关系数均在0.5以下，相关性明显偏低，且全时段出现用电量增速与增加值增速背离的情况，主要原因是行业中小企业较多、生产调整较快。

三　主要结论

一是用电量与经济数据整体相关性较强。电力数据覆盖经济社会各行业，全行业电量增速与GDP、第二产业和第三产业用电量增速与产值、工业用电量增速与规模以上工业增加值增速等相关系数均超过0.8，相关性较明显。

二是用电量增速较经济数据波动幅度偏大。受行业结构性与生产季节性因素影响，用电量增速波动幅度一般大于产值增速波动幅度。尤其是部分工业重点行业，受宏观经济影响，波动幅度较大。

三是部分行业用电量增速与经济数据弱相关。采矿、钢铁、医药、食品、纺织服装等行业用电量增速与其增加值增速相关性偏低，主要受用电量全口径与经济规模上统计口径、行业报装分类与经济统计分类口径不一致、市场价格大幅波动等因素影响。

河北省乡村振兴电力指数研究

摘　要： 乡村振兴是党的十九大报告做出的重大战略决策，是解决我国现存主要矛盾的必然要求。河北省作为农业农村大省，是统筹推进乡村振兴战略实施的主战场和先行军。本文以电力大数据为主体，以人均可支配收入、人均 GDP 等经济指标为基础，围绕农业发展、生活宜居、产业兴旺、人才培养四大方面，构建了“一总四分”乡村振兴电力指数体系，进而量化反映地区乡村振兴发展情况，为政府提供数据支撑和评价手段。

一　河北省乡村振兴发展的基本现状：集群效应明显、发展水平与地域特点相关

本文构建的“一总四分”乡村振兴电力指数体系包括综合电力指数、农业发展电力指数、产业兴旺电力指数、生活宜居电力指数和人才培养电力指数。

（一）综合电力指数

总体来看，综合电力指数平稳上升。2018~2020 年河北省综合电力指数分别为 0.4225、0.4438、0.4470，年平均增速为 2.86%（见图 1）。2018~2020 年河北省各县综合电力指数如图 2 所示。

从发展趋势来看，头部县数量有所增加，引领作用明显。2018~2020 年河北省综合电力指数平均指数为 0.4378，其中 2018~2020 年综合电力指数分布在 0.5~1 的县分别有 13 个、20 个、24 个，分布在 0.5 以下的分别有 83 个、76 个、72 个。

尾部县脱贫攻坚成效显著。2018～2020 年综合电力指数分布在 0.3 以下的县分别有 5 个、3 个、2 个，最低综合电力指数分别为 0.2519、0.2621、0.2667。

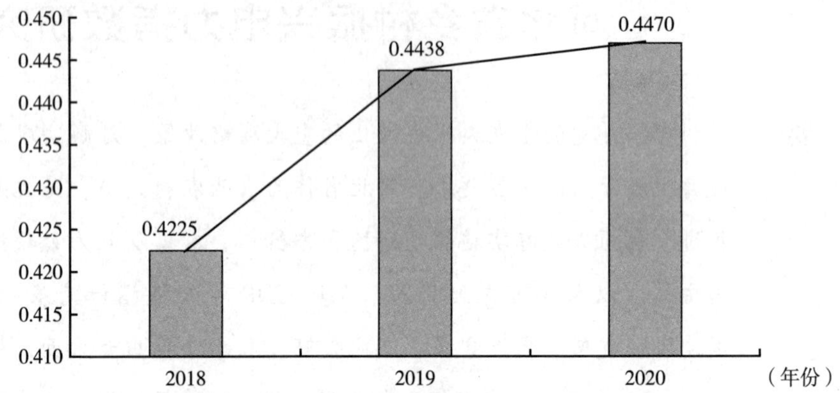

图 1　2018～2020 年河北省综合电力指数变化情况

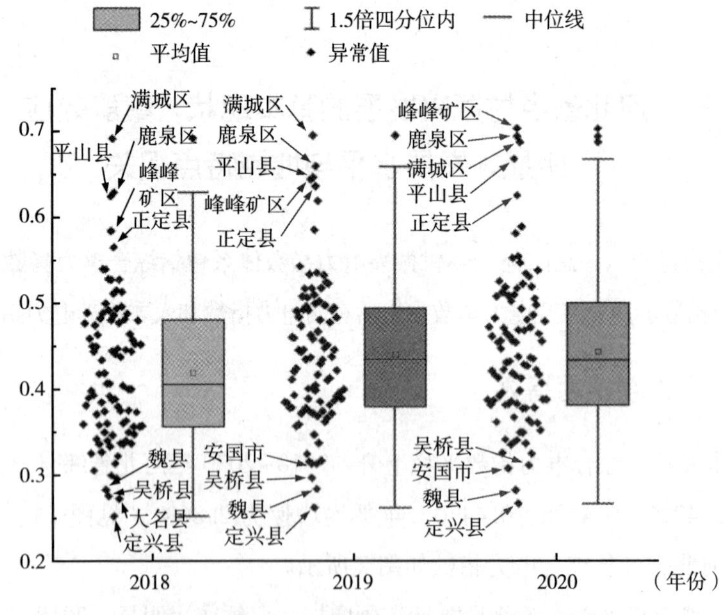

图 2　2018～2020 年河北省各县综合电力指数

分区域来看，中心城市带动作用明显。石家庄市综合电力指数整体偏高。综合电力指数较高的县多分布在市区周边，如正定县、鹿泉区、满城区、峰峰矿区，而综合电力指数较低的县距离城市较远，如石家庄市的深泽县、无极县，邯郸市的魏县、大名县，保定市的安国市、博野县，邢台市的巨鹿县、南宫市。落后地区呈现集群效应，出现连片落后区，如邯郸市东南部、保定市南部、邢台市衡水市交界处。

按增速来看，综合电力指数较低地区的增速普遍较快，乡村振兴发展不平衡程度有所缓解。增速较快的县主要集中在邯郸市西南部、邯郸市东南部、邢台市东部、沧州市北部及保定市阜平县 5 个区域。邯郸市东南部地区综合电力指数增速最快，达到了 17.74%；而保定市东部及沧州市西北部地区出现了负增长区域。

脱贫摘帽县发展速度普遍处于领先地位，部分脱贫县存在返贫风险。脱贫摘帽县综合电力指数增速超出平均水平 1.61%，其中阜平县、东光县增速最快，分别达到了 18.94%、11.71%，而顺平县、临城县、献县、魏县综合电力指数呈现负增长，河北省应巩固脱贫攻坚成果，预防返贫风险。

乡村人口普遍向城镇流动，综合电力指数较低的县人口迁移更普遍。2018 年河北省农村地区平均空心化率为 20.8%，且空心化率保持逐年上升趋势，2020 年达到了 22.4%，更有平山县、阜平县空心化率达 40%以上，造成大量农房闲置。综合指数较高的县的空心率约为 20%，综合指数较低的相对偏远地区的县空心率超过了 30%。

综合电力指数与人均 GDP 及人均可支配收入呈现明显的正相关。综合电力指数提升 0.2 时，人均可支配收入可提升 0.38 万元，人均 GDP 可提升 2.09 万元。

河北省南部乡村振兴发展程度主要分为 5 类，其中涿州市、正定县、鹿泉区经济指数及各项电力分指数均处于引领地位；武安市经济指数及产业兴旺电力指数处于全省引领地位，其他电力分指数较为落后；阜平县为电力指数增速较快县；藁城区、黄骅市、高碑店市等 21 个县为乡村振兴较发达县；其余县为乡村振兴发展中县。

（二）农业发展电力指数

总体来看，农业质量效益和竞争力稳中有升。2018~2020 年，河北省农业发展电力指数分别为 0. 3636、0. 4154、0. 4071，年平均增速为 5. 81%，2020 年，农业发展电力指数有轻微回落（见图 3）。

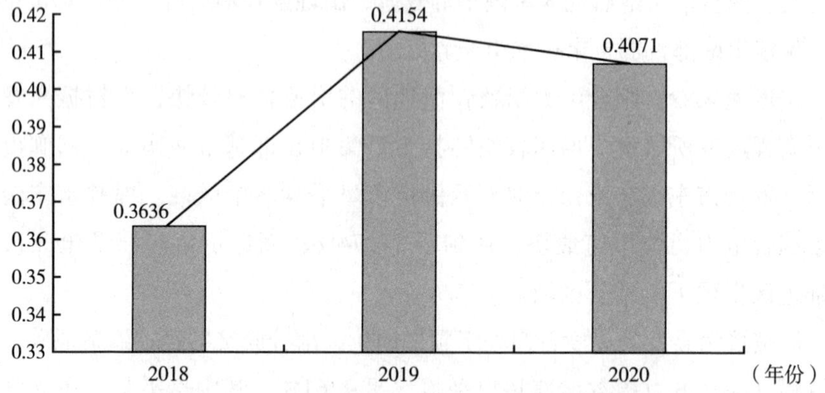

图 3　2018～2020 年河北省农业发展电力指数变化情况

2018～2020 年河北省各县农业发展电力指数如图 4 所示。农业发展水平较为集中，电力指数普遍集中于 0. 2～0. 5。2018～2020 年农业发展平均电力指数为 0. 3987，其中电力指数分布在 0. 5～1. 0 的仅有 14 个县，分布在 0. 5 以下的有 82 个县。

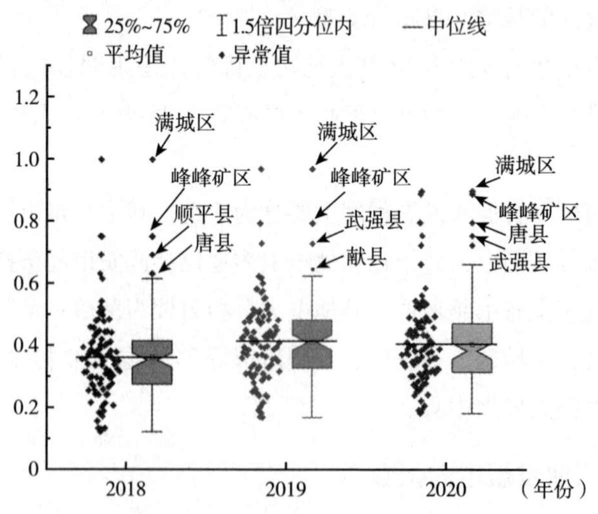

图 4　2018～2020 年河北省各县农业发展电力指数

分地区来看，农业发展呈现一定的集群效应。保定市农业发展出现了满城区、唐县、顺平县等集群的农业发达区和定兴县、容城县、安国市、定州市等分片的落后区，其中农业发展电力指数主要受畜牧业及排灌用电量影响。保定市农业发达区亩均排灌及畜牧业用电量占农业活动总量的93.04%，而农业落后区亩均排灌及畜牧业用电量占农业活动总量的81.31%。衡水市出现了枣强县、故城县、景县等农业落后区，其农业发展电力指数落后于全省平均水平7.37%，应予以关注。石家庄市农业发展整体水平较高，高出全省平均水平1.95%，而邯郸市、沧州市农业发展水平整体落后，较石家庄市农业发展电力指数分别落后了4.59%、22.09%。沧州市农业发展电力指数落后主要是受排灌用电量的影响，沧州市亩均排灌用电量是石家庄市的72.20%，而邯郸市亩均排灌用电量超出石家庄市7.95%，邯郸市农业发展电力指数落后受农业、畜牧业等其他活动用电量影响。

按增速来看，农业发展集中化、均衡化，部分农村基础农业转型升级空间较大。2018年以来，农业发展电力指数年平均增速集中在0~15%，农业发展水平较高的县出现了负增长现象，而农业发展水平较低的县增速较快，农业不平衡现象有所缓解。

农业发展电力指数增速表现出一定的区域带动作用。沧州市除任丘市、河间市和献县外，整体增速较快，增速达到了11.48%；邯郸市东北部及邢台市东部、邯郸市西南部、石家庄市西北部及保定市西南部，也形成了3个农业发展电力指数增速较快的区域，且增速分别达到了23.17%、11.07%、10.46%。农业发展电力指数增长的主要原因是排灌及畜牧业用电量的增长，邯郸市东北部及邢台市东部增长区中排灌的增速为17.36%，畜牧业增速为32.36%，其他农业活动较为稳定。石家庄市西北部及保定市西南部增长区中排灌的增速为9.62%，畜牧业增速为37.49%。而沧州市西北部及保定市东部形成了农业发展电力指数负增长区，增速为-10.39%，农业发展电力指数呈现负增长的主要原因是农业用电量的下降，农业用电量两年平均增速为-38.52%，畜牧业用电量两年平均增速为-3.98%，排灌用电量两年平均增速为-6.01%。

（三）产业兴旺电力指数

从总体看，产业兴旺电力指数小幅上涨。2018~2020 年河北省产业兴旺电力指数均值分别为 0.6224、0.6215、0.6248，年均增速为 0.19%（见图 5）。

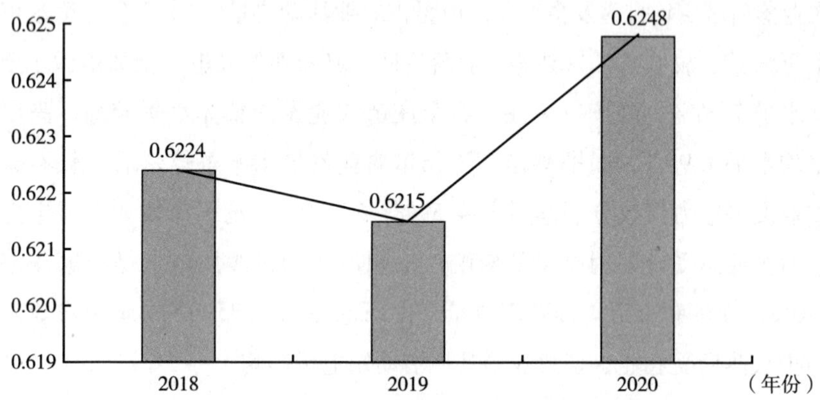

图 5　2018~2020 年河北省产业兴旺电力指数变化情况

2018~2020 年河北省各县产业兴旺电力指数如图 6 所示。特色产业发展导致产业兴旺电力指数呈现离散化。2018~2020 年产业兴旺平均电力指数为 0.6229，其中电力指数分布在 0.5~1.0 的县有 71 个，分布在 0.5 以下的县有 25 个，产业兴旺电力指数没有明显的集中区。

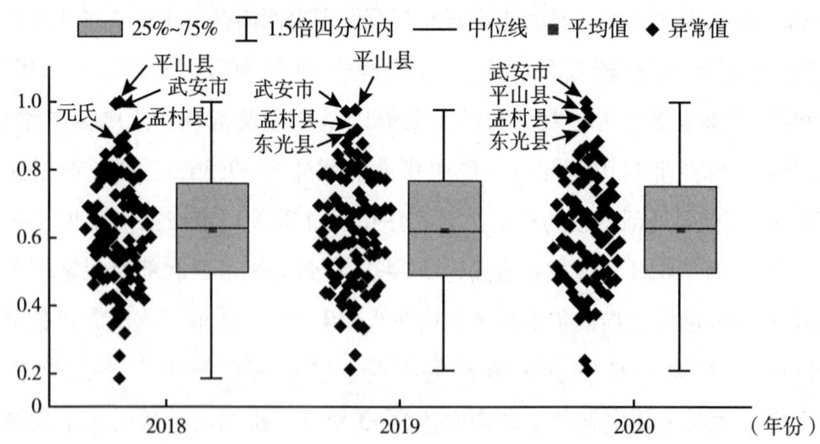

图 6　2018~2020 年河北省各县产业兴旺电力指数

分地区来看，产业兴旺程度集群效应带动明显。近年来，河北省持续打造“一村一品”“一乡一业”的特色产业集群，形成了一批独具特色的致富产业。石家庄市产业发展水平普遍较高，形成了产业发达片区。石家庄市产业兴旺电力指数中，黑色金属冶炼和压延加工业用电量占比为16.51%，非金属矿物制品业（含水泥、玻璃、陶瓷等）用电量占比为12.47%，化学原料和化学制品制造业用电量占比为12.45%，批发和零售（除了充换电业务）用电量占比为10.94%，其他行业用电量占比均小于10%。

产业发展方向差异明显，第一、第二、第三产业融合程度不深。如邯郸市，形成了武安市、峰峰矿区、永年区等产业发达区以及魏县、大名县、广平县等产业落后区，产业落后区主要表现为制造业和采矿业的落后。产业发达区中，制造业用电量占全社会用电量的64.49%，而产业落后区，制造业用电量占全社会用电量的13.82%，较发达区落后50.67个百分点。魏县制造业用电量仅为武安市的2.05%。采矿业的发展表现出明显的地势相关性，可调节作用较为局限。南宫市、枣强县、武邑县、阜城县形成了产业集中落后带。

按增速来看，产业兴旺电力指数有一定的产业黏性，增长及下降速度均较缓慢，相比农业发展电力指数、生活宜居电力指数、人才培养电力指数，增速最小。

新动能加快培育。产业兴旺电力指数负增长现象严重，48.96%的县呈负增长趋势。负增长的地区主要集中于石家庄市北部、邢台市北部、邯郸市南部及保定市南部，负增长地区产业兴旺电力指数的平均增速为-2.60%。其中石家庄市产业兴旺电力指数负增长主要表现为制造业用电量的减少，制造业年均用电量减少了1.49%，而信息传输、软件和信息技术服务业年均用电量上涨了7.39%，批发和零售行业年均用电量上涨了3.79%，住宿和餐饮行业年均用电量上涨了15.72%。

“千企帮千村”效益显著，产业落后县指数增速普遍较快。邯郸市东南部产业兴旺电力指数增速达到了18.65%，由于落后县产业用电体量较小，增速相对较快，其中住宿和餐饮业用电量平均每年提升41.24%，制造业用电量平均每年提升23.42%，制造业中非金属矿物制品业、食品制造业、化学原料和化学制品制造业用电量提升较快，增速分别为 36.80%、32.26%、31.68%。保定市西部定兴县、满城区、顺平县增速也较快，平均增速达到了 11.56%。

（四）生活宜居电力指数

从总体看，生活宜居电力指数逐年提升。2018~2020 年，河北省生活宜居电力指数分别为 0.3699、0.3904、0.4156，年平均增速为 6.00%（见图 7）。

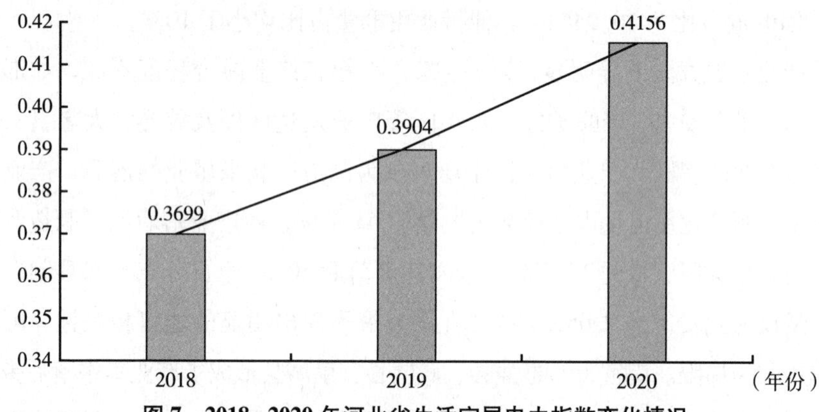

图 7　2018~2020 年河北省生活宜居电力指数变化情况

2018~2020 年河北省各县生活宜居电力指数如图 8 所示。生活宜居电力指数普遍在 0.4 以下。2018~2020 年生活宜居平均电力指数为 0.3920，其中有 12 个县电力指数分布在 0.5~1.0，84 个县电力指数分布在 0~0.5。

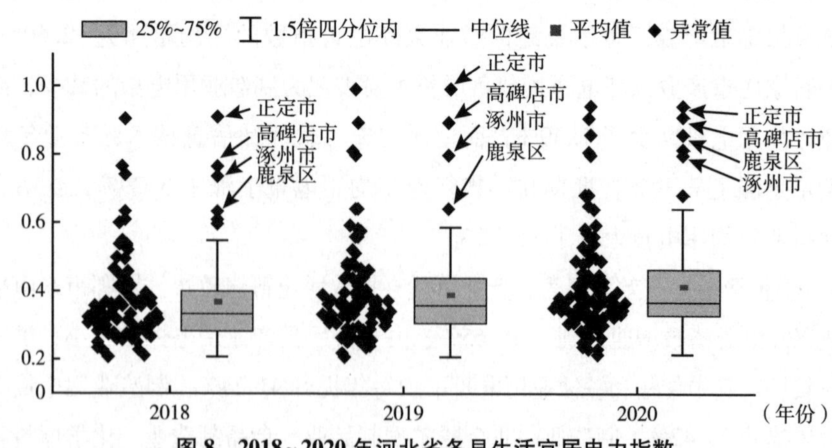

图 8　2018~2020 年河北省各县生活宜居电力指数

分地区来看，生活宜居电力指数呈现一定的中心城市带动效应，农村基础设施建设任重道远。除了石家庄市周边正定县、鹿泉区，北京市周边涿州市、高碑店市，天津市周边黄骅市，邯郸市周边峰峰矿区、磁县，邢台市周边沙河市、任泽区，其他县生活宜居水平普遍不高，生活宜居电力指数集中于0.2~0.4。生活宜居电力指数较高的县公共服务用电量占比较大，而居民生活用电量占比较小。沧州市生活宜居电力指数较高的黄骅市公共服务用电量占比为16.90%，居民生活用电量占比为73.19%，而生活宜居电力指数较低的其他县公共服务用电量占比为11.90%，较黄骅市落后5.00个百分点；居民生活用电量占比为80.23%，高出黄骅市7.04个百分点（见图9）。

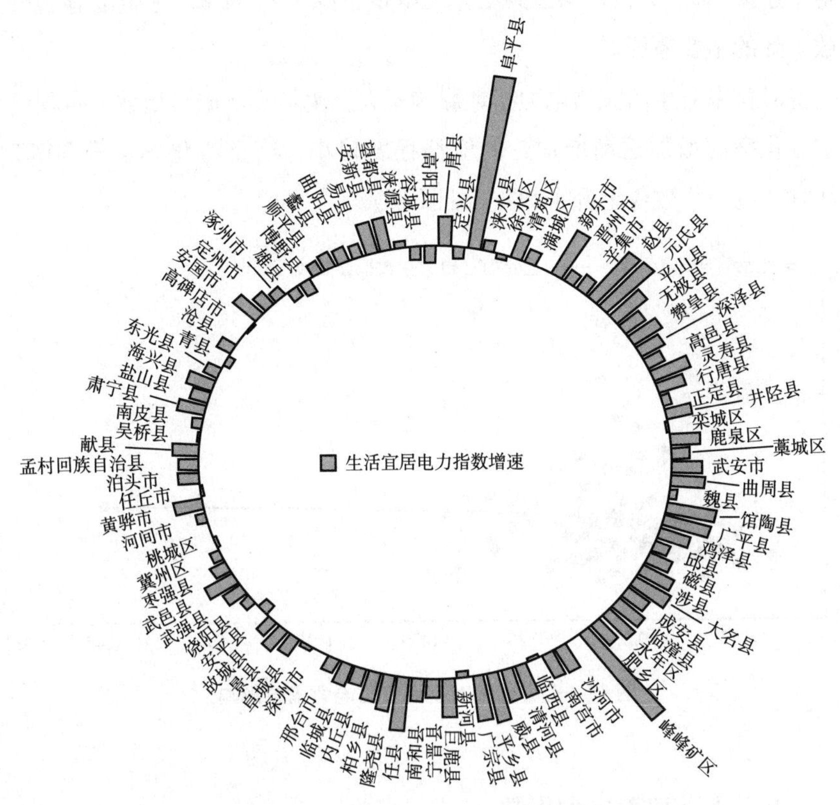

图9　2018~2020年河北省各县生活宜居电力指数增速对比

按增速来看，易地迁改成效显著，两极分化现象有所缓解。生活宜居电力指数年均增速集中在0~15%。阜平县受政策驱动影响，增长速度最快，增速达到了49.68%。其中公共服务用电量提升了44.95%，居民生活用电量提升了94.14%，表明政策引导提高了阜平县公共服务水平，而农网改造改善了居民的用电环境。邯郸市峰峰矿区、石家庄市元氏县、石家庄市赵县也保持了较快的增速，分别为30.96%、16.92%、16.68%，其中峰峰矿区乡村生活宜居电力指数水平的提升主要是由于公共服务和建筑业用电量的提升，易地迁改成效显著。保定市整体生活宜居电力指数增长速度较慢，其中定兴县、博野县、高阳县、徐水区、高碑店市乡村生活宜居电力指数两年的平均增速为-3.19%，户均公共服务用电量下降了0.64%，是生活宜居电力指数下降的主要原因。

空心化率对生活宜居电力指数影响不大。生活宜居电力指数一定程度上随空心化率的增加逐渐增加，但增长程度较小，当空心化率上升30%时，生活宜居电力指数仅上升了5%（见图10）。

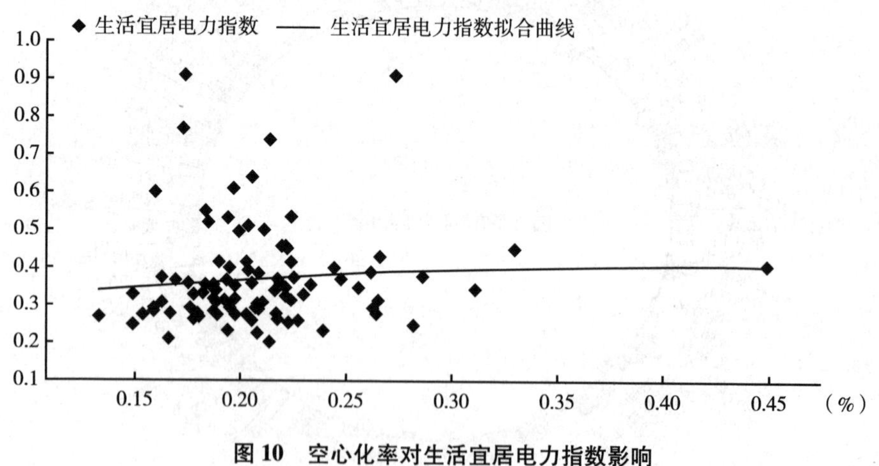

图10　空心化率对生活宜居电力指数影响

（五）人才培养电力指数

总体来看，人才培养电力指数波动上升，教育扶贫成效明显。2018~

2020 年全省各县人才培养电力指数分别为 0.2451、0.2573、0.2568，年均增速为 2.36%。2020 年电力指数相较于 2019 年下降了 0.19%（见图 11）。

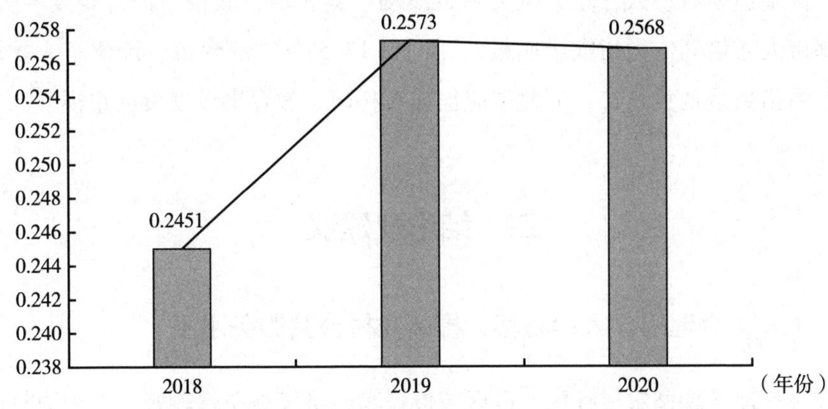

图 11　2018~2020 年河北省人才培养电力指数变化情况

2018~2020 年河北省各县人才培养电力指数如图 12 所示。人才培养电力指数集中于 0.3 以下。2018~2020 年人才培养平均电力指数为 0.2531，其中电力指数分布在 0.5~1.0 的县有 9 个，分布在 0.5 以下的县有 87 个。

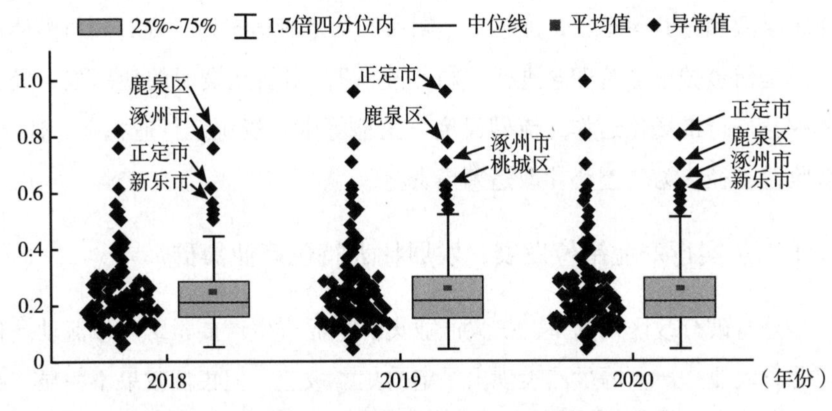

图 12　2018~2020 年河北省各县人才培养电力指数

分地区来看，人才培养电力指数城市辐射带动作用明显。人才培养力度以市区为中心向外辐射，石家庄市人才培养力度最大，衡水市受教育扶贫影响，人才培养力度整体较大，其他市的人才培养力度相近，人才培养水平有待提高。

按增速来看，人才培养电力指数波动性大，增速较快，提升难度不大。邯郸市人才培养电力指数增速最大，达到17.57%，邢台市、沧州市人才培养电力指数呈现负增长，河北省应加强对科研、教育事业发展的重视。

二 结论及建议

（一）合理引导人口转移，提高农村公共服务水平

一是建设新型农村社区。以区域位置和经济发展条件较好、对周边村庄人口有较强集聚作用的村庄为集中点，集中配置公共服务设施，对空心化率严重、综合电力指数低、生存环境恶劣的地区，采用迁移、合并等方式，引导人口向中心村适度聚集，统一规划居住区，配套产业园区，确保居民搬得出，更要稳得住。二是合理规划农村土地利用率。对于空心化率在20%左右的村庄，利用闲置宅基地、改造废弃地、垃圾坑，规划建设小菜园、小游园、小果园和公共停车场，加强卫生厕所、污水管道改造，提升农村整体风貌。三是借鉴城市经营理念进行“村庄经营”。对村庄资源的使用权、经营权等权益进行市场化运作，流转民宅、土地等闲置资源，打造租金、佣金、股金收益途径，为“空心化改造筹措资金”。

（二）实行产业错位发展，发展壮大特色产业集群

一是打破行政区划壁垒，扩大产业集群，促进生产要素跨区域流动。目前河北省农业、产业等虽然表现出一定的集群效应，但集群效果不明显，县与县之间带动作用较弱，如东光县产业兴旺电力指数全省排名前十，而与之相邻的吴桥县、阜城县、南皮县等产业兴旺电力指数处于全省落后水平。应在现有农业、产业体系的基础上发展上下游产业，促进产业合作和产业转移，依托“千企帮千村”先进政策，实行先进落后一对一帮扶，基于各县

龙头企业的技术带动和政府政策扶持，扩大产业集群，打破画地为牢、地方保护主义等区域分割。二是针对性发展特色产业。针对武安市、井陉矿区、峰峰矿区、隆尧县等矿产资源丰富的区域大力发展重工业；针对产业兴旺程度较高的平山县、元氏县、高邑县、安平县等，依托当地产业特色，加强龙头产业技术帮扶，扩大产业集群；针对农业发展程度较高的满城区、峰峰矿区、唐县、武强县、阜平县等，依托当地农产品特色，形成种植、深加工及配套产品为一体的产业链，打造农产品品牌优势；针对宜居水平较高的正定市、鹿泉区、磁县、峰峰矿区等，打造重点生态功能区，大力发展乡村旅游业，实现全省因地制宜，农业、产业错位发展。

（三）针对性补齐短板，推动三产融合发展

一是提升全省宜居水平。河北省南部宜居水平普遍偏低，应把改善农村生活条件作为工作重点，通过引入市场主体，疏浚河道，种植花草树木，对河北省乡村的路、水、电、气、绿、房等基础设施进行全方位的提升改造，建设自来水网、电网和污水管网，提升乡村宜居水平。二是推广“发展农业+”模式，延长农产品产业链。依托大名花生、赞皇大枣、赵县雪花梨等优质农产品，借助河北省科技资源和农业标准化示范区，确保产品安全优质。同时，鼓励当地企业和外来企业，发展农产品精、深加工，实现农业和加工业的衔接。同时依托河北省 35 个特色旅游小镇、35 个全国乡村旅游重点村，发展文化创意产业和休闲旅游业，实现加工业和服务业的连接。三是预防返贫风险。全面开展返贫监测，针对振兴落后县如枣强县、大名县、广平县、魏县、涞源县等各项电力指数均较为落后的县，应加大政策倾斜力度，做到脱贫摘帽不摘责任、不摘政策、不摘帮扶、不摘监管，预防返贫风险。

从电力视角分析2022年河北省经济发展

摘　要： 本文深入分析了2022年河北省电力在经济发展中的重要地位。通过研究全省全社会用电情况，揭示了该年各产业和居民的用电趋势。在2022年各产业和居民累计用电情况中，电力需求呈现增长态势。尤其是在12月，电力消费有所恢复。同时，本文对河北省各地区用电量进行深入分析，指出不同地区的用电情况存在差异，一些地区用电负荷较大，需要进一步加强电力供应保障。本文强调了电力作为经济发展的基础能源，对河北省经济的稳定增长至关重要，为确保未来可持续发展，应加强对电力系统的规划和优化，提高电力供应的可靠性和稳定性，促进电力产业的绿色发展。

一　河北省全社会用电情况

2022年河北省全社会用电量为4343.75亿千瓦·时，同比增长1.15%，保持了平稳增长。2022年12月，河北省全社会用电量增速由负转正，同比增长0.37%，增速较11月提升9.01个百分点。

从增长趋势来看，河北省2022年第一季度至第四季度用电量增速分别为4.60%、0.95%、2.57%、-3.23%，第二季度后用电量增速低位波动，第四季度出现负增长。

从全国情况看，2022年全国全社会用电量同比增长3.60%，河北省用电量增速较全国平均增速低2.45个百分点，较北京市用电量增速（3.9%）

低 2.75 个百分点，较天津市用电量增速（0.9%）高 0.25 个百分点，居全国第 22 位，较上年下降 1 个位次。

二 河北省各产业和居民用电情况

（一）2022年河北省各产业和居民累计用电情况

2022 年，河北省全行业用电量为 3661.32 亿千瓦·时，同比下降 1.11%，三次产业用电量增速分别为 6.35%、-3.22%、6.17%，在全行业用电量的比重由 2021 年的 1.72 ∶ 77.55 ∶ 20.73 调整为该年的 1.85∶75.89∶22.26，第二产业用电量比重降低 1.66 个百分点，第三产业用电量比重提高 1.53 个百分点。

第一产业用电量增速较快，牧渔业用电量保持良好势头。2022 年，全省第一产业用电量为 67.81 亿千瓦·时，同比增长 6.35%。畜牧业、渔业用电量增速相对较快，分别达到 7.48%、18.02%；受降水、气温等条件影响，农业、林业用电量增速分别为 3.01%、-1.17%。

第二产业用电量负增长，钢铁装备等支柱行业用电量不及预期。2022 年，全省第二产业用电量为 2778.51 亿千瓦·时，同比下降 3.22%。从工业看，全省工业用电量为 2734.20 亿千瓦·时，同比下降 3.21%。分工业门类看，采矿业用电量同比下降 8.37%，制造业用电量同比下降 2.56%，31 个细分行业中有 12 个门类用电量实现增长，主要集中在医药、石化、食品等，其中医药制造（15.29%）用电量实现两位数增长。黑色金属冶炼和压延加工、汽车制造、金属制品、非金属矿物制品业用电量均呈不同程度负增长，用电量增速分别为-3.00%、-3.05%、-3.62%、-5.33%。新兴行业用电量增速分化，城市轨道交通设备制造（38.95%）、航空航天器及设备制造（23.38%）用电量快速增长，光伏设备及元器件制造（0.83%）、新能源整车制造（-19.20%）、风能原动设备制造（-20.13%）用电量增速均不及预期。

第三产业用电量增速较快，生活类服务业用电量增长明显。2022 年，全省第三产业用电量为815亿千瓦·时，同比增长6.17%。生产类服务业用电量同比增长5.96%，信息软件、租赁商务服务用电量分别增长25.01%、7.53%。生活类服务业用电量同比增长6.46%，卫生社会工作（14.95%）、公共管理（11.54%）、批发零售（8.51%）用电量增长明显。

（二）2022年河北省重点行业用电情况具体分析

具体而言，2022年钢铁行业用电量同比下降4.61%，其中12月当月增长1.4%。钢铁行业主要受市场波动影响，用电量增速相对较缓。

2022年装备制造业用电量同比下降3.45%，其中12月当月下降9.77%。细分行业中，金属制品、通用设备、专用设备、汽车制造、交通运输设备制造业用电量增速分别为-3.62%、-4.97%、-11.08%、-3.05%、-2.97%；电气机械器材、计算机通信、仪器仪表制造业用电量增速分别为3.48%、0.25%、5.49%；以风能原动设备（-20.13%）、新能源整车制造（-19.20%）为代表的新兴制造领域受原料、芯片等供应链影响，用电量负增长。

2022年建材行业用电量同比下降5.58%，其中12月当月下降8.12%。受市场需求影响，水泥（-14.75%）、陶瓷（-10.85%）用电量负增长。

2022年石化行业用电量同比增长2.02%，其中12月当月下降3.16%。石油天然气开采业用电量增速最高，达到14.10%；石油煤炭燃料加工、化学原料制品、橡胶塑料制品用电量增速分别为4.65%、3.63%、-4.89%。

2022年医药、食品、纺织服装业用电量增速分别为15.29%、0.86%、-4.99%，其中12月当月增速分别为5.91%、0.06%、-24.84%。纺织服装业受纺织业用电量负增长（-4.49%）的影响，增速仍未回正。

居民生活用电量增长显著，乡村居民用电量增速较高。2022年，全省居民生活用电量为682.44亿千瓦·时，同比增长15.30%，城镇、乡村居民用电量分别增长13.35%、16.60%。居民生活用电量在全社会用电量的比重达到15.71%，较2021年提高了1.93个百分点。

（三）2022年12月河北省各产业和居民用电情况

2022 年 12 月，河北省全行业用电量为 338.73 亿千瓦·时，同比下降 5.03%，增速较 11 月回升 5.61 个百分点。第一产业用电量为 6.23 亿千瓦·时，同比增长 12.59%。农、林、牧、渔业用电量增速分别为 5.89%、-0.24%、13.93%、38.41%，牧、渔业用电量增长明显。第二产业用电量呈回升趋势。12 月当月用电量为 253.22 亿千瓦·时，同比下降 7.58%，增速较 11 月回升 3.82 个百分点。工业用电量同比下降 7.86%，增速较上月回升 3.6 个百分点。从工业大类看，采矿业用电量小幅增长，同比增长 0.39%；制造业、电力热力燃气生产供应业用电量同比下降 5.02%、17.27%，增速较上月分别回升 2.95 个、2.48 个百分点。第三产业用电量增速由负转正。12 月当月用电量为 79.28 亿千瓦·时，同比增长 2.73%，增速较上月回升 11.37 个百分点。在八大服务行业中，5 个实现正增长，信息软件、金融、房地产业用电量增速较快，分别增长 18.57%、13.09%、11.22%。公共服务业用电量增速较上月回升 5.54 个百分点。居民生活用电量为 81.54 亿千瓦·时，同比增长 31.44%。在“煤改电”等采暖用电量需求增长带动下，城镇、乡村居民生活用电量同比分别增长 8.38%、45.95%。

服务业用电量加快恢复，日用电量及增速持续回升。2022 年 12 月，河北省南部地区服务业日用电量及增速连续 4 周稳步回升，日用电量最大增幅超过 30%。批发零售业、住宿和餐饮业、房地产业用电量较上月分别增长 62.43%、59.54%、55.23%，显示居民消费恢复势头；城市公共交通运输业、充换电服务业用电量较上月分别增长 26.27%、45.89%，城市活力持续恢复。

制造业用电量回升强劲，近一半行业增速较上月增幅超两成。12 月，河北省南部地区制造业 31 个细分行业中，5 个行业同比增速由负转正，14 个行业较上月增幅超两成。其中，酒、饮料及精制茶制造业用电量较上月增长近 65%；仪器仪表、印刷复制、家具制造业用电量较上月增长超过四成。

三　河北省各地区用电量分析

2022 年 1~12 月，除了衡水、邯郸、承德外，河北省各地用电量均实现正增长。雄安新区（6.49%）、石家庄（5.81%）、秦皇岛（4.73%）用电量保持较快增长；保定、沧州、邢台、张家口、廊坊、唐山用电量增速在 5%以内。衡水（-0.78%）、邯郸（-2.57%）、承德（-4.35%）用电量出现不同程度负增长。

2022 年 12 月，河北省各地区全社会用电量增速较上月有所恢复。承德（7.39%）、石家庄（5.27%）用电量增长较快；雄安新区（4.03%）、唐山（2.23%）用电量小幅上涨；秦皇岛（-2.26%）、邢台（-3.54%）、衡水（-5.08%）用电量负增长，3 个地市的当月工业用电量增速分别为 -12.38%、-15.53%、-14.16%（见图 1）。

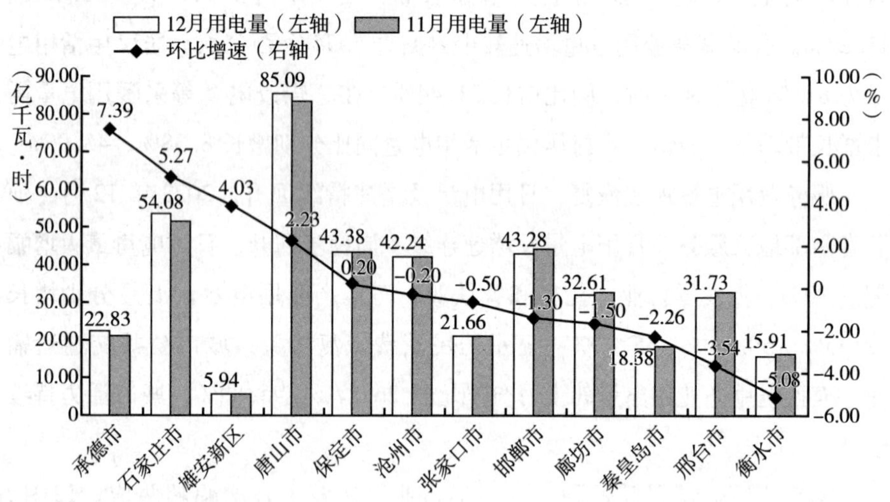

图 1　2022 年 11、12 月河北省各地全社会用电量及增速

从电力视角分析河北省冰雪经济发展

摘　要：河北省深入贯彻落实习近平总书记“冰天雪地也是金山银山”的重要讲话精神，以 2022 年北京冬奥会为契机，加快冰雪经济发展，推动冰雪产业强省建设。本文结合国家大数据战略和数字经济发展要求，利用电力大数据覆盖范围广、价值密度高、实时准确性强的特点，充分发挥数据要素的倍增效应，进行电力视角下冰雪经济的大数据分析。通过构建冰雪运动、冰雪产业和冰雪商圈相关电力指数，从电力视角看后奥运时代冰雪遗产创造，监测分析冰雪运动和冰雪产业发展、冰雪场馆对周边经济的辐射效应。

受 2022 年北京冬奥会影响，冀北地区冰雪经济规模持续扩大，冰雪经济下游产业主导和区域引领作用显现，冬奥会的拉动效应显著；冰雪装备制造产业规模不断突破，产业集群效应凸显；冰雪文旅消费潜力不断释放，行业发展态势良好；冰雪商圈格局不断拓展，基础服务建设日益完善。特别是 2022 年北京冬奥会成功举办以来，冬奥会竞赛场馆赛后利用有序推进、群众冰雪运动广泛深入开展，冰雪产业正在成为地区经济发展的新亮点和经济增长的新引擎。

一　电力视角下冰雪经济发展情况

（一）区域冰雪经济加速发展

冀北地区冰雪经济规模不断扩大，2013~2022 年冰雪经济用电量累计增长 107.9%。冰雪经济运行呈扩张态势，“群众冬季运动推广普及计划”“带动 3 亿人参与冰雪运动”等目标推动了冰雪运动发展，冰雪运动指数进一步上升，由 2015 年的 128.45 上升至 2022 年的 155.65；冰雪运动大众化直接驱动冰雪经济发展，冰雪产业景气指数由 2015 年的 108.87 上升至 2022 年的 138.21，扩张态势愈发明显（见图 1）。

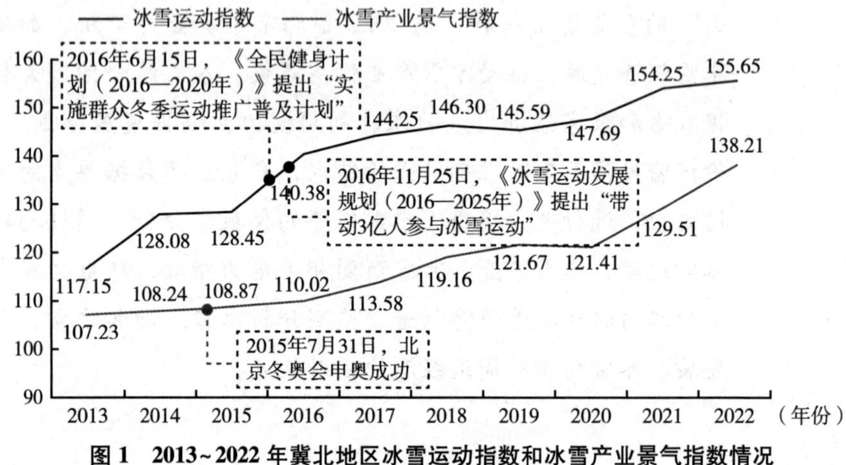

图 1　2013~2022 年冀北地区冰雪运动指数和冰雪产业景气指数情况

（二）产业主导和区域引领作用显现

产业链发展呈现“上游发展稳、中游增长快、下游占主导”的态势，以冰雪文旅消费为主的冰雪经济下游产业用电量占比常年维持在 80%以上。在冰雪产业景气指数方面，以冰雪运动、冰雪培训为主的中游冰雪产业景气指数上升态势明显（见图 2）。

张家口市和承德市冰雪产业核心地位凸显，张家口市、承德市两地冰雪经济用电量占冀北地区比重超过 70%，冰雪经济景气指数相对较高，张家口市“滑雪产业核心区”和承德市“冰上产业核心区”区域引领作用显著（见图 3、图 4）。

（三）冬奥会拉动效应显著

张家口市冰雪经济跨越式发展，作为 2022 年北京冬奥会河北省唯一举

图 2　2013~2022 年冀北地区冰雪经济上、中、下游冰雪产业景气指数情况

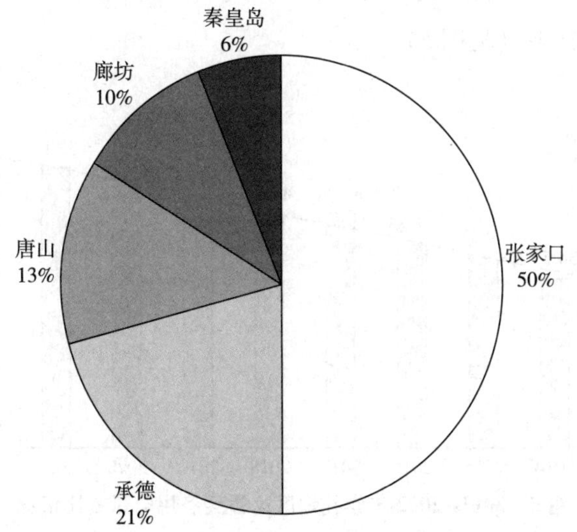

图 3　2022 年冀北地区五地市冰雪经济用电量占比情况

办地和冰雪产业核心区，张家口市立足冰雪资源优势和产业发展基础，推动冰雪运动和冰雪产业在张家口落地生根，特别是 2017 年以来，冰雪经济用电量增长近 70%，相较于冀北地区其他城市，冰雪经济潜力巨大。崇礼地区冰雪经济成为主导，崇礼地区位于北纬 41°“世界黄金滑雪带”，优越的自然条件使其成为国内最大的高端滑雪集聚区。冬奥会筹办以来，崇礼地区

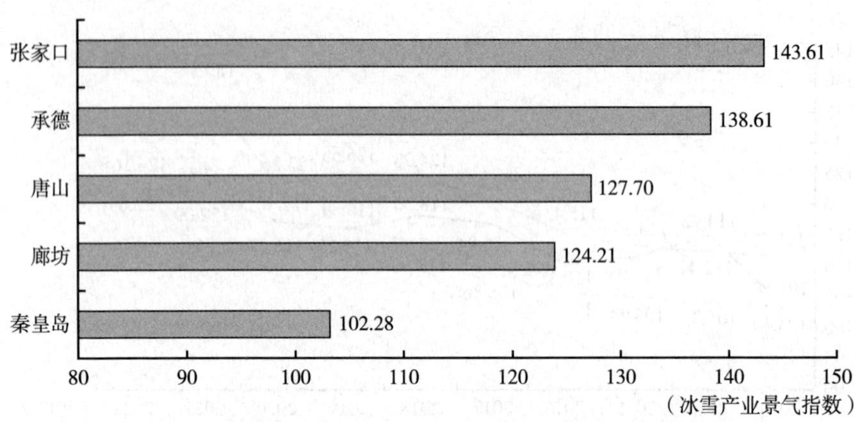

图 4　2022 年冀北地区五地市冰雪经济景气指数情况

冰雪经济用电量占全行业比重逐年上升，到 2022 年达到 57.77%，成为当地经济发展主导产业（见图 5）。

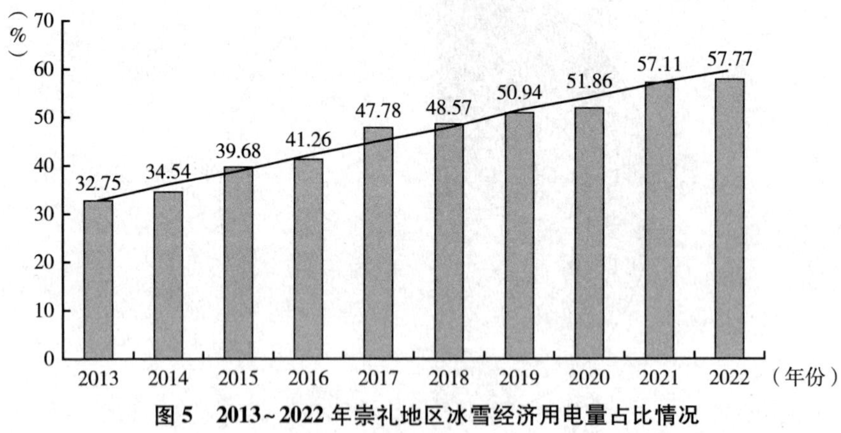

图 5　2013~2022 年崇礼地区冰雪经济用电量占比情况

二　电力视角下冰雪装备制造发展情况

（一）冰雪装备制造成长迅速

产业规模不断扩大，随着冰雪运动新消费热点的出现、冰雪运动发展规划的提出和纵深推进，以及冰雪装备器材发展行动规划等冰雪装备产业政策红利持续释放，2021 年冀北地区冰雪装备制造企业数量迎来快速增长（见图 6）。地区产业集聚效应显著，作为河北省冰雪装备制造主要城市，张家口市立足自身产业基础，加快推进冰雪装备制造转型和布局，相较于冀北其他地区，冰雪装备制造发展表现更为突出，2013~2022 年张家口市冰雪装备制造用电量累计增长 204.35%（见图 7）。

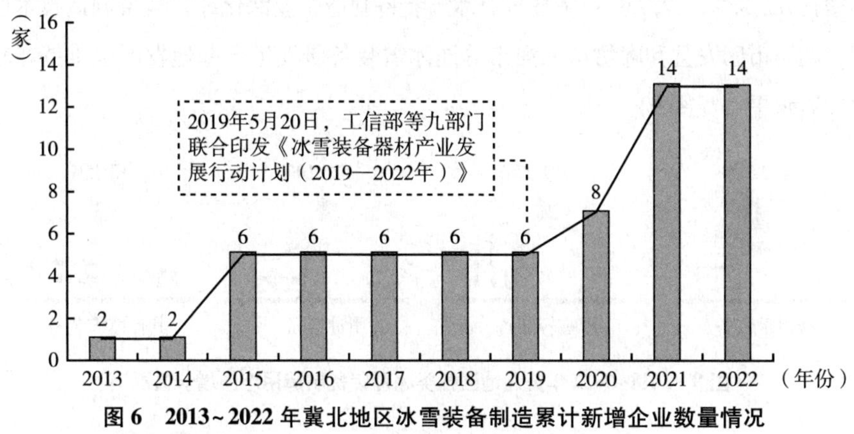

图 6　2013~2022 年冀北地区冰雪装备制造累计新增企业数量情况

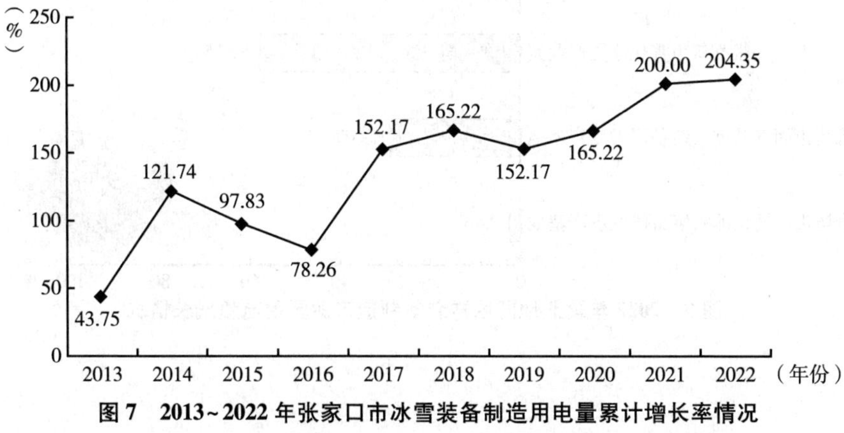

图 7　2013~2022 年张家口市冰雪装备制造用电量累计增长率情况

（二）冰雪装备制造体系日渐完整

产业类型多元化发展，河北省积极谋划冰雪产业发展规划，重点培育引进多类型冰雪装备制造项目落地。2018~2022 年，冀北地区滑雪重装备、滑雪轻装备、滑冰装备和其他冰雪装备用电量分别增长 12.37%、27.27%、25.10%和 2.45%，多类型冰雪装备制造发展格局日益清晰（见图 8）。产业集聚区逐渐形成，随着冰雪装备制造签约项目逐渐投产运营，张家口市高新区冰雪运动装备产业园、张家口市宣化冰雪产业园年用电量均大幅上涨，2022 年用电量同比分别增长 86.34%、57.75%；依托现有冰雪装备制造企业深化冰雪装备制造技术应用，廊坊市固安县和廊坊市三河市等地冰雪装备研发生产基地发展也维持在较快发展水平（见图 9）。

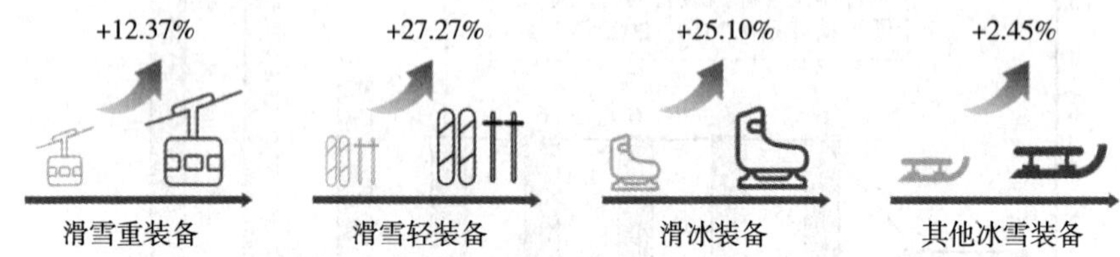

图 8　2018~2022 年冀北地区各类冰雪装备制造用电量增长情况

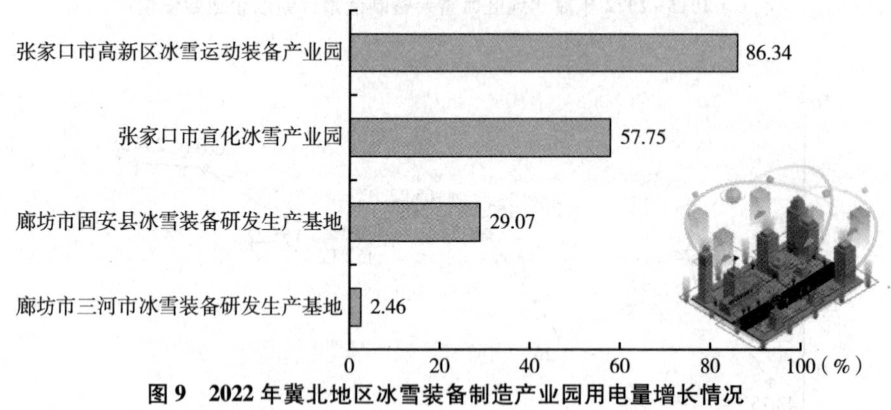

图 9　2022 年冀北地区冰雪装备制造产业园用电量增长情况

三　电力视角下冰雪文旅消费情况

冰雪文旅消费潜力不断释放。产业规模不断壮大，冀北地区冰雪文旅消费资源丰富，冰雪文旅消费用电量逐年上升，2013~2022 年冰雪文旅消费用电量占整体文旅消费用电量比重上升约5个百分点，达到23.72%，“冰雪游”成为区域发展新名片（见图10）。冰雪资源品牌效应凸显，受冬奥会筹办带动，张家口市特色小镇、冰雪旅游度假区分布数量最多，冰雪文旅消费年用电量最高，2022年占冀北地区冰雪文旅消费用电量比重超过50%。2013~2022年张家口市冰雪文旅消费用电量累计增长124.73%，高于冀北其他四地市（见图11）。

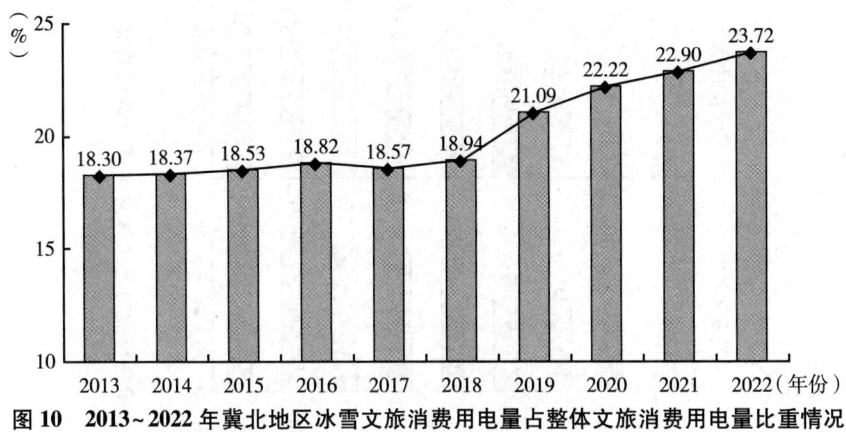

图10　2013~2022年冀北地区冰雪文旅消费用电量占整体文旅消费用电量比重情况

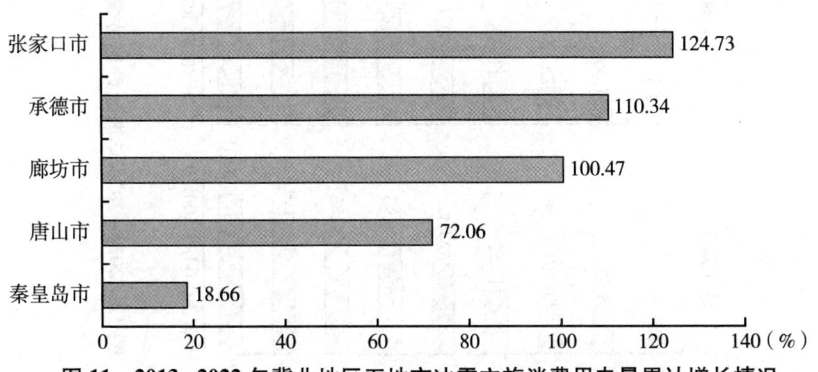

图11　2013~2022年冀北地区五地市冰雪文旅消费用电量累计增长情况

冰雪文旅消费趋向大众化。全行业发展趋势良好，2014~2022年，冀北地区冰雪文旅消费各行业用电量持续增长，冰雪文旅消费市场主体逐渐增多，其中景区管理、休闲娱乐、道路运输等行业市场主体数量分别累计增长207.69%、110.19%、101.01%（见图12）。冰雪体验类消费规模扩大，依托于冰

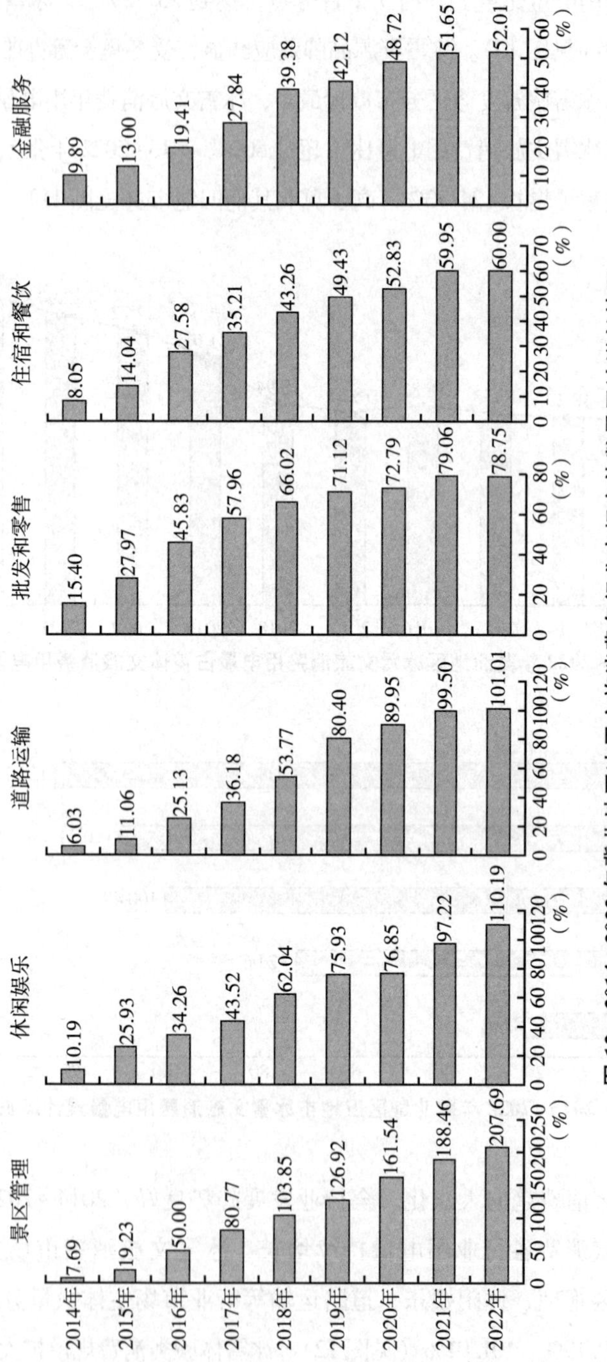

图12 2014~2022年冀北地区冰雪文旅消费各行业市场主体数量累计增长情况

雪场馆不断建设，以冰雪娱乐、冰雪体验为主的冰雪休闲娱乐业用电量增长迅速，占冰雪文旅消费用电量比重由 2018 年的 1.71%上升为 2022 年的 11.66%，成为驱动冰雪文旅消费发展的重要力量（见图 13、图 14）。

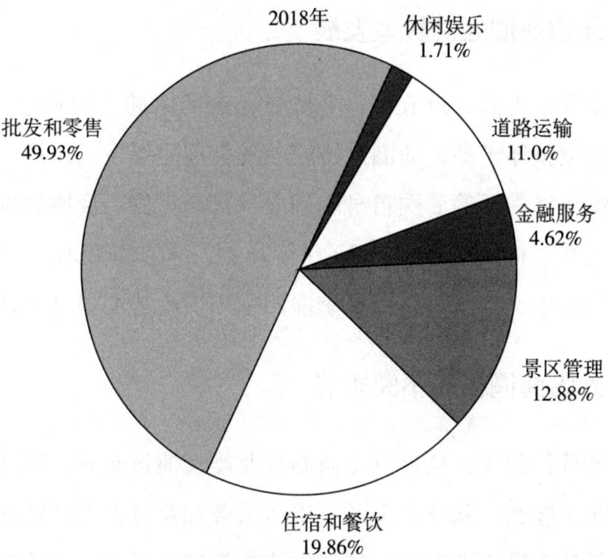

图 13　2018 年冀北地区冰雪文旅消费各行业用电量占比情况

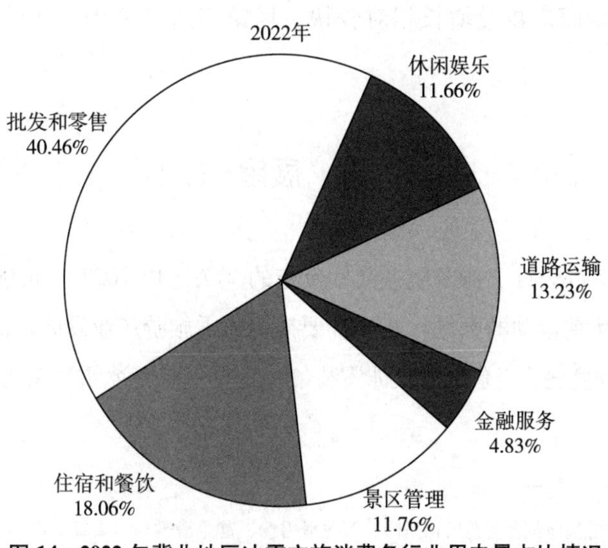

图 14　2022 年冀北地区冰雪文旅消费各行业用电量占比情况

四　电力视角下冰雪商圈发展情况

（一）冰雪商圈经济转型发展

商圈热度持续走高，近五年，冬奥村、古杨树场馆群和七大冰雪基地①的商圈热度指数整体走高，商圈经济较冬奥会前呈爆发式发展。密苑云顶乐园、翠云山银河滑雪场等商圈自身基础服务日渐完善，商圈热度指数运行达到新水平。从季节特征来看，自2020年开始，冰雪季和非冰雪季商圈热度指数差异逐年缩小，冰雪消费由单季向四季拓展趋势明显（见图15）。

（二）冰雪商圈格局不断拓展

基础服务日益完善，从近五年商圈行业类型演进来看，商圈行业实现由单一型向住宿、餐饮、购物、金融、生活服务和商务多类型转化，商圈经济发展多业态服务建设逐渐完善。经营主体数量逐渐增多，冰雪商圈商户数量平稳增长，冰雪场馆周边经济发展格局趋向成熟；冬奥村、古杨树场馆群等新生商圈新增商户数量增长相对较快，场馆周边经济仍存在较强可延展性（见图16）。

五　展望

中共中央办公厅、国务院办公厅发布的《关于以2022年北京冬奥会为契机大力发展冰雪运动的意见》指出，要推动冰雪旅游产业发展，促进冰雪产业与相关产业深度融合、创新发展冰雪装备制造业，制订冰雪装备器材产业发展

① 七大冰雪基地包含密苑云顶乐园、万龙滑雪场、富龙滑雪场、太舞滑雪小镇、翠云山银河滑雪场、多乐美地滑雪场、长城岭滑雪场。

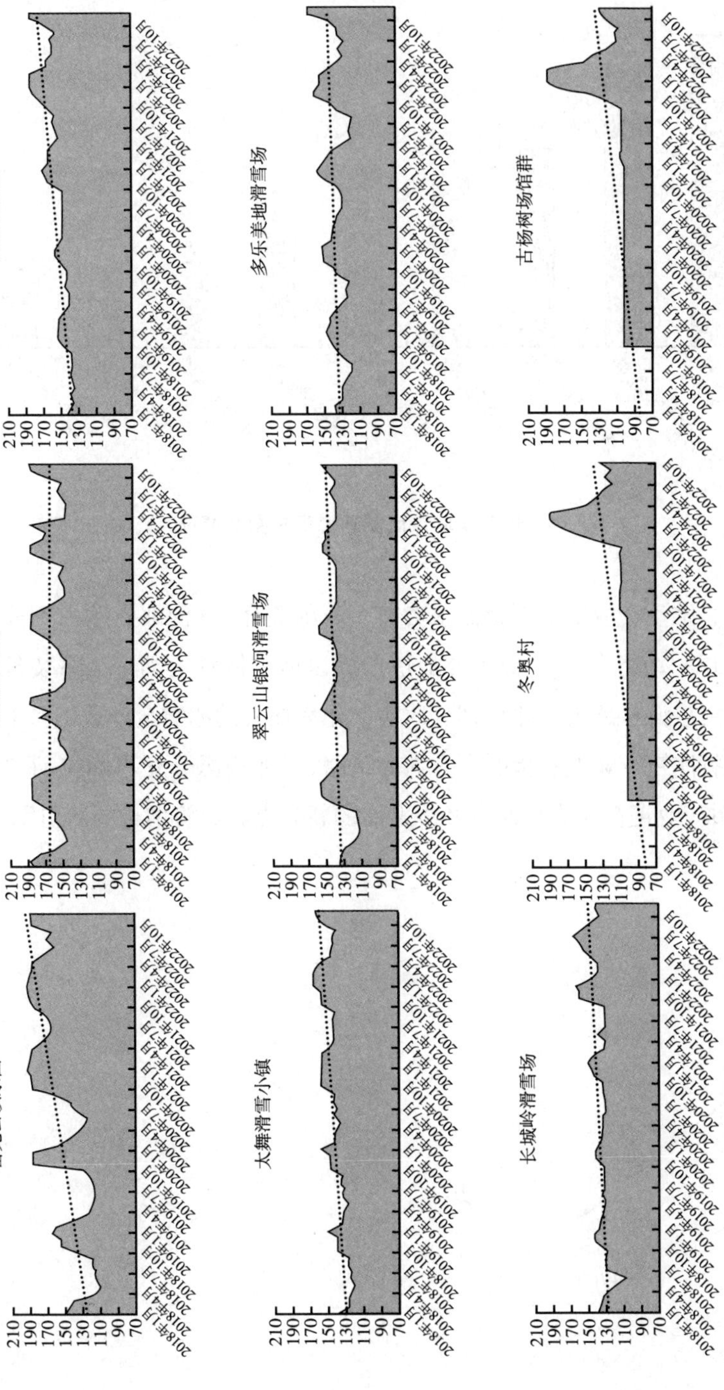

密苑云顶乐园

万龙滑雪场

富龙滑雪场

太舞滑雪小镇

翠云山银河滑雪场

多乐美地滑雪场

长城岭滑雪场

冬奥村

古杨树场馆群

图 15　近五年冰雪商圈热度指数情况

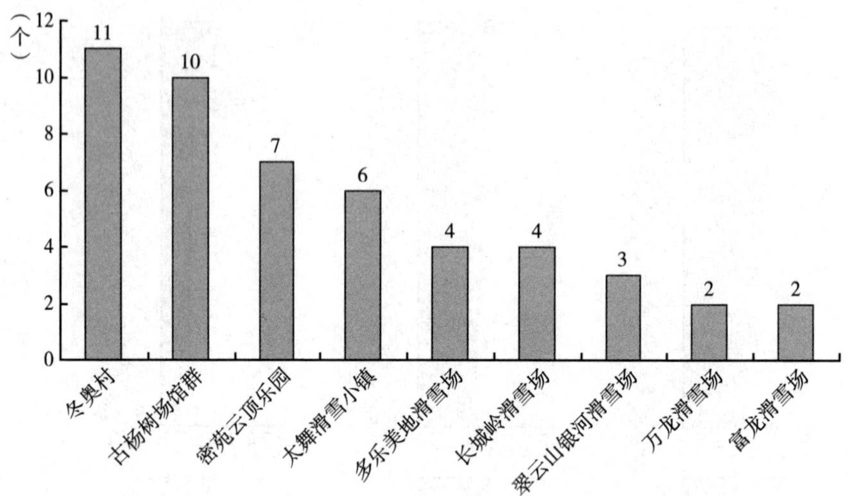

图 16　近五年冰雪商圈新增商户数量情况

行动计划、推动产业链上下游需求对接、资源整合。《河北省冰雪产业发展规划（2018—2025 年）》提出要加快形成以冰雪体育运动、冰雪装备研发制造、冰雪旅游、冰雪人才培训、冰雪文化为核心的冰雪全产业链。上述政策为河北省冰雪产业发展指明了方向和道路，“冷资源”正不断拉动“热经济”，冰雪产业正在成为河北省经济发展的新亮点和经济增长的新引擎。

从电力视角分析塞罕坝示范区发展

摘　要： 河北省贯彻落实习近平总书记2021年8月23日考察塞罕坝机械林场重要讲话指示精神，全面推动塞罕坝示范区高质量发展。本文结合国家大数据战略和数字经济发展要求，积极利用电力大数据覆盖范围广、价值密度高、实时准确性强的特点，充分发挥数据要素倍增效应，开展电力视角下塞罕坝的大数据分析，从电力视角分析塞罕坝示范区区域经济发展、绿色发展和生态文明建设等成效，服务于政府科学决策和经济社会发展。

自2021年8月习近平总书记考察塞罕坝地区以来，塞罕坝示范区电力经济景气指数①峰值持续突破，三大产业结构持续优化，行业增长点有效衔接，乡村振兴成果突出；绿色产业已经形成规模，增长潜力不断释放；清洁能源装机规模持续扩大，电能替代高效推进，生态文明建设成效显著。

一　电力视角下区域经济发展情况

（一）区域经济保持高质量发展

区域经济运行呈扩张态势，从2012年起，塞罕坝示范区电力经济景气

① 电力经济景气指数基于用电量和客户报装数据构建。临界值设为100，大于100说明经济运行处于扩张状态，小于100说明经济运行处于收缩状态。电力经济景气指数值越大，表明经济发展态势越好。

指数均在临界值100以上，特别是2017年8月习近平总书记批示塞罕坝精神之后，年度电力经济景气指数整体呈上升趋势。习近平总书记考察塞罕坝地区以来，塞罕坝示范区电力经济景气指数峰值屡创新高，2022年上半年，电力经济景气指数峰值达到115.59（见图1）。经济发展质量有效提升，塞罕坝示范区深入贯彻绿色发展理念，近十年单位GDP电耗整体呈下降趋势，且始终优于承德市整体水平（见图2），能源利用效率进一步提高。

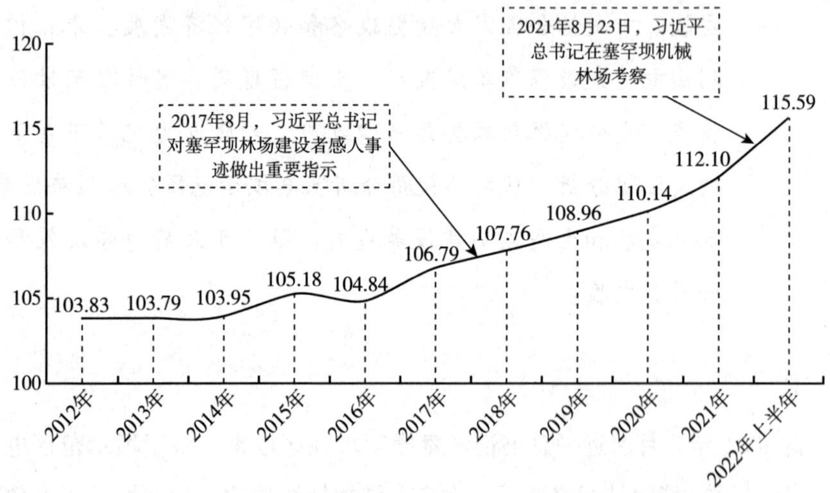

图1 2012~2022年上半年塞罕坝示范区电力经济景气指数情况

图2 2012~2021年塞罕坝示范区和承德市单位GDP电耗情况

（二）产业结构持续优化

第一、第三产业发展保持较高水平，受乡村振兴、生态建设、绿色发展等宏观政策和市场需求影响，塞罕坝示范区第一产业和第三产业电力经济景气指数整体高于第二产业，到 2022 年 6 月均突破 125；第二产业电力经济景气指数基本围绕临界值 100 上下波动，运行相对平缓。习近平总书记考察塞罕坝地区以来，塞罕坝示范区三大产业用电量比例由 2021 年第三季度的 8.17：58.54：33.29调整为 2022 年第二季度的 9.90：50.00：40.10，第三产业用电量占比进一步提升，增长超 6 个百分点（见图 3、图 4）。

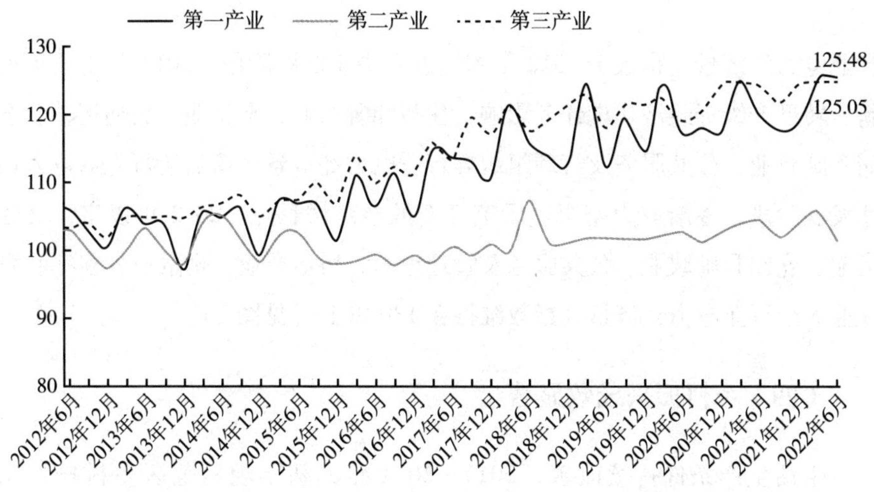

图 3　2012~2022 年 6 月塞罕坝示范区三大产业电力经济景气指数情况

（三）全行业发展态势良好

发展趋势整体增长，习近平总书记提出的“二次创业”指示精神为塞罕坝示范区行业发展提供了重要的行动指南。2012 年以来，塞罕坝示范区各行业电力经济景气指数保持上升态势，其中交通运输、仓储和邮政业电力经济景气指数上升最为明显。行业增长点实现有效衔接，塞罕坝示范区房地

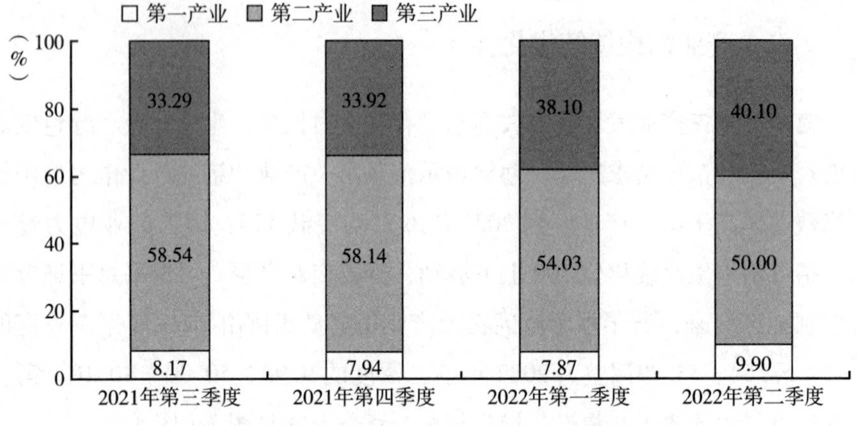

图 4　塞罕坝示范区三大产业用电量占比情况

产业电力经济景气指数于 2012 年率先进入快速发展阶段。2014 年受改革创新、转型升级等经济建设任务影响，住宿和餐饮业，金融业，交通运输、仓储和邮政业，公共服务及管理组织等行业电力经济景气指数运行先后进入快速发展阶段，逐渐成为塞罕坝示范区新的经济增长点。2022 年以来，交通运输、仓储和邮政业，公共服务及管理组织，房地产业，金融业，住宿和餐饮业 5 个行业电力经济景气指数维持在 130 以上（见图 5）。

（四）乡村振兴成效显著

生活生产条件持续改善，2017～2021 年，塞罕坝示范区乡村户均用电量、乡镇企业数量、教育行业用电量和乡村旅游用电量分别增长 44.15%、41.41%、181.82%和 100.00%（见图 6），乡村居民生活质量、本地就业环境、社会保障水平和乡村产业发展都得到显著改善。光伏扶贫效果显著，光伏扶贫作为促进贫困户增收的一项民生工程，截至 2022 年上半年末，塞罕坝示范区光伏扶贫惠及用户超 9000 户，累计装机容量近 19 万千瓦，累计发电量超 9 亿千瓦·时（见图 7），累计结算电费超 7 亿元，光伏扶贫工作的持续有效推进为塞罕坝示范区乡村振兴战略实施提供了坚强保障。

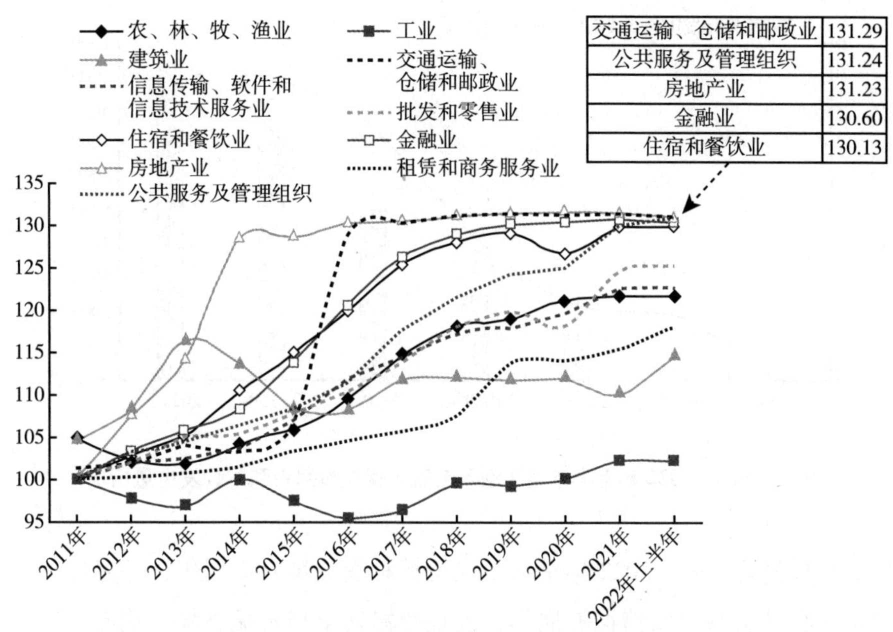

图 5　2011~2022 年上半年塞罕坝示范区行业电力经济景气指数情况

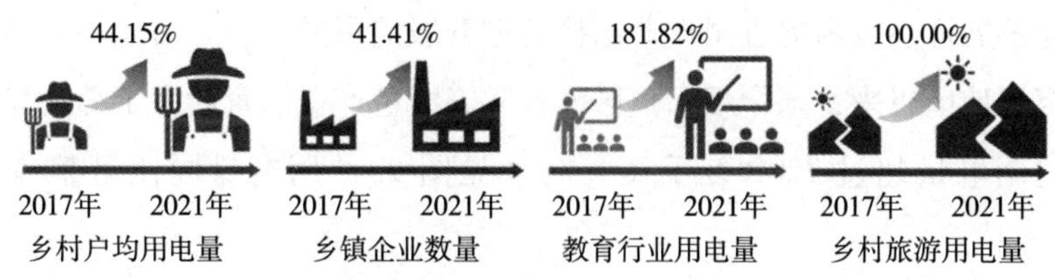

图 6　2017 年和 2021 年塞罕坝示范区典型乡村振兴生产生活指标变化情况

二　电力视角下绿色发展情况

（一）绿色产业渐成规模

自 2012 年起，塞罕坝示范区绿色产业①用电量同比累计增长 163.06%，

---

① 在绿色产业建设体系和绿色低碳循环发展经济体系基础上，承德市基于围场县和丰宁县各自绿色发展产业规划，因地制宜聚焦文旅康养体育、绿色农业、新型建材等 11 个绿色产业类型。

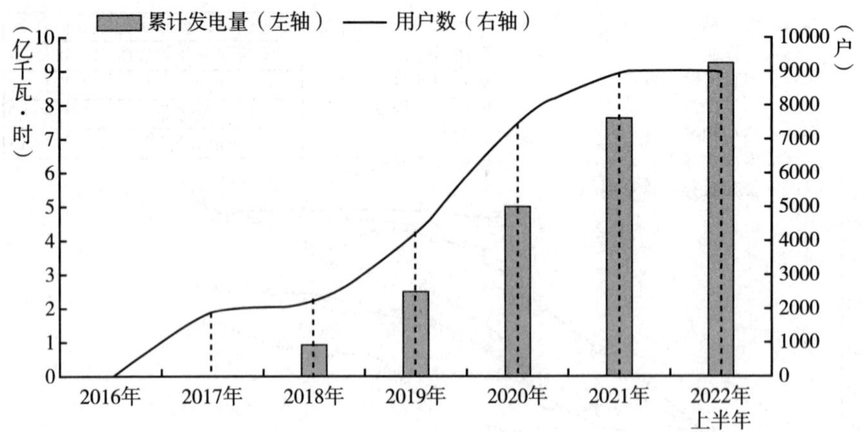

图 7　2016~2022 年上半年塞罕坝示范区光伏扶贫用户和累计发电量情况

发展规模显著上升。2022 年是塞罕坝机械林场建场六十周年，是习近平总书记亲自批示塞罕坝精神五周年，也是考察塞罕坝机械林场一周年。2022 年上半年，绿色产业发展步入正轨，用电量占比达到 34.63%（见图 8），绿色产业发展逐步成为促进全产业结构转型升级的重要力量。习近平总书记考察塞罕坝地区以来，塞罕坝示范区深入实施绿色产业培育壮大工程，绿色产业月均用电量超过 3200 万千瓦·时（见图 9），用电量同比呈整体上升态势。

（二）绿色产业增长潜力不断释放

塞罕坝示范区绿色产业 2017 年起加速发展，绿色产业发展指数[①]上升至 126.09，与同年承德市政府工作报告提出的“坚持差异化、特色化、增量调整方向，加快发展十大绿色产业”发展规划高度匹配。2022 年上半年塞罕坝示范区绿色产业发展指数达到 142.30（见图 10），塞罕坝示范区绿色产业发展指数提升幅度高于承德市整体水平，逐渐成为塞罕坝示范区增长潜力大的重要产业。

① 绿色产业发展指数是基于绿色产业用电量数据和客户报装数据构建的。临界值设为 100，大于 100 说明绿色产业发展处于扩张状态，小于 100 说明绿色产业发展处于收缩状态。绿色产业发展指数值越大，表明绿色产业发展态势越好。

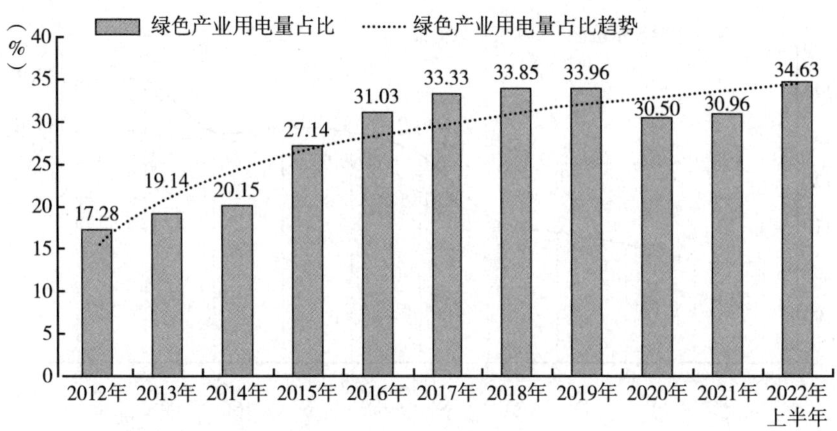

图 8　2012～2022 年上半年塞罕坝示范区绿色产业用电量占比情况

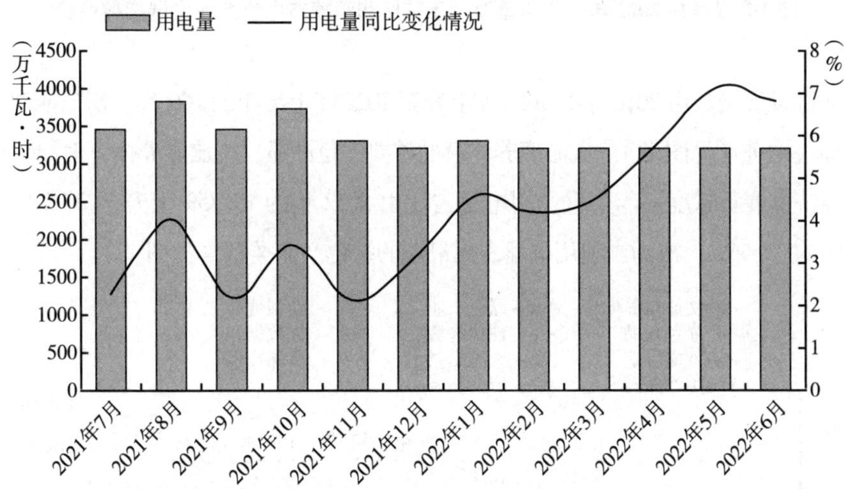

图 9　2021 年 7 月～2022 年 6 月塞罕坝示范区绿色产业用电量及同比变化情况

（三）重点绿色产业类型逐渐显现

天然山泉水业和清洁能源产业发展突出，受益于“京津冀水源涵养功能区”定位和“推动天然山泉水产业做大做强”政策驱动，天然山泉水业迎来快速增长，发展指数由 2015 年的 116. 34 迅速上升至 2016 年的 152. 47，并持续保持高位运行，至 2022 年上半年已达到 164. 89。经过多年规模化、集约化布局积累，清

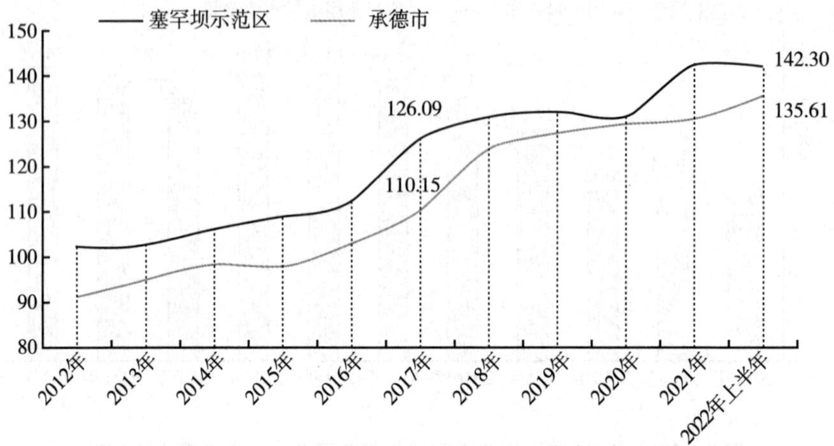

图 10　2012~2022 年上半年塞罕坝示范区和承德市绿色产业发展指数情况

洁能源发展指数由 2016 年的 103.74 上升至 2022 年上半年的 166.56，清洁能源发展加快推进（见图 11）。文旅康养体育的首要地位凸显，文旅康养体育对绿色产业经济发展贡献度逐年上升，用电量占比由 2012 年的 19.75%上升至 2022 年上半年的 32.56%，成为当前用电量占比最高的绿色产业类型（见图 12）。

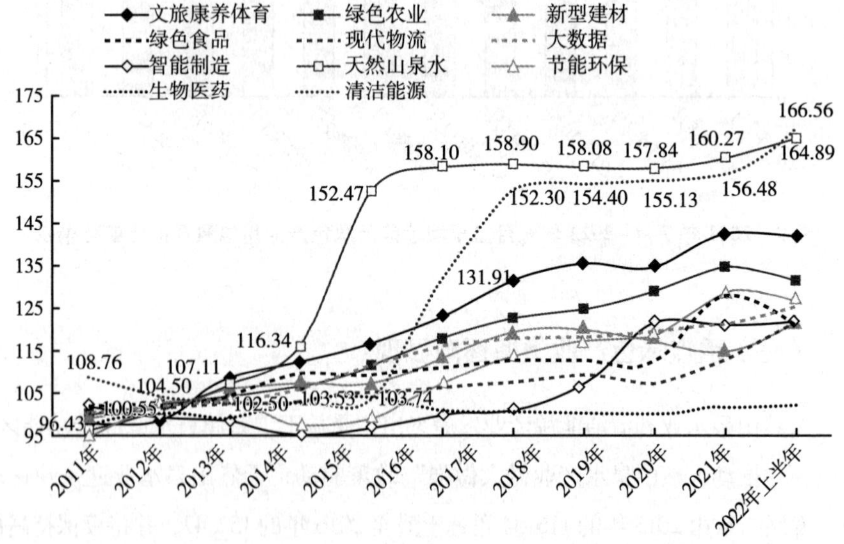

图 11　2011~2022 年上半年塞罕坝示范区绿色产业发展指数情况

时间	文旅康养体育	绿色农业	新型建材	绿色食品	现代物流	大数据	智能制造	天然山泉水	节能环保	生物医药	清洁能源
2012年	19.75%	23.19%	27.20%	9.93%	7.49%	5.19%	6.09%	0.02%	0.27%	0.84%	0.03%
2013年	23.51%	22.40%	26.85%	8.24%	7.12%	5.12%	5.18%	0.03%	0.51%	1.03%	0.02%
2014年	28.02%	21.25%	28.01%	7.96%	5.93%	4.41%	3.20%	0.04%	0.46%	0.68%	0.00%
2015年	29.08%	21.46%	26.79%	9.29%	5.54%	4.73%	1.97%	0.05%	0.25%	0.83%	0.01%
2016年	30.43%	23.59%	23.35%	8.08%	5.72%	5.45%	2.13%	0.23%	0.26%	0.76%	0.01%
2017年	29.74%	24.47%	24.84%	6.98%	4.74%	5.21%	2.29%	0.85%	0.36%	0.49%	0.02%
2018年	31.18%	23.83%	25.76%	6.39%	4.38%	4.70%	2.11%	0.80%	0.40%	0.38%	0.07%
2019年	31.85%	23.68%	25.20%	5.93%	4.43%	4.50%	2.84%	0.67%	0.43%	0.32%	0.15%
2020年	30.80%	25.81%	22.66%	5.72%	3.97%	4.57%	4.89%	0.64%	0.44%	0.34%	0.18%
2021年	32.15%	26.26%	18.32%	8.31%	4.50%	4.34%	4.29%	0.77%	0.52%	0.36%	0.21%
2022年上半年	32.56%	31.15%	9.78%	7.87%	4.77%	5.42%	3.58%	0.82%	0.68%	0.41%	2.96%

图 12　2012~2022 年上半年塞罕坝示范区绿色产业用电量占比情况

三　电力视角下生态文明建设情况

（一）清洁能源发展趋势良好

清洁能源装机容量持续增长，塞罕坝示范区位于国家九大清洁能源基地之一的冀北清洁能源基地，风、光资源丰富，已实现百分之百清洁能源装机。2012~2021 年，塞罕坝示范区清洁能源装机容量累计增长 559.32%，受 2015 年“绿色冬奥”政策影响，增长趋势明显。光伏装机容量增速显著，2012~2021 年，塞罕坝示范区风电和光伏装机容量分别累计增长 285.92%和 880.23%。2018 年，光伏扶贫装机容量同比增长 165.09%，成为光伏建设重要年度。

（二）清洁能源碳减排成效显著

清洁能源供应规模不断扩大，塞罕坝示范区已经实现百分之百清洁能源发电，按照 1 度绿电等效于 0.581 千克碳减排①换算，其中，2021 年塞罕坝示范区清洁能源上网电量共实现碳减排 921.67 万吨，风电碳减排占比超过 90%，为“塞罕碳谷”建设奠定了关键的能源基础（见图 13）。电能替代深入开展，电代油方面，塞罕坝示范区 49 座充电站利用率达到 100%，充电站充电量呈上升趋势，其中，2021 年充电量增长迅速，碳减排 0.80 万吨，碳减排同比增长 100%；电代煤方面，清洁供暖用户数持续增加，年电能替代规模成倍增长，其中，2021 年碳减排增加 0.38 万吨，碳减排同比增长 90.48%。

（三）生态文明建设成效显著

受益于经济转型、清洁能源发展、生态保护和环境治理等，塞罕坝示范

① 生态环境部办公厅发布的《关于做好 2022 年企业温室气体排放报告管理相关重点工作的通知》明确，核算 2021 年度及 2022 年度碳排放量时，全国电网排放因子由 0.6101tCO_2/MW·h 调整为最新的 0.5810tCO_2/MW·h。

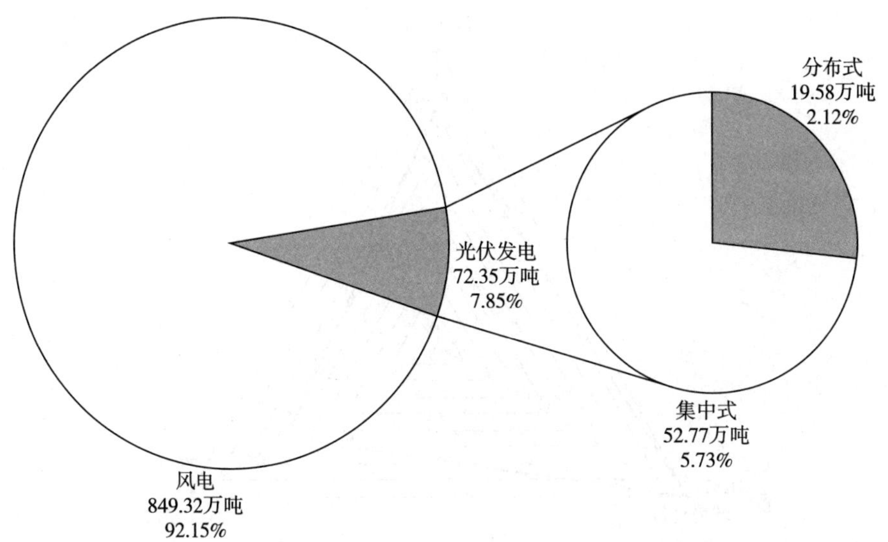

图 13　2021 年塞罕坝示范区清洁能源上网电量碳减排情况

区生态文明发展指数①由 2012 年的 66.08 上升至 2021 年的 78.51，生态文明建设持续优于地区整体水平。其中，2021 年塞罕坝示范区经济建设和环境建设两个子指数分别为 78.61 和 81.82，发展优势明显（见图 14）。

四　展望

“十四五”规划指出，推动绿色发展，促进人与自然和谐共生。《河北省“十四五”循环经济发展规划》提出，构建循环经济发展新格局，走出一条具有河北特色的经济发展与资源环境相协调的高质量发展之路。上述政策为塞罕坝示范区未来发展指明了方向和道路。“十四五”时期末，承德市

① 结合国家发布的《绿色发展指标体系》《生态文明建设考核目标体系》，基于用电量数据、GDP 发展情况及森林覆盖率等生态数据，本文构建了生态文明发展指数，反映塞罕坝示范区生态文明发展水平。指数最高值为 100，值越高表明生态文明发展水平越高，包含经济建设、社会建设和环境建设 3 个子指标。经济建设指标评估区域生产经营状况，包括经济增长速度、增长质量等维度；社会建设指标评估区域民生改善状况，包括居民生活、教育医疗等维度；环境建设指标评估区域生态环境发展情况，包括资源利用、生态保护和环境治理等维度。

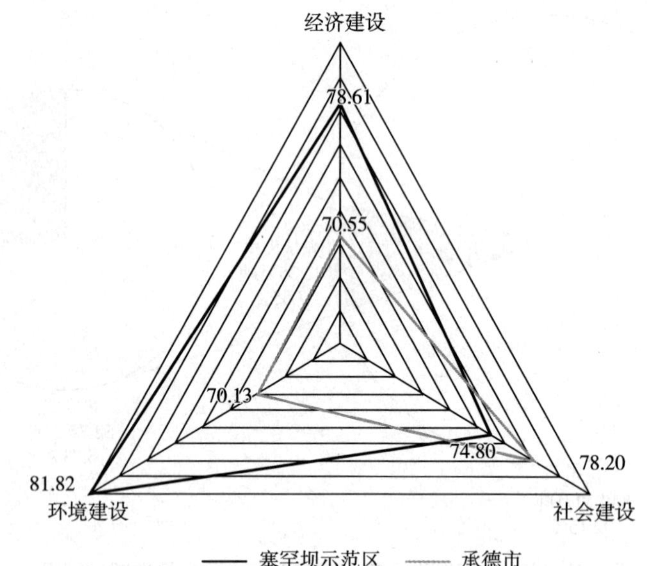

图 14　2021 年塞罕坝示范区与承德市生态文明发展指数对比情况

清洁能源装机容量将达到 2000 万千瓦以上，产值将突破 300 亿元，承德市将成为新型电力系统背景下的绿色能源码头和新型能源示范城市，以及重要的清洁能源供应基地。

图书在版编目(CIP)数据

河北能源发展报告．2023：建设中国式现代化新型能源强省 / 陈香宇，冯喜春，石振江主编；陈志永，王林峰，魏孟举副主编．--北京：社会科学文献出版社，2023.12

ISBN 978-7-5228-2614-1

Ⅰ.①河… Ⅱ.①陈… ②冯… ③石… ④陈… ⑤王… ⑥魏… Ⅲ.①能源发展-研究报告-河北-2023 Ⅳ.①F426.2

中国国家版本馆 CIP 数据核字（2023）第 193249 号

河北能源发展报告（2023）
——建设中国式现代化新型能源强省

主　　编 / 陈香宇　冯喜春　石振江
副 主 编 / 陈志永　王林峰　魏孟举

出 版 人 / 冀祥德
组稿编辑 / 任文武
责任编辑 / 郭　峰
文稿编辑 / 程亚欣
责任印制 / 王京美

出　　版 / 社会科学文献出版社·城市和绿色发展分社（010）59367143
地址：北京市北三环中路甲 29 号院华龙大厦　邮编：100029
网址：www.ssap.com.cn
发　　行 / 社会科学文献出版社（010）59367028
印　　装 / 天津千鹤文化传播有限公司

规　　格 / 开 本：787mm×1092mm　1/16
印 张：23.75　字 数：360 千字
版　　次 / 2023 年 12 月第 1 版　2023 年 12 月第 1 次印刷
书　　号 / ISBN 978-7-5228-2614-1
定　　价 / 98.00 元

读者服务电话：4008918866